KB182003

사물인터넷을 품은 아두이노

사물인터넷을 품은 아두이노

© 2016. 허경용 All Rights Reserved.

초판 1쇄 발행 2016년 1월 25일 **5쇄 발행** 2018년 10월 31일

지은이 허경용
펴낸이 장성두
펴낸곳 주식회사 제이펍

출판신고 2009년 11월 10일 제406-2009-000087호
주소 경기도 파주시 회동길 159 3층 3-B호
전화 070-8201-9010 / **팩스** 02-6280-0405
홈페이지 www.jpub.kr / **원고투고** jeipub@gmail.com
독자문의 readers.jpub@gmail.com / **교재문의** jeipubmarketer@gmail.com

편집부 이종무, 황혜나, 최병찬, 이 슬, 이주원 / **소통·기획팀** 민지환 / **회계팀** 김유미
표지디자인 미디어픽스
용지 에스에이치페이퍼 / **인쇄** 한승인쇄 / **제본** 광우제책사

ISBN 979-11-85890-40-1 (93000)
값 30,000원

제이펍은 독자 여러분의 아이디어와 원고 투고를 기다리고 있습니다. 책으로 펴내고자 하는 아이디어나 원고가 있으신 분께서는
책의 간단한 개요와 차례, 구성과 저(역)자 약력 등을 메일로 보내주세요.
jeipub@gmail.com

사물인터넷을 품은 아두이노

허경용 지음

차례

머리말

사물인터넷에 대한 관심의 증가는 일반인들에게 사물인터넷을 낯설지 않은 단어로 만들었다. 하지만 사물인터넷이 무엇을 의미하는지, 앞으로 일상생활에 어떤 영향을 미칠지에 대해서는 대다수 사람이 이해하지 못하고 있는 것이 사실이다. 광고에 등장하는 것처럼, 가전제품을 집 밖에서 제어하거나 도둑의 침입을 자동으로 알려 주는 것 이외에도 사물인터넷이 일상에 미칠 영향은 그 범위를 한정할 수 없을 정도로 크고 강력하다.

사물인터넷이 미칠 영향을 가늠하기 위해서는 사물인터넷이란 무엇인지 이해하는 것부터 시작해야 하는 것은 당연하다. 사물인터넷을 정의하기는 쉽지 않지만, 지능을 가진 '사물들'이 인터넷을 통해 '연결'됨으로써 사용자에게 유용한 '서비스'를 제공하는 거대한 망으로 본다면 크게 잘못된 것은 아닐 것이다. 세 개의 키워드 중 연결을 위해서는 기존 인터넷을 이용하므로 지능을 가진 사물을 통해 정보를 수집하고, 수집된 정보를 활용하여 생활에 도움이 될 수 있는 유용한 정보를 제공하는 것이 사물인터넷의 고민이 아닐까 싶다. 그중에서도 정보를 수집하고 전달하는 사물을 만드는 방법, 특히 아두이노를 이용하여 사물을 만드는 방법이 이 책에서 다루고자 하는 내용이다.

아두이노는 마이크로컨트롤러를 이용하여 만들어진 마이크로컨트롤러 보드로, 오픈 하드웨어와 소프트웨어를 통해 쉽고 빠르게 간단한 제어 장치를 만들 수 있도록 해 준다. 아두이노는 프로그램을 통해 데이터를 수집하고 가공하여 새로운 정보를 만들어 낼 수 있으므로 지능을 가지는 사물을 만드는 데 적합하다. 물론, 사물이 가지는 지능을 사람의 그것과 비교할 수는 없다. 어두워지면 자동으로 불이 켜지고, 도둑이 침입하면 자동으로 알려 주는 장치가 지능을 가지고 있다고 주저 없이 이야기하기는 힘들겠지만, 사물의 지능은 사물이 제공할 수 있는 정보 또는 서비스의 가치를 기준으로 판단해야 한다. 어두워지면 자동으로 불이 켜지고, 도둑이 침입하면 자동으로 알려 주는 것이 사람에게 유용하지 않은가?

사물인터넷 환경에서 사물은 단순히 정보를 수집하고 유용한 정보를 만들어 내는 것을 넘어 다른 사물들과 연결되어 있음으로써 그 의미가 더해진다. 사물인터넷에서의 사물은 모든 일을 스스로 처리하는 데스크톱 컴퓨터의 능력을 가질 필요는 없다. 사물은 주어진, 어찌 보면 단순한 기능만을 충실히 수행하고 다른 일들은 연결된 다른 사물의 도움을 받아 처리할 수 있으면 된다. 아두이노에 주로 사용되는 AVR 시리즈 마이크로컨트롤러는 8비트의 중앙처리장치를 가지고 있으므로 주변에서 흔히 볼 수 있는 데스크톱 컴퓨터와 비교하여 초라한 것이 사실이다. 하지만 다른 사물과 정보를 주고받을 수 있는 방법만 있다면 8비트의 아두이노 역시 사물로 동작하기에 충분하며, 이미 아두이노에는 오픈 하드웨어와 오픈 소프트웨어를 바탕으로 다양한 연결을 가능하게 해 주는 방법들이 존재하고 있다. 따라서 이 책에서는 아두이노를 사용하여 만들어진 사물들이 사물로서의 기능을 충분히 발휘할 수 있도록 해 주는 '연결'에 초점을 두고 있다. 이 책에서는 아두이노와 주변장치와의 연결, 아두이노와 컴퓨터와의 연결, 아두이노와 다른 아두이노 또는 마이크로컨트롤러와의 연결, 아두이노와 스마트폰의 연결, 그리고 아두이노와 인터넷의 연결 등 흔히 사용되는 연결 방법들을 다루고 있으며, 이 책을 통해 독자들은 아두이노가 사물로 동작하기 위해 필요한 연결 방법을 알아 낼 수 있으리라 믿는다.

사물인터넷을 통해 연결됨으로써 개인정보 유출이나 사생활 침해와 같은 여러 위험이 도사리고 있는 것도 사실이다. 하지만 연결하지 않는 것과 연결하지 못하는 것은 다르다. 연결에 따른 위험 역시 연결하지 않고서는 알 수 없다. 연결되고 싶은 독자라면 연결 방법과 연결의 즐거움을 이 책을 통해 알아 낼 수 있기를, 그리고 이 책을 통해 사물인터넷에 연결된 아두이노의 수가 증가하기를 기대해 본다.

허경용

🐺 김찬선(뿌리의 집)

사물인터넷의 발달 과정이 나와 있어 전공자이지만 아두이노를 직접 코딩해 보지 않았던 이들이 쉽게 이해할 수 있고, 프로그래밍 자체도 충분한 설명과 단계별 화면 이미지가 함께 진행되어 책의 실습을 따라해 보면 어렵지 않게 아두이노를 배울 수 있도록 되어 있습니다. 베타리딩 의뢰를 처음 받았을 때 분량에 비해 베타리딩 기간이 조금 짧다고 생각했는데, 매일 조금씩 리딩을 하고 책의 설명이 충실해서 다행히 마칠 수 있었습니다. 덕분에 많이 배웠습니다.

🐺 박철홍(한국폴리텍1대학 서울정수캠퍼스)

베타리딩을 통해 부족한 점을 채우고 많이 배우게 되는 2주였습니다. 사물통신, 유비쿼터스, IoT, ICT 같은 용어는 계속해서 나오고 있으나 체계적인 교육 교재가 많지 않아 학생들이 접근하기가 쉽지 않았습니다. 하지만 이 책의 내용을 하나하나 따라해 보니 이런 문제를 해결하는 좋은 출발점이 될 수 있을 것 같습니다. 책의 내용은 두세 번 봐도 정말 좋습니다. 부디 이 책이 사물인터넷을 경험하고자 하는 학습자들에게 많은 도움이 되기를 바랍니다. 다만, 프리징(Fritzing)과 같은 전자회로 스케치 프로그램을 사용해서 좀 더 직관력 있는 회로도로 제공했더라면 하는 아쉬움이 있습니다.

🐺 이용진(한국정보화진흥원)

사물인터넷을 구현하고 싶은 초보자부터 고급 개발자까지 모두에게 반드시 필요한 책이라고 생각합니다. 막연하고 단편적으로만 알고 있던 사물인터넷 통신 방식에 관한 상세한 내용을 볼 수 있어서 좋았습니다. 특히, 스마트폰과 연동해서 직접 사물과 통신하는 방법도 쉽게 설명되어 있어 꼭 추천하고 싶습니다. 전반적으로 정리가 잘 되어 있는 서적입니다만, 예제와 사진, 응용 사례가 좀 더 많이 있었다면 생각도 들었습니다.

🔖 조병승(마크넥스트)

개인적으로 제이펍에서 펴낸 《레시피로 배우는 아두이노 쿡북(제2판)》을 먼저 봤었는데, 그 책과 이 책을 연결해서 봤더니 책의 내용이 좀 더 쉽게 읽혔습니다. 쿡북은 낮은 수준부터 높은 수준까지 난이도가 고르게 걸쳐져 있다면, 이 책은 전체적인 난이도가 초·중급 수준으로 일정하여 책 전체를 이해하는 데는 훨씬 좋았던 것 같습니다. 그리고 아두이노와 연결할 수 있는 다양한 모듈의 용도와 사용법에 관해 전반적으로 시원하게 훑어볼 수 있는 좋은 기회였습니다. 어떤 통신 장치들을 어떻게 쓸 수 있는지를 알았으니, 이제는 무엇을 만들지에 대해서만 구상하면 무엇이라도 직접 만들 수 있겠다는 자신감이 생겼습니다.

🔖 한홍근(고려대학교 세종캠퍼스)

이번 주제는 평소에 관심 있던 아두이노여서 신청했었는데, 책을 읽어보니 아두이노를 활용하고 싶지만 방법을 모르는 분들께 강추하고 싶습니다. 특히, 각 센서에 관한 설명에만 그치지 않고 활용할 수 있는 예제와 상세한 설명이 인상적이었습니다. 쿡북처럼 두껍고 어렵지 않으므로 초보자분들도 쉽게 따라 할 수 있을 겁니다. 책의 구성은 조금 아쉬운 부분이 있었습니다. 주석이 책의 뒤쪽에 모여 있어서 주석을 보려다 책이 덮어지기도 하였습니다. 해당 페이지 하단에 주석이 있었다면 좀 더 쉽게 볼 수 있었을 것 같습니다.

제이펍은 책에 대한 애정과 기술에 대한 열정이 뜨거운 베타리더들로 하여금
출간되는 모든 서적에 사전 검증을 시행하고 있습니다.

PART

I

서론

1

사물인터넷

사물인터넷은 사물이 네트워크를 통해 연결되어 있는 상태를 가리키는 말로, 단순한 연결을 넘어 사물들 사이의 통신을 통해 정보를 수집하고 가공함으로써 유용한 서비스를 제공하는 것을 목표로 한다. 이 장에서는 사물인터넷의 개념과 구성 요소에 대해 알아보고, 아두이노가 사물로 연결되기 위해 필요한 요소들을 알아본다.

1.1 IoT? IoT!

사물인터넷(Internet of Things, IoT)이란, 사물들이 인터넷을 통해 상호 연결되어 있고 유일하게 구별 가능하여 서로 정보를 주고받는 상태를 가리킨다. 사물인터넷에서 핵심적인 요소는 사물인터넷의 구성 주체가 되는 '사물', 여러 사물들을 '구별'할 수 있는 방법, 그리고 사물들 사이의 '통신' 방법 등을 들 수 있다. 사물인터넷에서의 사물은 연산 능력을 가진 모든 물건들이 포함된다. 연산 능력을 가진 대표적인 물건에는 데스크톱 컴퓨터와 노트북이 있다. 이외에도 임베디드 시스템 역시 연산 능력을 가진 물건, 즉 사물이 될 수 있다. 이 책에서 다루는 마이크로컨트롤러는 임베디드 시스템에서 연산을 담당하기 위해 사용되는 부품 중 하나이다. 임베디드 시스템과 데스크톱 컴퓨터는 기본적으로 구조가 동일하지만, 목적과 연산 능력에서 차이가 있다. 데스크톱 컴퓨터는 범용 목적의 높은 연산 능력을 가지지만, 임베디드 시스템은 일반적으로 특정 목적을 위한 제한된 연산 능력을 가지며, 큰 시스템의 일부로 포함(embedded)되어 사용된다. 연산 능력에 의한 구별 외에도 사물인터넷에서의 사물은 고정형과 이동형으로 구별할 수 있다. 최근 사물인터넷에서는 이동형 사물에 대한 관심이 증가하고 있으며, 웨어러블 기기(wearables)가 대표적인 예이다. 웨어러블 기기에는 일반적으로 전원을 효율적으로 사용하기 위해 전용의 낮은 연산 능력을 가진 마이크로컨트롤러가 사용된다. 웨어러블 기기 이외에도 최근 널리 보급된 스마트폰 역시 이동형 사물로 동작할 수 있다. 반면, 인터넷에 연결된 데스크톱 컴퓨터, 원격 제어가 가능한 스마트 가전제품 등은 고정형 사물의 예이다.

사물은 데이터를 입력받아 처리하고 그 결과를 출력하는 역할을 하며, 이는 데스크톱 컴퓨터를 포함한 일반적인 계산 장치와 구성 및 기능 면에서 동일하다. 하지만, 데스크톱 컴퓨터는 혼자(stand-alone) 동작하는 반면, 사물인터넷에서의 사물은 다른 사물과 연결되어 있음으로써 제 기능을 발휘할 수 있다. 연결되어 있지 않은 사물은 스스로 모든 일을 처리하여야 하므로 높은 연산 능력이 필요하지만, 연결된 사물은 다른 사물에 의지하여 필요한 정보를 수집하고 일부 계산을 위임할 수 있으므로 높은 연산 능력 없이도 다른 사물들과의 상호작용을 통해 기능할 수 있다. 또한, 계산 결과를 다른 사물에 제공함으로써 다른 사물을 도와줄 수 있다. 사물을 연결하기 위해서는 가장 많은 연산 기계들이 연결되어 있는 인터넷을 사용한다는 것은 자연스러운 선택인지도 모르겠다. 하지만, 모든 사물이 직접 인터넷에 연결되는 것은 아니며 간접적으로 연결되는 경우도 있다.

건물을 출입하는 사람의 수를 세기 위해 사물인터넷을 활용한다고 생각해 보자. 사람의 수를 입구에 서면 자동으로 문이 열리는 자동문이 개폐되는 횟수로 센다고 가정하면, 하루 단위의 출입자 수를 세기 위해서는 현재 시간을 알려 주는 사물, 자동문을 통해 출입하는 사람 수를 세는 사물, 그리고 여러 자동문으로 출입하는 사람을 종합하여 건물 단위의 출입자를 관리하는 사물이 필요하다. 또한, 인터넷으로 연결되기 위한 통신 방법도 필요하다.

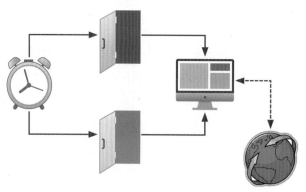

그림 1-1 건물 출입자 관리를 위한 구성도 1

그림 1-1은 자동문이 2개 있다고 가정하였으며, 2개의 문은 시간을 알려 주는 사물로부터 현재 시간을 받아 오는 것으로 가정하였다. 각 자동문에 시계를 설치할 수도 있지만, 시계의 수가 늘어나면 시간을 동일하게 유지하기 쉽지 않으므로 시간을 알려 주는 하나의 사물을 통해 시간을 알아 내는 것이 여러 면에서 유리하다. 각 자동문은 하루 단위로 출입자의 수를 저장하고 이를 건물 단위의 출입자 관리 기능을 수행하는 사물, 예를 들면 데스크톱 컴퓨터로 전달한다. 데스크톱 컴퓨터는 건물 단위의 출입자 관리 기능을 수행하면서 인터넷에 연결되어 있어 원격지에 건물의 출입자 정보를 제공할 수 있다. 그림 1-1에서는 4개의 사물이 상호 연결되어 있지만, 데스크톱 컴퓨터가 각 자동문에 시간 정보를 알려 주는 기능을 하도록 한다면 그림 1-2에서와 같이 3개의 사물로 구성할 수도 있다.

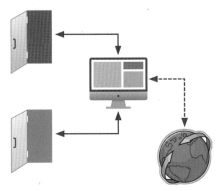

그림 1-2 건물 출입자 관리를 위한 구성도 2

두 가지 경우 모두 자동문과 데스크톱 컴퓨터는 서로 '연결'되어 있으며, 데스크톱 컴퓨터는 인터넷과 '연결'되어 있다. 자동문을 직접 인터넷에 연결할 수도 있지만, 하나의 문으로 출입하는 사람의 수보다는 건물 단위의 출입자 수가 더 유용한 정보일 가능성이 높으며, 모든 자동문을 인터넷에 직접 연결하는 것은 하나의 데스크톱 컴퓨터를 인터넷에 연결하는 것과 비교할 때 가격 면에서도 불리하다. 또한, 필요하다면 데스크톱 컴퓨터는 출입문 단위의 출입자 정보를 제공할 수 있으므로 출입문이 인터넷에 직접 연결되어 있어야 할 이유는 없다. 사물들 사이의 연결을 위해서는 다양한 유무선 연결 방식을 사용할 수 있다. 예를 들어 출입문과 데스크톱 컴퓨터의 연결에는 최근 저전력 근거리 무선 통신 기술로 주목받고 있는 블루투스 4.0 BLE(Bluetooth Low Energy)나 지그비(ZigBee)를, 데스크톱을 인터넷에 연결하기 위해서는 와이파이(Wi-Fi)나 이더넷(Ethernet)을 사용할 수 있다.

사물인터넷이 주목받기 이전에도 건물의 출입자를 관리할 수 있는 방법은 존재하였고 원격지에서 출입자의 통계를 확인할 수 있는 시스템도 존재하였다. 사물인터넷이라는 개념이 도입

되면서 변한 것 중 하나는 건물의 출입자 관리 시스템이 인터넷이라는 더 큰 네트워크에 연결되어 인터넷을 통해 쉽게 정보를 얻을 수 있고 제어도 가능해졌다는 점이다. 이처럼 모든 사물들이 직·간접적으로 인터넷을 통해 연결됨으로써 다른 사물들과의 '상호작용'을 강조하는 점은 사물의 설계에 영향을 미친다. 모든 작업을 하나의 사물이 할 필요는 없다. 필요한 정보가 있다면 먼저 주변을 살펴보자. 수많은 사물들 중 어느 하나는 필요한 정보를 제공하고 있을 수 있다.

'사물인터넷'이라는 용어는 Kevin Ashton에 의해 1999년 처음 제안되었지만, 이전에 존재하던 유비쿼터스(ubiquitous), 사물통신(Machine to Machine, M2M) 등과 맥락을 같이하고 있으며, 현재까지도 유비쿼터스라는 용어는 흔히 볼 수 있다. 또한, 사물인터넷의 범위를 더 확장한 만물인터넷(Internet of Everything, IoE)이라는 용어도 사용되는 등 유사한 개념의 단어들이 혼재되어 사용되고 있다. 이처럼 비슷한 의미의 여러 단어가 동시에 사용되는 이유 중 하나는 사물인터넷에 대한 표준이 존재하지 않기 때문이다. 하지만, 사물인터넷은 특정 기술을 지칭하는 용어가 아닌, 연결된 상태를 가리키는 추상적인 용어이므로 표준을 정한다는 것 자체가 불가능하다. 이미 유사한 개념을 가리키는 단어가 여러 가지 있지만, 사물인터넷이라는 단어가 사용되고 각광받는 이유는 무엇일까? 사물인터넷이 이전의 단어들과 다른 점은 무엇일까? 사물인터넷에 대한 정의는 각양각색이지만 유비쿼터스나 사물통신 등과 비교할 때 다음과 같은 몇 가지 특징을 발견할 수 있다.

- **사물인터넷에서 사물들은 '인터넷'을 통해 연결된다.** 기존 연결이 소규모 네트워크에 한정되어 있었다면 사물인터넷은 보다 큰 네트워크인 인터넷에 연결된다. 사물인터넷의 모든 사물들이 인터넷에 직접 연결되는 것은 아니지만, 사물들이 제공하는 모든 정보는 인터넷을 통해 접근이 가능하다.
- **사물인터넷에서는 사물의 '지능'을 강조한다.** 이전의 개념들에서도 연결되는 대상들이 특정 기능을 수행하므로 지능이 없다고는 할 수 없지만, 이전 개념들에서는 연결 자체가 강조되었다면 사물인터넷에서는 사물이 가지는 지능 역시 중요한 요소로 강조되고 있다.
- **이전 개념들과 비교했을 때 사물인터넷의 가장 큰 차이점은 사물들의 연결을 통해 '유용한 서비스'를 제공하는 것이 중요한 목표 중 하나라는 점이다.** 사물인터넷은 사물들의 연결이나 정보 교환을 넘어 연결을 통해 다양한 정보를 획득하고 이를 지능적으로 분석하여 맞춤형 정보나 서비스를 제공하는 것까지 아우르고 있다. 연결 자체는 이전의 개념에서와 다르지 않지만, 사물들의 정보 교환 및 분석을 통해 보다 다양하고 유용한 서비스가 가능해지고 이를 통해 보다 편리한 삶을 누릴 수 있을 것으로 기대되고 있다.

1.2 인터넷을 위한 새로운 주소 체계: IPv6

사물인터넷에서의 사물들은 통신을 필요로 하며, 통신에서는 사물을 유일하게 구별할 수 있는 방법이 필요하다. 2013년 기준 무선으로 인터넷에 연결된 사물은 1인당 1개 수준이었지만, 2018년에 이르러서는 1인당 1.5개로 증가할 것으로 전망되고 있다.[1] 이런 상황에서 인터넷에서 사물을 구별하기 위해서는 IPv6가 유일한 해결책으로 여겨지고 있다. IPv6는 Internet Protocol version 6의 줄임말로, 현재까지도 널리 사용되고 있는 IPv4를 대체해 나가고 있는 차세대 인터넷 프로토콜이다.

인터넷이 현재와 같은 모습으로 성장할 수 있었던 이유 중 하나가 공개되어 있어 누구나 사용할 수 있고 기기나 운영체제와 무관하게 동작할 수 있는 개방적인 프로토콜인 IPv4 덕분이라는 데 대부분 동의할 것이다. IPv4는 1981년 개발된 프로토콜로, 설계 당시 32비트 주소를 8비트 단위의 4개 숫자로 지정하도록 만들어졌다. 32비트 주소는 약 $2^{32} \approx 4.3 \times 10^9$ = 43억 개의 주소를 생성할 수 있어 충분히 많은 수의 기기들에 주소를 할당해 줄 수 있을 것으로 여겨졌다. 하지만, 1990년대 이후 인터넷은 폭발적으로 성장하여 매년 인터넷에 연결되는 기기의 수는 빠른 속도로 증가하였고, 인터넷 IP 주소를 관리하는 국제인터넷주소관리기구(Internet Corporation for Assigned Names and Numbers, ICANN)는 2011년 2월 더 이상 IPv4 주소에 새롭게 할당할 수 있는 주소가 남아있지 않음을 공식적으로 발표하였다. 가트너(Gartner)는 2020년이면 약 260억 개의 사물이 상호 연결될 것으로 추정하고 있으며,[2] ABI Research는 그 수가 약 300억 개에 이를 것으로 추산하고 있는 등[3] 개수의 차이는 있지만 연결되는 사물의 개수가 기하급수적으로 증가할 것이라는 데에는 의견을 같이하고 있으므로 기존 IPv4로는 사물인터넷을 감당할 수 없음이 명백해졌다. IPv6가 IPv4와 다른 점은 여러 가지가 있지만, 사물인터넷을 위한 해결 방안으로 거론되는 이유는 128비트의 주소를 사용한다는 점이다. IPv6의 128비트 주소는 8개의 16비트 그룹으로 나뉘며, 각 그룹은 네 자리의 16진수로 표현되고 그룹은 콜론(:)으로 구별하여 표시한다.

표 1-1 IP 주소의 표시 방식

프로토콜	표시 예	주소 분리	비트
IPv4	123.456.789.012	도트(.)	32
IPv6	2001:0db8:85a3:08d3:1319:8a2e:0370:7334	콜론(:)	128

128비트 주소는 $2^{128} \approx 3.4 \times 10^{38}$개의 주소를 표현할 수 있다. 10^{38}이 얼마나 큰 수인지 짐작할 수 있는가? 우주에 있는 별의 개수는 약 10^{22}개라고 한다. 우주에 있는 모든 별에 주소를 할당하고도 남는 주소를 IPv6는 만들어 낼 수 있다. 10^{22}개 역시 짐작하기 어려운 수이지만 지구상의 모래알의 수가 10^{22}개 정도 된다고 한다. 세계 인구는 약 70억(7×10^9)에 이른다. IPv6로 만들어 낼 수 있는 주소는 지구상의 모든 사람이 모래알만큼 많은 주소를 사용하여도 남을 만큼의 개수에 해당한다. 당분간은 주소가 부족할 걱정은 하지 않아도 될 것이다. 물론, IPv4로 충분하리라 예상했던 주소의 개수가 30년 만에 고갈된 것처럼 IPv6 역시 30년 후에는 바닥이 날지도 모를 일이긴 하다.

IPv4 주소가 고갈되었다는 공식 발표가 있은 이후 세계적으로 IPv6 주소를 사용하기 위한 작업이 진행되고 있다. 하지만, 새로운 주소를 사용하기 위해서는 네트워크, 서비스, 기기 등이 모두 IPv6를 지원해야 하므로 많은 비용과 시간이 필요하다. 또한, IPv4 체계에서도 동적 IP 할당이나 사용하지 않는 주소의 재할당 등을 통해 당분간 사용에 큰 문제가 없는 것으로 알려져 있다. 따라서 IPv6로의 전환이 필요하다는 점은 모두가 인식하고 있지만 실제 IPv6로의 전환은 서서히 진행되고 있으며, 2030년경에 이르러서야 IPv6로 완전히 전환될 것으로 예상되고 있으므로 한동안은 IPv4와 IPv6가 공존하는 상황이 지속될 것으로 예측되고 있다.

1.3 사물인터넷의 주요 기술

사물인터넷은 사물들이 상호 연결되고 정보를 주고받음으로써 유용한 서비스를 제공하는 데 그 목적이 있다. 이러한 사물인터넷을 구성하기 위해서는 다음과 같은 기술들이 필요하다.

1. 정보를 수집하는 기술
2. 수집된 정보를 교환하는 기술
3. 수집된 정보를 분석하고 처리하는 기술
4. 인터넷 관련 기술

위에 나열한 기술들은 인터넷을 통한 서비스 제공이라는 사물인터넷의 목적을 달성하기 위한 기반 기술로 사용되며, 인터넷을 통한 서비스 제공은 인터넷 관련 기술에 포함된 것으로 가정하였다.

정보 수집을 위한 대표적인 기술에는 센서를 활용하는 센싱 기술이 있다. 온도, 습도, 조도, 열 등을 감지하는 간단한 센서로부터 위치, 움직임, 영상 등의 정보를 얻어 올 수 있는 복잡한 센서에 이르기까지 다양한 센서가 이미 개발되어 사용되고 있으므로 상상할 수 있는 거의 모든 것을 측정하고 알아 낼 수 있는 센서가 존재한다고 해도 과언이 아니다. 하지만, 센서만으로는 사물로 동작하지 못하며 센서로 획득한 정보를 교환할 수 있는 방법이 있어야 한다. 정보를 교환하는 기술과 인터넷 관련 기술을 구별한 이유는 앞서 언급한 바와 같이 사물은 직접 인터넷에 연결되지 않을 수도 있기 때문이다. 정보를 교환하는 기술에는 센서로부터 데이터 처리가 가능한 사물로 데이터를 전달하는 기술과 사물에서 분석하고 처리된 데이터를 인터넷에 연결된 또 다른 사물로 전달하는 기술이 포함된다. 초기 사물인터넷에서는 정보 교환 기술로 RF(Radio Frequency)가 흔히 사용되었지만, 최근에는 RF를 비롯하여 NFC(Near Field Communication), 블루투스, 지그비, CAN(Controller Area Network), RS-232, RS-422 등 다양한 유무선 연결 기술들이 사용되고 있다. 반면, 인터넷 관련 기술은 네트워크 구축을 위한 하드웨어에서부터 IPv6를 포함한 통신 프로토콜, 인터넷을 통한 서비스 제공 등 그 범위가 아주 넓다.

데이터 처리를 담당하는 사물은 전달된 정보를 분석하고 가공하여 서비스에 사용할 수 있는 새로운 정보를 생성한다. 정보 분석과 처리는 간단한 정보의 요약에서부터 최근 사물인터넷과 더불어 각광받고 있는 빅 데이터 처리에 이르기까지 사물의 처리 능력에 따라 넓은 스펙트럼을 형성한다. 이 책에서 다루고 있는 마이크로컨트롤러는 제한된 연산 능력만을 가지고 있어 많은 데이터를 처리하기는 어려우므로, 간단한 알고리듬을 통해 데이터를 처리하고 이를 다른 사물로 전달하는 역할을 수행하는 것으로 가정한다.

> 이 책의 목적은 마이크로컨트롤러, 그중에서도 아두이노가 사물인터넷에서 사물로 기능하기 위해 필요한 기반 기술들에 대해 살펴보는 것이다.

그림 1-3은 이 책에서 다루고자 하는 내용을 요약하여 나타낸 것이다. 그림 1-3에 표시되어 있지만 위에서 언급하지 않은 한 가지 부분은 스마트폰을 위한 어플리케이션 개발 부분이다. 최근 스마트폰의 보급에 힘입어 스마트폰은 사물인터넷에서 중요한 사물로 자리매김하고 있다. 이 책에는 스마트폰이 마이크로컨트롤러로 만들어지는 사물과 정보를 교환하는 또 다른 사물로 동작할 수 있도록, 안드로이드 운영체제를 사용하는 스마트폰을 위한 간단한 어플리케이션 프로그래밍도 포함되어 있다.

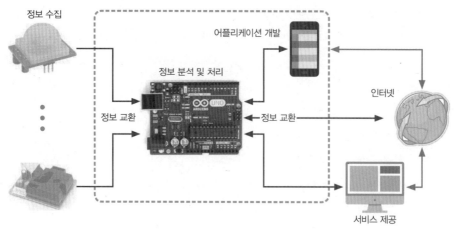

그림 1-3 이 책에서 다루는 내용

이 책에서 다루는 내용을 요약하면 다음과 같다.

- **정보 교환:** 센서와 마이크로컨트롤러, 마이크로컨트롤러와 마이크로컨트롤러, 마이크로
  컨트롤러와 스마트폰, 마이크로컨트롤러와 데스크톱 컴퓨터, 그리고 마이크로컨트롤러
  와 인터넷 사이의 통신 방법에 대해 알아본다. 통신 방법에는 인터넷을 통해 직접 정보
  전달이 가능한 와이파이나 이더넷과 더불어 블루투스, NFC, USB 등 사물 사이의 정보
  교환에 사용될 수 있는 다양한 유무선 통신 방법이 포함된다. 정보 교환 방법은 이 책의
  가장 핵심적인 내용이라고 할 수 있다.

- **정보 분석 및 처리:** 수집된 정보를 활용하여 새로운 정보를 생성하는 방법에 대해 설명한
  다. 정보 처리는 주어진 문제에 종속적이며 처리 방법 역시 알고리듬 영역이므로 이 책에
  서는 자세히 다루지 않으며, 사물들이 정보를 교환하는 과정에서 필요한 전처리나 데이
  터 해석 방법 등에 대해 알아본다. 이를 위해 독자들은 기본적인 C/C++ 프로그래밍이
  가능한 것으로 가정한다.

- **안드로이드 프로그래밍:** 이 책에서는 스마트폰을 마이크로컨트롤러와 정보를 주고받는
  또 다른 사물로 가정한다. 스마트폰 역시 다양한 통신 방법을 사용할 수 있고 안드로이
  드 어플리케이션 프로그래밍 역시 간단하지 않으므로, 이 책에서는 블루투스를 통해 아
  두이노와 스마트폰이 정보를 교환하는 방법 위주로 알아본다.

1.4 사물인터넷의 미래

최근 사물인터넷은 가장 주목받고 있는 단어 중 하나로, 다양한 정보와 서비스를 통해 보다 편리한 삶을 누릴 수 있도록 해 주리라는 데에 이견이 없으며, 향후 사물인터넷 시장이 폭발적으로 증가할 것이라는 점에서도 의견을 같이한다. 하지만, 사물인터넷이 장밋빛 미래를 약속할 것이라는 점에서는 의견이 분분하다. 모든 사물들이 연결되고 필요한 정보를 시간과 장소의 제약 없이 알아 낼 수 있는 환경이 만들어진다면 '편리한' 세상이 될 것은 명백하다. 하지만, 이처럼 편리한 세상이 과연 '바람직한' 세상인지는 또 다른 문제이다. 현재의 인터넷 환경에서도 '잊힐 권리(right to be forgotten)'에 대한 논의가 활발히 진행되고 있다. 잊힐 권리는 2014년 5월 유럽사법재판소에 구글의 검색 결과에서 개인정보를 삭제해 달라고 요청한 원고의 청원을 인정하면서 세계적인 주목을 받기 시작하였다. 유사한 분쟁이 사물인터넷 환경에서는 더욱 잦아질 것임은 분명하며, 개인정보 유출과 사생활 침해 등의 문제 역시 마찬가지이다. 위험을 감수하고 연결될 것인가? 아니면 안전하게 떨어져 있을 것인가? 판단은 개인의 몫이다. 하지만, 연결되기를 거부한다고 하더라도 언제든 연결될 수 있는 준비는 필요하다. 이 책은 아두이노를 사용하여 사물을 만드는 방법에 대해 이야기한다. 이를 통해 사물인터넷이라는 거대한 망에 연결되기 위한 준비에 도움이 되기를 바란다.

아두이노

아두이노는 비전공자들을 위한 오픈 소스 하드웨어의 일종으로, 사용 방법이 쉽고 간단하여 다양한 사용자층을 확보함으로써 마이크로컨트롤러 관련 제품 중 판매량이 가장 많은 제품으로 자리 잡고 있다. 또한, 아두이노는 사물인터넷에서 사물로 동작할 수 있는 다양한 방법들을 갖추고 있으므로 사물인터넷을 위한 훌륭한 사물의 후보라 하겠다. 이 장에서는 손쉽게 확장이 가능한 아두이노 하드웨어와 간단하고 빠른 개발을 가능하게 하는 아두이노의 소프트웨어 개발 환경에 대해 알아본다.

2.1 아두이노 하드웨어

최근 마이크로컨트롤러와 관련하여 가장 주목받는 단어는 아두이노가 아닐까 싶다. 아두이노란 무엇일까? 아두이노는 한마디로 정의하기 어려운데, 그 이유는 아두이노에는 마이크로컨트롤러를 이용하여 만들어진 개발 보드인 하드웨어와 하드웨어를 동작시키기 위해 필요한 (마이크로컨트롤러에서 흔히 펌웨어라 불리는) 프로그램을 개발할 수 있는 개발 환경까지 모두 포함되어 있기 때문이다. 먼저 하드웨어에 대해 살펴보자. 하지만, 아두이노 하드웨어에 대해서도 간단히 설명하기는 쉽지 않다. 아두이노 하드웨어를 이해하기 어렵게 만드는 이유 역시 여러 가지가 있지만 기본적으로 마이크로컨트롤러와 마이크로컨트롤러 보드를 명확히 구분하지 못하여 여러 가지 오해가 생기기 때문이다.

아두이노는 '마이크로컨트롤러를 사용하여 만들어진 개발 보드'라고 정의할 수 있다. 한 가지 주의할 점은 '마이크로컨트롤러'가 아니라 '개발 보드'라는 점이다. 마이크로컨트롤러는 싱글 칩 컴퓨터(single chip computer)라고도 불리는, 컴퓨터의 본체에 해당하는 기능을 하나의 칩으로 집약시켜 놓은 저사양의 컴퓨터를 가리킨다. 컴퓨터의 본체에 전원만 꽂아 주면 컴퓨터로 기능할 수 있는 것처럼 마이크로컨트롤러 역시 전원만 주어진다면 마이크로컨트롤러로서 동작할 수 있다. 하지만, 아두이노에는 마이크로컨트롤러 이외에 많은 것들이 추가되어 있다. 아두이노 중 가장 많이 사용되며 이 책에서도 사용하는 아두이노 우노를 살펴보면, 아두이노 우노의 핵심이라고 할 수 있는 ATmega328 마이크로컨트롤러 이외에도 다양한 부품들이 자리하고 있음을 발견할 수 있다.

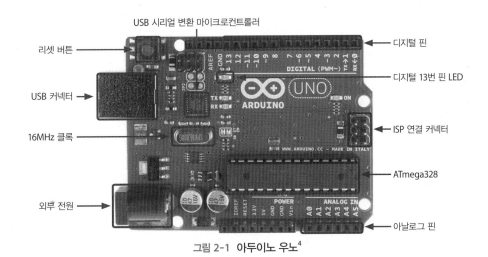

그림 2-1 아두이노 우노[4]

아두이노는 마이크로컨트롤러를 위한 개발 보드이다. 편리한 개발을 위해서는 컴퓨터 또는 주변장치와 연결할 수 있는 방법, 전원을 공급할 수 있는 방법 등이 필요하며, 실제로 아두이노 우노에서 핵심이라 할 수 있는 ATmega328 마이크로컨트롤러 이외의 부가적인 부분들이 더 많은 부분을 차지하고 있다. 이처럼 아두이노는 '마이크로컨트롤러 + α'를 의미한다.

아두이노? AVR? ATmega328?

아두이노는 AVR 시리즈의 마이크로컨트롤러 중 하나인 ATmega328을 이용하여 만든 마이크로컨트롤러 보드이다. AVR은 아트멜(Atmel)에서 제작하여 판매하는 마이크로컨트롤러 시리즈 중 하나로, 아두이노 우노에 사용된 ATmega328은 AVR에 속하는 마이크로컨트롤러이다.

마이크로컨트롤러는 중앙처리장치(CPU)와 주변장치들을 하나의 칩으로 집약시켜 컨트롤 기능에 특화시킨 칩을 지칭하는 말이다. 아두이노 우노 보드가 옆에 있다면 보드 위에 있는 가장 큰 IC 칩을 살펴보자. 'Atmel'이라는 글자가 보이고 그 아래에는 'ATMEGA328P-PU'라는 글자가 보인다. Atmel은 ATMEGA328P-PU 마이크로컨트롤러를 만든 회사의 이름이며, ATMEGA328P-PU는 아두이노 우노 보드에서 핵심적인 역할을 하는 마이크로컨트롤러에 해당한다.

아두이노 우노 보드에는 ATMEGA328P-PU 마이크로컨트롤러 이외에도 전원 연결 잭, USB 연결 잭, 버튼, 핀 연결을 위한 헤더 등 여러 가지 부품들이 포함되어 있다. 아두이노란 마이크로컨트롤러뿐만이 아니라 사용 편의를 위해 추가된 부품을 합한 보드 전체를 가리키는 말이다. 물론, 아두이노는 하드웨어뿐만이 아니라 소프트웨어 개발 환경까지도 함께 가리키는 말이지만, 하드웨어 측면에서만 볼 때 아두이노는 마이크로컨트롤러가 아니라 '마이크로컨트롤러 보드'에 해당한다. 이처럼 아두이노와 AVR 그리고 ATmega328은 정확히 이야기하자면 비교의 대상이 아니다.

아두이노 우노는 AVR 시리즈의 마이크로컨트롤러, 그중에서도 ATmega328을 사용하므로 AVR을 프로그래밍하는 것과 아두이노를 프로그래밍하는 것은 기본적으로 동일하다. 즉, AVR을 위한 프로그램을 작성하는 환경에서 아두이노 프로그램을 작성하는 것이 가능하다. 예를 들어 AVR 프로그램을 작성하기 위해 흔히 사용되는 아트멜 스튜디오(Atmel Studio)에서 아두이노에서 실행될 프로그램을 작성할 수 있다. 반대로 아두이노에서 제공하는 소프트웨어 개발 환경에서 AVR을 위한 프로그램을 작성하는 것도 역시 가능하다. 하지만, 전자의 경우 모든 AVR 시리즈 마이크로컨트롤러를 지원하지만, 후자의 경우에는 모든 AVR 시리즈 마이크로컨트롤러를 지원하지는 않으며, 아두이노 보드에서 사용된 마이크로컨트롤러, 예를 들어 아두이노 우노에 사용된 ATmega328, 아두이노 메가에 사용된 ATmega2560 등의 마이크로컨트롤러만을 지원한다.

또 한 가지 아두이노를 이해하기 어렵게 만드는 점은 아두이노가 한 가지 개발 보드만을 지칭하는 것이 아니라는 점이다. 아두이노의 홈페이지[5]를 살펴보면 10여 가지가 넘는 보드들이 나열되어 있다. 이들의 공통점은 무엇일까? 아두이노라고 이름 붙여진 보드들은 크기와 형태가 다양하여 외형적으로는 공통점을 쉽게 찾아볼 수 없다. 아두이노의 공통점은 공통된 개발 환경, 즉 동일한 소프트웨어를 사용하여 프로그램을 개발할 수 있다는 점이다. 마이크로컨트롤러는 종류에 따라 프로그램을 작성하는 방법이 조금씩 다르다. 동일한 회사에서 만들어진 마이크로컨트롤러의 경우에도 예외는 아니다. 하지만, 아두이노라고 이름 붙여진 개발 보드들은 모두 동일한 방식으로 프로그램을 작성하고 동작시킬 수 있으며, 이러한 공통의 개발 환경이 아두이노의 장점 중 하나라고 할 수 있다.

아두이노를 특징짓는 요소 중 한 가지가 개발 환경에 있는 것은 사실이지만, 이는 하드웨어의 지원이 바탕이 되어야 한다. 아두이노 보드들은 형태에 따라 핀 헤더가 존재하는 보드와 존재하지 않는 보드로 나누어 볼 수 있다.

(a) 아두이노 우노[6]

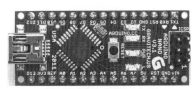

(b) 아두이노 나노[7]

(c) 아두이노 레오나르도[8]

(d) 아두이노 마이크로[9]

그림 2-2 아두이노 보드의 종류 1

그림 2-2에서 아두이노 우노와 아두이노 나노는 동일한 마이크로컨트롤러를 사용하여 만들어진 아두이노 보드이다. 가장 큰 칩이 마이크로컨트롤러에 해당하며, 크기와 형태가 달라 보이지만 패키징의 차이일 뿐 기본적으로 동일한 칩이다. 동일한 마이크로컨트롤러를 사용하는데 굳이 서로 다른 보드를 만든 이유는 무엇일까? 바로 사용 목적의 차이 때문이다. 아두이노 우노는 아두이노의 대표적인 보드 중 하나로 '개발 보드'의 목적에 충실하게 주변장치나 컴퓨터를 간편하게 연결하기 위해 다양한 부가장치들이 포함되어 있다. 하지만, 아두이노 나노는 개발용이라기보다는 개발이 완료된 후 실제 제품에 적용하는 단계에서 사용할 수 있도록 아두이노 우노와 동일한 기능을 하는 보드를 소형으로 만들어 놓은 것이다. 아두이노 레오나르도와 아두이노 마이크로 역시 아두이노 우노와 아두이노 나노의 관계와 동일하다. 이외에도 웨어러블 기기 개발을 위한 릴리패드 아두이노, 센서가 결합되어 있는 아두이노 Esplora, 주행 장치를 만들 수 있는 아두이노 로봇, 안드로이드용 액세서리 개발을 위한 아두이노 메가 ADK 등 다양한 전용 보드들이 존재한다.

(a) 릴리패드 아두이노[10]

(b) 아두이노 Esplora[11]

(c) 아두이노 로봇[12]

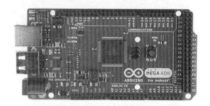

(d) 아두이노 메가 ADK[13]

그림 2-3 전용 목적의 아두이노 보드

아두이노 보드들의 또 다른 공통점을 찾아내었는가? 핀 헤더의 위치를 유심히 살펴보자. 아두이노 우노와 아두이노 메가2560의 핀 헤더에서 공통점을 발견하였는가?

(a) 아두이노 우노[14]

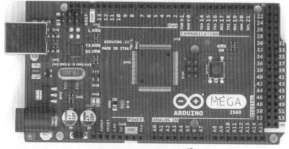

(b) 아두이노 메가2560[15]

그림 2-4 아두이노 보드의 종류 2

아두이노 메가2560에 사용된 마이크로컨트롤러는 아두이노 우노에 사용된 마이크로컨트롤러에 비해 더 많은 수의 입출력 핀을 제공한다. 따라서 아두이노 메가2560에는 더 많은 수의 핀 헤더가 존재한다. 하지만, 그림 2-4에서 아두이노 메가2560 보드의 왼쪽에 있는 핀 헤더들은 아두이노 우노와 동일함을 확인할 수 있다. 자세히 살펴보면 핀의 설명 역시 동일하다. 즉, 아두이노 우노에 연결한 주변장치를 그대로 아두이노 메가2560에 연결해도 동작이 가능하다는 의미이다. 이러한 핀 배열의 공통점은 아두이노 보드들에 공통으로 사용할 수 있는 확장 보드인 쉴드(shield) 제작을 가능하게 하였으며, 아두이노 홈페이지에도 여러 종류의 쉴드들이 소개되어 있다.

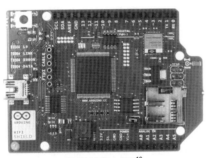 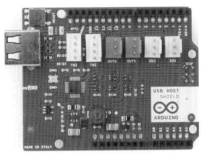

(a) 와이파이 쉴드[16]　　　　　　　　　　(b) USB 호스트 쉴드[17]

그림 2-5 아두이노 쉴드

아두이노는 하드웨어가 공개되어 있기 때문에 누구나 자유롭게 아두이노에서 사용 가능한 쉴드를 제작할 수 있다. 아두이노 홈페이지에 소개된 쉴드 이외에도 검색을 통해 다양하고 신기한 기능의 쉴드들을 쉽게 찾아볼 수 있다.

이외에도 아두이노 트레를 제외하면 아두이노 보드들은 아트멜에서 제작한 마이크로컨트롤러를 사용한다는 공통점이 있다. 아트멜에서 제작한 마이크로컨트롤러 역시 크게 두 종류로 나눌 수 있다. 아두이노 우노, 아두이노 레오나르도, 아두이노 메가2560 등은 아트멜의 아키텍처를 사용하는 AVR 시리즈 마이크로컨트롤러를 사용하고 있다. 반면, 아두이노 듀에와 아두이노 제로는 ARM의 Cortex 아키텍처를 사용하고 아트멜에서 제작한 마이크로컨트롤러를 사용하고 있다. 표 2-1은 아트멜에서 제작하고 아두이노에서 사용되고 있는 마이크로컨트롤러의 종류에 따라 아두이노를 분류한 것이다.

표 2-1 아두이노 보드의 종류 3

아두이노	마이크로컨트롤러	아키텍처	비고
우노	ATmega328	AVR	
레오나르도	ATmega32u4	AVR	
메가2560	ATmega2560	AVR	
제로	ATSAMD21G18	Cortex M0+	
듀에	AT91SAM3X8E	Cortex M3	
트레	AM3359AZCZ100	Cortex A8	Texas Instrument

애초에 아두이노는 아트멜의 AVR 시리즈 마이크로컨트롤러를 사용하여 제작되었다. 하지만, 높은 사양의 마이크로컨트롤러에 대한 요구가 증가함에 따라 ARM의 Cortex 아키텍처에 기반을 둔 아두이노 보드 역시 여러 종류가 출시되고 있다. 아두이노 우노의 경우 16MHz 클록을 사용하지만, 아두이노 듀에의 경우 84MHz 클록을 사용하여 5배 이상 빠른 속도를 제공하는 등 Cortex 아키텍처 기반의 아두이노 보드들은 전반적으로 높은 성능을 보여 주고 있다. 하지만, 아직은 AVR 시리즈 마이크로컨트롤러를 사용한 아두이노 보드가 주류를 이루고 있다.

아두이노 우노와 동일한 AVR 시리즈 마이크로컨트롤러를 사용한 아두이노 보드에는 더 많은 수의 입출력 핀을 제공하는 아두이노 메가2560, USB 연결 기능을 내장한 아두이노 레오나르도 등이 있으며, 특히 아두이노 레오나르도는 추가 장치 없이 직접 컴퓨터와 연결할 수 있어 사용이 증가하는 추세에 있다. 표 2-2는 AVR 시리즈 칩을 사용한 아두이노 보드들을 비교한 것으로 기본 기능은 거의 동일하지만, 입출력 핀의 수, 프로그램 메모리의 크기 등에서 차이가 나므로 필요에 따라 선택하여 사용하면 된다.

표 2-2 아두이노 보드의 종류 4

항목	아두이노 우노	아두이노 레오나르도	아두이노 메가2560
마이크로컨트롤러	ATmega328	ATmega32u4	ATmega2560
클록	16MHz	16MHz	16MHz
핀 수	28	44	100
디지털 입출력 핀 수	14	18(12)	54
아날로그 입력 핀 수	6	6(12) (6개의 디지털 핀은 아날로그 핀으로 중복 정의되어 최대 12개의 아날로그 핀을 사용할 수 있음)	16
PWM 채널 수	6	7	15
플래시 메모리	32KB	32KB	256KB
SRAM	2KB	2.5KB	9KB
EEPROM	1KB	1KB	4KB

2.2 아두이노 우노

이 책에서 사용할 아두이노 보드는 아두이노 우노이다. 아두이노에는 많은 보드들이 있지만 가장 많이 사용되는 보드가 아두이노 우노이며, 아두이노 우노는 아두이노의 기본 보드로 자리 잡고 있다. 그림 2-1에서 볼 수 있듯이, 아두이노 우노는 ATmega328 마이크로컨트롤러를 기본으로 전원 공급을 위한 부분, 핀 헤더 연결 부분, UART 통신 및 프로그램 업로드를 위한 USB 연결 부분 등이 추가된 형태로 구성된다. ATmega328은 5V 전원을 사용하므로 아두이노 우노에는 5V 전원 공급을 위한 레귤레이터가 포함되어 있다. 또한, 최근 3.3V 전원을 사용하는 주변장치들이 증가하는 추세에 있어 아두이노에도 3.3V 전원을 제공하기 위한 레귤레이터와 핀 헤더가 포함되어 있다.

아두이노 우노는 핀 헤더를 통해 20개의 입출력 핀을 사용할 수 있다. 마이크로컨트롤러의 기본 기능은 디지털 또는 아날로그 데이터를 입출력하는 기능이다. 디지털 데이터의 입출력을 위해 아두이노에서는 0번에서 19번까지 핀 단위로 번호를 지정하여 사용한다. 아날로그 데이터의 경우에는 마이크로컨트롤러에서 직접 처리할 수 없으므로 디지털 데이터로의 변환이 먼저 이루어져야 하며, 이를 위해 ADC(Analog-Digital Converter)가 필요하다. ATmega328에는 10비트 해상도에 6 채널의 ADC가 포함되어 있고, A0에서 A5까지 상수가 지정되어 있다. 한 가지 주의할 점은 디지털 입출력을 위한 핀 중 14번부터 19번까지의 핀에 A0부터 A5까지 상수가 할당되어 있다는 점이다. 디지털 입출력 핀은 0번에서 19번까지 20개가 존재한다. 하지만, 표 2-2에서는 14개라고 설명되어 있다. 나머지 6개는 바로 아날로그 입력이 가능한 핀이다. 필요하다면 이 아날로그 입력이 가능한 핀을 디지털 입출력 핀으로 사용할 수 있으므로 실제로 사용 가능한 디지털 입출력 핀의 개수는 최대 20개이다.

아날로그 데이터를 출력하기 위해서는 ADC와는 반대로 DAC(Digital-Analog Converter)가 필요하지만, ATmega328에는 DAC가 포함되어 있지 않으므로 아날로그 신호를 직접 출력할 수는 없다. 대신 PWM(Pulse Width Modulation) 신호를 통해 아날로그와 유사한 기능을 하는 디지털 신호를 사용할 수 있다. PWM 신호는 디지털 신호이기는 하지만 모든 디지털 입출력 핀을 통해 출력할 수는 없으며, 14개의 디지털 입출력 핀 중 6개의 핀을 통해서만 출력이 가능하다. 아두이노 우노 보드에서는 핀 번호 앞에 '~' 기호를 붙여 PWM 신호 출력이 가능한 핀을 구별하고 있다.

표 2-3 아두이노 우노

항목	내용	비고
마이크로컨트롤러	ATmega328	ATmega328P-PU
동작 전압	5V	
입력 전압	7V~12V	추천 입력 범위
디지털 입출력 핀	14개	6개의 PWM 출력 핀(3, 5, 6, 9, 10, 11번 핀)
아날로그 입력 핀	6개	14번에서 19번까지의 디지털 입출력 핀
플래시 메모리	32KB	ATmega328, 부트로더 0.5KB
SRAM	2KB	ATmega328
EEPROM	1KB	ATmega328
클록 주파수	16MHz	

아두이노가 다른 마이크로컨트롤러 보드와 또 다른 점은 프로그램 업로드 방식에 있다. 일반적으로 마이크로컨트롤러에서 프로그램 업로드는 ISP(In System Programming) 방식으로 이루어진다. 그림 2-1에서도 ISP 연결 커넥터를 볼 수 있으며, 아두이노에서도 ISP 방식으로 프로그램을 업로드할 수 있다. 하지만, 아두이노에서는 일반적으로 부트로더(bootloader)를 통한 시리얼 방식으로 프로그램을 업로드한다. 부트로더란 플래시 메모리의 특정 위치에 존재하는 작은 크기의 프로그램으로 프로그래머가 작성한 프로그램을 업데이트해 주는 기능을 수행한다. 표 2-3에서도 알 수 있듯이 32KB의 플래시 메모리 중 부트로더가 0.5KB를 차지하고 있다. 하지만, 부트로더만 있다고 프로그램 업로드가 가능한 것은 아니며 하드웨어적인 지원이 필요하다. 그림 2-1에서 USB 시리얼 변환 마이크로컨트롤러가 프로그램 업로드를 지원하기 위해 사용된 전용 하드웨어이다. 아두이노의 부트로더는 UART 시리얼 통신을 통해 프로그램을 업로드하며, ATmega16u2 마이크로컨트롤러는 USB를 통해 컴퓨터에서 전달되는 프로그램을 UART 형식으로 변환하는 역할을 한다. 프로그램 업로드에 사용되지 않는 경우 ATmega16u2 마이크로컨트롤러는 컴퓨터와 UART 시리얼 통신을 수행하기 위해 사용될 수 있다. 아두이노를 위한 드라이버가 성공적으로 설치되었다면 장치 관리자에서 가상의 시리얼 통신 포트가 추가된 것을 확인할 수 있으며, 이 포트를 통해 아두이노 우노에 프로그램을 업로드하고 UART 통신을 통해 컴퓨터와 아두이노가 데이터를 주고받을 수 있다.

아두이노 우노 보드가 준비되었다면 필요한 것은 아두이노 우노의 USB 커넥터와 컴퓨터의 USB 커넥터를 연결하는 것뿐이다. 물론, 아두이노 프로그램을 설치해야 하고 컴퓨터와의 통신을 위해 드라이버가 설치되어 있어야 한다.

2.3 아두이노 소프트웨어

아두이노에는 다양한 보드들이 존재하지만, 모두 동일한 환경에서 프로그램을 개발할 수 있다는 점이 아두이노의 장점 중 하나라고 이야기하였다. 아두이노 개발 환경은 자바를 기반으로 만들어진 통합 개발 환경(IDE, Integrated Development Environment)과 그 아래에 숨겨진 아두이노 함수들로 이루어진다. 먼저 아두이노 프로그램을 살펴보자. 아두이노 프로그램은 아두이노 홈페이지에서 무료로 다운로드받을 수 있다.[18]

그림 2-6 아두이노 프로그램 다운로드 페이지

아두이노 프로그램은 윈도우즈(Windows)를 포함하여 Mac OS X과 리눅스(Linux)도 지원하므로 운영체제에 맞는 프로그램을 다운로드받으면 된다.[19] 아두이노 프로그램은 따로 설치할 필요가 없으며, 압축을 해제하는 것만으로 사용할 수 있다. 윈도우즈 환경에서 사용할 수 있는 인스톨 파일도 제공되며, 인스톨 파일의 경우 프로그램 설치 이외에 아두이노를 위한 드라이버 설정 등을 자동으로 해 주므로 윈도우즈 환경에서 사용한다면 인스톨 파일을 다운로드받아 설치할 것을 권장한다. 인스톨 파일을 다운로드받아 실행해 보자.

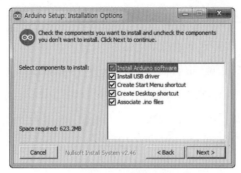

그림 2-7 인스톨 옵션

인스톨 과정에서는 필요한 파일들의 복사 이외에도 드라이버 설치, 아이콘 생성, 아두이노 스케치 파일의 확장자인 INO 연결 등의 작업을 자동으로 수행할 수 있다.

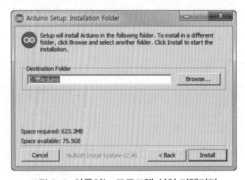

그림 2-8 아두이노 프로그램 설치 디렉터리

아두이노 프로그램의 설치 디렉터리를 'C:\Arduino'로 지정하였다고 가정하자. 필요한 파일들의 복사가 시작되고 복사가 끝나면 아두이노를 위한 USB 드라이버를 설치하기 위한 보안 경고창이 나타난다. '설치' 버튼을 눌러 드라이버를 설치하자.

그림 2-9 아두이노 드라이버 설치

설치가 끝났으면 아두이노 우노 보드를 컴퓨터에 연결해 보자. 아두이노 우노 보드를 처음 컴퓨터와 연결하였다면 드라이버 설정을 통해 추가 작업 없이 자동으로 인식된다. 아두이노 프로그램의 설치는 끝났다. 간단하지 않은가? 설치된 프로그램을 실행시켜 보자. 아두이노 프로그램은 프로그램 작성과 업로드에 필요한 기본 기능들만으로 구성되는 직관적인 인터페이스를 제공하고 있다. C 언어를 사용해 본 경험이 있다면 아두이노 프로그램이 어딘가 허전해 보일 수도 있지만, 아두이노는 비전공자들을 위한 마이크로컨트롤러 보드로 시작되었다는 점을 기억하자. 아두이노 프로그램은 필요한 기본 기능들만을 제공함으로써 쉽고 간단하게 프로그램을 개발할 수 있도록 만들어져 있다.

그림 2-10 아두이노 통합 개발 환경

아두이노 소프트웨어를 구성하는 중요한 부분에는 아두이노 프로그램 이외에도 아두이노에서 제공하는 함수들의 집합이 있다. 아두이노 프로그램은 작고 간단한 통합 개발 환경으로 손쉽게 사용할 수 있는 장점이 있기는 하지만, 고급 기능을 사용하고 싶다면 아두이노 프로그램으로는 불가능하다는 사실을 발견하게 될 것이다. 아두이노 프로그램의 제한된 기능을 넘어서는 고급 기능을 사용하고 싶다면 아트멜 스튜디오 등의 개발 환경을 통해 프로그램을 개발하는 것도 가능하다. 하지만, 아트멜 스튜디오를 사용하는 경우와 아두이노 프로그램을 사용하는 경우의 공통점은 바로 아두이노의 함수에 있으며, 이것이 아두이노의 장점 중 하나이다.

아두이노가 다른 마이크로컨트롤러 보드와 비교하여 쉽게 사용할 수 있는 이유 중 하나는 공통된 핀 배치와 이를 통해 다양한 확장 쉴드를 사용할 수 있도록 해 주는 하드웨어 측면뿐만 아니라, 마이크로컨트롤러의 기능을 추상화된 함수로 제공해 주어 손쉽게 프로그래밍을 할 수 있도록 해 주는 소프트웨어도 큰 몫을 차지한다. 아두이노의 13번 핀에 연결된 LED를 켜는 프로그램을 다른 마이크로컨트롤러 개발 방법에서와 같이 ATmega328의 레지스터를 통해 구현하면 다음과 같다.

```
DDRB |= 0x20;
PORTB |= 0x20;
```

동일한 기능을 아두이노에서 제공하는 추상화된 함수를 통해 구현해 보자.

```
pinMode(13, OUTPUT);
digitalWrite(13, HIGH);
```

어느 것이 더 이해하기 쉬운가? 물론, 아두이노에서 ATmega328의 모든 기능을 추상화된 함수로 제공하는 것은 아니지만, 기본적인 기능들에 대한 추상화된 함수들을 제공하고 있으므로 빠른 시간 내에 프로그램을 만들어 볼 수 있다. 추상화된 함수와 더불어 아두이노에서는 주변장치를 쉽게 사용할 수 있도록 C++의 클래스 형태로 만들어진 라이브러리를 제공하고 있다. EEPROM의 100번지에 10의 값을 쓰고 싶다면 다음과 같이 한 문장이면 충분하다.

```
EEPROM.write(100, 10);
```

간단하지 않은가? 물론, EEPROM 클래스의 write 멤버 함수 이면에서는 많은 일들이 벌어지고 있다. 하지만, 아두이노는 모든 번거로운 작업을 대신해 주고 있으므로 프로그래머가 신경써야 할 부분은 그리 많지 않다. 더 반가운 소식은 지금도 아두이노의 라이브러리는 늘어나고 있다는 사실이다. 아두이노가 설치된 디렉터리 아래의 'libraries' 디렉터리를 살펴보면 사용하고자 하는 주변장치의 종류에 따라 별도의 디렉터리로 만들어진 라이브러리들을 확인할 수 있다. 라이브러리가 겨우 10여 개뿐이어서 실망했는가?

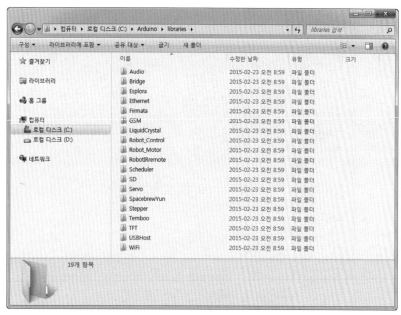

그림 2-11 아두이노의 기본 라이브러리

아두이노 설치 디렉터리 아래 존재하는 라이브러리들은 기본 라이브러리라고 불리며, 이 라이브러리들은 아두이노에서 공식적으로 제공한다. 하지만, 하드웨어의 기능을 확장하기 위해 쉴드를 제작하여 사용할 수 있는 것과 마찬가지로, 기본 라이브러리에서 제공하지 않는 기능들 역시 라이브러리로 만들어 사용할 수 있으며, 이를 확장 라이브러리라고 한다. 확장 라이브러리는 기본 라이브러리 디렉터리에 설치하여 사용할 수도 있지만, 스케치북 디렉터리 아래 별도의 'libraries' 디렉터리가 존재하므로 일반적으로 그 아래에 설치한다. 스케치북 디렉터리는 '파일 ➡ 환경 설정' 메뉴에서 확인할 수 있으며, 'D:\Arduino'로 설정한 것으로 가정한다.

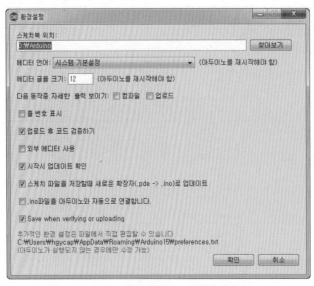

그림 2-12 환경 설정 – 스케치북 위치

아두이노를 위해 작성한 프로그램을 '스케치(sketch)'라고 부른다. 쉽고 간단하게 그림을 그리듯이 프로그램을 만들 수 있다는 의미에서 붙여진 이름이다. 스케치북은 스케치들을 모아놓은 것을 말한다. 여러 개의 스케치들은 라이브러리에서와 마찬가지로 스케치북 디렉터리 아래에 디렉터리별로 저장되고 관리된다. 스케치북 디렉터리 아래에는 'libraries' 디렉터리가 자동으로 생성되며, 일반적으로 확장 라이브러리를 이곳에 설치한다.

아두이노는 애초에 비전공자들을 위한 마이크로컨트롤러로 만들어졌다. 간단한 하드웨어와 간단한 프로그램, 그리고 추상화된 함수들을 통해 쉽고 빠르게 프로그램을 만들 수 있는 점이 아두이노의 가장 큰 장점이다. 하지만, 간과할 수 없는 부분이 바로 확장 라이브러리로, 아두이노에서 공식적으로 제공하지는 않지만 수많은 자발적인 참여자들에 의해 만들어지고 무료로 공개된 확장 라이브러리는 아두이노라는 생태계 구축을 촉진시키고 지금과 같은 아두이노의 성공을 이끈 주역이라 해도 과언이 아니다. 지금도 누군가는 기존 라이브러리보다 더 편리한 라이브러리를 만들기 위해 고민하고 있을 것이며, 아두이노의 영토는 점점 넓어지고 있다.

2.4 아두이노 프로그래밍

아두이노 우노 보드를 USB 연결선을 이용하여 컴퓨터와 연결하고 프로그램 설치도 끝났다면 아두이노를 시작할 준비는 모두 끝난 것이다. 아두이노 프로그램을 실행하고 '파일 ➡ 예제 ➡ 01.Basics ➡ Blink'를 선택해 보자. C 프로그래밍에 'Hello World'가 있다면 아두이노에는 'Blink'가 있다. Blink 예제는 13번 핀에 연결된 내장 LED를 1초 간격으로 점멸하는 스케치에 해당한다.

그림 2-13 Blink 예제

스케치를 컴파일하고 아두이노 우노로 업로드하는 방법은 간단하다. 다만 업로드 이전에 확인해야 할 사항이 두 가지 있다. 먼저 '도구 ➡ 보드' 메뉴에서 사용하고자 하는 아두이노 보드가 선택되었는지 확인한다. 아두이노 우노 보드를 사용할 것이므로 'Arduino Uno'를 선택한다.

그림 2-14 보드 선택

다음은 '도구 ➡ 포트' 메뉴에서 아두이노 보드에 할당된 시리얼 통신 포트를 선택한다. 아두이노 우노가 연결된 포트 번호 옆에는 'Arduino Uno'라는 표시가 나타나므로 쉽게 확인할 수 있다.

그림 2-15 포트 선택

포트 번호는 컴퓨터에 따라 달라질 수 있으며, 제어판의 장치 관리자에서도 확인할 수 있다.

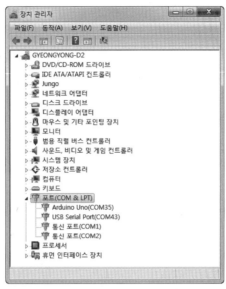

그림 2-16 아두이노 보드에 할당된 시리얼 통신 포트

설정이 끝났으면 먼저 스케치를 컴파일해 보자. 프로그래밍 과정에서 필요한 기본적인 기능들은 아두이노 프로그램의 툴바 버튼을 이용하여 사용할 수 있다.

그림 2-17 아두이노 프로그램의 툴바

툴바의 버튼 중 가장 왼쪽에 있는 버튼은 '확인' 버튼으로, 스케치의 문법적인 오류를 검사하기 위해 사용된다. 오류가 있다면 메시지 출력 창에 오류 정보를 보여 주며, 오류가 없다면 아두이노 보드로 업로드할 기계어 파일의 크기와 메모리 사용 정보를 알려 준다. 오류가 없다면 이제 아두이노 우노로 Blink 스케치를 업로드해 보자. '확인' 버튼 옆에 있는 '업로드' 버튼으로 생성된 기계어 파일을 시리얼 포트를 통해 아두이노로 업로드할 수 있다. 업로드에 성공하면 13번 핀에 연결된 LED가 1초 간격으로 깜빡거리는 것을 확인할 수 있다. 아두이노 우노에 포함되어 있는 LED는 칩 타입의 작은 LED이므로 자세히 보지 않으면 알아차리지 못할 수도 있으니 유심히 살펴보기 바란다.

장치 관리자에 나타나는 시리얼 통신 포트는 프로그램 업로드 이외에도 컴퓨터와의 UART 통신을 통해 데이터를 주고받기 위해서도 사용될 수 있다. 툴바의 가장 오른쪽에 있는 '시리얼 모니터' 버튼을 눌러보자.

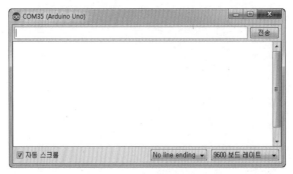

그림 2-18 시리얼 모니터

시리얼 모니터는 아두이노에서 전달된 데이터를 표시하는 부분과 아두이노로 전달할 데이터를 입력하는 부분으로 나뉘어져 있다. 아두이노가 간단하고 편리한 프로그램인 것은 맞지만 고급 기능을 제공하지는 않으며, 특히 디버깅 기능을 제공하지 않는다는 점이 가장 큰 불편함이 아닐까 싶다. 디버깅을 위해서는 전용의 장비가 필요하며, 비전공자들이 쉽게 사용할 수는 없으므로 아두이노에서는 지원하지 않고 있다. 하지만, 아두이노에서 전달된 정보를 표시해 주는 시리얼 모니터를 통해 스케치의 실행 과정 및 결과를 표시해 주므로 디버깅 용도로 사용할 수 있으며, 시리얼 모니터는 C 프로그래밍에서 콘솔(console)과 유사한 목적으로 흔히 사용된다.

2.5 스케치의 구조

스케치를 업로드하고 실행 결과까지 확인해 보았다. 마지막으로 언급하고 넘어가야 할 부분은 바로 스케치의 독특한 구조이다. Blink 예제에서 특이한 점을 발견하지 못했는가? 그림 2-13을 다시 살펴보자. 아두이노의 스케치는 C/C++ 언어로 만들어지며, C/C++ 언어의 경우 프로그램의 시작점으로 제일 먼저 실행되는 main 함수가 반드시 필요하다. 하지만, 그림 2-13에서는 main 함수를 찾아볼 수 없으며, 2개의 함수, 즉 setup과 loop만이 존재한다. main은 어디에 있을까?

마이크로컨트롤러에는 컴퓨터와는 달리 오직 하나의 프로그램만 설치될 수 있으며, 설치된 프로그램은 전원이 주어지는 동안 끝나지 않는 무한루프(메인 루프 또는 이벤트 루프)를 통해 데이터를 처리한다. 이외에도 필요한 헤더 파일을 포함시키거나 상수를 정의하는 등의 작업을 수행하는 전처리 부분, 마이크로컨트롤러를 설정하는 초기화 부분 등이 필요하다.

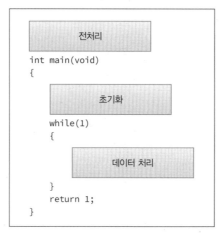

그림 2-19 마이크로컨트롤러를 위한 프로그램의 구조

아두이노의 스케치는 그림 2-19에 나타난 프로그램의 구조를 보다 직관적으로 이해할 수 있도록 초기화 부분과 데이터 처리 부분을 별개의 함수로 분리하고 있다.

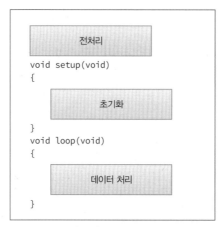

그림 2-20 아두이노를 위한 스케치의 구조

내용이 바뀐 것은 아니다. 다만 모양이 바뀌었을 뿐이다. 아두이노에도 main 함수는 존재한다. 아두이노 설치 디렉터리 아래 'hardware\arduino\avr\cores\arduino' 디렉터리를 살펴보면 main.cpp 파일을 확인할 수 있으며, 그 구조가 그림 2-19와 다르지 않다는 사실을 확인할 수 있다.

main.cpp

```
#include <Arduino.h>

int main(void)
{
    init();
    initVariant();
#if defined(USBCON)
    USBDevice.attach();
#endif
    setup();                        // 초기화

    for ( ; ; ) {                   // 메인/이벤트 루프
        loop();                     // 데이터 처리
        if (serialEventRun) serialEventRun();
    }

    return 0;
}
```

2.6 사물인터넷 환경에서의 아두이노

사물인터넷의 폭발적인 성장에 발맞춰 ARM, 인텔 등의 IT 기업들 역시 자신들만의 강점을 내세워 사물인터넷 시장에 뛰어들고 있다. 이러한 거대기업들의 틈바구니에서 어찌 보면 시대에 뒤떨어지는 저사양의 8비트 마이크로컨트롤러로 만들어진 아두이노가 살아남을 수 있을까 하는 의구심이 드는 것도 당연하다. 하지만 결론부터 말하자면, 아두이노에는 아두이노의 자리가 있다.

아두이노가 처음 소개된 지 어느덧 10년이 지났다. 비전공자들이 사용할 수 있는 쉽고 간단한 마이크로컨트롤러 보드를 목표로 시작된 아두이노는 수많은 참여자들에 의해 독자적인 생태계 구축에 성공함으로써 수많은 하드웨어와 소프트웨어의 확장이 이루어졌다. 특히 아두이노에서 사용할 수 있는 다양한 주변장치에는 사물인터넷 환경에서 필요로 하는 대부분의

주변장치들이 포함되어 있다. 또한, 여기에 힘을 더해 주는 사실은 사물인터넷에서의 사물은 종류가 다양하여 8비트 마이크로컨트롤러만으로도 충분한 사물들이 수없이 많다는 점이다. 복잡하고 빠른 계산이 필요하다면 아두이노가 아닌 클록이 1GHz인 ARM Cortex-M 마이크로컨트롤러를 사용하면 된다. 하지만, 자동문을 만들기 위해 클록이 1GHz인 고성능의 마이크로컨트롤러가 필요하지는 않다. 사물은 연결되어 있음으로써 의미를 갖는다. 아두이노는 이미 수많은 연결 방법을 제공하고 있으므로 사물로 기능할 발판은 다른 무엇보다 굳건하다. 누구와 어떻게 연결할지만 결정된다면 그 방법은 이 책에서 찾을 수 있을 것이다.

아두이노
− 주변장치 연결

CHAPTER

3

UART

UART는 비동기식 시리얼 통신 방법의 일종으로 역사가 오래되었으며, 아직도 많이 사용되는 대표적인 시리얼 통신 방법 중 하나이다. 이 장에서는 UART와 UART를 기본으로 확장한 RS-232 통신 방법에 대해 알아보고, 아두이노와 연결하여 사용할 수 있는 UART 시리얼 방식의 텍스트 LCD 사용 방법에 대해 알아본다.

3.1 UART

UART는 Universal Asynchronous Receiver/Transmitter의 줄임말로, 비동기식 데이터 전송 방식을 말한다. UART가 범용(universal)인 이유는 데이터 전송을 위한 속도나 전기 신호 수준, 즉 논리 0과 1을 나타내는 전압을 UART 외부의 회로를 통해 변경할 수 있어서 사용범위가 넓기 때문이다. 흔히 함께 사용되는 외부 회로에는 대표적으로 RS-232가 있고, 이외에도 RS-422, RS-485 등이 있다. UART와 RS-232가 흔히 함께 사용되므로 이 두 가지는 동일한 것으로 생각할 수도 있지만, UART는 추상적인 통신 방식을, RS-232는 UART를 기반으로 하는 구체적인 통신 방식을 가리키는 차이가 있다. UART는 정확히 이야기하자면, 통신을 위한 하드웨어 회로를 가리킨다. 대부분의 마이크로컨트롤러 내부에는 UART 지원을 위한 하드웨어가 구현되어 있으며, UART의 주요 기능은 송신할 병렬 데이터를 직렬로 바꾸어 주고, 수신된 직렬 데이터를 병렬로 바꾸어 주는 것이다. 마이크로컨트롤러에서 UART는 TTL(Transistor-Transistor Logic) 레벨 신호를 사용한다. TTL 레벨 신호란 중앙처리장치(CPU)의 전압을 기준 전압으로 데이터를 송수신하는 것을 말한다. 아두이노 우노에 사용된 ATmega328의 경우 5V 전압을 사용하므로 5V는 논리 1에, 0V(GND)는 논리 0에 해당한다.[20] 이처럼 TTL 레벨을 사용하면 CPU의 동작 전압을 그대로 통신을 위해 사용하므로 별도의 변환 과정 없이 간단하게 데이터를 송수신할 수 있는 장점은 있지만, 낮은 전압을 사용하기 때문에 장거리 통신에서는 잡음과 간섭에 의해 오류가 증가하는 단점이 있다. 이를 보완하기 위해 TTL 레벨 신호를 높은 전압을 사용하여 송수신할 수 있도록 해 주는 것이 바로 RS-232이다.

RS-232는 1969년 미국 EIA(Electric Industries Association)에 의해 정해진 시리얼 통신을 위한 표준 인터페이스이다. TTL의 경우 마이크로컨트롤러의 VCC를 기준 전압으로 사용하는 반면, RS-232는 -3V에서 -25V 사이의 전압을 논리 1, +3V에서 +25V 사이의 전압을 논리 0으로 나타내는 부논리(negative logic)를 사용한다. 일반적으로 컴퓨터에서는 +13V와 -13V로 논리 0과 논리 1을 표현한다.

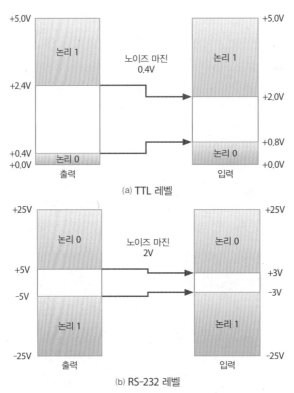

그림 3-1 **TTL 레벨과 RS-232 레벨의 사용 전압 비교**

그림 3-1은 TTL 레벨과 RS-232 레벨에서 논리 0과 논리 1로 인식되는 전압의 범위를 비교한 것이다. 출력 전압은 데이터 송신 장치에서의 전압을 나타내며, 입력 전압은 데이터 수신 장치에서의 전압을 나타낸다. 입력 전압의 범위가 더 넓은 이유는 출력 전압이 전송 과정에서 잡음이나 간섭에 의해 바뀔 수 있기 때문이다. 그림 3-1의 비교에서 볼 수 있듯이, RS-232는 기준 전압이 높고, 2V의 잡음 마진이 있어 장거리 전송에서 UART에 비해 유리하다. 실제 UART와 RS-232는 더 많은 차이가 있지만, 마이크로컨트롤러를 사용할 때 반드시 기억해야 할 점은 두 신호의 레벨이 다르므로 직접 연결하여 사용할 수 없다는 점이다. UART와 RS-2332는 기본적으로 2개의 신호선(RX, TX)과 GND만 연결하면 통신이 가능하다. 하지만, RS-232 신호선과 UART 신호선을 직접 연결하면 신호 레벨의 차이로 과도한 전압이 가해져서 기기가 망가질 수 있으므로 주의해야 한다. 또한, TTL은 정논리(positive logic)를, RS-232는 부논리(negative logic)를 사용한다는 점도 잊지 말아야 한다.

RS-232는 역사가 오래되고 흔히 사용되는 시리얼 인터페이스이지만 1:1 연결만을 지원하는 한계가 있다. 또한, 일부 기기의 경우 최대 1Mbit/s의 전송 속도를 낼 수 있지만, 대부분의 경우 115.2Kbit/s가 최대 전송 속도이다. 이러한 단점을 보완한 것이 RS-422로 1:n(n은 최대 10) 연결을 지원하며, 최대 전송 속도는 10Mbit/s에 달한다. RS-485는 RS-422를 더욱 확장하여 m:n(m, n은 최대 32) 연결을 지원하며, 최대 전송 속도는 RS-422와 동일하게 10Mbit/s이다.

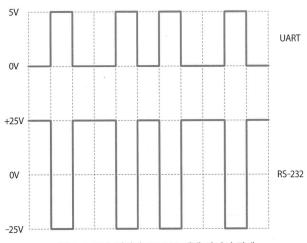

그림 3-2 TTL 레벨과 RS-232 레벨 사이의 관계

그림 3-2는 마이크로컨트롤러에서 흔히 사용되는 UART(TTL 레벨 사용)와 RS-232의 전압 레벨을 비교한 것이다. RS-232와 UART는 서로 다른 레벨의 신호를 사용하므로 직접 연결할 수는 없으며, 레벨 변환기(level converter 또는 level shifter)가 필요하다. 컴퓨터와 아두이노의 시리얼 통신에 관해서는 별도의 장에서 다루며, 이 장에서는 UART 시리얼 통신을 사용하는 주변장치, 특히 시리얼 방식의 텍스트 LCD를 아두이노 우노와 연결하여 사용하는 방법에 대해 알아본다. 이 장에서 사용할 텍스트 LCD 역시 5V를 사용하지만, 3.3V를 사용하는 장치 역시 증가하고 있으며, 3.3V를 사용하는 장치를 아두이노 우노와 UART 시리얼 통신으로 연결하기 위해서도 레벨 변환기가 필요하다는 점을 기억해야 한다.

시리얼 통신에서 신호 레벨 이외에 한 가지 더 주의해야 할 점은 데이터를 전송하는 속도를 보내는 쪽과 받는 쪽이 서로 알고 있어야 한다는 점이다. UART에서는 데이터의 전송 속도를 보율(baud rate)로 정하고 있다. 보율은 변조 속도를 나타내는 단위로 프랑스의 과학자 Jean Maurice Emile Baudot를 기념하여 그의 이름에서 따왔다. 초기 데이터 통신에서는 통신 회선을 통해 1초 동안 전달되는 데이터 비트의 개수를 나타내는 단위로 모뎀 등의 데이터 전송 속도를 표시하기 위해 보율이 사용되었으며, 이 경우에는 데이터 전송 속도 단위로 흔히 사용되는 bps(bits per second)와 동일하다. 하지만, 최근 통신 기술의 발달로 인해 신호가 한 번 변할 때 1비트 이상의 정보를 표현하는 것이 가능해짐에 따라 bps는 보율보다 크거나 같은 값을 가진다. 그림 3-3은 보율과 bps를 비교한 그림으로 1초에 신호가 네 번 변하므로 보율은 4이지만 신호가 한 번 변할 때 2비트의 데이터가 전달되므로 bps는 8이 된다.

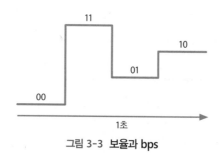

그림 3-3 보율과 bps

송신 측과 수신 측이 동일한 속도로 데이터를 주고받는다고 하여 정확하게 통신이 이루어지는 것은 아니다. 송신 측은 항상 데이터를 보내는 것이 아니며, 필요한 경우에만 데이터를 보낸다. 따라서 수신 측은 언제 송신 측이 데이터를 보내는지 그리고 어디서부터가 송신 측에서 보낸 데이터의 시작인지 알아 낼 수 있는 방법이 필요하다. 특히 UART는 비동기식 통신으로 동기화를 위한 클록을 별도로 전송하지 않으므로 데이터의 시작과 끝을 표시하기 위해 '0'의 시작 비트(start bit)와 '1'의 정지 비트(stop bit)를 사용한다. UART는 바이트 단위 통신에 흔히 사용되며, 여기에 시작 및 정지 비트가 추가되어 일반적으로 10비트 데이터를 전송한다. 데이터가 전송되지 않는 상태에서 데이터 핀은 항상 '1'의 상태에 있으며, 데이터의 시작을 알리기 위해 '0'의 시작 비트가 수신되고, 이어서 8비트의 데이터가 수신된 이후 데이터 전송이 끝났음을 알리는 '1'의 정지 비트가 수신된다.

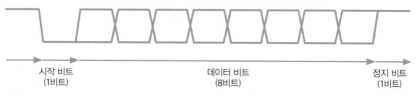

시작 비트
(1비트)

데이터 비트
(8비트)

정지 비트
(1비트)

그림 3-4 **UART의 데이터 전송**

UART 통신은 전이중 방식(full duplex) 통신으로 송신과 수신을 동시에 진행할 수 있으며, 이를 위해 2개의 범용 입출력 핀이 필요하다. 범용 입출력 핀을 통해 수신된 10비트의 데이터 중 실제 데이터에 해당하는 8비트를 분리하고 직렬로 전송된 데이터를 마이크로컨트롤러가 처리할 수 있도록 병렬로 바꾸어 주는 등의 작업을 위해 전용의 하드웨어가 대부분의 마이크로컨트롤러에 포함되어 있으며, 아두이노 우노에서는 디지털 0번과 1번 핀이 하드웨어 UART 통신을 위해 사용된다. 아두이노에서는 하드웨어로 구현된 UART를 통한 시리얼 통신을 UART 시리얼 통신 또는 간단히 시리얼 통신이라고 한다. 이는 아두이노에서 UART 시리얼 통신을 지원하기 위한 클래스의 이름으로 'Serial'을 사용하기 때문인 이유가 크다. 하지만, 엄밀히 말해 UART 통신은 시리얼 통신의 한 종류라는 점을 잊지 말아야 한다.

UART v.s. USART

UART와 더불어 마이크로컨트롤러에서 흔히 볼 수 있는 용어로 USART가 있다. USART는 UART에 'S', 즉 Synchronous가 추가된 것이다. UART는 비동기식 통신 방식으로 동기화를 위해 별도의 클록 신호를 전송하지 않고 2개의 데이터 연결선만을 필요로 하며, 데이터의 시작과 끝을 표시하기 위해 시작 비트와 정지 비트를 사용하여 통신을 수행한다. USART는 UART의 비동기식(asynchronous) 방식과 더불어 동기식 전송도 지원한다. 동기식 전송에서는 동기화를 위한 클록 전송을 위해 별도의 연결선이 추가로 필요하지만, 클록을 함께 전송하면 시작 비트와 정지 비트를 전송하지 않아도 데이터의 시작과 끝을 알아 낼 수 있어 데이터를 수신하는 작업이 간단해지며 더 빠른 속도로 데이터를 주고받을 수 있다. 하지만, 아두이노에서는 동기식 전송을 지원하지 않으며, 동기식 전송이 필요한 경우에는 I2C(Inter-Integrated Circuit)나 SPI(Serial Peripheral Interface) 등의 방식을 사용하고 있다.

3.2 시리얼 텍스트 LCD

아두이노 우노에 사용된 ATmega328 마이크로컨트롤러는 하나의 UART 시리얼 통신을 지원하며, 이는 디지털 0번과 1번 핀을 통해 이루어진다. 아두이노 우노 보드에서 디지털 0번 핀에는 'RX', 디지털 1번 핀에는 'TX'로 표시된 것을 확인할 수 있다. 'RX'는 'Receive'의 줄임말, 'TX'는 'Transmit'의 줄임말로 데이터가 송수신되는 통로를 나타낸다. 아두이노에서는 전원 연결까지 포함하여 4개의 연결선(RX, TX, VCC, GND)을 사용한다.

아두이노의 기본 라이브러리 중에는 텍스트 LCD를 제어하기 위한 LiquidCrystal 라이브러리가 포함되어 있다. 텍스트 LCD는 4비트 또는 8비트로 데이터를 수신하며, 최소 2개의 제어선을 필요로 하므로 최소 6개의 연결선을 필요로 한다. 20개의 입출력 핀만을 사용할 수 있는 아두이노 우노에서 6개의 핀은 적은 수가 아니다. 하지만, UART 통신을 통한 시리얼 텍스트 LCD는 데이터를 쓰기만 하는 경우 전원을 제외하면 데이터 전송을 위해 TX 하나의 연결만이 필요하므로 입출력 핀의 수가 부족하다면 고려해 볼 수 있다. 그림 3-5는 시리얼 방식 텍스트 LCD의 예로, UART 시리얼 통신을 통해 수신된 데이터를 텍스트 LCD를 제어할 수 있는 병렬 데이터로 변환하기 위한 전용 칩이 사용된 것을 확인할 수 있다.

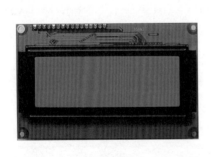 

그림 3-5 시리얼 방식의 텍스트 LCD[21]

그림 3-5의 텍스트 LCD는 4×20개의 문자를 표시할 수 있다. 통신 속도는 기본적으로 9600 보율로 설정되어 있으며, 점퍼 설정에 의해 조절할 수 있다. 이 장에서는 아두이노에 연결하여 사용하겠지만, RS-232 레벨의 신호 역시 받을 수 있으므로 컴퓨터와 직접 연결하여 데이터를 출력할 수도 있다. 그림 3-5의 시리얼 텍스트 LCD는 두 가지 모드, 즉 터미널 모드(terminal mode)와 명령 모드(command mode)에서 동작할 수 있다. 터미널 모드는 시리얼 포트로 전달되는 문자 단위의 데이터를 LCD 화면에 표시하는 모드이며, 명령 모드는 텍스트 LCD 제어를

위한 명령어와 데이터를 함께 전송하는 모드이다. 텍스트 LCD의 뒷면에는 모드 설정을 위한 점퍼가 존재하므로 사용하고자 하는 모드에 맞게 점퍼를 설정하면 된다.

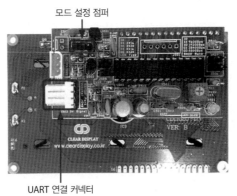

그림 3-6 시리얼 텍스트 LCD의 뒷면

텍스트 LCD에서 데이터를 읽는 경우는 없으므로 데이터를 전달하기 위해 시리얼 텍스트 LCD의 RX와 아두이노의 TX만을 연결하면 된다. 간단하지 않은가? 하나의 연결선만으로 텍스트 LCD에 원하는 문자를 출력할 수 있다.

시리얼 텍스트 LCD를 ATmega328의 UART 시리얼 포트와 연결하면 간단하게 문자를 출력할 수 있다. 하지만, 아두이노에서 스케치를 업로드하기 위해 사용하는 핀 역시 UART 시리얼 포트인 디지털 0번과 1번이다. 시리얼 텍스트 LCD의 경우는 아니지만, 일부 UART 시리얼 통신을 사용하는 장치의 경우 UART 시리얼 포트에 연결한 상태에서 스케치를 업로드하면 스케치 업로드가 정상적으로 이루어지지 않을 수 있다. 이는 동일한 핀에 2개의 장치를 연결하여 핀이 중복으로 사용되었기 때문이다. 이처럼 UART 시리얼 포트를 중복으로 사용하여 스케치 업로드에서 오류가 발생하는 경우에는 장치를 제거하고 프로그램을 업로드한 후 다시 장치를 연결하여 결과를 확인하여야 한다.

3.3 Serial 클래스

Serial 클래스는 아두이노와 컴퓨터 및 기타 주변장치 사이의 UART 시리얼 통신을 담당하는 클래스이다. Serial 클래스의 UART 통신은 디지털 0번과 1번 핀을 통해 수행되는, ATmega328 마이크로컨트롤러에서 하드웨어 수준에서 지원되는 UART 통신을 사용하므로 하드웨어 시리얼

(hardware serial)이라고도 불린다. ATmega328의 0번과 1번 핀을 사용하는 UART 시리얼 포트는 ① 스케치를 업로드하기 위해, ② 컴퓨터와의 시리얼 통신을 위해, ③ UART 통신을 사용하는 주변장치와의 통신을 위해, 그리고 ④ 범용 입출력 핀으로 사용될 수 있다.

아두이노 우노를 컴퓨터와 USB로 연결하면 컴퓨터에는 가상의 시리얼(COM) 포트가 생성되고, 이 포트를 통해 스케치를 업로드할 수 있으며, 컴퓨터와의 시리얼 통신을 수행할 수 있다. 하드웨어에 의해 지원되는 컴퓨터의 COM 포트는 RS-232 통신을 사용하지만, 아두이노를 컴퓨터와 연결하였을 때 만들어지는 시리얼 포트는 '가상의' COM 포트로 USB를 통해 5V 전압을 기준으로 통신이 이루어지는 차이가 있다. 컴퓨터와의 통신에 대해서는 별도의 장에서 자세히 다루며, 이 장에서는 주변장치와의 UART 통신 방법인 세 번째 경우를 다룬다. 표 3-1은 하드웨어 시리얼 포트가 사용되는 경우를 비교한 것이다. 범용 입출력 핀으로 사용하는 경우는 일반적인 입출력 핀을 사용하는 방식과 동일하므로 비교에서 제외하였다.

표 3-1 하드웨어 시리얼 포트 사용 방법 비교

	① 스케치 업로드	② 컴퓨터와 시리얼 통신	③ 주변장치와 시리얼 통신
연결 대상	컴퓨터	컴퓨터	주변장치
연결 대상이 사용하는 통신 방법	USB	USB	UART 시리얼
변환기 사용	USB-UART 변환기	USB-UART 변환기	(사용 안 함)
Serial 클래스 사용	×	○	○
비고	부트로더 사용		

표 3-1에서 알 수 있듯이 스케치 업로드 과정 이외의 시리얼 통신을 위해서는 Serial 클래스를 사용할 수 있다. 스케치 업로드 역시 시리얼 통신을 사용하기는 하지만, 스케치의 동작과는 상관이 없는 글자 그대로 스케치를 마이크로컨트롤러로 옮겨서 설치하는 과정으로 이를 위해서는 전용 장치와 부트로더가 필요하다.

Serial 클래스는 아두이노의 기본 클래스 중 하나로 별도의 헤더 파일을 포함시키지 않고도 사용될 수 있다. 특히 아두이노 우노에는 오직 하나의 하드웨어 시리얼 포트만 존재하므로 객체를 별도로 생성하지 않고도 Serial을 유일한 객체로 사용할 수 있다.[22]

UART 통신을 위해서는 반드시 주변장치와의 통신 속도를 일치시켜 주어야 하며, 속도 설정과 더불어 다양한 옵션을 begin 멤버 함수에서 설정할 수 있다.

```
void begin(unsigned long baud)
void begin(unsigned long baud, byte config)
    - 매개변수
        baud: 속도
        config: 데이터 비트의 수, 정지 비트의 수, 패리티 비트의 종류 설정
    - 반환값: 없음
```

속도 이외의 옵션에는 데이터 비트의 수, 정지 비트의 수, 패리티 비트의 종류 등이 있으며, 디폴트값은 8비트 데이터 비트, 1비트 정지 비트, 패리티 사용하지 않음으로 설정되어 있다. 대부분의 장치들이 아두이노의 디폴트 설정과 동일한 설정을 사용하므로 특별한 경우가 아니면 변경할 필요는 없다. 더 이상 통신이 필요하지 않다면 end 멤버 함수로 통신을 종료할 수 있다.

시리얼 통신이 초기화된 이후 데이터 송신을 위해 사용할 수 있는 함수에는 문자 기반의 print 및 println 함수와 이진 데이터 기반의 write 함수가 있다. println 함수는 전송되는 문자열 끝에 개행문자를 추가하는 점을 제외하면 print 함수와 동일하다. print 함수는 인자로 주어지는 내용을 문자열로 변환하여 출력하므로 문자나 문자열뿐만이 아니라 정수와 실수 역시 문자열로 변환하여 출력할 수 있다. 반면, write 함수는 이진 데이터를 직접 출력한다. 예를 들어 정수 65를 print 함수로 Serial.print(65);와 같이 출력하는 경우에는 65가 문자열 "65"로 변환되고, 숫자 '6'과 '5'에 해당하는 아스키코드 값인 54와 53의 2바이트가 전송된다. 반면, write 함수를 사용하여 Serial.write(65);와 같이 출력하는 경우에는 65가 직접 출력되며, 이는 65에 해당하는 아스키 문자인 'A' 1바이트를 출력하는 것과 동일하다.

```
size_t print(value, format)
    - 매개변수
        value: 출력값(char, char 배열, String, 정수, 실수 등)
        format: 출력 형식
    - 반환값: 시리얼 포트로 출력된 바이트 수
```

```
size_t write(uint8_t ch)
    - 매개변수
        ch: 출력할 바이트 단위 데이터
    - 반환값: 출력한 바이트 수
```

Serial 클래스에는 데이터 송신을 위한 함수(print, write)와 더불어 데이터 수신을 위한 함수도 마련되어 있다. 데이터 수신을 위한 함수에는 수신된 데이터가 존재하는지 여부를 알아보는

available 함수, 수신된 데이터를 바이트 단위로 읽어오는 read 함수와 peek 함수가 있다. 수신된 데이터는 수신 버퍼에 저장되며, available 함수는 수신 버퍼에 읽지 않고 저장되어 있는 데이터의 바이트 수를 반환한다. read와 peek 함수는 1바이트의 데이터를 읽어오는 것은 동일하지만, read 함수의 경우 읽어온 데이터를 수신 버퍼에서 삭제하는 반면, peek 함수는 수신 버퍼에서 삭제하지 않는 차이가 있다.

```
int available(void)
```
 – 매개변수: 없음
 – 반환값: 시리얼 통신 수신 버퍼에 저장된 데이터의 바이트 수

```
int peek(void)
```
 – 매개변수: 없음
 – 반환값: 시리얼 통신 수신 버퍼의 첫 번째 바이트 데이터 또는 -1

```
int read(void)
```
 – 매개변수: 없음
 – 반환값: 시리얼 통신 수신 버퍼의 첫 번째 바이트 데이터 또는 -1

3.4 소프트웨어 시리얼

Serial 클래스는 아두이노 우노에 사용된 ATmega328의 UART 시리얼 통신을 담당하는 클래스로 다양한 용도로 널리 사용된다. 한 가지 문제점이라면 ATmega328에는 오직 하나의 UART 시리얼 포트만 존재한다는 점이다. UART 시리얼은 1:1 통신만을 지원한다. 따라서 UART 시리얼 통신을 사용하는 여러 개의 장치를 아두이노 우노에 연결할 수 없다. 하지만, 방법이 없는 것은 아니며, 그중 한 가지가 아두이노의 기본 라이브러리 중 하나인 SoftwareSerial 라이브러리를 사용하는 방법이다. 소프트웨어 시리얼은 글자 그대로 하드웨어로 구현되어 있는 UART 시리얼 통신의 기능을 소프트웨어를 통해 에뮬레이션할 수 있도록 구현해 놓은 클래스이다.

아두이노 우노의 경우 모든 데이터 입출력 핀을 SoftwareSerial 클래스를 통해 UART 시리얼 통신을 위해 사용할 수 있다. 아두이노 우노는 20개의 입출력 핀을 사용할 수 있으므로 최대 10개의 UART 시리얼 통신을 사용할 수 있다. 물론, 이 중에는 하드웨어 시리얼이 포함된다. 하지만, 소프트웨어 시리얼의 경우에는 한 번에 하나의 UART 시리얼 통신만을 수행할 수 있는

제약이 있다. 즉, 여러 개의 UART 시리얼 장치를 연결할 수는 있지만, 실제 통신이 가능한 장치는 한 번에 하나뿐이다. 또한, 아두이노 우노의 경우 모든 핀이 소프트웨어 시리얼을 위해 사용될 수 있지만, 다른 아두이노 보드의 경우에는 소프트웨어 시리얼로 사용할 수 있는 핀에 제약이 있을 수 있다. 이는 소프트웨어 시리얼이 데이터 수신을 감지하기 위해 인터럽트를 사용하지만, 모든 입출력 핀이 인터럽트를 지원하지는 않기 때문이다.

SoftwareSerial 클래스에는 UART 시리얼 통신을 위한 여러 가지 멤버 함수들이 정의되어 있으며, 대부분 Serial 클래스의 멤버 함수와 동일하다. 여기서는 Serial 클래스에서와는 다른 몇 가지 멤버 함수들만을 살펴본다. Serial 클래스의 경우 오직 하나의 객체만을 생성할 수 있으므로 별도로 객체를 생성하지 않았다. 하지만, SoftwareSerial 클래스는 하드웨어 시리얼 포트를 제외하면 최대 9개까지 객체를 생성할 수 있으므로 객체 생성 과정이 필요하며, 이 때 RX와 TX로 사용할 핀을 지정해야 하는 점에서 Serial 클래스와 차이가 있다.

```
SoftwareSerial(uint8_t rx, uint8_t tx, bool inverse_logic = false)
    - 매개변수
        rx: 수신 핀 번호
        tx: 송신 핀 번호
        inverse_logic: 송수신 비트 반전
    - 반환값: 없음
```

SoftwareSerial 클래스의 초기화 함수는 begin으로, Serial 클래스에서와 동일하다. 하지만, Serial 클래스와 달리 SoftwareSerial 클래스는 매개변수로 속도만을 지정할 수 있다. 데이터 비트의 수, 정지 비트의 수, 패리티 비트의 종류 등은 지정할 수 없으며, Serial 클래스의 디폴트 값(8비트 데이터 비트, 1비트 정지 비트, 패리티 사용하지 않음)만을 지원한다.

```
void begin(long speed)
    - 매개변수
        speed: 속도
    - 반환값: 없음
```

소프트웨어 시리얼은 동시에 여러 개의 연결을 사용할 수 있지만 이 중 실제로 데이터를 수신할 수 있는 연결은 하나뿐이다. 따라서 여러 개의 UART 시리얼 연결 중 데이터를 수신할 포트를 지정해 주어야 하며, 이를 위해 listen 멤버 함수를 사용한다.

```
bool listen(void)
    - 매개변수: 없음
    - 반환값: 수신 대기 포트가 바뀌면 true를 반환
```

listen 멤버 함수는 해당 소프트웨어 시리얼 포트의 RX 핀이 데이터 수신을 대기하도록 설정하며, 수신 대기 상태에 있지 않은 포트로 전달되는 데이터는 버려진다. 수신 포트를 변경하기 위해 listen 함수를 호출한 경우 수신 포트가 바뀐 경우에만 true를 반환한다는 점을 명심해야 한다. 포트 A가 수신 대기 상태에 있을 때 A.listen() 함수를 실행하면 수신 포트는 바뀌지 않으므로 listen 함수는 false를 반환한다. 따라서 포트를 바꾸기 전에는 현재 특정 포트가 수신 대기 상태에 있는지 검사하는 것이 안전하며, 이를 위해 isListening 멤버 함수를 사용할 수 있다.

```
bool isListening(void)
    - 매개변수: 없음
    - 반환값: 해당 포트가 수신 대기 포트인지 여부를 반환
```

이외에 데이터 송수신을 위한 멤버 함수들은 Serial 클래스와 동일하므로 Serial 클래스의 멤버 함수를 참고하도록 한다.

3.5 시리얼 텍스트 LCD – 터미널 모드

시리얼 텍스트 LCD를 아두이노 우노와 소프트웨어 시리얼을 통해 연결해 보자. 전원 이외에 연결해야 하는 선은 시리얼 텍스트 LCD의 RX뿐이다. 단, 그림 3-6의 모드 설정 점퍼를 터미널 모드로 설정해 주어야 한다는 점을 잊지 말아야 한다.

터미널 모드에서 시리얼 텍스트 LCD는 윈도우즈의 명령창과 기능이 거의 동일하다. 아스키 문자를 print 또는 println 함수로 출력할 수 있으며, 출력 범위를 벗어나면 LCD 화면이 자동으로 스크롤되므로 줄바꿈에 신경을 쓰지 않아도 된다. 강제로 줄바꿈을 하기 위해서는 Carriage Return('\r', 0x0D) 문자를 전송하면 된다. 이외에 간단한 화면 지우기 명령, 커서 깜빡임 제어 명령, 백라이트 제어 명령 등을 지원하며, 표 3-2는 터미널 모드에서 지원하는 명령어를 나타낸다. 명령어 실행을 위해서는 명령어 이후 줄바꿈 문자('\r')를 전달해야 한다.

표 3-2 터미널 모드에서의 명령어

명령어	의미
$$CS	화면 지움
$$B0	커서를 끔
$$B1	커서를 켬
$$L0	백라이트를 끔
$$L1	백라이트를 켬

스케치 3-1은 시리얼 텍스트 LCD를 연결하고 1초 간격으로 카운터 값을 증가시켜 출력하는 예이다. 텍스트 LCD와 연결하기 위해 디지털 2번과 3번 핀을 사용하였지만 실제로 디지털 2번 핀은 사용되지 않으므로 연결하지 않아도 무방하다. 스케치 3-1을 업로드하고 자동으로 스크롤되면서 숫자가 출력되는지 확인해 보자.

스케치 3-1 터미널 모드 – 자동 스크롤

```
#include <SoftwareSerial.h>

// 2: 시리얼 텍스트 LCD의 TX(사용되지 않음)
// 3: 시리얼 텍스트 LCD의 RX
SoftwareSerial serialLCD = SoftwareSerial(2, 3);
int count = 0;

void setup(){
    serialLCD.begin(9600);          // 소프트웨어 시리얼 초기화
}

void loop(){
    serialLCD.print(count++);       // 카운트 증가 및 출력
    serialLCD.print(" ");
    delay(1000);
}
```

그림 3-7 스케치 3-1의 실행 결과

스케치 3-2는 두 번째 행에 현재 카운트 값을 출력하도록 스케치 3-1을 수정한 예이다. 동일한
위치에 문자를 출력하기 위해 화면 지우기 명령을 사용하였다.

스케치 3-2 터미널 모드 – 고정 위치 출력

```
#include <SoftwareSerial.h>

// 2 : 시리얼 텍스트 LCD의 TX(사용되지 않음)
// 3 : 시리얼 텍스트 LCD의 RX
SoftwareSerial serialLCD = SoftwareSerial(2, 3);
int count = 0;

void setup(){
    serialLCD.begin(9600);                    // 소프트웨어 시리얼 초기화
    serialLCD.print("$$B0\r");                // 커서 끔
}

void loop(){
    serialLCD.print("$$CS\r");                // 화면 지우기 명령
    serialLCD.print('\r');                    // 줄바꿈
    serialLCD.print("Current Count : ");
    serialLCD.print(count++);                 // 카운트 증가 및 출력
    delay(1000);
}
```

그림 3-8 스케치 3-2의 실행 결과

두 번째 행에 현재 카운트 값이 나타난다. 동작에 문제는 없어 보인다. 하지만, 화면을 자세히
살펴보면 화면을 지우고 다시 쓰기 때문에 미세하게 깜빡이는 현상이 발생함을 확인할 수 있다.
이를 해결하기 위해서는 현재 카운트 값만을 출력하도록 커서를 특정 위치로 옮겨 출력하면 되
지만, 터미널 모드에서 커서 위치의 이동은 지원하지 않으므로 명령 모드를 사용하여야 한다.

3.6 시리얼 텍스트 LCD – 명령 모드

명령 모드는 명령어 기반의 모드로 터미널 모드에서와의 가장 큰 차이는 항상 명령어로 시작한다는 점이다. 명령어는 '$' 기호와 알파벳으로 구성되며, 이후 콤마(,)로 구분되는 인자들이 나오고, 마지막으로 터미널 모드에서와 마찬가지로 명령어 실행을 위해 줄바꿈 문자('\r')가 나온다. 예를 들어, 터미널 모드에서 문자열 "ABC" 출력을 위해서는 print("ABC"); 문장이 필요하다. 반면, 명령 모드에서는 print("$T,ABC\r"); 문장을 실행시켜야 한다. 복잡해 보일 수도 있지만, 명령 모드에서는 터미널 모드에서 지원하지 않는 여러 제어 기능을 사용할 수 있으므로 보다 유용하게 사용할 수 있다. 표 3-3은 명령 모드에서 지원하는 명령어를 요약한 것이다.

표 3-3 명령 모드에서의 명령어

명령	명령어	데이터 1	데이터 2	예
초기화	$I			$I\r
화면 지우기	$C			$C\r
커서 위치 설정	$G	행(1~4)	열(1~20)	$G,1,1\r
문자열 출력	$T	문자열		$T,Test\r
커서 끄기/켜기	$B	0/1		$B,0\r
LCD 끄기/켜기	$D	0/1		$D,1\r
백라이트 끄기/켜기	$L	0/1		$L,0\r
화면 왼쪽/오른쪽 이동	$S	L/R		$S,L\r

스케치 3-3은 스케치 3-2와 동일한 기능을 하는 코드를 명령 모드에서 작성한 예로 실행 결과는 그림 3-8과 동일하다. 하지만, 스케치 3-2를 실행시킨 것과 비교할 때 화면을 전체적으로 지우지 않으므로 깜빡임이 줄어드는 것을 확인할 수 있다. 단, 텍스트 LCD를 명령 모드로 동작시키기 위해서는 그림 3-6에서 점퍼의 위치를 명령 모드로 전환해야 한다는 점을 잊지 말아야 한다.

스케치 3-3 명령 모드 – 고정 위치 출력

```
#include <SoftwareSerial.h>

// 2 : 시리얼 텍스트 LCD의 TX(사용되지 않음)
// 3 : 시리얼 텍스트 LCD의 RX
SoftwareSerial serialLCD = SoftwareSerial(2, 3);
int count = 0;

void setup(){
    serialLCD.begin(9600);                  // 소프트웨어 시리얼 초기화
    serialLCD.print("$B,0\r");              // 커서 끔
```

```
    serialLCD.print("$G,2,1\r");            // 2행 1열로 커서를 옮겨 문자열 출력
    serialLCD.print("$T,Current Count : \r");
}

void loop(){
    serialLCD.print("$G,2,17\r");           // 카운트 값 출력 위치로 커서 옮김
    serialLCD.print("$T,");                 // 문자열 출력 명령
    serialLCD.print(count++);
    serialLCD.print('\r');
    delay(1000);
}
```

3.7 요약

UART 시리얼 통신은 시리얼 통신 중에서도 역사가 가장 오래된 통신 방식 중 하나이다. UART 시리얼 통신은 1:1 통신만을 지원하고 속도가 느리다는 등의 단점이 있지만, 다양한 장치가 지원하고 있어 아직도 많이 사용된다. 이 장에서는 UART 시리얼 통신을 사용하는 텍스트 LCD를 아두이노에 연결하여 사용하는 방법을 살펴보았다. 텍스트 LCD는 간단한 텍스트 기반의 정보 표시를 위해 흔히 사용되는 방법이지만, 최소 6개의 연결선을 필요로 하므로 핀의 수가 제한된 경우에는 1개의 연결선만 필요한 UART 시리얼 방식을 고려해 볼 수 있다.

최근 텍스트 LCD 이외에도 그림이나 도형 표시가 가능한 그래픽 LCD의 사용 역시 증가하고 있다. 하지만, 그래픽 LCD의 경우 전달해야 하는 데이터가 많아 UART 시리얼 통신을 통해 데이터를 전달하기가 쉽지 않다. I2C(Inter Integrated Circuit) 방식의 그래픽 LCD 역시 존재하지만 화면의 크기가 작은 경우에만 사용되며, 화면이 커지면 SPI(Serial Peripheral Interface)나 보다 빠른 속도의 전송이 가능한 병렬 통신을 사용하는 것이 일반적이다. UART가 그다지 유용해 보이지 않을 수도 있지만 UART를 지원하지 않는 마이크로컨트롤러는 찾아보기 어렵다는 사실로 대답을 대신하려고 한다.

SPI

SPI는 고속의 데이터 전송을 위한 시리얼 통신 방법 중 하나로, 마스터-슬레이브 구조를 통해 1:n 연결이 가능하다는 등 UART 통신에 비해 여러 가지 장점이 있다. 하지만, SPI는 고속의 1:n 통신을 위해 4개의 연결선을 필요로 하는 단점도 있다. 이 장에서는 SPI를 통한 시리얼 통신 방식을 알아보고, SPI 통신을 사용하는 OLED 디스플레이의 사용 방법을 알아본다.

4.1 SPI

SPI는 Serial Peripheral Interface의 줄임말로, 고속의 주변장치를 연결하기 위한 시리얼 통신 방식 중 하나이다. 이전 장에서 UART 시리얼 통신에 대해 살펴보았다. UART는 간단하면서도 널리 사용되는 시리얼 통신 방법 중 하나이지만 1:1 통신만 가능하다는 한계가 있으며, 아두이노 우노는 하나의 UART 시리얼 통신만을 지원하므로 여러 개의 UART 시리얼 통신 장치를 사용하고자 하는 경우 소프트웨어를 통한 에뮬레이션인 SoftwareSerial 라이브러리를 사용하여야 한다. 이에 비해, SPI는 마스터 장치 하나에 슬레이브 장치 여러 개가 연결되는 1:n 통신이 가능하다. 마스터 장치는 연결을 시작하고 통신을 제어하는 책임을 지는 장치로, 연결이 성립된 이후에는 2개의 데이터 선을 통해 전이중 방식으로 데이터를 동시에 주고받을 수 있다. UART 통신과 또 다른 점은 UART 통신은 비동기식 방식의 통신인 반면, SPI는

동기식 통신 방식이라는 점이다. 동기식 통신을 위해 SPI는 별도의 클록 신호를 전송하므로
데이터 선이 더 필요하다. 또한, 1:n 연결에서 특정 슬레이브 장치를 선택하기 위해 데이터 선
을 사용하므로 총 4개의 연결선을 가진다.

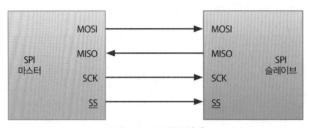

그림 4-1 1:1 SPI 연결

그림 4-1에서 SCK(Serial Clock)는 시리얼 클록으로, 동기화를 위한 클록 전송을 위해 사용된
다. MOSI는 Master Out Slave In의 줄임말로 마스터 장치에서 슬레이브 장치로 데이터를 전송
하기 위해 사용되며, MISO는 Master In Slave Out의 줄임말로 슬레이브 장치에서 마스터 장
치로 데이터를 전송하기 위해 사용된다. SS는 Slave Select의 줄임말로, 마스터 장치가 데이터
를 주고받을 슬레이브 장치를 선택하기 위해 사용된다. 선택되지 않은 슬레이브 장치의 SS는
HIGH 상태에 있는 반면, 선택된 슬레이브 장치의 SS는 LOW 상태에 있다.

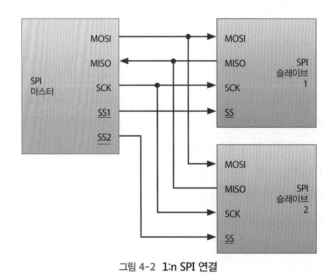

그림 4-2 1:n SPI 연결

여러 개의 슬레이브 장치가 연결된 경우를 살펴보면 SPI의 통신 방식을 보다 명확히 알 수 있다.
그림 4-2는 하나의 마스터 장치에 2개의 슬레이브 장치가 연결된 예이다. 모든 슬레이브 장치는

마스터로부터의 SCK, MOSI, MISO 연결선을 공유하고 있다. 즉, 마스터 장치의 데이터가 모든 슬레이브 장치로 전달된다. 하지만, 실제로 데이터를 받아들이는 슬레이브는 SS 라인이 LOW 상태에 있는 슬레이브이다. 즉, 1:n 연결이 가능하지만, 특정 순간에는 1:1 통신만이 가능하다. 또한, 슬레이브 장치의 수가 늘어날수록 전용의 SS 라인은 슬레이브 장치의 수와 동일하게 증가한다.

SPI의 데이터 전송 방식은 다른 시리얼 통신 방법과 차이가 있으며, 항상 송신과 수신이 동시에 일어난다는 특징을 가진다. UART 시리얼 통신에서도 송신과 수신이 동시에 일어날 수 있지만, 항상 그런 것은 아니며 송신과 수신은 별개로 동작한다. SPI는 동기식 방식으로 동작하므로 동기화를 위해 클록이 필요하고 이 클록은 마스터 장치에 의해 공급된다. 슬레이브 장치에서 마스터 장치로 데이터를 보내고자 하는 경우에도 슬레이브 장치는 마스터 장치의 클록을 기준으로 데이터를 전송해야 하지만, 슬레이브 장치는 클록을 생성하지 않으며 마스터만이 클록을 생성한다. 따라서 SPI에서는 송신과 수신이 동시에 진행되도록 함으로써 이러한 문제를 해결하고 있다. SPI 통신에서 마스터와 슬레이브 장치의 데이터 버퍼는 원형 큐를 이루고 있다고 생각하면 이해하기 쉽다. 마스터 장치에서 슬레이브 장치로 보낼 데이터 A가 마스터 장치의 큐에 저장되어 있고, 슬레이브 장치에서 마스터 장치로 보낼 데이터 B가 슬레이브 장치의 큐에 저장되어 있다고 생각해 보자.

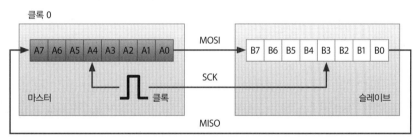

그림 4-3 데이터 전송 준비

데이터가 준비된 상태에서 하나의 클록이 발생하면 마스터 장치의 1비트 데이터 A0는 MOSI를 통해 슬레이브 장치로 전달되며, 동시에 슬레이브 장치의 1비트 데이터 B0는 MISO를 통해 마스터 장치로 전달된다. 이 때 마스터 장치와 슬레이브 장치의 데이터는 데이터 A와 B가 오른쪽 원형 이동 연산을 수행한 것과 동일한 결과를 얻게 된다. 다만 데이터 A와 B가 저장된 버퍼는 마스터와 슬레이브 장치에 물리적으로 분리되어 있다는 점에서 원형 큐와 차이가 있다.

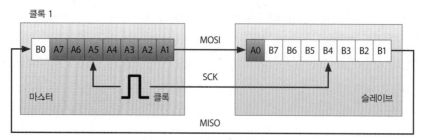

그림 4-4 1비트 데이터 전송

비슷하게 8개의 클록이 발생하게 되면 마스터의 8비트 데이터 A는 슬레이브로 전달되고, 슬레이브의 8비트 데이터 B는 마스터로 전달되어 1바이트의 데이터가 '교환'된다. 따라서 마스터가 슬레이브로 데이터를 보내는 경우에도 마스터는 슬레이브로부터 의미 없는 데이터를 받게 되며, 슬레이브로부터 데이터를 받는 경우에도 마스터는 슬레이브로 의미 없는 데이터를 보내야 한다.

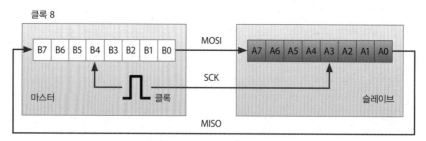

그림 4-5 1바이트 데이터 전송

데이터를 교환할 때 유의할 점 한 가지는 클록의 역할이다. 클록은 데이터가 전달되는 시점을 알려 주어 전달된 데이터가 안정적인 상태를 유지할 때 수신 장치가 데이터를 샘플링하도록 지시하기 위해 사용된다. 하지만, 클록의 어느 부분에서 데이터 전송이 완료되었는지에 따라 수신 장치가 데이터를 읽는 시점이 달라지며, 이를 위해 클록 극성(Clock Polarity, CPOL)과 클록 위상(Clock Phase, CPHA)이 사용된다.

- **CPOL**: SPI 버스가 유휴 상태일 때의 클록 값을 결정한다. CPOL = 0이면 비활성 상태일 때 SCK는 LOW 값을 가지며, CPOL = 1이면 비활성 상태일 때 SCK는 HIGH 값을 가진다.
- **CPHA**: 데이터를 샘플링하는 시점을 결정한다. CPHA = 0이면 데이터는 비활성 상태에서 활성 상태로 바뀌는 에지에서 샘플링되고, CPHA = 1이면 데이터는 활성 상태에서 비활성 상태로 바뀌는 에지에서 샘플링된다.

그림 4-6은 CPHA = 0인 경우, 즉 클록이 비활성 상태에서 활성 상태로 바뀌는 시점에서 샘플링되는 경우를 나타낸다. CPOL = 0이면 상승 에지에서, CPOL = 1이면 하강 에지에서 데이터가 샘플링된다.

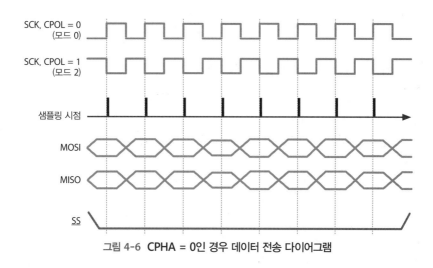

그림 4-6 CPHA = 0인 경우 데이터 전송 다이어그램

그림 4-7은 CPHA = 1인 경우, 즉 클록이 활성 상태에서 비활성 상태로 바뀌는 시점에서 샘플링되는 경우를 나타낸다. CPOL = 0이면 하강 에지에서, CPOL = 1이면 상승 에지에서 샘플링된다.

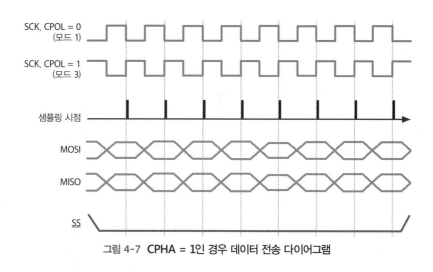

그림 4-7 CPHA = 1인 경우 데이터 전송 다이어그램

그림 4-6과 4-7에서 알 수 있듯이, 수신 장치는 데이터가 안정화된 이후, 즉 데이터 비트의 중앙에서 데이터를 샘플링한다. UART의 경우 비동기적으로 데이터가 전송되므로 한 비트의

데이터를 확인하기 위해 여러 번의 샘플링을 통해 실제 전송된 데이터를 파악하지만, SPI의 경우에는 동기화를 위한 클록이 별도로 존재하므로 한 번의 샘플링만으로 충분하다. 한 가지 더유의할 점은 데이터가 샘플링되는 동안 SS는 LOW 상태를 유지하고 있어야 한다는 점이다.

4.2 아두이노 우노의 SPI 통신

아두이노 우노에 사용된 ATmega328은 SPI 통신을 지원하며, 이를 위해 전용 핀을 정의하고 있다. 아두이노 우노에서 SPI 통신을 위해 사용하는 핀은 표 4-1과 같다.

표 4-1 SPI 연결 핀

SPI 신호	아두이노 우노	비고
MOSI	디지털 11	데이터
MISO	디지털 12	데이터
SCK	디지털 13	클록
SS	디지털 10	변경 가능

표 4-1에서 MOSI, MISO, SCK는 변경할 수 없지만, SS는 변경이 가능하다. 여러 개의 슬레이브를 연결하기 위해서는 여러 개의 SS 연결선이 필요하므로 디지털 10번 핀만을 사용하는 것은 불가능하다. 아두이노에서 SPI 장치를 연결하기 위한 SS 연결핀으로 디지털 10번 핀을 흔히 사용하므로 10번 핀이 디폴트값으로 사용될 뿐 특별한 의미가 있는 것은 아니다. 아두이노 우노에서 SPI 통신을 위한 각 핀은 다음과 같이 정의되어 있다.

```
static const uint8_t SS        = 10;
static const uint8_t MOSI      = 11;
static const uint8_t MISO      = 12;
static const uint8_t SCK       = 13;
```

아두이노에는 SPI 통신을 지원하기 위해 기본 라이브러리 중 하나로 SPI 라이브러리를 제공하고 있다. SPI 통신을 통해 송수신되는 데이터의 의미는 연결하는 장치에 따라 달라지므로 SPI 라이브러리에는 기본적인 설정 및 데이터 전송 함수들만을 정의하고 있다. 또한, SPI 통신은 하나의 경로를 통해서만 데이터를 송수신하므로 데이터 송수신을 위한 객체는 하나만 생성할 수 있다. 즉, SPI 라이브러리에서 정의하고 있는 클래스는 SPIclass이며, 이의 전역 객체인 SPI를

통해 SPI 통신이 이루어진다. 이는 UART 시리얼 통신을 위한 클래스가 Serial_이며, 이의 유일한
전역 객체가 Serial인 점과 동일하다. SPI 클래스에는 다음과 같은 멤버 함수들이 정의되어 있다.

■ **begin**

```
void begin(void)
    - 매개변수: 없음
    - 반환값: 없음
```

SPI 통신을 초기화한다.

■ **end**

```
void end(void)
    - 매개변수: 없음
    - 반환값: 없음
```

SPI 통신을 종료한다.

■ **setBitOrder**

```
void setBitOrder(uint8_t bitOrder)
    - 매개변수
        bitOrder: 데이터 송수신 시 비트 순서(LSBFIRST 또는 MSBFIRST)
    - 반환값: 없음
```

직렬로 전송되는 데이터 비트의 전송 순서를 설정한다. LSBFIRST(LSB 우선) 또는 MSBFIRST(MSB
우선) 중 하나의 값을 가진다.

■ **setClockDivider**

```
void setClockDivider(uint8_t rate)
    - 매개변수
        rate: 분주비율
    - 반환값: 없음
```

시스템에서 사용하는 클록에 상대적인 분주비를 설정한다. AVR 기반의 보드에서는 2, 4, 8, 16,
32, 64, 128 중 하나의 값을 사용할 수 있으며, 이 값들은 SPI_CLOCK_DIV2에서 SPI_CLOCK_
DIV128까지의 상수로 정의되어 있다. 디폴트값은 SPI_CLOCK_DIV4로, 시스템 클록의 1/4

속도로 데이터를 전송한다. 아두이노 우노는 16MHz 클록을 사용하므로 그 1/4인 4MHz가 SPI
의 기본 주파수에 해당한다.

- **setDataMode**

```
void setDataMode(uint8_t mode)
    - 매개변수
        mode: 전송 모드
    - 반환값: 없음
```

클록 극성(CPOL)과 클록 위상(CPHA)에 따른 전송 모드를 지정한다. 모드 번호는 그림 4-6과
4-7을 참고하면 되며, 각 모드는 표 4-2의 상수로 정의되어 있다.

표 4-2 **SPI 통신에서의 전송 모드**

모드	극성(CPOL)	위상(CPHA)
SPI_MODE0	0	0
SPI_MODE1	0	1
SPI_MODE2	1	0
SPI_MODE3	1	1

클록 극성과 클록 위상의 의미를 정확히 이해하지 못해도 사용에 지장은 없지만, 마스터와 슬
레이브가 동일한 모드를 사용하여야만 정상적인 통신이 가능하므로 아두이노에 주변장치를
연결하는 경우 주변장치에서 사용하는 모드를 데이터시트에서 확인하고 이에 맞게 아두이노
의 전송 모드를 설정하여야 한다.

- **transfer**

```
byte transfer(byte data)
    - 매개변수
        data: 송신할 데이터
    - 반환값: 수신된 데이터
```

SPI 버스를 통해 한 바이트의 데이터를 보내고 한 바이트의 데이터를 받아서 반환한다. 송신
과 수신은 항상 동시에 일어나므로 송신과 수신을 위해 동일한 transfer 함수가 사용된다.

아두이노에서는 SPI 라이브러리를 제공하고 있지만, 연결된 주변장치를 SPI 라이브러리를 이용
하여 직접 제어하는 경우는 드물다. 그렇다면 SPI 라이브러리는 어디에 사용할까? 아두이노와

함께 사용할 수 있는 SPI 통신을 사용하는 주변장치는 어렵지 않게 찾아볼 수 있지만, SPI 통신을 통해 전달되는 데이터는 UART 통신에서 문자 단위의 데이터를 전송하는 것과 달리 전송되는 데이터의 의미를 해석해야 하는 경우가 대부분이므로 대부분의 장치들은 전용의 라이브러리를 제공하고 있다. 하지만, 이들 전용의 라이브러리들은 아두이노의 SPI 라이브러리를 바탕으로 만들어져 있으므로 제공되는 라이브러리의 기능을 수정하거나 보완하고 싶다면 SPI 라이브러리에 대해 알고 있어야 한다.

SPI 라이브러리를 사용할 때 한 가지 주의할 점은 SPI 라이브러리가 마스터 모드만을 지원한다는 점이다. 따라서 아두이노를 슬레이브로 다른 마스터 장치에 연결하고자 하는 경우에는 직접 레지스터를 조작하여야 한다.

4.3 OLED 디스플레이

최근 스마트폰에서 사용되어 뛰어난 화질로 주목받고 있는 디스플레이로 OLED 디스플레이가 있다. OLED는 유기 발광 다이오드(Organic Light-Emitting Diode)의 줄임말로, 이전의 LCD와는 픽셀의 구현 방식에서 차이가 있다. LCD는 백라이트에서 발산한 빛이 액정에 의해 굴절되어 투과하는 빛의 양을 조절함으로써 픽셀을 구현하는 방식을 사용한다. 이에 비해, OLED는 스스로 빛을 내는 유기 소자로 픽셀을 구성하고 있으므로 백라이트를 필요로 하지 않는다. 따라서 OLED는 LCD에 비해 얇게 만들어질 수 있으며, 곡면 디스플레이나 투명한 디스플레이 역시 제작할 수 있다. 이외에도 OLED는 명암비가 높고, 시야각이 넓으며, 응답 속도가 빠르다는 등 LCD에 비해 많은 장점이 있다. 하지만, OLED는 수율이 LCD에 비해 낮아 가격이 비싼 단점이 있다. 그림 4-8은 SPI 통신을 사용하는 OLED 디스플레이의 예로, 0.96인치 크기에 128×64의 해상도를 가지고 있다.

❶ GND
❷ VCC
❸ D0: SCK
❹ D1: MOSI
❺ RES: RESET
❻ DC: Data/Command Selection
❼ CS: Chip Select

그림 4-8 **OLED 디스플레이**

OLED 디스플레이 모듈은 7개의 연결선을 가지며, 이 중 2개는 전원, 1개는 리셋, 나머지 4개는 데이터 선에 해당한다. 4개의 데이터 선 중 3개는 SPI 통신을 위한 연결선이다. SPI 통신을 위해서는 4개의 연결선이 필요하지만, MISO는 슬레이브에서 마스터로, 즉 OLED 디스플레이에서 아두이노 우노로 데이터를 전달하는 핀으로 정보 표현을 위해서는 필요하지 않으므로 연결하지 않고 3개 연결, 즉 MOSI, SCK, CS(또는 SS)만을 사용한다. 나머지 하나인 DC는 디스플레이 드라이버 칩 제어를 위해 사용된다. 일반적으로 디스플레이 제어는 드라이버 칩으로 정보를 전송한 후 드라이버 칩이 동작하도록 지시함으로써 이루어진다. 이 때 드라이버 칩으로 전달하는 정보는 (화면을 지우거나 커서를 특정 위치로 옮기는 등의) 명령어와 (화면에 출력할 문자를 나타내는 등의) 데이터 두 가지가 있으며, 이를 구분하기 위해 DC 핀이 사용된다. 텍스트 LCD를 제어하기 위한 LiquidCrystal 라이브러리의 RS(Register Select), 그래픽 LCD를 제어하기 위한 GLCD 라이브러리의 DI(Data Instruction) 등도 기본적으로 이와 동일한 목적으로 사용되는 핀이다.

표 4-3 OLED 디스플레이 핀 설명

OLED 모듈 핀	설명	아두이노 연결 핀	비고
GND		GND	
VCC		VCC	
D0	SCK	디지털 13번	
D1	MOSI	디지털 11번	
RES	RESET	RESET	
DC	Data/Command Selection	디지털 9번	디스플레이 드라이버 칩 제어용
CS	SS	디지털 10번	Slave Select 또는 Chip Select

OLED 디스플레이를 제어하기 위해서는 전용 라이브러리인 U8glib를 사용한다. 먼저 해당 홈페이지에서 아두이노를 위한 라이브러리를 다운로드받아[23] 스케치북 디렉터리 아래 'libraries' 디렉터리에 설치하자. OLED 디스플레이는 그림 4-9와 같이 아두이노 우노와 연결한다.

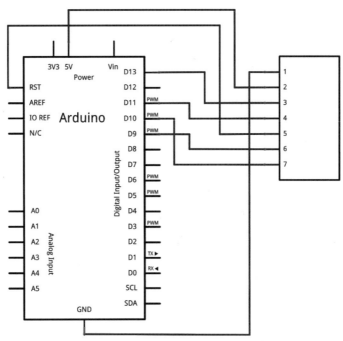

그림 4-9 **OLED 디스플레이와 아두이노 우노의 연결 회로도**

U8glib 라이브러리는 다양한 형태와 다양한 연결 방식의 디스플레이를 지원하고 있으며, SPI 방식의 OLED 디스플레이는 그중 하나이다. U8glib 라이브러리에서는 다양한 디스플레이를 지원하기 위해 마이크로컨트롤러의 메모리에 버퍼를 생성하고, 버퍼에 먼저 그리기를 완료한 후 디스플레이 버퍼로 옮기는 방식을 사용하고 있다. 따라서 그리기 동작은 일반적으로 별도의 전용 함수 내에서 이루어진다. 전용 함수의 이름은 일반적으로 draw를 사용하지만, 원한다면 다른 이름으로 작성해도 무방하다. loop 함수에서 draw를 호출할 때에도 주의할 점이 있다. 그리기를 수행하기 위해서는 draw를 두 번 이상 호출해 주어야 한다는 점이다. U8glib 라이브러리는 그리기를 위해 마이크로컨트롤러의 메모리를 버퍼로 사용한다. 하지만, 마이크로컨트롤러의 메모리는 제한적이어서 디스플레이의 크기가 커지면 메모리 사용이 많아져서 문제가 될 수 있다. 이러한 점을 해결하기 위해 U8glib 라이브러리는 화면을 몇 개의 영역으로 나누어서 반복해서 그리는 방식을 사용하고 있다. 스케치 4-1은 OLED 디스플레이에 문자와 직선을 표시하는 스케치의 예로, 화면이 여러 개의 영역(page)으로 나누어져 있으므로 nextPage 멤버 함수를 통해 한 화면이 모두 출력될 때까지 draw 함수가 반복적으로 호출됨을 확인할 수 있다.

스케치 4-1 OLED 디스플레이 테스트

```
#include <U8glib.h>

// OLED 디스플레이 연결
// SCK = 13, MOSI = 11, CS = 10, DC = 9
U8GLIB_SH1106_128X64 u8g(13, 11, 10, 9);

void draw(){                                // 그리기 명령어 집합
    u8g.setFont(u8g_font_unifont);          // 폰트 설정
    u8g.setPrintPos(10, 20);                // 문자열 출력 시작 위치
    u8g.print("Hello OLED...");
    u8g.setPrintPos(30, 50);
    u8g.print("by hgycap");
    u8g.drawLine(10, 10, 120, 60);          // 직선 그리기(x1, y1, x2, y2)
}

void setup() {
}

void loop() {
    // 그리기 루틴
    u8g.firstPage();                        // 첫 번째 영역
    do{
        draw();
    }while(u8g.nextPage());                 // 다음 영역

    delay(500);                             // 이미지 갱신
}
```

그림 4-10 스케치 4-1의 실행 결과

draw 함수를 작성할 때 주의할 점 중 한 가지는 draw 함수 내에서 전역변수의 값을 수정해서는 안 된다는 점이다. 디스플레이의 종류에 따라 하나의 화면을 완성하기 위해 호출되는 draw 함수의 횟수가 서로 다르므로 디스플레이의 종류에 따라 변수의 값이 달라질 수 있다. 따라서 만약 1초 간격으로 증가하는 카운터 변수 count를 선언하고 이 내용을 표시하고 싶다면 draw 함수가 아닌 loop 함수에서 count 값을 증가시키고 draw 함수에서는 count 값을 사용하기만

하여야 한다. 스케치 4-2는 1초 간격으로 증가하는 카운터 값을 OLED 디스플레이에 표시하는 스케치의 예이다.

스케치 4-2 카운터 값을 OLED 디스플레이로 출력

```
#include <U8glib.h>

// OLED 디스플레이 연결
// SCK = 13, MOSI = 11, CS = 10, DC = 9
U8GLIB_SH1106_128X64 u8g(13, 11, 10, 9);

int count = 0;
unsigned long time_previous, time_current;

void draw(){                                 // 그리기 명령어 집합
    u8g.setFont(u8g_font_unifont);           // 폰트 설정
    u8g.setPrintPos(10, 20);
    u8g.print("Count : ");
    u8g.setPrintPos(20, 35);                 // 문자열 출력 시작 위치
    u8g.print(count);
}

void setup() {
    time_previous = millis();
}

void loop() {
    time_current = millis();
    // 1초에 한 번 카운터 값을 증가시키고 카운터 값이 변한 경우 디스플레이 갱신
    if(time_current - time_previous > 1000){
        time_previous = time_current;
        count++;

        // 그리기 루틴
        u8g.firstPage();                     // 첫 번째 영역
        do{
            draw();
        }while(u8g.nextPage());              // 다음 영역
    }
}
```

그림 4-11 스케치 4-2의 실행 결과

4.4 요약

SPI 통신은 고속으로 데이터 전송이 가능하고, 마스터-슬레이브 구조를 통해 1:n 통신이 가능하며, 동기화 클록을 사용함으로써 데이터 송수신이 간단하다는 등 여러 가지 장점으로 인해 최근 많이 사용되고 있는 시리얼 통신 방법 중 하나이다. SPI 통신을 사용하는 장치의 예는 다양하다. 대표적으로 많은 데이터를 전송해야 하는 컬러 LCD를 들 수 있으며, 고속의 데이터 전송이 필요한 EEPROM 등의 메모리, 이더넷 쉴드 등에서도 SPI 통신을 사용하고 있다. 하지만, 여러 개의 슬레이브를 연결하는 경우 각각의 슬레이브를 구별하기 위해 전용의 연결선이 필요하므로 슬레이브의 개수가 증가함에 따라 필요로 하는 연결선의 개수가 증가하는 단점이 있어 입출력 핀의 개수가 제한된 아두이노 경우 SPI 통신을 사용하는 많은 수의 장치를 연결하는 것에 한계가 있을 수 있다. 특히 장치의 수가 적은 경우에는 1:1 통신만을 지원하는 UART 통신에 비해서도 많은 수의 연결선을 필요로 하므로 많은 데이터나 고속 전송이 필요하지 않다면 UART나 I2C 등 다른 통신 방식을 고려해 볼 수 있다.

I2C

I2C는 저속의 시리얼 통신 방법 중 하나로, 마스터-슬레이브 구조를 통해 1:n 연결이 가능하다는 점에서는 SPI 통신과 동일하지만, 슬레이브의 수와 무관하게 항상 2개의 연결선만이 필요하여 많은 데이터의 전송이 필요하지 않은 센서 연결 등에 흔히 사용된다. 이 장에서는 I2C를 통한 시리얼 통신 방식을 알아보고, I2C 통신을 사용하는 센서와 텍스트 LCD의 사용 방법을 알아본다.

5.1 I2C

I2C(Inter-Integrated Circuit) 통신은 UART, SPI 통신과 더불어 마이크로컨트롤러에서 흔히 사용되는 시리얼 통신 방법 중 하나이다. UART는 1960년대에 만들어진 시리얼 통식 방식으로 다양한 장치들이 지원하는 장점이 있지만, 1:1 통신만이 가능하다는 단점이 있어 여러 개의 주변 장치를 연결하기가 불편하다. 이러한 단점을 보완할 수 있는, 1:n 통신이 가능한 통신 방법 중 하나가 SPI 통신이다. SPI는 3개의 데이터 선을 모든 장치가 공유하고 n개의 장치 중 하나의 장치를 선택하기 위한 SS(Slave Select) 연결을 장치별로 추가하여 사용하는 방식이다. SPI는 고속으로 데이터를 전송할 수 있지만, 여러 개의 장치를 연결하는 경우 SS 연결이 증가하는 단점이 있다. I2C 역시 1:n 통신이 가능한 시리얼 통신 방법이기는 하지만, SPI와 다른 목적에서 만들어졌으므로 그 특성이 다르다. I2C가 SPI와 다른 점 중 하나는 SS 연결이 필요하지 않다는 점이다. 그렇다면 어떻게 n개의 장치 중 하나를 선택할 수 있을까? I2C에서는 소프트웨어

적인 주소로 특정 장치를 선택한다. 이는 인터넷의 경우와 비슷하다. 서로 연결되어 있는 수많은 컴퓨터로 구성되는 인터넷에서는 내 컴퓨터를 구별하기 위해 IP(Internet Protocol) 주소를 사용하고 있다. SPI에서와 같이 전용 SS 연결에 의해 연결된 장치 중 하나를 선택하는 방식을 하드웨어 주소라고 한다면, I2C에서와 같이 각 장치에 고유의 주소를 지정하는 방식은 소프트웨어 주소라고 할 수 있다. I2C에서는 SS 연결이 필요하지 않으므로 연결된 장치의 수가 늘어나더라도 필요로 하는 연결의 수는 증가하지 않는 장점이 있다. SPI 통신에서 SS 연결을 제외하면 모든 장치들이 공유하고 있는 3개의 연결선이 남는다. 3개의 연결선 중 MOSI와 MISO 2개는 데이터 송수신을 위해 사용되고, SCK는 동기화 클록 전송을 위해 사용된다. 하지만, I2C에서는 여기서 하나의 연결선을 더 줄일 수 있다. 연결선을 줄일 수 있는 비밀은 I2C가 다른 시리얼 통신 방법과 달리 반이중(half-duplex) 방식이라는 데 있다. UART와 SPI는 전이중(full-duplex) 방식의 통신이다. 전이중 방식이란 송신과 수신이 동시에 진행될 수 있는 방식으로 이를 위해 2개의 연결선을 필요로 한다. 이에 비해, 반이중 방식에서는 1개의 연결선만을 사용하며, 송신과 수신은 동시에 진행될 수 없다. 따라서 I2C에서는 데이터 송수신을 위해 1개, 동기화 클록을 위해 1개 총 2개의 연결선만을 필요로 하며, 이는 연결된 장치의 개수가 늘어나도 증가하지 않는다.

표 5-1 **시리얼 통신 방식 비교**

			UART	SPI	I2C
동기/비동기			비동기	동기	동기
전이중/반이중			전이중	전이중	반이중
연결선 개수	슬레이브 1개 연결	데이터	2	2	1(반이중)
		클록	0	1	1
		제어	0	1	0
		합계	2	4	2
	슬레이브 n개 연결		2n	3+n	2
연결 방식			1:1	1:n(마스터-슬레이브)	1:n(마스터-슬레이브)
슬레이브 선택			-	하드웨어(SS 라인)	소프트웨어(주소 지정)

이처럼 I2C는 SPI와는 달리 최소한의 연결선만을 사용하여 여러 개의 장치를 연결하면서 저속으로 데이터를 전송하기 위해 필립스에서 만든 규격으로, IIC, I²C 등으로도 불리고 있다. I2C에서 사용하는 2개의 연결선은 데이터 전송을 위해 사용되는 연결은 SDA(Serial Data), 클록 전송을 위해 사용되는 연결은 SCL(Serial Clock)이라고 한다.

I2C 역시 SPI와 마찬가지로 동기식 통신으로 전용의 클록을 사용하지만, SPI에서와 같이 위상이나 극성에 따른 전송 모드가 존재하지는 않는다. I2C에서 데이터를 확인하는 방법은 간단하다. 수신된 데이터는 SCL이 HIGH인 경우에만 샘플링할 수 있다는 규칙을 따른다. 그림 5-1은 클록에 따른 데이터의 샘플링 시점을 나타낸 것으로, SCL이 LOW가 아닌 구간에서 SDA는 안정된 상태에 있으므로 SCL이 HIGH인 구간에서 한 번 샘플링하는 것만으로 데이터를 확인할 수 있다. 또한, SDA는 SCL이 LOW인 구간에서는 변화가 가능하다는 점도 눈여겨 볼 필요가 있다.

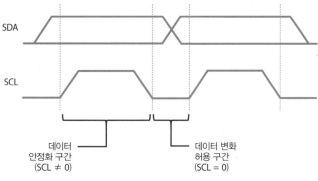

그림 5-1 데이터 샘플링 및 전이

하지만, SCL이 HIGH인 구간에서도 SDA의 전이가 발생하는 두 가지 예외 상황이 존재하는데, 바로 데이터 전송의 시작과 종료를 나타내는 경우이다. SCL이 HIGH인 경우 SDA가 HIGH에서 LOW로 바뀌는 경우는 데이터 전송의 시작을, SDA가 LOW에서 HIGH로 바뀌는 경우는 데이터 전송의 종료를 나타낸다.

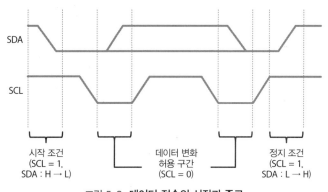

그림 5-2 데이터 전송의 시작과 종료

I2C는 소프트웨어적인 주소를 사용하여 연결된 장치를 선택한다고 설명하였다. I2C는 7비트 주소를 사용한다. 7비트의 주소가 익숙하지 않을 수 있지만, 여기에 읽기 또는 쓰기를 나타내는 1비트를 추가하여 실제로는 8비트의 주소가 전달된다. 즉, 특정 주소와 읽기 비트를 전송하였다면 슬레이브에서 마스터로의 데이터 전송을, 특정 주소와 쓰기 비트를 전송하였다면 마스터에서 슬레이브로의 데이터 전송을 의미하게 된다.

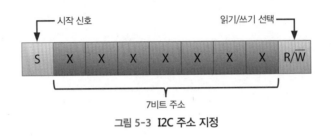

그림 5-3 I2C 주소 지정

마스터가 시작 신호(S)와 7비트의 주소를 보내고 LOW 값($\overline{W}$)을 보냈다면 지정한 주소의 슬레이브는 마스터가 1바이트의 데이터를 전송할 것임을 인식하고 수신을 대기하게 된다. 시작 신호(S)와 7비트의 주소를 보내고 마지막에 HIGH 값(R)을 보냈다면 지정한 주소를 가지는 슬레이브는 마스터로 1바이트의 데이터를 전송할 것이다.

마지막으로 한 가지 더 기억해야 할 점은 데이터를 수신한 장치는 데이터를 수신했음을 알려 주어야 한다는 점이다. I2C는 바이트 단위로 데이터를 전송하며, 8비트의 데이터가 전송된 이후 SDA는 HIGH 상태에 있다. 바이트 단위로 데이터가 전송된 이후 수신 장치는 정상적인 수신을 알리기 위해 9번째 비트를 송신 장치로 전송한다. LOW 값은 'ACK(acknowledgement) 비트'로 수신 장치가 정상적으로 데이터를 수신했음을 송신 장치에 알려 주기 위해 사용되며, HIGH 값은 'NACK(Negative Acknowledgement) 비트'로 수신 과정에서 오류가 발생하였음을 나타낸다. 수신 장치가 정상적으로 데이터를 수신하지 못하면 수신 확인 ACK 비트를 전송하지 않을 것이고, SDA는 데이터 전송 후 HIGH 상태에 있으므로 별도로 NACK 비트를 전송하지 않아도 효과는 동일하다.

마스터에서 슬레이브로 n 바이트의 데이터를 송신하는 경우를 살펴보자. 먼저 데이터 전송 시 작 비트(S)와 7비트 주소, 그리고 데이터 송신 신호($\overline{W}$)를 보낸다. 지정된 주소의 슬레이브는 데이터를 수신할 준비를 시작하면서 9번째 비트인 수신 확인 신호를 보낸다. 이후 마스터는 n 바이트의 데이터를 송신하며, 매 번 바이트가 전송된 이후 슬레이브는 수신 확인 비트를 마스터로 전송한다. 데이터 전송이 끝나면 데이터 송신 종료 비트(P)를 전송함으로써 통신을 끝낸다.

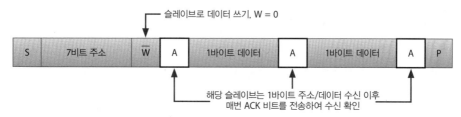

그림 5-4 마스터의 n 바이트 데이터 쓰기(■ : 마스터 전송, □ : 슬레이브 전송)

마스터가 슬레이브로부터 n 바이트의 데이터를 수신하는 경우도 이와 유사하다. 먼저 데이터 전송 시작 비트와 7비트 주소, 그리고 데이터 수신 신호(R)를 보낸다. 지정된 주소의 슬레이브는 데이터를 송신할 준비를 시작하면서 9번째 비트인 수신 확인 신호를 보낸다. 이후 슬레이브는 n 바이트의 데이터를 송신하며, 매 번 바이트가 수신된 이후 마스터는 수신 확인 비트를 슬레이브로 전송한다. 다만 마지막 n 번째 바이트가 수신된 이후 마스터는 NACK를 슬레이브로 전송하여 수신이 완료되었음을 알린다. 데이터 전송이 끝나면 데이터 마스터가 송신 종료 비트를 전송함으로써 통신을 끝낸다. 데이터 송신의 경우와 마찬가지로 데이터 전송이 끝났음을 나타내는 종료 비트(P)가 마스터에 의해 보내진다는 점에서 I2C 역시 SPI와 마찬가지로 모든 통신 과정이 마스터의 주도로 이루어진다.

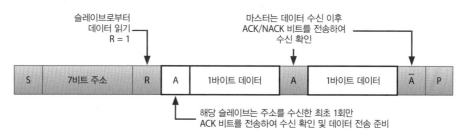

그림 5-5 마스터로의 n 바이트 데이터 읽기(■ : 마스터 전송, □ : 슬레이브 전송)

5.2 아두이노 우노에서의 I2C

데이터 전송이 이루어지지 않는 경우 I2C 연결선은 HIGH 상태를 유지하고 있으며, 이를 위해 I2C에서는 풀업저항을 사용한다. 2개의 슬레이브를 마스터인 아두이노 우노에 연결한 예는 그림 5-6과 같다.

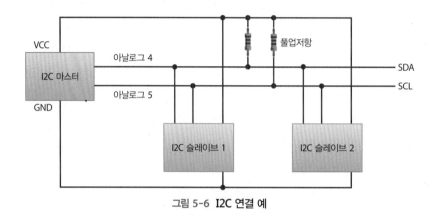

그림 5-6 I2C 연결 예

그림 5-6에서 아두이노 우노는 SDA를 위해 아날로그 핀 A4를, SCL을 위해 아날로그 핀 A5를 사용하고 있다. 아두이노 우노는 하드웨어적으로 I2C 통신을 지원하고 있으므로 반드시 전용 핀을 통해 연결하여야 한다. 또한, 아두이노에서는 I2C 통신을 지원하기 위해 기본 라이브러리 중 하나로 Wire 라이브러리를 제공하고 있다. I2C와 혼용되어 사용되고 있는 TWI(Two Wire Interface)는 I2C를 지원하는 하드웨어 제작 회사에서 사용하는 I2C의 다른 이름으로, 통신을 위해 2개의 연결선을 사용하기 때문에 붙여진 이름이다. Wire 라이브러리에는 I2C 통신에서 사용할 수 있는 송신 및 수신 함수들이 정의되어 있다.

- **begin**

```
void begin(void)
void begin(uint8_t address)

    - 매개변수
        address: I2C 주소
    - 반환값: 없음
```

Wire 라이브러리를 초기화하고 I2C 버스에 마스터나 슬레이브로 참여한다. 주소가 주어지는 경우에는 슬레이브로 I2C 버스에 참여하는 것을 나타내고, 주소가 주어지지 않은 경우에는 마스터로 참여하는 것을 나타낸다.

■ **requestFrom**

```
uint8_t requestFrom(uint8_t address, uint8_t quantity)
uint8_t requestFrom(uint8_t address, uint8_t quantity, uint8_t sendStop)
```
  - 매개변수
    address: 슬레이브 주소
    quantity: 요청하는 바이트 수
    sendStop: 요청 완료 후 정지 메시지 전송 여부(true 또는 false)
  - 반환값: 슬레이브 장치로부터 전송된 바이트 수

마스터 장치가 특정 주소(address)의 슬레이브 장치에 지정한 양(quantity)의 데이터를 요청한다. 매개변수 sendStop에는 true나 false 값을 지정하며, 요청이 완료된 후 정지 메시지를 보낼지 여부를 나타낸다. false를 지정하면 I2C 마스터는 요청이 완료된 후에도 연결을 유지하여 다른 마스터 장치가 데이터를 요구할 수 없도록 한다. 디폴트값은 true이다.

■ **beginTransmission**

```
void beginTransmission(uint8_t address)
```
  - 매개변수
    address: 슬레이브 주소
  - 반환값: 없음

지정한 주소의 슬레이브 장치로 데이터 전송을 시작한다. 실제 전송은 write 함수에 의해 데이터가 버퍼에 기록된 후 endTransmission 함수가 호출될 때 일어난다.

■ **endTransmission**

```
uint8_t endTransmission(void)
uint8_t endTransmission(uint8_t sendStop)
```
  - 매개변수
    sendStop: 요청 완료 후 정지 메시지 전송 여부(true 또는 false)
  - 반환값: 전송 상태 메시지

write 함수에 의해 큐에 기록된 데이터를 전송함으로써 beginTransmission 함수에 의해 시작된 슬레이브 장치에 대한 전송을 종료한다. sendStop이 false로 설정되면 전송이 완료된 후에도 연결을 유지하여 다른 마스터 장치가 데이터를 전송할 수 없도록 한다. 디폴트값은 true이다. 반환값은 전송 결과를 나타내는 값으로, 0이 아닌 값은 전송 과정에서 오류가 발생하였음을 나타낸다. 반환값에 따른 오류 내용은 표 5-2와 같다.

표 5-2 I2C 데이터 전송에서의 오류

반환값	의미
0	전송 성공
1	전송 데이터가 버퍼 용량을 초과
2	주소 전송 후 NACK 수신
3	데이터 전송 후 NACK 수신
4	기타 TWI 오류

■ **write**

```
size_t write(uint8_t data)
size_t write(const uint8_t *data, size_t quantity)
```

```
- 매개변수
    data: 전송할 단일 바이트 또는 바이트 배열에 대한 포인터
    quantity: 전송할 바이트 수
- 반환값: 전송된 바이트 수
```

마스터 장치의 요청에 따라 슬레이브 장치가 데이터를 전송하거나 마스터 장치에서 슬레이브 장치로 전송할 데이터를 큐에 기록하기 위해 사용한다. 마스터 장치에서 슬레이브 장치로의 데이터 전송은 beginTransmission 함수로 시작되고, write 함수에서 큐에 데이터를 기록한 후 endTransmission 함수 호출로 실제 전송이 일어난다.

■ **available**

```
int available(void)
```

```
- 매개변수: 없음
- 반환값: 유효 바이트 수
```

read 함수로 읽어 들일 수 있는 유효한 바이트 수를 반환한다. available 함수는 마스터 장치에서 requestFrom 함수를 통해 슬레이브 장치로부터 데이터를 요청한 이후 실제로 도착한 데이터를 검사하기 위해 사용되거나 슬레이브 장치의 onReceive 함수 내에서 사용된다.

■ **read**

```
int read(void)
```

```
- 매개변수: 없음
- 반환값: 수신 버퍼의 한 바이트를 읽어서 반환
```

마스터 장치의 requestFrom 함수 호출에 의해 슬레이브 장치가 전송한 데이터 한 바이트를 읽어서 반환한다. 마스터 장치가 전송한 데이터를 슬레이브 장치에서 읽어 들이기 위해서도 사용할 수 있다.

■ **onReceive**

```
void onReceive( void (*)(int) )
```
　　– 매개변수: 없음
　　– 반환값: 없음

슬레이브 장치가 마스터 장치로부터 데이터를 수신했을 때 호출되는 핸들러(handler) 함수를 등록한다. 핸들러 함수는 반환값이 없으며, 수신한 데이터의 바이트 수를 나타내는 int 형식의 매개변수를 가진다.

■ **onRequest**

```
void onRequest( void (*)(void) )
```
　　– 매개변수: 없음
　　– 반환값: 없음

슬레이브 장치가 마스터 장치로부터 데이터를 요청받았을 때 호출되는 핸들러 함수를 등록한다. 핸들러 함수는 반환값이 없으며, 매개변수도 갖지 않는다.

5.3 가속도 자이로 센서

가속도 센서와 자이로 센서는 스마트폰에 포함된 이후로 실생활에서 많이 쓰이는, 흔히 접할 수 있는 센서 중 하나가 되었다. 가속도 센서는 직선 방향으로 단위 시간의 속도 증감비, 즉 가속도를 측정하는 센서를 말하며, 자이로 센서는 축을 기준으로 단위 시간에 물체가 회전한 각도, 즉 각속도를 측정하는 센서를 말한다.

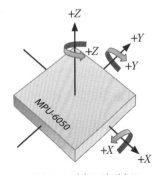

그림 5-7 **가속도와 각속도**

가속도와 각속도를 측정하기 위해 흔히 사용되는 칩으로 MPU6050 칩이 있다. MPU6050은 핀이 24개인 칩으로, 가속도 센서와 자이로 센서를 포함하고 있다. 측정된 값은 16비트의 아날로그-디지털 변환기를 통해 변환되며, X, Y, Z 방향의 가속도와 각속도를 동시에 측정할 수 있으며, I2C 통신을 사용한다. 그림 5-8은 MPU6050을 사용하여 1.5 × 2cm 크기로 제작된 모듈의 예이다.

그림 5-8 가속도 자이로 센서 모듈

센서 모듈을 그림 5-9와 같이 아두이노 우노에 연결해 보자. 연결에서 주의할 점은 센서 모듈은 3.3V를 사용하므로 아두이노 우노의 3.3V와 센서 모듈의 VCC를 연결하여야 한다는 점이다. 8개의 핀 중 나머지 4개는 사용하지 않는다.

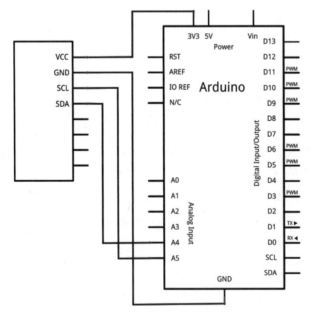

그림 5-9 센서 모듈과 아두이노의 연결 회로도

MPU6050 칩을 사용하기 위해서는 먼저 MPU6050 칩의 I2C 주소를 지정하여 슬레이브로 연결하여야 한다. 그림 5-9와 같이 연결한 경우 MPU6050 칩의 I2C 주소는 0x68로 설정되며, 변경할 수 없다.

MPU6050 칩에 전원을 인가한 경우 MPU6050 칩은 슬립 모드(sleep mode)로 시작된다. 따라서 센서 데이터를 얻어 오기 위해서는 먼저 슬립 모드를 해제하여야 한다. MPU6050 칩에는 13번부터 117번까지의 레지스터가 존재하며, 이 중 전원 관리 및 클록 소스 설정을 위해 사용되는 레지스터는 107번(0x6B) 레지스터 PWR_MGMT_1(Power Management 1)이다. 표 5-3은 PWR_MGMT_1 레지스터의 구조를 나타낸다.

표 5-3 PWR_MGMT_1 레지스터의 구조

레지스터		비트 7	비트 6	비트 5	비트 4	비트 3	비트 2	비트 1	비트 0
HEX	DEC								
6B	107	DEVICE_RESET	SLEEP	CYCLE	-	TEMP_DIS	CLKSEL[2..0]		

7번 비트 DEVICE_RESET은 MPU6050 칩을 리셋하기 위해 사용되며, 3번 비트 TEMP_DIS를 1로 설정하면 온도 센서가 중지된다. 6번 비트 SLEEP을 1로 설정하면 MPU6050 칩은 저전력의 슬립 모드로 설정된다. 슬립 모드가 아닌 경우 5번 비트 CYCLE이 1로 설정되면 슬립 모드와 웨이크업 모드를 전환하면서 일정 시간 간격으로만 센서가 동작한다. 모드 전환 간격은 108번 레지스터 PWR_MGMT_2(Power Management 2)의 LP_WAKE_CTRL 비트(6번 및 7번 비트)에 의해 결정된다. CLKSEL 비트는 MPU6050 칩의 동작 클록을 설정하기 위해 사용되며, 디폴트값은 0으로 내부 오실레이터에 의해 동작하도록 설정되어 있다. PWR_MGMT_1 레지스터에 0을 기록하면 디폴트값에서 슬립 모드만이 해제된다. PWR_MGMT_1 레지스터에 0을 기록하기 위해서는 먼저 레지스터 번호를 전송한 후 레지스터의 값을 전송하면 된다.

센서 데이터는 3개의 가속도, 3개의 각속도, 1개의 온도가 16비트 값으로 14개의 레지스터에 저장된다. 저장되는 위치는 59번(0x3B) 레지스터부터 72번(0x48) 레지스터까지이다. 표 5-4는 센서값이 저장되는 레지스터의 구조를 나타낸다.

표 5-4 센서값 저장 레지스터

레지스터		레지스터명	설명	비고
HEX	DEC			
3B	59	ACCEL_XOUT_H	ACCEL_XOUT[15:8]	X축 가속도
3C	60	ACCEL_XOUT_L	ACCEL_XOUT[7:0]	
3D	61	ACCEL_YOUT_H	ACCEL_YOUT[15:8]	Y축 가속도
3E	62	ACCEL_YOUT_L	ACCEL_YOUT[7:0]	
3F	63	ACCEL_ZOUT_H	ACCEL_ZOUT[15:8]	Z축 가속도
40	64	ACCEL_ZOUT_L	ACCEL_ZOUT[7:0]	
41	65	TEMP_OUT_H	TEMP_OUT[15:8]	온도
42	66	TEMP_OUT_L	TEMP_OUT[7:0]	
43	67	GYRO_XOUT_H	GYRO_XOUT[15:8]	X축 각속도
44	68	GYRO_XOUT_L	GYRO_XOUT[7:0]	
45	69	GYRO_YOUT_H	GYRO_YOUT[15:8]	Y축 각속도
46	70	GYRO_YOUT_L	GYRO_YOUT[7:0]	
47	71	GYRO_ZOUT_H	GYRO_ZOUT[15:8]	Z축 각속도
48	72	GYRO_ZOUT_L	GYRO_ZOUT[7:0]	

X축 방향의 가속도를 얻고 싶다면 레지스터 번호(59)를 전송한 후, 2바이트의 데이터를 읽어서 16비트 값으로 연결하면 된다. 레지스터 번호를 지정한 후 연속적으로 읽기를 수행하면 레지스터 번호는 자동으로 증가하므로 표 5-4의 모든 데이터를 읽기 위해서는 read 명령을 14번 실행하면 된다. 스케치 5-1은 센서 모듈에서 가속도, 각속도 및 온도를 읽어 출력하는 예이다. 그림 5-10은 스케치 5-1의 실행 결과로 센서 모듈을 좌우로 흔들면서 출력한 값이므로 AX 값이 양수와 음수로 변하고 있다.

스케치 5-1 MPU6050 가속도 자이로 센서 모듈 테스트

```
#include <Wire.h>

int MPU_Address = 0x68;                    // MPU6050 칩의 I2C 주소

// 가속도, 온도, 각속도 저장을 위한 변수
int AcX, AcY, AcZ, Tmp, GyX, GyY, GyZ;

void setup(){
    Wire.begin();
    Wire.beginTransmission(MPU_Address);   // MPU6050 선택
    Wire.write(0x6B);                      // PWR_MGMT_1 레지스터 선택
```

```
    Wire.write(0);                              // 슬립 모드 해제
    Wire.endTransmission();
    Serial.begin(115200);                       // UART 시리얼 통신 초기화
}

void loop(){
    Wire.beginTransmission(MPU_Address);    // MPU6050 선택
    Wire.write(0x3B);                           // X축 방향 가속도 레지스터 선택
    // 연결을 종료하지 않으므로 beginTransmission 없이 읽기 가능
    Wire.endTransmission(false);
    Wire.requestFrom(MPU_Address, 14);      // 14바이트 데이터 요청

    AcX = Wire.read() << 8 | Wire.read(); // ACCEL_XOUT
    AcY = Wire.read() << 8 | Wire.read(); // ACCEL_YOUT
    AcZ = Wire.read() << 8 | Wire.read(); // ACCEL_ZOUT
    Tmp = Wire.read() << 8 | Wire.read(); // TEMP_OUT
    GyX = Wire.read() << 8 | Wire.read(); // GYRO_XOUT
    GyY = Wire.read() << 8 | Wire.read(); // GYRO_YOUT
    GyZ = Wire.read() << 8 | Wire.read(); // GYRO_ZOUT

    Serial.print("AX = "); Serial.print(AcX);
    Serial.print(", AY = "); Serial.print(AcY);
    Serial.print(", AZ = "); Serial.print(AcZ);

    // 레지스터 값을 섭씨온도로 변환
    Serial.print(", Tmp = "); Serial.print(Tmp / 340.00 + 36.53);

    Serial.print(", GX = "); Serial.print(GyX);
    Serial.print(", GY = "); Serial.print(GyY);
    Serial.print(", GZ = "); Serial.println(GyZ);

    Wire.endTransmission();                      // 데이터 읽기 종료

    delay(1000);
}
```

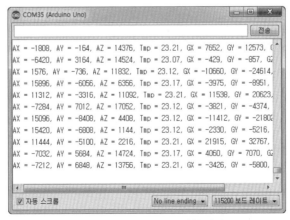

그림 5-10 스케치 5-1의 실행 결과

5.4 I2C 방식 텍스트 LCD

제3장에서 시리얼 방식의 텍스트 LCD 사용 방법을 살펴보았다. 이 장에서는 또 다른 방식의 시리얼 통신인 I2C 통신을 사용하는 텍스트 LCD를 살펴본다. UART 방식의 텍스트 LCD에서 UART 형식의 데이터로 텍스트 LCD를 제어하기 위해 전용 칩이 사용된 것처럼, I2C 방식의 텍스트 LCD에서도 전용 칩이 필요하다. I2C 방식의 텍스트 LCD 뒷면에서 변환 모듈을 확인할 수 있다. 변환 모듈에는 텍스트 LCD의 명암 대비를 조절하기 위해 가변저항이 포함되어 있으므로 LCD에 문자가 정확하게 표시되지 않을 때 조절하면 된다.

그림 5-11 I2C 방식의 텍스트 LCD를 위한 변환 모듈

I2C 방식의 텍스트 LCD를 사용하기 위해서는 전용의 라이브러리가 필요하다. 먼저 라이브러리를 다운로드받아[24] 스케치북 디렉터리에 설치한다. 그림 5-11의 변환 모듈에는 I2C 주소로 0x27이 할당되어 있다. I2C 방식의 텍스트 LCD 사용 방법은 간단하다. 먼저 I2C 방식 텍스트 LCD 라이브러리의 헤더 파일 'LiquidCrystal_I2C.h'를 포함시킨다. I2C 방식 텍스트 LCD 라이브러리는 아두이노의 Wire 라이브러리를 기본으로 하므로 이 역시 포함시켜야 한다.

```
#include <Wire.h>
#include <LiquidCrystal_I2C.h>
```

헤더 파일이 포함된 후에는 해당 객체를 생성한다. 객체를 생성할 때에는 장치의 I2C 주소와 화면의 크기를 지정한다. 실험에 사용한 LCD는 크기가 20×4이다. 흔히 볼 수 있는 16×2 크기의 텍스트 LCD를 사용하고자 한다면 X와 Y값을 바꾸면 된다.

```
// (I2C 주소, 칸 수(X), 줄 수(Y))
LiquidCrystal_I2C lcd(0x27, 20, 4);
```

객체의 초기화는 begin 함수를 통해 이루어지며, 초기화 이후에는 출력 위치를 지정하기 위한 setCursor 함수와 문자열을 출력하기 위한 print 함수를 통해 원하는 위치에 문자를 출력할 수 있다. 스케치 5-2는 I2C 방식의 텍스트 LCD에 문자를 출력하는 스케치의 예이다.

스케치 5-2 I2C 방식의 텍스트 LCD 테스트

```
#include <Wire.h>
#include <LiquidCrystal_I2C.h>

// (I2C 주소, 칸 수(X), 줄 수(Y))
LiquidCrystal_I2C lcd(0x27, 20, 4);

void setup()
{
    lcd.begin();                        // LCD 초기화

    lcd.backlight();                    // 백라이트 켜기

    lcd.print("1st line");
    lcd.setCursor(1, 1);
    lcd.print("2nd line");
    lcd.setCursor(2, 2);
    lcd.print("3rd line");
    lcd.setCursor(3, 3);
    lcd.print("last line");
}

void loop() { }
```

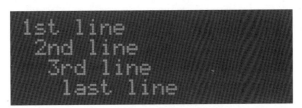

그림 5-12 스케치 5-2의 실행 결과

I2C 방식의 텍스트 LCD에 사용된 일부 변환 모듈의 경우에는 실험에서 사용한 모듈과는 다른 I2C 주소를 가지고 있을 수 있다. I2C 주소가 확실하지 않다면 모든 I2C 주소로 데이터를 전송하여 오류 발생 여부를 확인하는 방법을 사용할 수 있다. 스케치 5-3은 현재 연결되어 있는 장치의 I2C 주소를 확인하는 스케치의 예이다.

스케치 5-3 I2C 주소 스캐닝

```
#include <Wire.h>

void setup()
{
    Wire.begin();

    Serial.begin(9600);
}

void loop()
{
    byte error, address;
    int nDevices = 0;

    Serial.println("Start Scanning...");
    for(address = 1; address < 127; address++ ){
        // 1바이트의 의미 없는 데이터를 전송
        Wire.beginTransmission(address);
        error = Wire.endTransmission();

        if (error == 0){
            Serial.print("I2C device found at address 0x");
            if(address < 16) Serial.print("0");
            Serial.print(address, HEX);
            Serial.println();

            nDevices++;
        }
    }
    if(nDevices == 0)
        Serial.println("No I2C devices found\n");

    delay(5000);                          // 5초 후 다시 스캐닝
}
```

그림 5-13 스케치 5-3의 실행 결과

텍스트 LCD에 연속적으로 문자를 출력할 때 한 가지 주의할 점이 있다. 1행 1열에서 시작하여 위치를 지정하지 않고 문자를 연속적으로 출력하는 경우, 1행에 20개의 문자가 출력된 이후에는 3행 1열로 옮겨간다는 점이다. 그림 5-14는 1행 1열에서 시작하여 "Hello Arduino.. This is an I2C text LCD."를 출력한 경우이다.

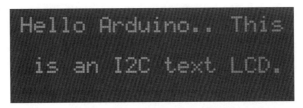

그림 5-14 텍스트 LCD에서 긴 문장 출력

비슷하게 2행에 20개의 문자를 출력하면 이후 출력 위치는 4행 1열로 바뀐다. 이러한 출력 방식은 16×2 크기의 텍스트 LCD와의 호환성을 위한 것이다. 텍스트 LCD는 화면에 출력할 문자를 저장하기 위해 80바이트 크기의 메모리를 가지고 있다. 하지만, 16×2 크기의 텍스트 LCD는 32개의 문자만을 출력할 수 있다. 16×2 크기의 텍스트 LCD에 1행 1열부터 20개의 문자를 출력하면 16개의 문자만이 출력되고 나머지 4개의 문자는 보이지 않는다. 나머지 4개의 문자는 메모리에 저장은 되지만 실제로 표시되지는 않는다. 16×2 크기의 텍스트 LCD에서 메모리와 화면에 표시되는 문자의 위치는 그림 5-15와 같다.

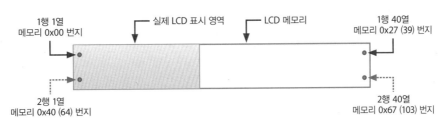

그림 5-15 16×2 크기의 텍스트 LCD의 메모리 구조

반면, 20×4 크기의 텍스트 LCD는 출력하는 모든 문자가 화면에 표시된다. 하지만, 16×2 크기의 텍스트 LCD와의 호환을 위해 3행에 출력되는 문자가 저장되는 메모리가 1행에 출력되는 문자가 저장되는 메모리의 뒷부분에 연결되어 있는 차이가 있다.

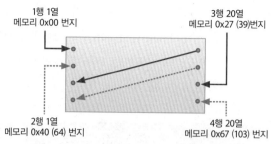

그림 5-16 20×4 크기의 텍스트 LCD의 메모리 구조

5.5 요약

I2C 통신은 저속의 데이터를 적은 수의 연결선을 통해 전달하기 위해 사용되는 시리얼 통신 방법 중 하나이다. 특히 I2C 통신은 1:n 연결이 가능하다는 점에서 SPI 통신과 동일하지만, SPI 통신과 달리 연결되는 장치의 개수가 증가하여도 필요로 하는 연결선의 개수가 증가하지 않는 장점이 있다. SPI의 경우 연결된 여러 개의 슬레이브 중 하나를 선택하기 위해 슬레이브 별로 전용의 연결선을 사용하는 하드웨어적인 방법을 사용하지만, I2C의 경우에는 소프트웨어적인 주소에 의해 슬레이브를 구별한다. I2C 통신을 사용하는 대표적인 장치에는 많은 데이터를 전송하지 않아도 되는 센서가 있으며, I2C 통신을 사용하는 다양한 종류의 센서들이 판매되고 있다. 또한, 텍스트 LCD의 경우 전송해야 하는 데이터가 최대 80바이트로 많지 않아 UART 방식의 텍스트 LCD와 함께 I2C 방식의 텍스트 LCD도 흔히 사용되고 있다.

NFC

NFC는 아주 짧은 거리에서 이루어지는 무선 데이터 통신 방법의 일종으로, 최근 스마트폰의 보급과 더불어 다양한 활용 방안이 모색되고 있는 방법 중 하나이다. NFC는 태그를 통한 무선 판독에 흔히 사용되는 RFID와 인식 거리를 제외하면 거의 유사하다. 이 장에서는 NFC의 동작 방식 및 RFID와의 차이점에 대해 알아보고, NFC 쉴드를 사용하여 데이터를 송수신하는 방법을 알아본다.

6.1 RF

RF(Radio Frequency)란 무엇일까? '라디오'라고 하면 흔히 차를 타고 가면서 들을 수 있는 라디오 방송이 제일 먼저 떠오르고, '라디오 주파수'라고 하면 라디오 방송에 사용하는 주파수를 생각하게 된다. 하지만, 우리가 흔히 듣는 '라디오 방송'은 실제 '라디오'를 이용하는 한 가지 예에 불과하며, '라디오 방송'이 가장 흔히 접할 수 있는 '라디오'를 이용한 예이기 때문에 고착화되었을 뿐이다. 사전에서 라디오의 정의를 찾아보면 라디오 방송이나 라디오를 청취할 수 있는 기기가 가장 먼저 나오지만 보다 일반적인 '무선' 또는 '무선 통신'이라는 뜻 역시 발견할 수 있으며, 이것이 바로 여기서 다루고자 하는 '라디오'의 의미이다. 이 장에서 RF란 무선 통신에 사용되는 주파수를 의미한다.

기술적으로 RF(무선 주파수)는 주어진 주파수의 신호를 안테나로 흘려보냈을 때 무선 방송이나 통신에 적합한 전자기장이 생성되는 특성을 갖는 교류를 가리킨다. 이러한 주파수에는 사람이 들을 수 있는 가청 주파수 대역인 9KHz에서부터 수천 GHz에 이르기까지 넓은 영역이 포함된다. 무선 주파수 영역은 주파수에 따라 표 6-1과 같이 몇 개의 대역으로 구분할 수 있다.

표 6-1 **무선 주파수 대역**

명칭	약어	주파수	파장	응용
초장파(Very Low Frequency)	VLF	9KHz~30KHz	33Km~10Km	선박
장파(Low Frequency)	LF	30KHz~300KHz	10Km~1Km	항해
중파(Medium Frequency)	MF	300KHz~3MHz	1Km~100m	AM, 항공
단파(High Frequency)	HF	3MHz~30MHz	100m~10m	아마추어 무선, 단파 방송
초단파(Very High Frequency)	VHF	30MHz~300MHz	10m~1m	FM, TV
극초단파(Ultra High Frequency)	UHF	300MHz~3GHz	1m~100mm	이동전화
초고주파(Super High Frequency)	SHF	3GHz~30GHz	100mm~10mm	위성
마이크로파(Extremely High Frequency)	EHF	30GHz~300GHz	10mm~1mm	우주통신

RF는 현재도 수많은 분야에서 사용되고 있으며, 그 범위도 계속 넓어지고 있다. RF라는 용어는 원래 무선 주파수를 의미하지만, 무선 주파수에 의해 만들어지는 전자기파를 이용하는 장치 및 그 기술들까지도 포함하는 의미로 보다 일반적으로 사용되고 있다. 또한, 표 6-1의 주파수 대역 중에서도 수백 MHz에서 수 GHz까지의 고주파 영역이 일반적으로 RF 영역으로 인식되고 있다. 아두이노에서 사용할 수 있는 무선 통신 기술인 와이파이, 블루투스, 지그비, NFC, RFID 등은 모두 RF를 사용하고 있다. 우리가 접할 수 있는 RF 사용 예는 대부분 무선 통신 분야이지만, 이외에도 측정, 검사, 탐사, 보안 등 다양한 분야에서 사용되고 있다.

표 6-2 **RF 응용 분야**

분야	예
군사용	GPS, 위치 추적 스마트 무기
천문학 및 우주 탐험용	우주 공간 탐사
통신용	HDTV, 컴퓨터 네트워크, 이동전화
의학용	심장 자극기, 살균 소독, CT, X-레이(X-ray)
원격 탐사용	기상 관측, 천연 자원 탐사, 수중 탐사
감시용	무인 경비 시스템, 도청 탐지기
기타	충돌 방지, 구조 정밀 검사, 버스 카드, 주차 관리 시스템

RFID(Radio Frequency Identification)는 RF의 대표적인 응용 분야 중 하나이다. RFID란 데이터가 기록된 IC 칩과 RF를 사용하여 다양한 정보를 인식하고 관리할 수 있는 기술을 말한다. RFID는 전자 태그, 스마트 태그, 전자 라벨, 무선 식별 등으로도 불린다. RFID는 여러 개의 정보를 동시에 판독하거나 수정 및 갱신이 가능하여 바코드 기술이 극복할 수 없는 여러 가지 문제점들을 해결할 수 있어 물류 관리나 보안 등의 분야에서 널리 사용되고 있다. 표 6-3은 바코드와 RFID를 비교한 것으로 태그를 위한 비용을 제외하면 모든 면에서 RFID가 바코드에 비해 우수한 것을 알 수 있다. 하지만, RFID의 태그 역시 가격이 계속 하락하고 있으며, 그 사용 범위 역시 넓어지고 있다.

표 6-3 **바코드와 RFID 비교**

항목	바코드	RFID
인식 방법	비접촉식	비접촉식
인식 거리	~50cm	~27m
손상률	잦음	거의 없음
데이터	~100Byte	~64KB
보안	거의 없음	복제 불가능
재활용	불가능	가능
비용	낮음	상대적으로 높음

주변에서 흔히 볼 수 있는 RFID 사용 예에는 버스에서 사용하는 교통카드, 고속도로의 하이패스 카드, 마트에서 도난 방지용으로 사용하는 태그 등이 있다. RFID를 사용하기 위해서는 태그와 태그로부터 정보를 읽어 들일 수 있는 판독기가 필요하다. 태그는 그림 6-1에 나타낸 것처럼, 정보가 기록되어 있는 IC 칩과 칩에 저장된 정보를 판독기로 전송할 수 있는 안테나로 이루어져 있다.

데이터 기록 IC 칩

안테나

그림 6-1 **RFID 태그**

RFID는 사용하는 전원에 따라 몇 가지로 분류된다. 판독기의 전원으로만 동작하는 RFID를 수동형(passive) RFID라고 하는데, 수동형 RFID의 경우 판독기의 안테나에서 만들어지는 전자기장으로부터 상호 유도 방식으로 태그의 IC 칩을 동작시킬 수 있는 전력을 만들어 사용한다. 인식 거리가 짧고 판독기에서 전력을 많이 소비하는 단점이 있지만, 태그를 작고 간단하게 만들 수 있어 많이 사용되고 있다. 반면, 태그에 건전지가 내장되어 있어 칩의 정보를 읽기 위해서는 내장 전원을 사용하고 통신을 위해서는 판독기의 전원을 사용하는 RFID를 반수동형(semi-passive) RFID라고 한다. 반수동형 RFID는 판독기로부터 신호를 받을 때까지 작동하지 않는 상태로 있으므로 전력 소비가 적어 오랜 시간 사용할 수 있다. 마지막으로 능동형(active) RFID는 태그의 정보를 읽고 정보 송신을 위해 태그의 전원을 사용하므로 수십 미터에 달하는 원거리 통신용으로 사용된다.

RFID는 통신에 사용하는 주파수에 따라서도 몇 가지로 분류된다. LFID(Low Frequency ID)는 120~140KHz 주파수를 사용하는 RFID이며, HFID(High Frequence ID)는 13.56MHz 주파수를 사용한다. UHFID(Ultra High Frequency ID)는 가장 높은 969~956MHz 주파수를 사용한다. HFID는 RFID 중 가장 널리 사용되는 방식으로 수동형 태그를 사용하며, 60cm 이내의 짧은 거리에서 태그의 정보를 읽고 쓸 수 있어 물품 관리, 교통카드, 출입/보안 카드 등에 흔히 사용되고 있다. HFID는 NFC와 동일한 주파수를 사용하므로 NFC와 호환이 가능하다. 아두이노용 확장 쉴드로 판매되는 제품들은 RFID(정확하게 이야기하자면 13.56MHz를 사용하는 HFID)와 NFC를 동시에 지원하는 경우가 대부분이다.

6.2 NFC

스마트폰의 이용은 음성 통화 중심에서 데이터 통신 서비스(SNS, E-Mail, 웹 서핑 등)를 거쳐 생활 편의 서비스로 진화하고 있다. 이러한 편의 서비스를 가능하게 하는 기술 중 하나가 NFC(Near Field Communication, 근거리 무선 통신)로, NFC는 최근 모바일 산업에서 주목받고 있다.

NFC는 1999년 특허가 등록된 이후 2002년에 소니와 NXP가 기존 RFID 기술을 확장하여 만든 개방형 RFID 기술의 일종으로, 13.56MHz 주파수 대역을 사용하여 10cm 이내의 가까운 거리에서 태그에 담겨진 정보를 단말기 사이에 전송하는 비접촉식 통신 기술을 말한다. RFID와 비슷한 것 같지 않은가? 사실 13.56MHz를 사용하는 RFID와 NFC는 통신 방식에서는 동일하지만, NFC에는 RFID와 몇 가지 면에서 차이가 있다. NFC의 가장 큰 특징은 짧은 통신 거리에 있다. NFC의 짧은 통신 거리는 단점이 될 수도 있지만, 사용자가 직접 터치하는 의도적인 행동이 필요하므로 행동 기반의 맞춤형 서비스들과 연계하기에 좋은 장점이 있다. NFC에는 보안 모듈이 탑재되어 있어 보안성이 높은 점도 장점 중 하나이다. 또한, NFC와 더불어 스마트폰에 포함되어 있는 블루투스의 경우 페어링(pairing) 과정을 거쳐야만 하는 번거로움이 있지만 NFC는 별도의 페어링 과정 없이도 사용할 수 있으며, 기존 근거리 무선 데이터 통신 기술은 읽기만 가능했던 반면, NFC는 읽기와 쓰기가 모두 가능하다는 등의 장점이 있다.

최근 스마트폰에도 NFC 기능이 담겨짐에 따라 일상생활의 많은 부분에서 응용이 가능할 것으로 예상된다. 예를 들어 NFC를 활용하여 스마트폰으로 출입문을 간편하게 열고 닫을 수 있으며, 버스카드 없이 스마트폰으로 대중교통을 손쉽게 이용할 수 있고, 스마트폰에 신용카드나 쿠폰을 저장해 쇼핑에 활용하는 것도 가능하다. NFC 태그를 부착한 포스터나 안내판에 스마트폰을 가까이 가져가면 관련 정보를 스마트폰을 통해 제공받을 수 있으며, 종이 명함을 대신하여 스마트폰을 서로 접촉하는 것으로 명함 교환이 이루어지도록 할 수도 있다. 파일 전송 기능을 이용하여 스마트폰에 저장된 사진을 프린터로 전송하여 인쇄할 수 있으며, 친구와 전화번호 목록을 교환하는 것도 가능하다. 이렇듯 NFC는 RFID를 기반 기술로 하고 서비스 측면을 강조함으로써 응용 가능한 분야가 무궁무진할 것으로 기대되고 있다.

NFC는 RFID와 마찬가지로 2개의 장치 사이에서 하나는 판독기(reader/writer)로, 다른 하나는 태그(tag)로 동작하여 반이중 방식(half-duplex)으로 정보를 주고받는다. 태그는 메모리와 안테나를 포함하고 있으며, 자체 전원을 포함하고 있지 않은 수동(passive) 장치의 경우 판독기가 태그 검출을 위해 만드는 전자기장(electromagnetic field)을 전력으로 변환하여 데이터를 전송한다. 판독기는 능동(active) 장치로 태그가 수동 장치인 경우 전자기장을 형성하여 태그가 동작할 수 있도록 하는 역할을 한다. 태그의 전원 유무에 따라 NFC 장치는 2개의 통신 모드로 통신을 수행할 수 있다.

- **능동 모드(active mode)**: 능동 모드는 통신에 참여하는 두 장치 모두가 전원을 가지고 있는 경우로, 번갈아 신호를 전송함으로써 통신이 이루어진다.
- **수동 모드(passive mode)**: 수동 모드는 통신을 시작하는 시동기기(initiator)는 신호를 생성하고, 목적기기(target)는 시동기기가 생성하는 전자기장을 이용하여 정보를 전송하는 모드이다.

앞의 두 가지 통신 모드를 이용하여 NFC 장치는 세 가지 동작 모드를 가질 수 있다. 스마트폰의 예를 들어 설명해 보자.

- **읽기/쓰기 모드(read/write mode)**: 스마트폰이 판독기로 동작하는 모드로 태그에 데이터를 읽거나 쓸 수 있다. 이 때 스마트폰은 전원이 켜진 상태여야 한다.
- **P2P 모드(peer to peer mode)**: 스마트폰은 다른 NFC 기기와 데이터를 교환할 수 있다. 이를 위해서 스마트폰과 다른 NFC 기기는 모두 전원이 켜진 상태여야 한다.
- **카드 에뮬레이션 모드(card emulation mode)**: 스마트폰은 태그로 동작하며 다른 판독기가 스마트폰으로부터 데이터를 읽는다. 이 때 스마트폰은 전원 상태와 무관하게 태그로 동작할 수 있다.

이처럼 RFID는 태그와 판독기의 역할이 고정되어 있지만, NFC는 양방향 통신이 가능하여 하나의 NFC 기기가 태그와 판독기의 역할을 모두 수행할 수 있다는 점에서 RFID와 차이가 있다. 그림 6-2는 안드로이드를 운영체제로 사용하는 스마트폰에서 지원하고 있는 NFC의 기능에 대한 아이콘의 예를 나타낸 것으로, 능동 모드(읽기/쓰기 모드와 P2P 모드)와 수동 모드(카드 에뮬레이션 모드)로 구별되어 있다.

그림 6-2 안드로이드 스마트폰의 NFC 아이콘

NFC 통신에 사용되는 13.56MHz 대역의 근거리 무선 통신은 통신 범위에 따라 10cm 이내의 근접형(proximity)과 1m 이내의 주변형(vicinity)으로 나뉜다. NFC를 포함하는 스마트카드에 적용되는 표준에는 ISO/IEC 14443이 있다. ISO/IEC 14443에는 스마트카드의 크기 및 물리적 특성을 포함하여, RF 신호의 강도, 충돌 방지 및 데이터 전송 프로토콜 등을 정의하고 있다. ISO/IEC 14443 기반의 대표적인 칩은 NXP의 MiFare로, ISO/IEC 14443 Type A를 지원한다. 반면, 1m 이내에서의 무선 인식을 위한 표준에는 ISO/IEC 15693이 있다. 근접형 무선 통신 기술을 포함하는 NFC는 2004년 ISO/IEC 18092 표준으로 제정되었지만, ISO/IEC 18092에는 스마트 기기 사이의 통신이 정의되어 있어 기존 스마트카드 정의인 ISO/IEC 14443과는 차이가 있다. ISO/IEC 18092에는 일본의 스마트카드 표준인 펠리카(FeliCa) 기술 일부가 반영되었다. 이러한 여러 가지 13.56MHz 대역의 무선 통신 기술 표준들은 NFC의 확산을 위한 전략의 일환으로 NFC 범주에 모두 포함시킨 ISO/IEC 21481이 제정됨으로써 NFC는 현재와 같은 모습으로 정착되었다. 현재의 NFC는 ISO/IEC 14443을 기본으로 하고 태그와 판독기를 하나로 합쳐 놓은 형태로 볼 수 있으며, 기본적으로 스마트폰에서의 사용을 목적으로 만들어진 것이다.

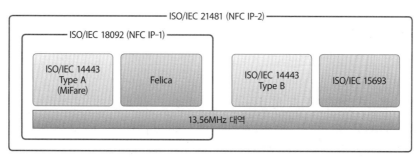

그림 6-3 **NFC의 표준 범위**

ISO/IEC 14443은 다시 Type A와 Type B로 나뉜다. Type A는 13.56MHz 대역 비접촉식 카드에 대한 최초의 ISO 표준으로 세계적으로 가장 널리 사용되고 있다. Type A 카드는 흔히 메모리 카드(memory card)라고 불리는 반면, Type B 카드는 마이크로프로세서 카드(microprocessor card)라고 불린다. 소니에서 개발된 FeliCa는 ISO/IEC 14443의 Type C로 고안되었으나, 표준으로 제정되지는 못하고 ISO/IEC 18092에 포함되었다. 각 Type들은 변조(modulation), 부호화(bit coding), 충돌방지(anti-collision) 등을 구현하는 세부 기술에서 약간씩의 차이가 있다. Type A의 전신으로도 불리는 MiFare는 Type A 표준을 따르면서 보안 프로토콜 등 일부 어플리케이션에 대해 자체 개발 모듈을 사용하는 형태로 구성되어 있다. Type A는 국내에서도 교통카드에 적용된 예가 있으며, 일본에서는 전화카드에 사용되었다. Type B는 모토롤라에서 개발한 표준으로 특정 특허에 종속되지 않아 주민등록증, 운전면허증과 같은 공공 용도나 각종 ID카드에 이용되고 있다. FeliCa는 스마트카드 일본 표준으로, 일본 내에서는 교통카드, e-머니, 발권 시스템, ID카드 등 다양한 분야에 사용되고 있다.

NFC에서 사용할 수 있는 태그는 네 가지 종류가 정의되어 있으며, 통신 속도, 메모리 크기, 보안 기능 등 세부 내용에서 약간의 차이가 있다.

표 6-4 NFC 태그의 종류

	Type 1	Type 2	Type 3	Type 4
표준	ISO 14443 A	ISO 14443 A	FeliCa(ISO 18092)	ISO 14443 A/B
속도(Kbit/sec)	106		212, 424	106~424
메모리(Byte)	96~2K	48~2K	≤ 1M	≤ 32K
충돌 방지 기능	×	○	○	○
응용 분야	저용량 태그		고용량 태그	

NFC와 관련하여 마지막으로 언급하고 싶은 내용은 NDEF이다. NDEF는 NFC Data Exchange Format의 줄임말로, 데이터 교환을 위한 표준 포맷이다. 물론, NDEF를 사용하지 않고도 데이터 교환은 가능하다. NDEF는 간단한 이진 메지지 정의를 통해 어플리케이션에서 필요로 하는 페이로드(payload)를 하나의 구조에 넣을 수 있도록 만들어져 있다. NDEF 메시지는 그림 6-4에 나타난 것처럼 연속된 하나 이상의 NDEF 레코드로 구성된다.

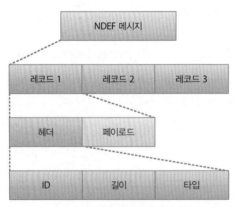

그림 6-4 NDEF 메시지의 구조

이 책에서는 NDEF 메시지의 구조에 대해 자세히 다루지는 않지만, 아두이노에서 NFC를 사용하기 위한 확장 보드나 쉴드를 설명하는 문서에서 NDEF를 언급하는 경우가 있으므로 NDEF가 NFC를 통해 전달되는 정보 인코딩을 위한 표준 포맷이라는 점은 기억하도록 하자.

6.3 NFC 쉴드

이 장에서는 13.56MHz 주파수를 사용하는 RFID와 NFC를 지원하는 PN532 칩을 사용하여 만들어진 쉴드를 사용한다.

그림 6-5 **NFC 쉴드**

PN532 칩은 NFC 기능을 지원하는 칩 중 가장 널리 사용되고 있는 칩으로 NFC의 모든 통신 모드를 지원하지만, 그림 6-5의 쉴드는 읽기/쓰기 모드만을 지원한다. 그림 6-5의 NFC 쉴드는 디폴트로 I2C 통신을 사용한다. 또한, 디지털 2번 핀을 인터럽트 핀으로 사용하고 있다. 인터럽트 핀은 쉴드에서 태그를 발견하였을 때 LOW 값을 가지므로 아두이노에서 지원하는 외부 인터럽트를 통해 폴링 방식이 아닌 인터럽트 방식의 처리도 가능하다.

NFC 쉴드를 사용하기 위해서는 먼저 전용 라이브러리가 필요하며, 인터넷에서 다운로드받을 수 있다.[25] 먼저 메모리가 1KB인 MiFare Classic 형식(MiFare Classic 1K)의 태그를 NFC 쉴드를 통해 읽는 예를 살펴보자. MiFare Classic 1K 태그의 메모리는 0번에서 15번까지 16개의 섹터 (sector)로 이루어지며, 각 섹터는 0번부터 3번까지 4개의 블록(block)으로 이루어진다. 각 블록은 크기가 16바이트이다(4 블록 × 16 섹터 × 16 바이트 = 1024 바이트). 이 중 0번 섹터의 0번 블록은 제조사 블록 또는 제조사 데이터라고 불리며, 여기에 태그를 유일하게 구별할 수 있는 UID(Unique IDentifier)가 기록되어 있다.[26] 스케치 6-1은 MiFare Classic 태그의 UID를 읽어서 시리얼 모니터로 출력하는 예이다.

스케치 6-1 **MiFare Classic 태그 UID 읽기**

```
#include <Wire.h>
#include <Adafruit_PN532.h>

#define PN532_IRQ       2                              // Interrupt Request
#define PN532_RESET     3                              // 디폴트로 연결되어 있지 않음

// NFC 쉴드 객체 생성
Adafruit_PN532 nfc(PN532_IRQ, PN532_RESET);
```

```
void setup() {
    Serial.begin(115200);
    Serial.println("Hello!");

    nfc.begin();                                        // NFC 쉴드 초기화

    uint32_t versiondata = nfc.getFirmwareVersion();    // 버전 정보 확인
    if (!versiondata){
        Serial.print("Didn't find PN53x board");
        while(1);
    }

    Serial.print("Found chip PN5");
    Serial.println((versiondata >> 24) & 0xFF, HEX);    // 칩 번호
    Serial.print("Firmware ver.");
    Serial.print((versiondata >> 16) & 0xFF, DEC);      // Major 버전
    Serial.print('.');
    Serial.println((versiondata >> 8) & 0xFF, DEC);     // Minor 버전

    nfc.SAMConfig();                                     // NFC 쉴드를 읽기 상태로 설정

    Serial.println("Waiting for an ISO14443A Card ...");
}

void loop() {
    uint8_t success;
    uint8_t uid[] = { 0, 0, 0, 0, 0, 0, 0 };            // UID 저장 버퍼
    // UDI 길이 (MiFare Classic은 4바이트, MiFare Ultralight는 7바이트)
    uint8_t uidLength;

    // 태그 검사
    success = nfc.readPassiveTargetID(PN532_MIFARE_ISO14443A, uid, &uidLength);

    if (success){
        Serial.println("Found an ISO14443A card");
        Serial.print("  UID Length : ");
        Serial.print(uidLength, DEC);
        Serial.println(" bytes");
        Serial.print("  UID Value : ");

        nfc.PrintHex(uid, uidLength);                   // UID 출력

    }
    delay(1000);
}
```

그림 6-6은 스케치 6-1의 실행 결과로, NFC 쉴드의 안테나 부분에 태그를 가져가면 해당 UID 가 출력되는 것을 확인할 수 있다. 그림 6-6에서 첫 번째 UID는 카드 타입의 태그에 해당하며, 두 번째 UID는 스마트폰을 카드 모드로 설정한 후 NFC 쉴드에 접촉하였을 때의 결과이다.

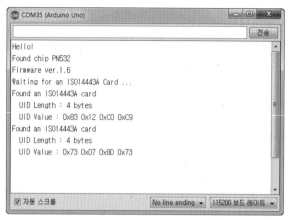

그림 6-6 스케치 6-1의 실행 결과

MiFare Classic 1K 태그에서 섹터 0번의 구성은 그림 6-7과 같다. 다른 섹터 역시 0번 블록이 생산자 블록이 아닌 데이터 기록을 위해 사용된다는 점을 제외하면 구조가 동일하다.

섹터	블록	블록 내 바이트 번호																설명
		0	1	2	3	4	5	6	7	8	9	10	11	12	13	14	15	
0	0																	생산자 블록
	1																	데이터
	2																	데이터
	3	Key A						접근 비트		GPB	Key B							섹터 트레일러

그림 6-7 MiFare Classic 1K 태그의 섹터 구성

각 섹터의 3번 블록은 섹터 트레일러(sector trailer) 블록이라고 불리며, 이곳에는 섹터의 정보 접근에 필요한 정보가 기록된다. 접근 비트(access bit)의 설정에 따라 판독기는 Key A나 Key B를 통해 인증을 수행하여야 한다. 9번 바이트는 범용 바이트(general purpose byte)라고 불리며, MiFare Classic 태그에서는 사용되지 않는다. 접근 비트는 3바이트 24비트로 이루어지며, 이 중 12비트는 나머지 12비트의 반전된 정보가 기록되어 있으므로 실제 정보는 12비트만 포함되어 있다. MiFare Classic 태그의 경우 모든 키 값은 디폴트로 0xFFFFFFFFFFFF로 설정되어 있다. 이 장에서 사용하는 태그는 MiFare Classic 1K 태그이며, 태그의 종류 및 메모리 크기에 따라 블록을 읽는 방법은 달라질 수 있으므로 해당 문서를 참조하여야 한다.

스케치 6-2 MiFare Classic 태그 내용 읽기

```
#include <Wire.h>
#include <Adafruit_PN532.h>
#define USE_KEY_B    1                           // 인증에 사용할 키
#define USE_KEY_A    0

#define PN532_IRQ    2                           // Interrupt Request
#define PN532_RESET  3                           // 디폴트로 연결되어 있지 않음

// NFC 쉴드 객체 생성
Adafruit_PN532 nfc(PN532_IRQ, PN532_RESET);

void setup() {
    Serial.begin(115200);
    Serial.println("Hello!");

    nfc.begin();                                 // NFC 쉴드 초기화

    uint32_t versiondata = nfc.getFirmwareVersion(); // 버전 정보 확인
    if (!versiondata){
        Serial.print("Didn't find PN53x board");
        while(1);
    }

    Serial.print("Found chip PN5");
    Serial.println((versiondata >> 24) & 0xFF, HEX);    // 칩 번호
    Serial.print("Firmware ver.");
    Serial.print((versiondata >> 16) & 0xFF, DEC);      // Major 버전
    Serial.print('.');
    Serial.println((versiondata >> 8) & 0xFF, DEC);     // Minor 버전

    nfc.SAMConfig();                             // NFC 쉴드를 읽기 상태로 설정

    Serial.println("Waiting for an ISO14443A Card ...");
}

void loop() {
    uint8_t success;
    uint8_t uid[] = { 0, 0, 0, 0, 0, 0, 0 };            // UID 저장 버퍼
    // UDI 길이 (MiFare Classic은 4바이트, MiFare Ultralight는 7바이트)
    uint8_t uidLength;
    uint8_t currentblock;                               // 현재 블록 번호
    bool authenticated = false;                         // 인증 여부
    uint8_t data[16];                                   // 블록 데이터 저장 버퍼

    // NDEF와 MiFare Classic에서 Key B는 0xFFFFFFFFFFFF로 동일함
    uint8_t key[6] = { 0xFF, 0xFF, 0xFF, 0xFF, 0xFF, 0xFF };

    success = nfc.readPassiveTargetID(PN532_MIFARE_ISO14443A, uid, &uidLength);

    if(success){
        Serial.println("Found an ISO14443A card");
```

```
        Serial.print("  UID Length : ");
        Serial.print(uidLength, DEC);
        Serial.println(" bytes");
        Serial.print("  UID Value : ");
        nfc.PrintHex(uid, uidLength);                              // UID 출력

        // 4개 블록을 포함하는 16개 섹터, 총 64개 블록 데이터 읽기
        // 섹터별로 인증을 수행
        for (currentblock = 0; currentblock < 64; currentblock++){
            bool isFirstBlock = nfc.mifareclassic_IsFirstBlock(currentblock);

            if(isFirstBlock){
                Serial.print("------------------------Sector ");
                Serial.print(currentblock / 4, DEC);
                Serial.println("------------------------");

                authenticated = false;
            }

            // 섹터의 첫 번째 블록에서 인증
            if (!authenticated){
                // MiFare Classic의 Key A 디폴트값 : FF FF FF FF FF FF
                // NDEF의 Key A 디폴트값 : A0 A1 A2 A3 A4 A5
                // MiFare Classic & NDEF의 Key B 디폴트값 : FF FF FF FF FF FF
                success = nfc.mifareclassic_AuthenticateBlock
                            (uid, uidLength, currentblock, USE_KEY_B, key);

                if (success) authenticated = true;
            }

            Serial.print("Block ");
            Serial.print(currentblock, DEC);
            if(currentblock < 10) Serial.print("  ");
            else Serial.print(" ");

            if (!authenticated){
                Serial.println(" unable to authenticate");
            }
            else{
                // 블록 데이터 읽기
                success = nfc.mifareclassic_ReadDataBlock(currentblock, data);

                if(success){
                    nfc.PrintHexChar(data, 16);                    // 16바이트 데이터 출력
                }
                else{
                    Serial.println(" unable to read");
                }
            }
        }
    }
    else{
```

```
        Serial.println("This doesn't seem to be a Mifare Classic card!");
    }

    // 태그 스캔을 위해 문자 입력 대기
    Serial.println("\n\nSend a character to run the mem dumper again!\n\n");

    while (!Serial.available());
    while (Serial.available()) Serial.read();
}
```

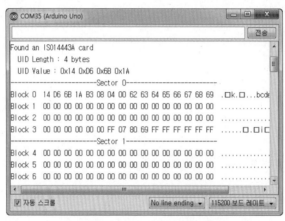

그림 6-8 스케치 6-2의 실행 결과

마지막으로 MiFare Classic 1K 태그에 데이터를 기록하는 방법을 살펴보자. 내용을 기록하기 위해서 인증 과정이 필요하며, mifareclassic_WriteDataBlock 함수를 통해 블록에 데이터를 기록할 수 있다. 스케치 6-3은 4번 블록에 데이터를 기록하고 이를 다시 읽어서 출력하는 스케치의 예이다.

스케치 6-3 **MiFare Classic 태그 내용 쓰기**

```
#include <Wire.h>
#include <Adafruit_PN532.h>
#define USE_KEY_B    1                      // 인증에 사용할 키
#define USE_KEY_A    0

#define PN532_IRQ    2                      // Interrupt Request
#define PN532_RESET  3                      // 디폴트로 연결되어 있지 않음

// NFC 쉴드 객체 생성
Adafruit_PN532 nfc(PN532_IRQ, PN532_RESET);

void setup() {
```

```
    Serial.begin(115200);
    Serial.println("Hello!");

    nfc.begin();                                    // NFC 쉴드 초기화

    uint32_t versiondata = nfc.getFirmwareVersion(); // 버전 정보 확인
    if (!versiondata){
        Serial.print("Didn't find PN53x board");
        while(1);
    }

    Serial.print("Found chip PN5");
    Serial.println((versiondata >> 24) & 0xFF, HEX); // 칩 번호
    Serial.print("Firmware ver.");
    Serial.print((versiondata >> 16) & 0xFF, DEC);   // Major 버전
    Serial.print('.');
    Serial.println((versiondata >> 8) & 0xFF, DEC);  // Minor 버전

    nfc.SAMConfig();                                 // NFC 쉴드를 읽기 상태로 설정

    Serial.println("Waiting for an ISO14443A Card ...");
}

void loop() {
    uint8_t success;
    uint8_t uid[] = { 0, 0, 0, 0, 0, 0, 0 };        // UID 저장 버퍼
    // UDI 길이 (MiFare Classic은 4바이트, MiFare Ultralight는 7바이트)
    uint8_t uidLength;
    uint8_t data[16] = "";                          // 블록 데이터 저장 버퍼
    char testString[] = "Write Test";               // 블록에 기록할 데이터
    int block_no = 4;                               // 데이터를 기록할 블록 번호

    // MiFare Classic에서 Key A와 Key B는 0xFFFFFFFFFFFF로 동일함
    uint8_t key[6] = { 0xFF, 0xFF, 0xFF, 0xFF, 0xFF, 0xFF };

    success = nfc.readPassiveTargetID(PN532_MIFARE_ISO14443A, uid, &uidLength);

    if(success){
        Serial.println("Found an ISO14443A card");
        Serial.print("  UID Length : ");
        Serial.print(uidLength, DEC);
        Serial.println(" bytes");
        Serial.print("  UID Value : ");
        nfc.PrintHex(uid, uidLength);               // UID 출력

        success = nfc.mifareclassic_AuthenticateBlock
                (uid, uidLength, 4, USE_KEY_A, key);

        if(success){
            memcpy(data, testString, sizeof(testString));
```

```
        Serial.print("\n** Write block data \"");
        Serial.print(testString);
        Serial.println(String("\" to block ") + block_no);

    // 블록 데이터 쓰기
        success = nfc.mifareclassic_WriteDataBlock (block_no, data);

        if(success){
            // 블록 데이터 읽기
            success = nfc.mifareclassic_ReadDataBlock(block_no, data);

            if(success){
                Serial.println(String("** Read block data from block ") + block_no);
                nfc.PrintHexChar(data, 16);
            }
            else Serial.println("** Read Error");
        }
        else{
            Serial.println("** Write Error");
        }
    }
    else{
        Serial.println("** Authentication Error");
    }
}

// 태그 쓰기/읽기를 위해 문자 입력 대기
Serial.println("\nSend a character to run write/read again!\n\n");

while (!Serial.available());
while (Serial.available()) Serial.read();
}
```

그림 6-9 스케치 6-3의 실행 결과

6.4 요약

NFC는 근거리 무선 통신 표준 중 하나로, 스마트폰의 보급에 따라 활용도가 증가하고 있는 기술 중 하나이다. NFC와 유사한 RFID는 물류 관리나 보안 등에 널리 사용되고 있는 반면, NFC는 스마트폰에서의 사용을 주목적으로 하고 있으며, 스마트폰을 통한 다양한 서비스에 사용되고 있다. NFC의 특징 중 하나는 10cm 이내의 아주 짧은 거리에서만 동작한다는 점이다. 이 거리는 의도적인 접근 없이는 동작하지 않는 거리이므로 의도적인 접근에 의한 사용자의 요구를 반영할 수 있는 특징을 가진다. 구글 페이, 애플 페이, 삼성 페이 등 스마트폰을 통한 금융 서비스의 대중화를 목전에 두고 있는 상황에서 향후 NFC의 사용 빈도 및 응용 예는 더욱 증가할 것으로 예상되고 있다.

CHAPTER

7

적외선 통신

적외선 통신은 가시광선의 인접 대역인 38KHz 적외선을 사용하여 무선으로 통신하는 방법 중 하나로, 대부분의 리모컨에서 사용하는 방법이다. 이 장에서는 적외선을 사용하여 데이터를 변조 및 복조하는 원리를 살펴보고, 적외선 통신을 통한 데이터의 통신 방법을 알아본다.

7.1 적외선

흔히 IR이라 불리는 적외선(Infrared, IR)은 가정에서 리모컨으로 흔히 사용되고 있으며, 10m 이내의 근거리에서 전자 기기를 제어하기 위한 간단한 방법 중 하나이다. 아두이노와 함께 사용하는 경우에도 저렴한 가격에 간단하게 무선 조정 장치를 만들 수 있다. 표 7-1은 파장에 따라 전자기파를 분류해 놓은 것이다. 가시광선은 붉은색의 파장이 가장 길고 보라색의 파장이 가장 짧다.

표 7-1 **파장에 따른 빛**

전자기파	파장(m)	비고	전자기파	파장(m)	비고
우주선	10^{-14}		가시광선	0.5×10^{-6}	
감마선	10^{-12}	암 치료	적외선	10^{-5}	야간 감시, 열 추적
엑스선	10^{-10}	X-레이	마이크로파	10^{-2}	전자레인지
자외선	10^{-8}	살균, 소독	라디오파	10^{-3}	통신

표 7-1에서 볼 수 있듯이, 적외선은 가시광선의 붉은색 영역 바로 옆에 위치하여 가시광선과 그 특성이 비슷하지만 파장이 약간 더 길다. 또한, 전자레인지에서 사용하는 마이크로파에 비해서는 파장이 짧다. 적외선은 사람의 눈으로는 확인할 수 없지만 스마트폰의 카메라로는 확인할 수 있다. 옆에 리모컨과 스마트폰이 있다면 리모컨의 버튼을 누르고 리모컨의 적외선 LED를 스마트폰의 카메라를 통해 살펴보면 빛이 깜빡이는 것을 확인할 수 있다. 최근 판매되는 리모컨 중에는 버튼을 눌렀을 때 LED가 깜빡이는 것을 눈으로도 확인할 수 있는 리모컨도 있지만, 이는 동작 상태를 알려 주기 위해 일반 LED를 추가한 것이며, 실제 정보 전달은 눈에 보이지 않는 적외선에 의한 것이다.

리모컨의 버튼을 누르면 리모컨은 초당 38,000회 깜빡거리면서 데이터를 전송한다. 그림 7-1은 디지털 제어 신호가 38KHz 반송파(carrier)를 통해 변조된 예를 보여 준다. 적외선은 자연 환경에서도 흔히 볼 수 있지만, 38KHz 주파수 대역의 적외선은 거의 없으므로 데이터 전달을 위해 사용되고 있다. 대부분의 리모컨은 38KHz 대역을 사용하지만 일부 다른 주파수 대역을 사용하는 경우도 있다.

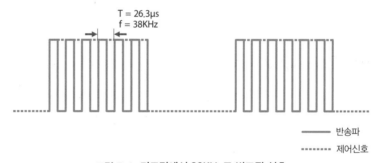

그림 7-1 리모컨에서 38KHz로 변조된 신호

적외선 신호를 수신하는 장치는 그림 7-1의 신호에서 반송파를 제거하고 펄스열로 바꾸는 역할을 하며, 마이크로컨트롤러에서는 펄스열로부터 전달된 데이터를 알아 낼 수 있다.

적외선 통신을 위해 적외선 신호를 보내기 위해서는 적외선 LED가 흔히 사용된다. 적외선 LED는 일반 LED와 형태가 동일하므로 외형만으로는 구별할 수 없다. 일반 LED와 마찬가지로 다리가 긴 쪽이 (+), 짧은 쪽이 (-)에 해당한다.

그림 7-2 적외선 LED

적외선 수신기로 흔히 사용되는 PL-IRM0101은 핀이 3개이며, 2번과 3번 핀을 GND와 VCC에
연결하고 1번 핀으로 수신된 데이터를 확인할 수 있다.

OUT
GND
VCC

그림 7-3 PL-IRM0101 적외선 수신기

7.2 IRremote 적외선 라이브러리

아두이노에서 적외선 송수신을 위해서는 IRremote 라이브러리를 사용할 수 있다. IRremote
라이브러리를 다운로드받아[27] 아두이노 스케치 디렉터리 아래 'libraries' 디렉터리에 설치하자.
이로써 모든 준비는 끝났다. 이제 본격적으로 적외선 통신을 해 보자.

> 아두이노 소프트웨어의 버전 업에 따라 여러 가지 라이브러리가 추가로 제공되고 있으며, 그중 하나가 아
> 두이노 로봇을 위한 RobotIRremote 라이브러리이다. RobotIRremote 라이브러리는 IRremote 라이브
> 러리를 바탕으로 하지만 아두이노 로봇 전용으로 만들어져 있다. IRremote 라이브러리를 스케치북 디렉
> 터리에 설치하고 스케치를 컴파일할 때 오류가 발생하거나 컴파일은 되지만 정상적으로 동작하지 않는
> 경우에는 아두이노 설치 디렉터리 아래 'libraries\RobotIRremote' 디렉터리를 제거하거나 다른 곳으로
> 옮겨 놓은 후 컴파일하여야 정상적으로 동작하는 것을 확인할 수 있다.

먼저 적외선 수신기를 그림 7-4와 같이 아두이노 우노에 연결한다.

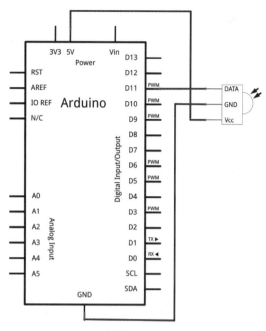

그림 7-4 적외선 수신기 연결 회로도

스케치 7-1을 업로드하고 시리얼 모니터를 실행시킨다. 리모컨 버튼을 수신기 쪽으로 향하고 버튼을 눌러 시리얼 모니터로 출력되는 값을 확인해 보자. 실험에 사용한 리모컨은 그림 7-5의 리모컨이며, 주변에서 흔히 볼 수 있는 일반 TV 리모컨을 사용하여도 무방하다. 단, 리모컨의 종류에 따라 시리얼 모니터로 출력되는 값은 달라진다.

그림 7-5 리모컨

스케치 7-1 리모컨 테스트

```
#include <IRremote.h>

int RECV_PIN = 11;                              // 적외선 수신기의 DATA 핀 연결

IRrecv irrecv(RECV_PIN);                        // 적외선 수신기 초기화
decode_results results;                         // 수신 데이터

void setup()
{
    Serial.begin(115200);                       // 시리얼 통신 초기화
    irrecv.enableIRIn();                        // 적외선 수신기 시작
}

void loop()
{
    if(irrecv.decode(&results)) {               // 디코딩 결과
        Serial.print("Received data : 0x");
        Serial.println(results.value, HEX);     // 수신 데이터 출력

        irrecv.resume();                        // 다음 데이터 수신
    }

    delay(200);
}
```

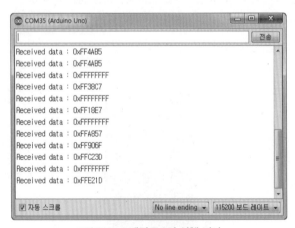

그림 7-6 스케치 7-1의 실행 결과

스케치 7-1에서 볼 수 있듯이 IRremote 라이브러리를 사용하여 리모컨의 데이터를 수신하는 과정은 간단하다. 먼저 적외선 수신기의 데이터 핀이 연결된 핀을 지정하여 객체를 생성하고, enableIRIn 멤버 함수로 초기화를 수행하면 준비는 끝난다. 실제 데이터 수신은 decode와

resume 멤버 함수를 통해 가능하다. 수신되어 해석된 데이터는 전용 클래스인 decode_results 클래스에 저장된다. decode_results 클래스에는 여러 가지 멤버 변수들이 있지만 이 중 수신된 데이터가 저장되는 변수는 value 멤버 변수로 unsigned long 형식의 크기가 4바이트인 변수이다. 즉, 일반적으로 리모컨의 버튼 하나를 누르면 4바이트의 데이터가 전송된다. 리모컨 데이터는 리모컨 데이터의 시작을 알려 주는 리드(lead) 코드, 2바이트의 커스텀(custom) 코드 그리고 2바이트의 데이터 코드로 이루어진다. 리드 코드는 리모컨 데이터의 시작을 나타내는 신호로, 데이터를 나타내기 위해 사용되는 펄스 폭보다 폭이 긴 on/off 신호로 구성된다. 리드 코드 이후의 4바이트 데이터는 펄스 거리 인코딩(pulse distance encoding) 방식이 흔히 사용된다. 펄스 거리 인코딩이란 상향 에지 사이의 시간을 통해 논리 0과 논리 1을 구별하는 방법을 말한다.

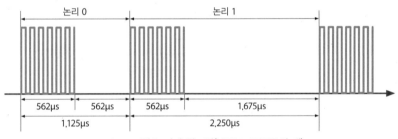

그림 7-7 펄스 거리 인코딩(NEC 프로토콜의 예)

제조 회사에 따라 리드 코드와 데이터의 길이 및 인코딩 방법에 차이가 있을 수 있으므로 사용하고자 하는 리모컨에서 사용하는 방식을 알고 있어야 한다. IRremote 라이브러리에서는 다양한 방식으로 표현되는 리모컨 데이터에서 리드 코드를 인식하고 4바이트의 데이터를 찾아 내어 반환하므로 데이터의 의미에만 신경을 쓰면 된다. 위에서 설명한 리드 코드 및 데이터 길이는 리모컨에서 흔히 사용되는 NEC의 방식에 해당한다.

수신된 4바이트 중 커스텀 코드 2바이트는 제조사 및 제품의 종류에 따라 결정되며, 데이터 코드는 해당 제품의 리모컨 키 값에 해당한다. 2바이트의 데이터 코드 중 실제로 의미가 있는 데이터는 1바이트뿐이며, 나머지 1바이트는 반전된 값이다. 그림 7-6에서 마지막에 수신된 4바이트 데이터는 0x00FFE21D의 4바이트로 앞의 2바이트인 0x00FF가 커스텀 코드에 해당한다. 리모컨의 키 값에 해당하는 데이터 코드는 0xE21D로 0xE2 + 0x1D = 0xFF로 반전된 데이터로 이루어져 있음을 확인할 수 있다. 그림 7-6에서 0xFFFFFFFF는 이전에 눌려진 버튼이 계속해서 눌려져 있는 상태를 나타낸다.

지금까지 적외선 리모컨의 데이터를 수신하여 해석하는 방법을 살펴보았으니 이제 적외선 데이터를 송신하는 방법에 대해 알아보자. 적외선 리모컨의 데이터 송수신을 위해서는 2개의 아두이노를 사용한다. 데이터 수신을 위해서는 그림 7-4의 회로를 사용하며, 데이터 송신을 위해서는 그림 7-8과 같이 버튼과 적외선 LED를 아두이노에 연결하여 사용한다.

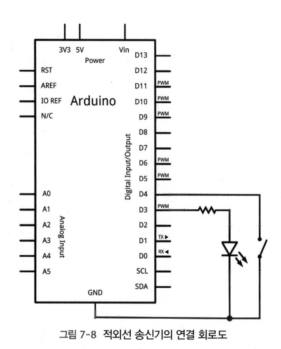

그림 7-8 적외선 송신기의 연결 회로도

적외선 LED를 연결할 때 주의할 점은 PWM 출력이 가능한 핀에 적외선 LED를 연결하여야 한다는 점이다. IRremote 라이브러리에서는 디지털 3번 핀을 디폴트로 사용하므로 그림 7-8에서도 디지털 3번 핀에 적외선 LED를 연결하였다. 디지털 4번 핀의 버튼을 누르면 적외선 LED로 데이터를 전송하며, 송신된 데이터는 수신 장치에서 수신하여 시리얼 모니터로 출력한다. 적외선 데이터를 송신하기 위해서는 먼저 전용 클래스인 IRsend 클래스의 객체를 생성하여야 한다. NEC 방식에서는 4바이트의 데이터를 전송하며, sendNEC 멤버 함수를 사용하면 된다. 스케치 7-2는 내부 풀업저항을 사용하여 연결된 버튼이 눌러진 경우 4바이트의 데이터를 적외선 통신을 통해 전송하는 예이다.

스케치 7-2 적외선 송신

```
#include <IRremote.h>

IRsend irsend;
int button_pin = 4;

void setup()
{
    Serial.begin(115200);                    // 시리얼 통신 초기화
    pinMode(button_pin, INPUT_PULLUP);       // 내부 풀업저항을 사용한 버튼 연결
}

void loop()
{
    if(!digitalRead(button_pin)){            // 버튼이 눌러진 경우
        Serial.println("** Data Sending...");
        // NEC 방식의 4바이트 데이터 전송
        // 매개변수는 전송되는 데이터의 비트 수를 지정
        irsend.sendNEC(0x18E758A7, 32);
        delay(200);
    }
}
```

이외에도 다양한 멤버 함수들이 준비되어 있으므로 사용하고자 하는 전송 방식에 맞는 멤버 함수를 사용하면 된다.

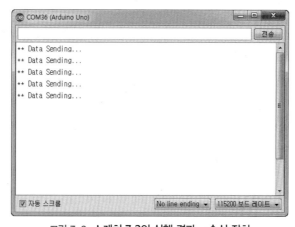

그림 7-9 스케치 7-2의 실행 결과 – 송신 장치

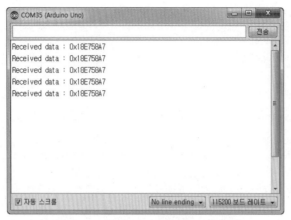

그림 7-10 스케치 7-2의 실행 결과 – 수신 장치

디지털 2번에서 디지털 10번까지 9개의 LED를 연결하고 리모컨으로 0번에서 9번까지 버튼을
눌러 켜지는 LED의 개수를 조절하는 스케치를 작성해 보자. 먼저 그림 7-11과 같이 LED와 적
외선 수신기를 연결하자.

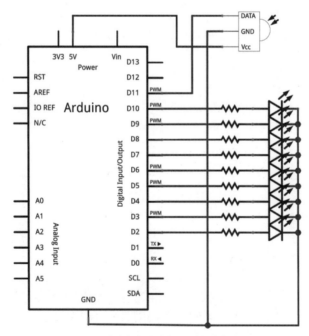

그림 7-11 적외선 수신기와 LED의 연결 회로도

리모컨의 숫자 키를 눌렀을 때 수신되는 값은 스케치 7-1을 업로드하고 각 키를 눌러 확인한다. 스케치 7-3에서는 리모컨에서 전송되는 4바이트 중 데이터 코드에 해당하는 2바이트의 값만을 사용하도록 한다.

스케치 7-3 리모컨으로 LED 제어

```
#include <IRremote.h>

int LED_pins[] = {2, 3, 4, 5, 6, 7, 8, 9, 10};

// 리모컨 숫자 버튼의 데이터 코드
// 그림 7-5의 리모컨으로 스케치 7-1을 통해 확인
unsigned int key_codes[] = {
    0x6897, 0x30CF, 0x18E7, 0x7A85, 0x10EF,
    0x38C7, 0x5AA5, 0x42BD, 0x4AB5, 0x52AD
};

int RECV_PIN = 11;                      // 적외선 수신기의 DATA 핀 연결

IRrecv irrecv(RECV_PIN);                // 적외선 수신기 초기화
decode_results results;                 // 수신 데이터

void setup() {
    for(int i = 0; i < 9; i++){         // LED 연결 핀을 출력으로 설정
        pinMode(LED_pins[i], OUTPUT);
        digitalWrite(LED_pins[i], LOW);
    }
    Serial.begin(115200);
    irrecv.enableIRIn();                // 적외선 수신기 시작
}

void loop() {
    if(irrecv.decode(&results)) {       // 디코딩 결과
        int index = -1;
        for(int i = 0; i <= 9; i++){    // 숫자 키 값과 비교
            if((results.value & 0xFFFF) == key_codes[i]){
                index = i;
                break;
            }
        }

        if(index == -1){
            Serial.println("** Unknown value...");
        }
        else{
            Serial.println(index + String(" LEDs are going to be on..."));
            for(int i = 0; i < index; i++)          // 숫자에 해당하는 개수의 LED 켜기
                digitalWrite(LED_pins[i], HIGH);
            for(int i = index; i <= 9; i++)          // 나머지 LED 끄기
```

```
            digitalWrite(LED_pins[i], LOW);
        }

        irrecv.resume();                    // 다음 데이터 수신
    }
}
```

그림 7-12는 스케치 7-3의 실행 결과로, "** Unknown value..."로 표시되는 이유는 숫자 버튼을 계속해서 누르고 있으면 동일한 버튼을 눌렀을 때 전송되는 0xFFFF의 값이 전달되기 때문이다.

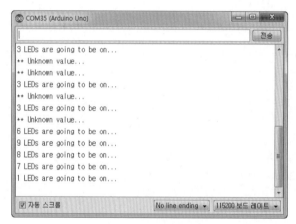

그림 7-12 스케치 7-3의 실행 결과

7.3 요약

적외선은 가시광선 중 붉은색 영역의 바로 바깥 영역으로 적외선 영역 중에서도 38KHz 대역은 자연계에서 보기 힘든 주파수이므로 무선 통신을 위해 흔히 사용되고 있다. 적외선 통신은 간단하게 무선 통신을 가능하게 해 주지만, 통신 거리가 짧고 송신기와 수신기가 마주보고 있어야 하는 등의 단점도 있다. 적외선이 마이크로컨트롤러와 사용되는 예로는 무선 조정을 위한 리모컨, 라인트레이서에서의 길 찾기 등이 대표적이다.

최근 스마트 TV가 등장하면서 리모컨은 마우스 형태로, 더 나아가 데이터 송신뿐만 아니라 데이터 수신도 가능한 장치로 진화하고 있으며, 이를 가능하게 해 주는 기술 중 하나로

지그비가 있다. 지그비를 사용한 리모컨은 양방향 데이터 송수신이 가능하여 리모컨을 어디에 두었는지 쉽게 찾을 수 있고, 손쉽게 만능 리모컨을 제작할 수 있으며, 송신기와 수신기 사이에 장애물이 있는 경우에도 통신이 가능하다는 등 기존 IR 리모컨에 비해 여러 가지 장점이 있으며, 스마트 홈 구축을 위해서도 지그비가 사용되는 등 앞으로 지그비의 사용은 증가할 것으로 예상되고 있다. 하지만, IR 통신 역시 낮은 가격에 높은 신뢰성을 보장하는 무선 통신 방법으로 독자적인 영역을 차지할 것으로 예상된다.

8

USB 호스트

USB는 컴퓨터와 주변장치를 쉽고 간단하게 연결할 수 있도록 만들어진 시리얼 통신 방법 중 하나로, 최근 판매되는 대부분의 컴퓨터 주변장치들은 USB 연결을 사용하고 있다. USB는 마스터-슬레이브 구조로 되어 있으며, 컴퓨터가 일반적으로 마스터의 역할을 수행한다. 이 때 마스터로 동작하는 컴퓨터를 USB 호스트라고 한다. USB 호스트 쉴드는 아두이노가 USB 호스트 역할을 할 수 있도록 해 주는 쉴드로, 다양한 USB 장치를 아두이노에 연결할 수 있도록 해 준다. 이 장에서는 USB 호스트 쉴드를 통해 마우스와 키보드를 아두이노에 연결하여 사용하는 방법을 알아본다.

8.1 USB

USB는 Universal Serial Bus의 줄임말로, 컴퓨터와 주변장치 사이의 다양한 연결 방식을 통합하여 대체하려는 목적으로 만들어졌다. USB는 1996년 1.0 버전이 출시된 이후 개정을 거듭하여 현재 슈퍼 스피드(Super Speed, SS)라 명명된 3.0 버전까지 발표되었다. USB 3.0은 초당 5GB의 전송 속도를 낼 수 있으며, 개발 중인 3.1 버전의 경우 3.0 버전과 비교할 때 2배의 전송 속도를 목표로 하고 있는 등 이전 버전의 경우 저속의 장치들에 주로 사용되었던 반면, 현재는 고속으로 데이터를 전송해야 하는 디스크 드라이버 등에서도 사용되는 등 그 적용 범위가 증가하고 있다. 버전에 따라 USB 표준의 최고 속도는 표 8-1과 같다.

표 8-1 USB 표준 전송 속도

	속도	비고
Low speed	1.5Mbit/sec	USB 1.0
Full speed	12Mbit/sec	
High speed	480Mbit/sec	USB 2.0
Super speed	5Gbit/sec	USB 3.0
Super speed plus	10Gbit/sec	USB 3.1

USB는 마스터-슬레이브 구조로 되어 있으며, 호스트, 허브, 디바이스들이 트리 형식으로 연결되는 성형 구조(star topology)를 통해 여러 디바이스들을 연결하고 호스트에 의해 관리된다. 호스트는 USB 연결의 마스터로, USB를 통한 데이터 전송의 모든 권한과 책임을 가진다. 허브는 여러 개의 USB 디바이스들이 하나의 연결을 함께 사용할 수 있도록 해 주며, 호스트 컨트롤러에 있는 USB 허브를 특히 루트 허브라고 한다. 일반적으로 말하는 호스트는 호스트 컨트롤러와 루트 허브의 조합을 말한다. USB에서는 각 디바이스를 식별하기 위해 7비트의 주소를 사용하므로 하나의 호스트에 연결될 수 있는 디바이스의 최대 수는 127개가 된다. 이 중 주소 0번은 연결되었지만 주소가 할당되지 않은 디바이스를 위해 예약된 주소이다. 그림 8-1은 USB 버스에 호스트를 중심으로 디바이스들이 허브를 통해 성형 구조로 연결된 예를 보여 준다. USB는 최대 7개 층(tier)을 지원하므로, 루트 허브를 제외하고 허브는 직렬로 최대 5개까지 연결될 수 있다.

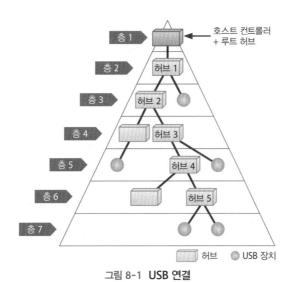

그림 8-1 **USB 연결**

USB 호스트 또는 호스트라고도 불리는 장치는 USB를 통한 모든 통신의 책임을 지며, 대표적으로 컴퓨터가 이에 해당한다. 그림 8-2는 컴퓨터에 USB 허브를 통해 다양한 장치들이 연결된 예를 나타낸 것으로 컴퓨터가 USB 호스트의 역할을 하며, 호스트 컨트롤러와 루트 허브로 구성되어 있다. 그림 8-3은 그림 8-2를 블록 다이어그램으로 나타낸 것이다.

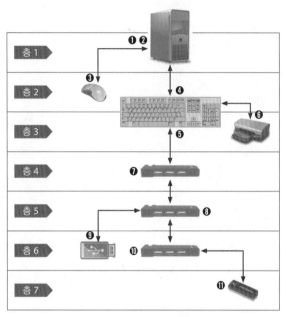

그림 8-2 PC를 USB 호스트로 한 USB 디바이스 연결

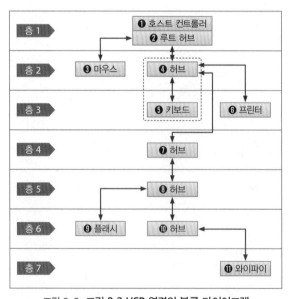

그림 8-3 그림 8-2 USB 연결의 블록 다이어그램

루트 허브는 하나 이상의 USB 연결 단자를 제공하며, 기타 허브는 일반적으로 4개나 7개의 연결 단자를 제공한다. 이론적으로 USB 연결에서는 허브를 포함하여 127개의 장치를 연결할 수 있지만, 연결된 장치들이 대역폭을 나누어 사용하고 USB를 통해 공급할 수 있는 전력이 3.0 버전에서는 5V, 900mA로 제한되므로 실제로 127개의 장치를 연결할 수는 없다.

8.2 USB 호스트 쉴드

아두이노의 공식 쉴드 중 하나인 USB 호스트 쉴드는 아두이노 보드가 USB 호스트로 동작할 수 있도록 하여 다양한 USB 장치를 아두이노 보드와 연결할 수 있도록 해 준다.

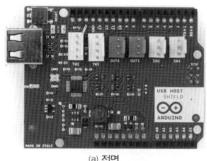

(a) 전면   (b) 후면

그림 8-4 **USB 호스트 쉴드**[28]

USB 호스트 쉴드는 Maxim의 MAX3421 칩을 USB 컨트롤러로 사용하고 있다. MAX3421 칩은 USB 2.0 기준에 맞는 풀 스피드 주변장치, 또는 풀 스피드나 로 스피드의 USB 호스트 동작을 지원한다. 컴퓨터의 경우 다양한 USB 장치를 연결할 수 있으며, 그 종류는 계속 늘어나고 있다. 하지만, 이 모든 장치들을 USB 호스트 쉴드를 통해 아두이노 보드와 연결할 수 있는 것은 아니다. 컴퓨터에 USB 장치를 연결하는 경우 컴퓨터는 호스트의 역할을 수행하기 위해 연결되는 장치에 대한 정보를 알고 있어야 하며, 이를 위해 장치 드라이버가 필요하다. 아두이노 보드를 처음 컴퓨터와 연결하였을 때 드라이버가 설치되었던 것을 기억할 것이다. 하지만, 아두이노 보드는 컴퓨터와 동일한 방법으로 드라이버를 설치할 수는 없다. 따라서 USB 호스트 쉴드를 통해 아두이노 보드와 연결할 수 있는 장치는 라이브러리에서 지원하는 장치로 한정된다. 하지만, 컴퓨터와 비교했을 때 한정된다는 의미이며, USB 호스트 쉴드는 표 8-2에서와 같이 다양한 장치들을 지원하고 있다.

표 8-2 **USB 호스트 쉴드에 연결 가능한 장치**

종류	예
HID 장치	키보드, 마우스, 조이스틱 등
게임 컨트롤러	소니 PS3, 닌텐도 Wii, Xbox 360 등
USB-시리얼 변환 장치	FTDI, PL-2303, 일부 스마트폰 등
디지털 카메라	캐논 EOS, 니콘 DSLR 등
대용량 저장장치	USB 메모리, 메모리 카드리더, 외장 하드 등
기타	구글 ADK(Accessary Development Kit) 지원 스마트폰과 태블릿, 블루투스 동글 등

USB 호스트 쉴드를 사용하기 위해서는 먼저 USB 호스트 쉴드 라이브러리를 다운로드받아[29] 설치하여야 한다. 라이브러리가 설치되었으면 USB 호스트 쉴드를 아두이노 우노에 적층하고 USB 호스트 쉴드에 USB 형식의 마우스를 연결하자.

그림 8-5 **USB 호스트 적층 및 마우스 연결**

USB 호스트 쉴드에 사용된 MAX3421 칩은 SPI(Serial Peripheral Interface) 통신을 사용하며, 아두이노 보드의 ICSP 커넥터를 통해 연결된다. ICSP 커넥터는 6개의 핀, 즉 VCC와 GND의 전원 핀, RESET 핀, 그리고 SPI 통신을 위한 SCK, MISO, MOSI 핀으로 구성되어 있다. SPI 통신을 사용하는 경우 SCK(디지털 13번 핀), MISO(디지털 12번 핀), MOSI(디지털 11번 핀)에 해당하는 범용 입출력 핀은 사용할 수 없다.

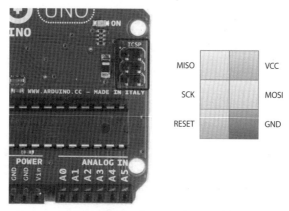

그림 8-6 아두이노 우노 보드의 ICSP 커넥터

SCK, MISO, MOSI 핀은 SPI 통신을 사용하는 장치들이 공유하여 사용하는 핀이며, 이외에도 SPI 통신을 위해서는 특정 장치의 선택을 위한 SS 핀이 필요하다. USB 호스트 쉴드는 SPI의 디폴트 SS 핀인 디지털 10번 핀을 사용한다.

하드웨어 준비를 마쳤으면 스케치 8-1을 입력하여 아두이노 우노에 업로드하고 마우스를 움직이거나 버튼을 눌러서 시리얼 모니터로 출력되는 메시지를 확인해 보자.

스케치 8-1 USB 호스트 쉴드 – 마우스 테스트

```
#include <hidboot.h>

// 마우스 동작 처리 클래스
class MouseActionParser : public MouseReportParser
{
protected:
    void OnMouseMove(MOUSEINFO *mi);
    void OnLeftButtonUp(MOUSEINFO *mi);
    void OnLeftButtonDown(MOUSEINFO *mi);
    void OnRightButtonUp(MOUSEINFO *mi);
    void OnRightButtonDown(MOUSEINFO *mi);
    void OnMiddleButtonUp(MOUSEINFO *mi);
    void OnMiddleButtonDown(MOUSEINFO *mi);
};

void MouseActionParser::OnMouseMove(MOUSEINFO *mi)          // 마우스 이동
{
    Serial.print("dX = ");
    Serial.print(mi->dX, DEC);
    Serial.print(" dY = ");
    Serial.println(mi->dY, DEC);
};
```

```
void MouseActionParser::OnLeftButtonUp(MOUSEINFO *mi)        // 왼쪽 버튼 뗌
{
    Serial.println("Left Button Up");
};

void MouseActionParser::OnLeftButtonDown(MOUSEINFO *mi)      // 왼쪽 버튼 누름
{
    Serial.println("Left Button Down");
};

void MouseActionParser::OnRightButtonUp(MOUSEINFO *mi)       // 오른쪽 버튼 뗌
{
    Serial.println("Right Button Up");
};

void MouseActionParser::OnRight3uttonDown(MOUSEINFO *mi)     // 오른쪽 버튼 누름
{
    Serial.println("Right Button Down");
};

void MouseActionParser::OnMiddleButtonUp(MOUSEINFO *mi)      // 가운데 버튼 뗌
{
    Serial.println("Middle Button Up");
};

void MouseActionParser::OnMiddleButtonDown(MOUSEINFO *mi)    // 가운데 버튼 누름
{
    Serial.println("Middle Button Down");
};

USB Usb;                                                     // USB 연결을 위한 클래스
// USB를 통해 HID 프로토콜을 사용하는 마우스 연결
HIDBoot<HID_PROTOCOL_MOUSE> HidMouse(&Usb);

MouseActionParser parser;

void setup()
{
    Serial.begin(115200);
    Serial.println("Start");

    Usb.Init();                                             // USB 연결 초기화
    delay(200);

    // 마우스 동작 처리 객체 등록
    HidMouse.SetReportParser(0, (HIDReportParser*)&parser);
}

void loop()
{
    Usb.Task();                                            // 마우스 동작 감시
}
```

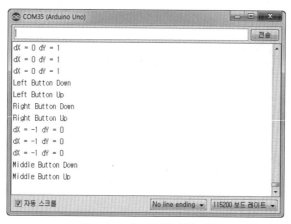

그림 8-7 스케치 8-1의 실행 결과

스케치 8-1을 테스트하기 위해 사용한 마우스는 HID 프로토콜을 사용하는 마우스이다. HID 는 Human Interface Device의 줄임말로, 컴퓨터 사용자가 흔히 사용하는 입력 장치를 간편하게 설치하기 위해 만들어졌으며, 마우스, 키보드, 조이스틱 등이 대표적인 장치에 속한다. 스케치 8-1에서는 마우스를 연결하기 위해 USB 클래스와 HIDBoot 클래스를 사용하고 있다.

```
USB Usb;
HIDBoot<HID_PROTOCOL_MOUSE> HidMouse(&Usb);
```

USB 클래스는 USB 호스트 쉴드에서 USB 연결을 관리하기 위한 클래스이며, HIDBoot 클래스는 USB를 통해 연결되는 장치에 대한 클래스이다. 다음으로 필요한 클래스는 MouseReportParser 클래스를 상속하여 만들어지는 사용자 정의 클래스인 MouseActionParser 클래스로, 마우스의 동작에 따라 아두이노에서 수행할 작업을 지정하기 위해 사용된다. MouseReportParser 클래스에는 마우스의 움직임과 버튼 클릭에 따라 7개의 가상(virtual) 함수가 선언되어 있으므로 상속을 통해 가상 함수를 구현해 주어야 한다. 7개의 가상 함수를 구현하면 마우스의 움직임이나 버튼을 누르는 동작이 발생할 때 해당 함수가 자동으로 호출된다. 스케치 8-1에서는 MouseReportParser 클래스를 상속한 MouseActionParser 클래스를 통해 각 마우스의 동작을 시리얼 모니터에 표시하도록 구현되어 있다.

```
virtual void OnMouseMove(MOUSEINFO *mi);
virtual void OnLeftButtonUp(MOUSEINFO *mi);
virtual void OnLeftButtonDown(MOUSEINFO *mi);
virtual void OnRightButtonUp(MOUSEINFO *mi);
virtual void OnRightButtonDown(MOUSEINFO *mi);
virtual void OnMiddleButtonUp(MOUSEINFO *mi);
virtual void OnMiddleButtonDown(MOUSEINFO *mi);
```

MouseReportParser 함수에 선언되어 있는 가상 함수는 마우스의 움직임과 버튼 상태에 대한 정보를 가지는 구조체인 MOUSEINFO 형식의 변수를 매개변수로 가진다.

```
struct MOUSEINFO {
    struct {                              // 버튼 상태
        uint8_t bmLeftButton : 1;
        uint8_t bmRightButton : 1;
        uint8_t bmMiddleButton : 1;
        uint8_t bmDummy : 5;
    };
    int8_t dX;                            // X 축 이동
    int8_t dY;                            // Y 축 이동
};
```

마우스를 연결하여 사용하는 과정은 3단계로 이루어진다. 먼저 USB 클래스의 Init 멤버 함수를 통해 USB 연결을 초기화하고, HIDBoot 클래스의 SetReportParser 멤버 함수를 통해 마우스 이벤트 처리를 담당할 객체를 설정한다. SetReportParser 함수에서는 HIDReportParser 형식의 매개변수를 지정하도록 되어 있으며, HIDReportParser ➡ MouseReportParser ➡ MouseActionParser 순서로 상속이 이루어지므로 사용자 정의 클래스를 형변환을 통해 사용하면 된다. SetReportParser 함수의 첫 번째 매개변수는 터치패드와 마우스가 결합된 경우와 같이 서로 다른 두 종류 이상의 이벤트를 처리할 필요가 있을 때 이를 구별하기 위해 사용하는 ID이다. 실제 마우스 동작은 USB 클래스의 Task 멤버 함수를 통해 알아 낼 수 있다.

키보드 역시 사용 방법은 비슷하다. 이미 USB 호스트 라이브러리가 설치되어 있으므로 마우스를 제거하고 키보드를 연결해 보자.

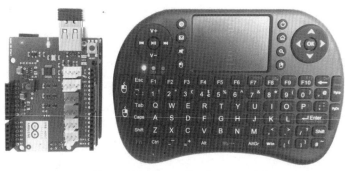

그림 8-8 **USB 호스트 쉴드에 키보드 연결**

스케치 8-2를 업로드하고 키보드 버튼을 눌러 시리얼 모니터로 출력되는 메시지를 확인해 보자.

스케치 8-2 **USB 호스트 쉴드 – 키보드 테스트**

```
#include <hidboot.h>

// 키보드 동작 처리 클래스
class KeyboardActionParser : public KeyboardReportParser
{
    void PrintKey(uint8_t mod, uint8_t key);

protected:
    void OnKeyDown(uint8_t mod, uint8_t key);
    void OnKeyUp(uint8_t mod, uint8_t key);
};

void KeyboardActionParser::PrintKey(uint8_t m, uint8_t key)      // 키 값 화면 출력
{
    MODIFIERKEYS mod;                                           // 모디파이어 키 상태
    *((uint8_t*)&mod) = m;

    // 왼쪽 모디파이어 키
    Serial.print((mod.bmLeftCtrl == 1) ? "Ctrl " : " ");
    Serial.print((mod.bmLeftShift == 1) ? "Shift " : " ");
    Serial.print((mod.bmLeftAlt == 1) ? "Alt " : " ");

    Serial.print(" << ");
    Serial.print(key);                                         // 키 값 출력

    // 아스키 문자로 변환 가능한 키가 눌러진 경우 아스키 문자 출력
    uint8_t c = OemToAscii(m, key);                            // 아스키 문자로 변환
    if(c) Serial.print(String(", ") + (char)c);
    Serial.print(" >> ");
```

```
    // 오른쪽 모디파이어 키
    Serial.print((mod.bmRightCtrl == 1) ? "Ctrl " : "  ");
    Serial.print((mod.bmRightShift == 1) ? "Shift" : "  ");
    Serial.print((mod.bmRightAlt == 1) ? "Alt" : "  ");
    Serial.println();
};

void KeyboardActionParser::OnKeyDown(uint8_t mod, uint8_t key)  // 키 누름
{
    Serial.print("Down : ");
    PrintKey(mod, key);
}

void KeyboardActionParser::OnKeyUp(uint8_t mod, uint8_t key)    // 키 뗌
{
    Serial.print("Up   : ");
    PrintKey(mod, key);
}

USB Usb;                                                        // USB 연결을 위한 클래스
// USB를 통해 HID 프로토콜을 사용하는 키보드 연결
HIDBoot<HID_PROTOCOL_KEYBOARD> HidKeyboard(&Usb);

KeyboardActionParser parser;

void setup()
{
    Serial.begin(115200);
    Serial.println("Start");

    Usb.Init();                                                // USB 연결 초기화

    delay(200);

    // 키보드 동작 처리 객체 등록
    HidKeyboard.SetReportParser(0, (HIDReportParser*)&parser);
}

void loop()
{
    Usb.Task();                                                // 키보드 동작 감시
}
```

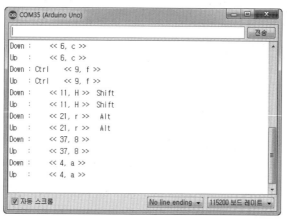

그림 8-9 스케치 8-2의 실행 결과

마우스의 동작을 처리하기 위해서는 MouseReportParser 클래스를 상속한 사용자 정의 클래스인 MouseActionParser 클래스가 필요한 것처럼, 키보드의 동작을 처리하기 위해서는 KeyboardReportParser 클래스를 상속한 사용자 정의 클래스인 KeyboardActionParser 클래스가 필요하다.

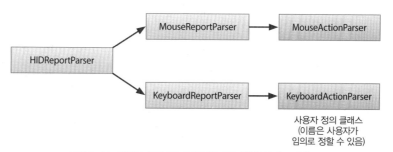

그림 8-10 마우스/키보드 동작 처리를 위한 클래스 계층도

KeyboardActionParser 클래스에서는 키를 누른 경우 호출되는 OnKeyDown 멤버 함수와 키를 뗀 경우 호출되는 OnKeyUp 멤버 함수를 구현하여야 한다.

```
virtual void OnKeyDown(uint8_t mod, uint8_t key);
virtual void OnKeyUp(uint8_t mod, uint8_t key);
```

두 멤버 함수에서 매개변수 mod는 Shift, Ctrl, Alt 등의 모디파이어 키(modifier key) 상태를 나타낸다.

```
struct MODIFIERKEYS {
    uint8_t bmLeftCtrl : 1;
    uint8_t bmLeftShift : 1;
    uint8_t bmLeftAlt : 1;
    uint8_t bmLeftGUI : 1;
    uint8_t bmRightCtrl : 1;
    uint8_t bmRightShift : 1;
    uint8_t bmRightAlt : 1;
    uint8_t bmRightGUI : 1;
};
```

키보드를 연결하여 사용하는 과정은 마우스와 동일하다. 다만 HIDBoot 클래스의 객체를 생성할 때 HID 프로토콜을 사용하는 키보드임을 명시해 주는 것에 차이는 있다.

```
// USB 마우스
HIDBoot<HID_PROTOCOL_MOUSE> HidMouse(&Usb);
// USB 키보드
HIDBoot<HID_PROTOCOL_KEYBOARD> HidKeyboard(&Usb);
```

마지막으로 주의할 한 가지는 키가 눌러졌을 때 전달되는 값이 ASCII 코드 값이 아닌 OEM 코드라는 점이다. 따라서 스케치 8-2에서도 ASCII 코드로 변환하기 위해 OemToAscii 함수를 사용하고 있다.

8.3 요약

USB는 컴퓨터와 주변장치와의 통신을 위한 표준 중 하나로, 인텔, 마이크로소프트, IBM 등 주요 IT 기업들이 상호 접속의 편이성을 높이기 위해 개발하였다. 초기 USB는 전송 속도가 느려 적은 양의 데이터 전송이 필요한 마우스나 키보드 등의 주변장치에 주로 사용되었지만 최근 USB 3.0이 발표되면서 대용량의 고속 저장장치에도 사용되는 등 활용 범위가 점차 넓어지고 있다.

USB는 마스터-슬레이브 구조로 되어 있으며, USB 호스트는 USB 연결의 마스터로 USB를 통한 데이터 전송의 모든 권한과 책임을 가지고 있다. 대표적인 USB 호스트로는 컴퓨터를 들 수 있다. USB 호스트 쉴드는 아두이노가 USB 호스트의 역할을 수행할 수 있도록 해 주는 쉴드로, 다양한 USB 장치를 아두이노에 연결하여 사용할 수 있도록 해 준다. 이 장에서는 입력 장치로 흔히 사용되는 마우스와 키보드를 아두이노와 연결하는 방법을 살펴보았다. 아두이노에 연결할 수 있는 주변장치는 다양한 유무선 통신 방법을 사용하지만, 주변에서 흔히 볼 수 있는 USB 방식의 주변장치를 연결하여 사용할 수 있다는 점에서 USB 호스트 쉴드의 장점을 찾아볼 수 있다. 하지만 모든 USB 장치를 아두이노와 연결할 수 있는 것은 아니므로 아두이노와의 연결 지원 여부를 먼저 확인해야 한다.

GPS

위성 항법 시스템이라고 불리는 **GPS**는 지구 주위를 선회하는 인공위성을 통해 현재의 위치와 시간을 정확하게 측정할 수 있는 시스템을 말한다. **GPS** 위성 신호를 바탕으로 위치와 시간을 계산하는 **GPS** 리시버는 UART 통신을 통해 텍스트 기반의 정보를 출력하므로 간단하게 아두이노에 연결하여 사용할 수 있다. 이 장에서는 **GPS** 리시버를 사용하여 현재의 위치와 시간을 알아 내는 방법을 알아본다.

9.1 GPS

GPS는 Global Positioning System의 줄임말로, 위성을 이용하여 위치, 속도 및 시간 측정 서비스를 제공하는 시스템을 말한다. GPS는 3차원 위치 파악이 가능하므로 고도 역시 측정이 가능하고, 24시간 서비스를 제공받을 수 있으며, 세계적으로 공통 좌표계를 사용하고 있어 위치 결정이 편리하다. GPS는 지구를 선회하는 20여 개의 인공위성으로부터 신호를 받아 위치를 결정하게 된다. 따라서 사용자는 GPS 위성으로부터 신호를 받을 수 있는 전용의 수신기만으로 정확한 위치를 알 수 있다. GPS는 1970년대 초 미국 국방성이 군사용으로 개발하기 시작하였으며, 이후 상업용으로 개방되었다. 상업용으로 개방된 후에도 군사적인 악용을 방지하기 위해 2000년까지는 임의적으로 20~100m까지의 오차가 주어졌지만, 2000년 5월 1일부터는 이러한 임의적인 오차가 없어져 5m 오차 이내에서 위치를 파악할 수 있게 되었다. GPS의 원리는 간단하지만 응용 범위는 넓다. 표 9-1은 GPS 시스템이 사용되고 있는 예를 나타낸 것이다. 주변에서 흔히 볼 수 있는 GPS를 사용하는 예로는 자동차의 내비게이션과 스마트폰의 위치기반 서비스를 들 수 있다.

표 9-1 **GPS 시스템 사용 분야**

분야	사용 예
지상	• 측량 및 지도 제작 • 교통관제 • 여행자 정보 시스템 • 골프, 등산 등 레저 활동
항공	• 항법 장치 • 기상 예보 시스템 • 항공사진 촬영
해상	• 해양 탐사 • 선박 모니터링 시스템 • 해상 구조물 측량 및 설치
우주	• 위성 궤도 결정 • 위성 자세 제어
군사	• 유도 무기 • 정밀 폭격 • 정찰

GPS 위성으로부터 신호를 수신하는 장치를 GPS 리시버라고 한다. GPS 리시버는 위성에서 특정 주파수 대역으로 전송하는 데이터를 수신하여 위치를 결정한다. GPS 리시버는 최소 3개의 위성에서 신호를 받아 위성의 위치와 위성에서 리시버까지의 신호 도달 시간을 기초로 현재 위치를 계산하며, 일반적으로 4개 이상의 위성으로부터 송신되는 신호를 이용하여 위치를 계산하는 방식을 취하고 있다.

GPS의 정확도는 위성의 현재 위치, 빌딩이나 산 등의 장애물, 날씨 등 다양한 요인에 영향을 받는다. 이러한 요인들은 위성 신호를 이용한 위치 계산의 정확성을 떨어트리므로 위성과 통신하고 있는 지상의 기지국과의 통신을 통해 위치의 정확성을 높이기 위해 AGPS(Assisted GPS), DGPS(Differential GPS) 등도 사용되고 있다.

대부분의 GPS 리시버는 위성 신호를 수신하여 위치를 결정하고 이를 NMEA 형식의 데이터로 출력한다. NMEA는 National Marine Electronics Association의 줄임말로, 해양에서 사용되는 다양한 전자 장치들의 데이터 교환을 위해 정의된 데이터 형식이다. 또한, 대부분의 GPS 리시버는

NMEA 형식의 데이터를 출력하기 위해 UART 시리얼 통신을 사용하므로 마이크로컨트롤러에 간단히 연결할 수 있다.

그림 9-1은 GPS 리시버의 예로, UART 통신을 통해 NMEA 형식의 데이터를 출력하는 소형 GPS 리시버이다. 그림 9-1의 GPS 리시버는 디폴트로 9600 보율로 설정되어 있다.

그림 9-1 GPS 리시버[30]

GPS 리시버에서 위치를 계산하는 방법은 간단하지 않지만, 실제 사용에서는 NMEA 데이터에서 해당 내용만을 찾아 냄으로써 간단히 위치와 시간을 알아 낼 수 있다. 스케치 9-1은 UART 시리얼로 연결된 GPS 리시버로부터 NMEA 문장을 받아 시리얼 모니터로 출력하는 스케치의 예이다.

스케치 9-1 GPS 리시버 데이터 수신

```
#include <SoftwareSerial.h>

SoftwareSerial gps(2, 3);                   // GPS 리시버 연결

void setup() {
    Serial.begin(9600);
    gps.begin(9600);
}

void loop() {
    if(gps.available()){
        Serial.write(gps.read());
    }
}
```

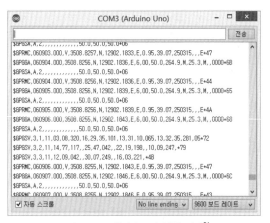

그림 9-2 스케치 9-1의 실행 결과[31]

그림 9-2에서 알 수 있듯이 GPS 리시버에서 출력하는 NMEA 데이터는 텍스트 기반의 데이터로 문장(sentence) 단위로 구성되고, 각 문장은 콤마로 분리된 정보들을 포함하고 있으며, 문장의 마지막에는 개행문자인 <CR><LF>가 포함된다. 각 문장은 '$' 기호로 시작하며, 다음 두 글자인 'GP'는 GPS에서 사용하는 구별 기호로 caller ID라고 한다. 다음 세 글자는 문장에 포함된 정보의 종류를 나타내는 문장이다. 여러 종류의 문장들이 있지만, 그중 위치와 시간 결정에 일반적으로 사용되는 문장은 'GGA' 문장이다. GGA 문장에는 콤마로 분리된 여러 개의 내용이 포함되어 있고, 마지막 값은 오류 검사를 위한 체크섬(checksum) 값이다. 다른 종류의 문장들도 형식은 동일하며, 내용이 없는 경우에도 위치 결정을 위해 콤마는 생략하지 않는다. GGA 문장에서 처음 5개 부분에 현재의 시간과 위도 및 경도 정보가 포함되어 있다. 표 9-2는 그림 9-2의 GGA 문장 중 하나에 포함되어 있는 정보를 설명한 것이다.

표 9-2 GGA 문장 내 정보

내용	설명	비고
$GPGGA	GGA 문장	
060907.000	현재 시간 6시 9분 7,000초	그리니치 표준 시간으로 한국 표준 시간은 +9 시간이다.
3508.8255	35° 08.8255′	위도
N	북위	북위(N) 또는 남위(S)
12902.1846	129° 02.1846′	경도
E	동경	동경(E) 또는 서경(W)

스케치 9-2는 GPS 리시버에서 수신되는 데이터 중 GGA 문장만을 찾아내어 시리얼 모니터로 출력하는 스케치의 예이다.

스케치 9-2 **GGA 문장 출력**

```
#include <SoftwareSerial.h>

SoftwareSerial gps(2, 3);              // GPS 리시버 연결
String sentence = "";                  // 문장 저장을 위한 버퍼
boolean process_sentence = false;

void setup() {
    Serial.begin(9600);
    gps.begin(9600);
}

void loop() {
    if(gps.available()){
        char data = gps.read();
        switch(data){
        case '\n':
            break;
        case '\r':
            process_sentence = true;      // 문장의 끝
            break;
        default:
            sentence = sentence + data;
            break;
        }
    }

    if(process_sentence){                 // 문장이 끝난 경우
        process_sentence = false;
        if(sentence.startsWith("$GPGGA"))  // GGA 문장 여부 판단
            Serial.println(sentence);
        sentence = "";
    }
}
```

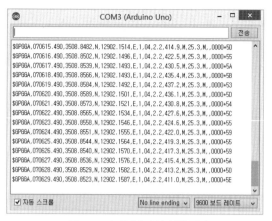

그림 9-3 스케치 9-2의 실행 결과

마지막으로 GGA 문장에서 시간과 위도 및 경도를 분리하여 출력해 보자. 모든 정보는 콤마로 분리되며, 앞부분 5개가 이들 정보에 해당하므로 이를 분리하여 출력하도록 한 예가 스케치 9-3이다.

스케치 9-3 시간과 위도 및 경도 출력

```
#include <SoftwareSerial.h>

SoftwareSerial gps(2, 3);              // GPS 리시버 연결
String sentence = "";                  // 문장 저장을 위한 버퍼
boolean process_sentence = false;

void setup() {
    Serial.begin(9600);
    gps.begin(9600);
}

void loop() {
    if(gps.available()){
        char data = gps.read();
        switch(data){
        case '\n':
            break;
        case '\r':
            process_sentence = true;       // 문장의 끝
            break;
        default:
            sentence = sentence + data;
            break;
        }
    }
```

```
    if(process_sentence){                  // 문장이 끝난 경우
        process_sentence = false;
        if(sentence.startsWith("$GPGGA"))   // GGA 문장 여부 판단
            print_info();
    }
}

void print_info(void) {
    int pos[6] = {0, };                     // 콤마의 위치
    int start = 0;                          // 검색 시작 위치

    Serial.println(sentence);

    for(int i = 0; i < 6; i++){             // 콤마 위치 검색
        pos[i] = sentence.indexOf(',', start + 1);
        start = pos[i];
    }

    // 콤마 사이의 부분 문자열 추출 및 출력
    Serial.print("Time      : ");
    Serial.println(sentence.substring(pos[0] + 1, pos[1]));
    Serial.print("Latitude  : ");
    Serial.print(sentence.substring(pos[1] + 1, pos[2]));
    Serial.println(sentence.substring(pos[2] + 1, pos[3]));
    Serial.print("Longitude : ");
    Serial.print(sentence.substring(pos[3] + 1, pos[4]));
    Serial.println(sentence.substring(pos[4] + 1, pos[5]));
}
```

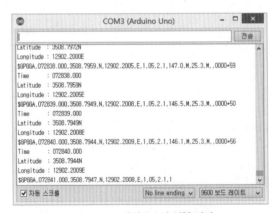

그림 9-4 스케치 9-3의 실행 결과

9.2 TinyGPS++ 라이브러리

NMEA는 흔히 사용되는 데이터 형식이므로 아두이노에서 NMEA 형식의 데이터를 해석하기 위한 파서 역시 여러 가지가 존재하며, TinyGPS++ 라이브러리가 그중 하나이다. TinyGPS++ 라이브러리를 다운로드받아[32] 스케치북 디렉터리 아래 'libraries' 디렉터리에 설치하자. TinyGPS++ 라이브러리를 사용하기 위해서는 먼저 해당 헤더 파일을 포함시키고 TinyGPSPlus 객체를 생성하여야 한다.

```
#include <TinyGPS++.h>
TinyGPSPlus gps;
```

GPS 리시버 연결이 UART 시리얼을 통해 이루어지는 것은 전과 동일하다. TinyGPS++ 라이브러리는 수신되는 문자들을 통해 문장을 파악하고 문장 내의 정보를 추출하는 역할을 한다. 하지만, GPS 리시버에서 데이터를 수신하는 역할을 하지는 않으므로 시리얼을 통해 수신된 문자는 TinyGPSPlus 객체로 encode 멤버 함수를 통해 계속 입력시켜 주어야 한다. 스케치 9-4는 TinyGPS++ 라이브러리를 이용하여 현재의 위치와 시간을 알아 내는 스케치의 예이다. 스케치 9-4에서는 스케치 9-3과 동일하게 시간과 위도 및 경도만을 표시하고 있지만, TinyGPS++ 라이브러리는 GGA 문장 이외의 문장에 포함된 정보 역시 제공하고 있다. 보다 자세한 내용은 클래스 정의를 참고하기 바란다.

스케치 9-4 TinyGPS++ 라이브러리

```
#include <TinyGPS++.h>
#include <SoftwareSerial.h>

TinyGPSPlus gps;                            // TinyGPS++ 파서
SoftwareSerial gps_receiver(2, 3);          // GPS 리시버 연결
unsigned long time_previous, time_current;

void setup() {
    Serial.begin(9600);
    gps_receiver.begin(9600);

    time_previous = millis();
}

void loop() {
    if(gps_receiver.available())
        gps.encode(gps_receiver.read());    // 파서로 GPS 데이터 입력
```

```
    time_current = millis();
    if(time_current - time_previous > 1000){        // 1초에 한 번씩 출력
        time_previous = time_current;

        Serial.print("Time      : ");
        Serial.print(gps.time.hour());              // 시간
        Serial.print("H ");
        Serial.print(gps.time.minute());            // 분
        Serial.print("M ");
        Serial.print(gps.time.second());            // 초
        Serial.println("S ");

        Serial.print("Latitude  : ");
        Serial.println(gps.location.lat());         // 위도
        Serial.print("Longitude : ");
        Serial.println(gps.location.lng());         // 경도
    }
}
```

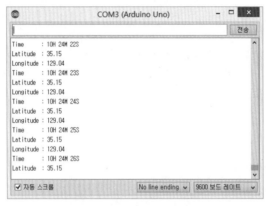

그림 9-5 스케치 9-4의 실행 결과

9.3 요약

GPS는 지구상에서의 위치를 5m 오차 이내에서 측정할 수 있도록 해 주는 3차원 위치 측정
시스템으로, 지구 주위 위성으로부터의 신호 도달 시간을 기준으로 위치를 측정한다. 실제로
위치를 결정하는 방법은 간단하지 않지만, 텍스트 기반의 데이터를 UART 통신으로 출력하는
GPS 리시버가 다수 존재하므로 시간과 위치 정보를 얻기 위한 목적이라면 간단하게 아두이노
에 연결하여 사용할 수 있다.

GPS는 지상, 해상, 항공, 우주 등 위치 정보가 필요한 다양한 분야에서 사용되고 있으며, 특히 스마트폰의 보급에 힘입어 GPS를 사용한 다양한 위치기반 서비스가 제공되고 있다. 하지만, 위치기반 서비스에서의 문제점은 실내에서는 위성 신호를 수신하기가 어려워 실외에서만 사용이 가능하다는 점이다. 스마트폰의 경우 실내에서도 위치기반 서비스를 사용할 수 있지만, 이는 GPS를 사용하는 것이 아니라 와이파이나 무선전화 네트워크 등을 사용한 것으로 그 종류가 다르다. 아두이노에서는 이동 경로 파악 및 분석을 위한 용도로 GPS가 사용된 예를 쉽게 찾아볼 수 있다.

10

릴레이

릴레이는 낮은 전압의 신호로 높은 전압을 제어할 수 있도록 해 주는 스위치의 일종으로, 5V를 사용하는 아두이노 우노로 220V를 사용하는 가전제품을 제어하기 위해 흔히 사용된다. 이 장에서는 릴레이 중에서 흔히 볼 수 있는 전기기계식 릴레이와 반도체 릴레이를 사용하여 가전제품을 제어하는 방법을 알아본다.

10.1 릴레이

릴레이(relay)는 스위치의 일종이다. 하지만, 작동 원리와 용도가 흔히 사용되는 스위치와는 차이가 있다. 일반적으로 스위치라고 하면 손으로 스위치를 on/off로 조작하는 것을 상상하겠지만, 릴레이는 손으로 조작하는 스위치가 아니라 전기 신호로 on/off를 조작하는 스위치이다. 릴레이 중 흔히 볼 수 있는 릴레이는 전기기계식 릴레이(electromechanical relay)로, 코일에 전류가 흐르면 자석이 되는 성질을 이용한다. 그림 10-1은 전기기계식 릴레이의 구조를 나타낸 것으로, 릴레이 내부에 있는 코일에 전기를 연결하면 코일은 자석이 되어 스위치를 끌어 당겨 스위치가 닫히고, 전기를 연결하지 않으면 스위치가 열려서 on/off 조작이 가능해진다.

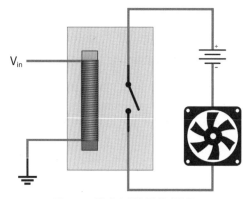

그림 10-1 전기기계식 릴레이의 구조

전기기계식 릴레이와 달리 반도체 릴레이(Solid State Relay, SSR)는 스위치와 같은 움직이는 부품 없이 만들어진 릴레이로 무접점 릴레이라고도 한다. 반도체 릴레이는 코일과 전자석의 역할을 반도체가 대신하도록 만들어진 릴레이로, 사용이 편리하고 성능이 안정적이어서 많이 사용되고 있다. 반도체 릴레이에는 여러 가지 방식이 있으며, 포토커플러를 사용하는 방식이 그중 하나이다. 포토커플러는 글자 그대로 빛을 통해 스위치의 개폐를 제어한다. 포토커플러는 발광 소자와 수광 소자로 이루어져 있으며, 마이크로컨트롤러에서 발광 소자에 신호를 가하면 수광 소자에서 약한 전류가 생성되고, 이를 통해 트랜지스터의 스위치 기능을 제어하게 된다. 전기기계식 릴레이는 기계적으로 접점을 닫거나 열기 때문에 고속으로 동작하기는 어렵지만, 무접점 릴레이는 반응 속도가 빨라 수 밀리초(ms) 내에 스위치를 열고 닫을 수 있어 고속 제어에 유리하다.

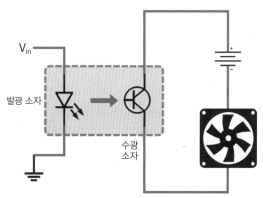

그림 10-2 포토커플러를 사용한 반도체 릴레이의 구조

릴레이의 장점 중 하나는 전기적으로 독립된 회로를 연동시킬 수 있다는 점이다. 일반적으로 아두이노에 주변회로를 연결하는 경우 모든 접지를 공통으로 연결하여야 한다. 하지만, 릴레이를 사용하는 경우에는 '전기적으로 독립'되어 있으므로 공통 접지가 필요하지 않다. 릴레이를 사용하면 아두이노 우노에서 사용되는 5V의 낮은 전압으로 높은 전압이나 전류를 제어할 수 있어 산업용 기계나 가전제품의 제어에 흔히 사용된다.

10.2 릴레이를 통한 가전제품의 제어

이 장에서는 전기기계식 릴레이와 반도체 릴레이 두 가지를 모두 사용해 본다. 두 가지 종류의 릴레이는 동작 원리 및 제작 방식에서는 차이가 있지만, 릴레이의 기본적인 제어 방식과 동작은 동일하다. 릴레이는 스위치라는 점을 잊지 말자. 그림 10-3은 아두이노를 이용하여 선풍기의 전원을 제어하기 위한 구성도를 나타낸 것으로, 릴레이와 아두이노 대신 스위치를 연결하면 손으로 스위치를 조작하는 것과 동일한 구성이 된다.

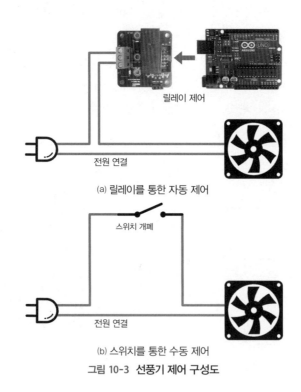

릴레이 제어

전원 연결

(a) 릴레이를 통한 자동 제어

스위치 개폐

전원 연결

(b) 스위치를 통한 수동 제어

그림 10-3 선풍기 제어 구성도

그림 10-4는 전기기계식 릴레이의 예이다.

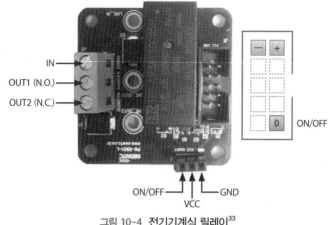

그림 10-4 전기기계식 릴레이[33]

그림 10-4의 릴레이는 5V로 제어하는 릴레이로, 릴레이 동작을 위한 VCC와 GND, 그리고 스위치 개폐를 제어하기 위한 제어선의 연결을 필요로 한다. 또한, 아두이노 스타일의 female 헤더와 마이크로컨트롤러에서 흔히 사용되는 10핀 커넥터를 포함하고 있으므로 용도에 맞게 선택하여 사용할 수 있다. 그림 10-3에서와 같이 교류 전원의 한 선을 잘라 그림 10-4에서 IN과 OUTn(n = 0, 1)에 연결한다. OUT1과 OUT2는 초기 상태에서 연결되지 않은 경우와 연결된 경우를 선택하기 위한 것으로, OUT1에 연결하면 전원이 주어질 때 릴레이는 연결되어 있지 않으며(Normal Open, N.O.), 제어선에 HIGH 값을 출력하면 스위치가 닫힌다. OUT2는 전원이 주어질 때 릴레이는 연결되어 있으며(Normal Close, N.C.), 제어선에 HIGH 값을 출력하면 스위치가 열린다. 그림 10-5와 같이 릴레이를 통해 선풍기를 연결해 보자.

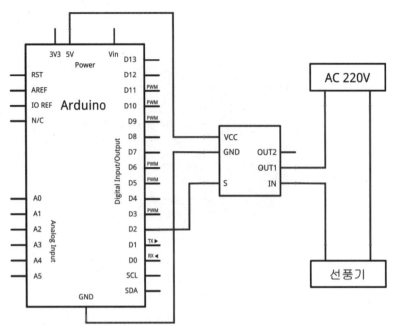

그림 10-5 전기기계식 릴레이의 연결 회로도

스케치 10-1은 디지털 출력 핀으로 릴레이에 연결된 선풍기를 제어하는 스케치의 예이다. 시리얼 모니터에서 'o'나 'O'를 입력하면 스위치가 켜져 선풍기가 동작하고, 이외의 문자를 입력하면 스위치가 꺼져 선풍기의 동작은 멈춘다.

스케치 10-1 **릴레이 제어**

```
int relay_control = 2;                      // 릴레이 제어 핀 연결

void setup() {
    Serial.begin(9600);
    pinMode(relay_control, OUTPUT);         // 릴레이 제어 핀을 출력으로 설정
    digitalWrite(relay_control, LOW);
}

void loop() {
    if(Serial.available()){                 // 시리얼 모니터에서 문자 수신
        char c = Serial.read();

        if(c == 'o' || c == 'O'){           // 스위치 켜기
            Serial.println("Switch ON...");
            digitalWrite(relay_control, HIGH);
        }
        else{                               // 스위치 끄기
            Serial.println("Switch OFF...");
```

```
            digitalWrite(relay_control, LOW);
        }
    }
}
```

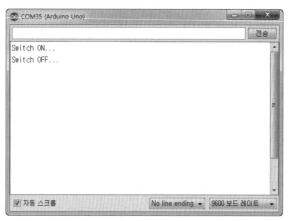

그림 10-6 스케치 10-1의 실행 결과

그림 10-7은 반도체 릴레이의 예이다.

그림 10-7 반도체 릴레이

반도체 릴레이 역시 아두이노의 5V 출력으로 스위치를 조작할 수 있으며, 릴레이를 동작시키기 위해 별도의 VCC를 연결하지 않아도 된다. AC 라인 역시 초기 상태에는 연결되어 있지 않고, 제어선에 HIGH를 출력하면 스위치가 달히고, LOW 출력을 가하면 스위치가 열린다. 반도체 릴레이를 그림 10-8과 같이 연결해 보자.

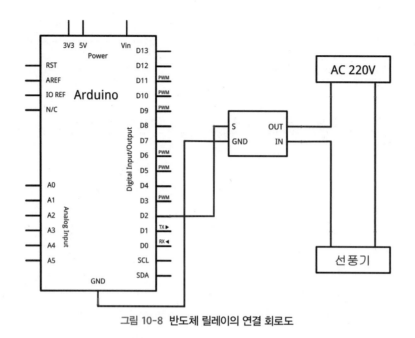

그림 10-8 반도체 릴레이의 연결 회로도

실험을 위해서는 스케치 10-1을 그대로 사용하면 되며, 시리얼 모니터에서 'o'나 'O'를 입력하면 스위치가 켜지고 이외의 문자를 입력하면 스위치가 꺼진다.

10.3 요약

릴레이는 스위치의 일종이지만 물리적인 힘에 의해 개폐되는 일반적인 스위치와는 달리 전기적 신호에 의해 개폐되는 스위치이다. 특히 릴레이는 낮은 전압으로 높은 전압이나 전류를 제어할 수 있으므로 아두이노를 통해 가전제품이나 산업용 기기 등을 제어하기 위해 사용될 수 있다. 릴레이는 전원선 중 한 선만을 잘라서 연결하는 방식이 일반적으로 사용되므로 아두이노와 접지를 연결할 필요가 없으므로 아두이노와 제어 대상이 되는 장치가 전기적으로 완전히 독립되어 있다는 특징이 있다. 하지만, 높은 전압이나 높은 전류를 제어하기 위해서는 제어하고자 하는 전압/전류 범위에 맞는 릴레이를 사용하여야 한다.

릴레이는 전자제품의 자동 제어를 위해 많이 사용되고 있지만, 최근 사물인터넷의 응용 분야 중 하나인 홈오토메이션(home automation)을 위해 원격 제어와 연결되어 앞으로 활용 범위가 더 넓어질 것으로 예상된다. 원격 제어를 위해서는 인터넷에 연결되어 있어야 하며, 아두이노를 인터넷에 연결하는 방법에 대해서는 이 책의 뒷부분에서 다룬다.

11

모터

모터는 전자기유도 현상을 통해 전기 에너지를 운동 에너지로 변환하는 장치로, 움직이는 장치를 만들기 위해 필수적인 장치 중 하나이다. 모터는 제어 방식에 따라 종류가 다양하며, 그 특성이 서로 달라 용도에 맞게 선택하여 사용하여야 한다. 이 장에서는 아두이노에 연결하여 사용할 수 있는 여러 가지 모터들의 동작 원리와 특성을 살펴보고, 각각의 모터를 제어하는 방법을 알아본다.

모터는 전기를 이용하여 회전력을 얻는 기기로 움직이는 장치를 구현하기 위해 반드시 필요한 부품이다. 모터는 전기장의 변화에 따라 자기장의 변화가 발생하고, 자기장에서 인력과 척력에 의해 회전 운동을 발생하는 원리를 사용한다. 모터는 제어 방식에 따라 여러 가지 종류가 있으며, 마이크로컨트롤러에서는 DC 모터, 스테핑 모터, 서보 모터 등이 흔히 사용된다. 각각의 모터들은 그 특징이 조금씩 다르므로 사용하고자 하는 목적에 맞는 모터를 선택하는 것이 중요하다. 각 모터의 특징은 다음과 같다.

- **DC(Direct Current) 모터**: 축이 연속적으로 회전하는 형태의 모터로, 전원이 연결되면 회전하고 전원이 끊어지면 정지하는 간단한 구조로 되어 있어 제어가 간단하다는 장점이 있다. 정지 시에는 관성으로 인해 정확한 정지 위치를 지정하기는 어렵다.

- **서보(servo) 모터**: DC 모터의 한 종류로, DC 모터에 귀환 제어 회로를 추가하여 위치 제어가 가능하도록 구성된 모터이다. 제어 회로로 인해 가격이 비싸다는 단점은 있지만, 정밀한 제어가 가능하다는 점에서 DC 모터에 비해 우수하며, 속도 면에서는 스텝 모터에 비해 빠른 장점이 있다.

- **스텝(step) 모터**: 전원이 공급되면 축은 일정 각도를 회전하고 멈춘다. 축을 연속적으로 회전시키기 위해서는 모터로 펄스열이 전달되어야 하며, 하나의 펄스에 반응하여 회전하는 양을 분할각(step angle)이라고 한다. 분할각이 1도인 경우 모터를 10도 회전시키기 위해서는 10개의 펄스를 전송해 주어야 한다. 스텝 모터는 원하는 각도만큼 회전시킬 수 있는 장점은 있지만, 분할각 단위로만 제어된다는 단점이 있다.

11.1 DC 모터

DC 모터는 최초로 발명된 모터로, 구조가 간단하고, 제어가 쉬우며, 가격이 저렴하다는 등 여러 가지 장점으로 인해 널리 사용되고 있다. DC 모터는 연결선이 2개이며, 연결하는 전원의 극성에 따라 회전 방향이 결정된다. 또한, PWM(Pulse Width Modulation) 신호를 사용하면 간단하게 속도를 제어할 수 있다. 하지만, DC 모터를 사용하는 경우에는 두 가지 점에 유의하여야 한다. 첫 번째는 일반적으로 DC 모터는 많은 전력을 필요로 한다는 점이다. 아두이노의 디지털 출력 핀에 DC 모터를 연결하면 on/off 제어가 가능하지만, 아두이노의 디지털 출력 핀으로 출력되는 최대 전류는 40mA로, 이는 소형 DC 보터를 구동하기에도 충분하지 않다. 또한, 모터는 전기 잡음을 유발하므로 아두이노의 디지털 출력 핀에 직접 연결하여 제어하는 것은 추천되지 않는다. 따라서 DC 모터를 사용하는 경우에는 아두이노 구동을 위한 전원과는 별도로 전용 전원을 사용하고 아두이노의 디지털 출력 핀은 전원을 on/off시키는 스위치 역할을 하도록 구성하는 것이 일반적이다. 하지만, 전용 전원 사용만으로는 충분하지 않다. DC 모터 사용에서 두 번째 문제는 모터의 회전 방향이 전원을 연결하는 방향에 따라 결정되기 때문에 모터를 연결한 이후에는 회전 방향을 변경할 수 없다는 점이다. 전진만 가능한 차는 매력이 없지 않은가? 회전 방향을 제어하기 위해서는 일반적으로 H 브리지(bridge) 회로가 사용된다. H 브리지 회로는 그림 11-1에서와 같이 4개의 스위치로 표현할 수 있다. H 브리지 회로는 스위치 1과 4가 연결되는 경우와 스위치 2와 3이 연결되는 경우 모터에 가해지는 전압은 반대가 되는 원리를 사용한다.

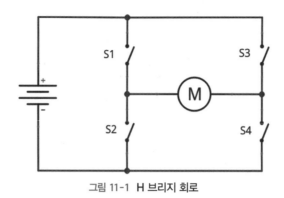

그림 11-1 **H 브리지 회로**

이러한 문제점을 해결할 수 있도록 만들어진 칩을 모터 드라이버(motor driver)라고 한다. DC 모터를 위한 드라이버 칩은 H 브리지 회로를 사용하고 전용 전원을 연결할 수 있도록 만들어져 있으며, L298 칩이 흔히 사용된다. L298 칩은 아두이노의 공식 모터 쉴드에서도 사용되지만, 공식 모터 쉴드의 경우 외부 전원 연결이 직관적이지 않은 단점이 있다. 이 장에서는 아두이노 공식 모터 쉴드와 동일한 L298 칩을 사용하여 제작된 DC 모터 제어 모듈을 사용하여 DC 모터를 제어한다.

그림 11-2 **DC 모터 제어 모듈**[34]

그림 11-2의 모터 제어 모듈은 2개의 DC 모터를 제어할 수 있으며, L298 칩 구동을 위한 5V 전원과 모터 전용의 전원을 필요로 한다. 모터 전용 전원은 제어하고자 하는 모터의 구동 전압을 연결하여야 한다. 각각의 모터를 제어하기 위해서는 제어선을 3개 연결해야 하며, 각 제어선의 역할은 표 11-1과 같다.

표 11-1 **모터 제어 모듈 제어선**

제어선	설명
Enable	모터 제어 활성화
DIR	모터 방향 제어
PWM	모터 속도 제어

제어선 중 Enable은 입력이 LOW인 상태에서만 모터의 구동 및 제어가 가능하도록 해 주며, HIGH인 상태에서 모터는 정지하게 된다. DIR(Direction)은 모터의 회전 방향을 제어하기 위해 사용되며, LOW인 경우 역방향, HIGH인 경우 정방향으로 회전한다. PWM은 듀티 사이클에 따라 속도를 조절하기 위해 사용되므로 아두이노에서 PWM 출력이 가능한 핀에 연결하여야 한다. 모터 제어 모듈의 연결 방법은 그림 11-3과 같다.

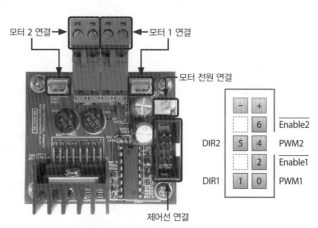

그림 11-3 모터 제어 모듈 연결

그림 11-4와 같이 모터 제어 모듈을 사용하여 아두이노에 모터를 연결해 보자.

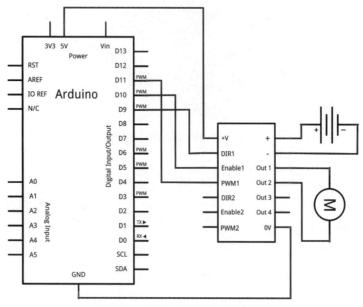

그림 11-4 모터 제어 모듈의 연결 회로도

스케치 11-1은 모터를 정방향으로 최저 속도에서 최고 속도로 서서히 속도를 증가시킨 후 1초 동안 정지했다가, 역방향으로 최저 속도에서 최고 속도로 속도를 서서히 증가시키는 스케치의 예이다. 그림 11-2의 모터 제어 모듈에는 2개의 모터를 연결할 수 있지만 제어 방법은 동일하므로 스케치 11-1에서는 하나의 모터만을 사용하였다.

스케치 11-1 DC 모터 제어

```
int PWM1 = 11;                          // 모터 1 제어를 위한 연결 핀
int Enable1 = 10;
int DIR1 = 9;

void setup(){
    // 모터 제어를 위한 핀들을 출력으로 설정
    pinMode(PWM1, OUTPUT);
    pinMode(Enable1, OUTPUT);
    pinMode(DIR1, OUTPUT);

    digitalWrite(Enable1, HIGH);        // 초기 상태는 비활성화 상태
}

void loop(){
    digitalWrite(Enable1, LOW);         // 모터 1 활성화

    digitalWrite(DIR1, HIGH);           // 정방향 회전
    for(int i = 0; i < 256; i++){       // 속도 조절을 위한 PWM 신호 출력
        analogWrite(PWM1, i);
        delay(25);
    }
    analogWrite(PWM1, 0);               // 모터 정지

    delay(1000);

    digitalWrite(DIR1, LOW);            // 역방향 회전
    for(int i = 0; i < 256; i++){       // 속도 조절을 위한 PWM 신호 출력
        analogWrite(PWM1, i);
        delay(25);
    }
    analogWrite(PWM1, 0);               // 모터 정지

    digitalWrite(Enable1, HIGH);        // 모터 1 비활성화

    while(true);
}
```

11.2 서보 모터

서보 모터는 DC 모터의 한 종류로, PWM 신호를 사용하여 원하는 만큼 모터를 회전시킨 후 위치를 유지할 수 있는 특징이 있다. 서보 모터는 표준 서보 모터와 연속 회전 서보 모터로 나눌 수 있다. 표준(standard) 서보 모터는 회전 범위가 제한된 서보 모터로, 일반적으로 0° ~ 180° 범위에서만 회전할 수 있어 회전 범위가 제한된 기기의 움직임을 제어

그림 11-5 **표준 서보 모터**[35]

하기 위해 사용된다. 이에 비해 연속 회전(continuous rotation) 서보 모터는 DC 모터와 마찬가지로 360°를 회전할 수 있다. 이 장에서 사용할 서보 모터는 표준 서보 모터이다.

서보 모터는 PWM 신호를 통해 회전 각도를 조절하므로 DC 모터와 같이 회전 방향을 변경하기 위해 모터 드라이버가 필요하지는 않다. 또한, 아두이노 우노 보드의 레귤레이터는 1A까지 전류를 공급할 수 있으므로 대부분의 서보 모터는 직접 제어할 수 있다. DC 모터의 경우와 마찬가지로 서보 모터 역시 전기 잡음을 유발하므로 아두이노의 안정적인 동작을 위해 모터에는 전용 전원을 공급하는 것이 바람직하지만, 이 장에서는 서보 모터를 아두이노와 동일한 전원을 사용하여 제어한다.

서보 모터는 일반적으로 3개의 연결선(VCC, GND 그리고 제어선)을 가지며, VCC는 붉은색, GND는 검정색이나 갈색, 제어선은 노란색, 주황색 또는 흰색으로 구별된다. DC 모터의 경우 VCC와 GND의 구별이 없으며, 반대로 연결하는 경우 반대 방향으로 모터가 회전하지만 서보 모터의 경우에는 전원을 반대로 연결하면 모터가 파손될 수 있으므로 주의하여야 한다.

서보 모터의 위치 제어는 PWM 신호에 의해 이루어지며, 서보 모터가 PWM 신호를 받으면 내부적으로 현재 위치와 입력된 신호를 비교하여 입력된 PWM 신호에 맞는 위치로 모터를 회전시킨다. 즉, PWM 신호의 듀티 사이클에 따라 서보 모터의 위치가 정해진다. 서보 모터는 50Hz의 PWM 주파수, 주기 $\frac{1}{50Hz}$ = 20ms의 PWM 신호를 사용한다. 20ms 중 서보 모터의 위치를 결정하는 구간은 1~2ms로, 1ms에서는 반시계방향으로 최대로 회전한 상태(0°)이며, 2ms에서는 시계방향으로 최대로 회전한 상태(180°)에 있게 된다. 서보 모터의 종류에 따라 회전할 수 있는 각도의 범위와 이에 따른 듀티 사이클에 차이가 있을 수 있으므로 사용하고자 하는 서보 모터의 데이터시트를 확인하여야 한다.

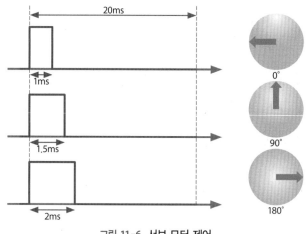

그림 11-6 서보 모터 제어

서보 모터를 제어하기 위해 아두이노에는 기본 라이브러리 중 하나로 Servo 라이브러리가 포함되어 있다. Servo 라이브러리를 사용하면 아두이노 우노에서는 최대 12개까지의 서보 모터를 제어할 수 있다. Servo 라이브러리를 사용하기 위해서는 먼저 각 서보 모터를 제어하기 위한 객체를 생성하고, attach 함수를 통해 서보 모터 제어 핀을 서보 모터와 연결시켜 주어야 한다.

```
uint8_t attach(int pin)
uint8_t attach(int pin, int min, int max)
    - 매개변수
        pin: 서보의 데이터 선이 연결된 핀 번호
        min: 0°에 해당하는 마이크로초 단위의 펄스 폭
        max: 180°에 해당하는 마이크로초 단위의 펄스 폭
    - 반환값: 현재 서보 모터가 연결된 채널
```

attach 함수에서 반환되는 값은 1에서 12 사이의 값으로, 연결에 실패하면 255를 반환한다. 서보 모터가 연결되면 write 함수를 통해 각도도 제어할 수 있다.

```
void write(int value)
    - 매개변수
        value: 서보 모터의 제어 값
    - 반환값: 없음
```

write 함수의 매개변수는 0에서 180 사이의 값으로, 표준 서보 모터의 경우 각도를, 연속 회전 서보 모터의 경우 회전 속도를 나타낸다. 그림 11-7과 같이 서보 모터를 연결해 보자.

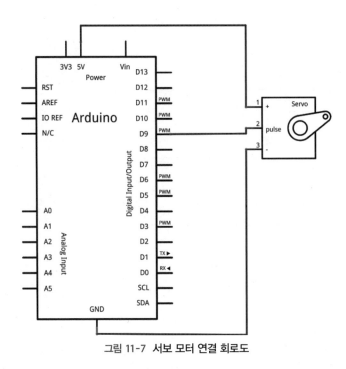

그림 11-7 서보 모터 연결 회로도

스케치 11-2는 서보 모터를 0°에서 180°로 회전시키고, 다시 0°로 회전시키는 스케치의 예이다.

스케치 11-2 서보 모터 제어

```
#include <Servo.h>

Servo microServo;
int servoPin = 9;

void setup(){
    microServo.attach(servoPin);            // 서보 모터 연결
}

void loop(){
    int angle;                              // 축 제어 값

    for(angle = 0; angle <= 180; angle++){ // 0도에서 180도로
        microServo.write(angle);
        delay(20);
    }

    for(angle = 180; angle > 0; angle--){  // 180도에서 0도로
        microServo.write(angle);
        delay(20);
    }
}
```

11.3 스텝 모터

스텝 모터(step motor)는 스테퍼 모터(stepper motor), 펄스 모터(pulse motor) 등으로도 불리며, 펄스에 의해 모터의 회전을 제어할 수 있다. 스텝 모터는 하나의 펄스에 의해 회전하는 각도가 일정하므로 정확한 위치 제어가 가능하다는 장점이 있다. 스텝 모터는 서보 모터에 비해 가격이 저렴하므로 정확한 위치 제어가 필요한 경우에 많이 사용된다. 스텝 모터에서 펄스 하나당 모터가 회전하는 각도는 미리 정해져 있으며, 이를 분할각(step angle)이라 한다. 스텝 모터는 분할각 단위의 회전만 가능하므로 정확한 각도 제어가 가능하지만, 분할각보다 작은 각도의 회전은 불가능하므로 필요한 정밀도에 따라 모터를 선택하여야 한다. 스텝 모터의 기본 구조는 그림 11-8과 같다.

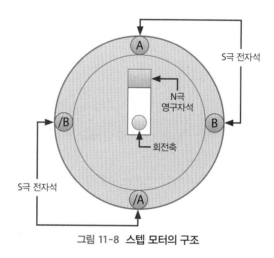

그림 11-8 **스텝 모터의 구조**

그림 11-8에서와 같이 스텝 모터는 4개의 고정된 전자석과 회전하는 영구자석으로 이루어진다. 4개의 전자석 중 하나의 코일에만 전류를 흘려 S극의 전자석으로 동작하도록 하면 회전축에 연결된 N극의 영구자석은 전자석 쪽으로 회전하게 되고, 4개의 전자석에 순서대로 전류를 흘리면 회전력을 얻을 수 있다. 그림 11-8에서 A ➡ B ➡ /A ➡ /B 순서로 전류를 흘리면 축은 시계방향으로 회전하고, A ➡ /B ➡ /A ➡ B 순서로 전류를 흘리면 축은 반시계방향으로 회전한다. 그림 11-8의 모터의 경우 전자석의 상태 변화에 따라 90°를 회전하는 구조로 되어 있다. 즉, 분할각이 90°이다. 하지만, 한 번에 90°씩만 회전 가능한 모터는 사용할 수 있는 곳이 그리 많지 않다. 따라서 회전자는 톱니바퀴 형태로 N극과 S극이 번갈아 배치된 형태로 만들어지는 것이 일반적이며, 코일의 수도 보통 4개 이상이다. 톱니의 수와 코일의 수는 분할각에 반비례하며, 분할각이 1.8°인 스텝 모터가 흔히 사용된다.

그림 11-8에서 회전자를 회전시키기 위해서는 코일이 S극만을 만들어 내면 되지만, 인력과 척력을 동시에 사용하여 안정적인 회전을 얻기 위해 N극과 S극을 만들어 낼 수 있도록 구성되는 것이 일반적이다. 이 때 N극과 S극을 만들어 내기 위해서는 코일에 가하는 전원의 극성을 조절하여야 하며, 코일에 전원을 가하는 방식에 따라 스텝 모터는 단극(unipolar) 모터와 양극(bipolar) 모터로 나눌 수 있다. 그림 11-9는 단극 모터와 양극 모터에 전원을 가하는 방법을 나타낸 것이다.

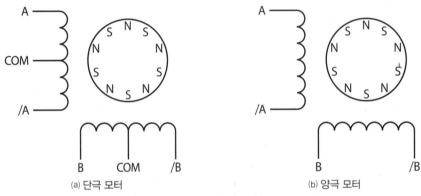

(a) 단극 모터   (b) 양극 모터

그림 11-9 단극 및 양극 모터의 구조

단극 모터의 경우 공통 연결선에 전원(또는 GND)을 연결하고, A나 /A 중 하나에 GND(또는 전원)를 연결함으로써 전자석의 극성을 결정할 수 있다. 반면, 양극 모터의 경우에는 A와 /A에 전원을 연결하는 방향에 따라 극성을 결정할 수 있다. '단극'에서는 A나 /A에 동일한 극성의 전원이 가해지지만, '양극'에서는 A나 /A에 서로 다른 극성의 전원이 가해진다. 그림 11-9에서 볼 수 있듯이 단극 모터의 경우 6개의 연결선을, 양극 모터의 경우 4개의 연결선을 가지는 경우가 일반적이다. 이 장에서는 그림 11-10과 같이 6개의 연결선을 가지는 단극 스텝 모터를 사용한다.

그림 11-10 스텝 모터[36]

모터의 구동 방식 역시 1상 여자 방식(1 phase excitation)과 2상 여자 방식 두 가지로 나눌 수 있다. 1상 여자 방식은 하나의 코일에만 전류를 흘려 하나의 전자석만을 사용하는 방식이다. 하나의 코일만을 사용하는 경우 활성화되는 코일은 표 11-2와 같다.

표 11-2 1상 여자 방식의 구동

스텝	1	2	3	4	5	6	7	8	9
A	1	0	0	0	1	0	0	0	1
B	0	1	0	0	0	1	0	0	0
/A	0	0	1	0	0	0	1	0	0
/B	0	0	0	1	0	0	0	1	0

이에 비해 2상 여자 방식은 인접한 2개의 코일을 동시에 사용하는 방식이다. 2상 여자 방식에서 활성화되는 2개의 코일은 서로 다른 극성을 띤다. 2상 여자 방식의 경우 1상 여자 방식에 비해 2배의 전류가 필요하지만, 토크가 크고 진동이 적어 널리 사용되고 있다.

표 11-3 2상 여자 방식의 구동

스텝	1	2	3	4	5	6	7	8	9
A	1	0	0	1	1	0	0	1	1
B	1	1	0	0	1	1	0	0	1
/A	0	1	1	0	0	1	1	0	0
/B	0	0	1	1	0	0	1	1	0

두 가지 방식을 함께 사용하는 1-2상 여자 방식은 전류 소모량이 1상 여자 방식의 1.5배이며, 1상 여자 방식과 2상 여자 방식에 비해 분할각의 크기가 1/2이므로 정밀 제어에 사용된다.

표 11-4 1-2상 여자 방식의 구동

스텝	1	2	3	4	5	6	7	8	9
A	1	1	0	0	0	0	0	1	1
B	0	1	1	1	0	0	0	0	0
/A	0	0	0	1	1	1	0	0	0
/B	0	0	0	0	0	1	1	1	0

그림 11-10의 모터를 포함하여 흔히 사용되는 스텝 모터는 분할각이 $1.8°$이므로 한 바퀴 회전하기 위해서는 200 단계를 필요로 한다. 1상 및 2상 여자 방식의 경우 풀 스텝(full step) 방식이라고 하며, 한 스텝에 $1.8°$를 회전한다. 반면, 1.5상 여자 방식의 경우 하프 스텝(half step) 방식이라고 하며, 한 번에 $1.8°$의 절반인 $0.9°$ 회전한다. 전자석의 극성뿐만 아니라 전자석에 흐르는 전류의 양을 조절하여 분할각을 더 줄이는 방식을 마이크로 스텝(micro step) 방식이라고 하며,

1/256까지 분할각을 줄일 수 있는 것으로 알려져 있다.

스텝 모터를 제어하기 위해 아두이노에서는 전용 라이브러리인 Stepper 라이브러리를 제공한다. Stepper 라이브러리를 사용하기 위해서는 먼저 Stepper 클래스의 객체를 생성하여야 한다.

```
Stepper(int number_of_steps, int pin_1, int pin_2)
Stepper(int number_of_steps, int pin_1, int pin_2, int pin_3, int pin_4)
    - 매개변수
        number_of_steps: 1회전을 위한 스텝 수
        pin_1, pin_2, pin_3, pin_4: 모터 연결 핀
    - 반환값: 없음
```

Stepper 클래스의 생성자에서 number_of_steps는 1회전을 위한 스텝 수를 나타내며, 모터를 제어하기 위해서는 2개 또는 4개의 핀을 사용할 수 있다.

단극 모터의 경우 전원을 on/off하는 기능만 있으면 제어가 가능하므로 전용 전원과 달링턴 회로(Darlington circuit)를 통한 스위치 기능을 통해 제어한다. 2개의 연결핀으로 제어하기 위해서는 A와 /A, B와 /B에 전원이 반대로 가해진다는 사실을 이용하면 된다. 물론, 구성해야 하는 회로는 좀 더 복잡해진다. 양극 모터의 경우에는 on/off 기능이 아니라 VCC나 GND를 선택적으로 가해 주어야 하므로 DC 모터에서와 마찬가지로 H 브리지 회로가 필요하다.

생성된 객체는 회전 속도를 결정해 주어야 하며, 회전 속도는 분당 회전수(Rounds per Minute, RPM)로 설정한다. 스텝 모터는 다른 모터와 다르게 모터에 가해지는 펄스의 속도에 따라 회전 속도를 정확하게 설정할 수 있다.

```
void setSpeed(long whatSpeed)
    - 매개변수
        whatSpeed: 분당 회전 수
    - 반환값: 없음
```

스텝 모터를 회전시키기 위해서는 step 함수를 사용한다. 양수나 음수를 지정함으로써 정방향 또는 역방향 회전을 지정할 수 있다. 한 가지 주의할 점은 step 함수가 블로킹(blocking) 함수라는 점이다. 즉, step 함수는 지정한 스텝을 진행할 때까지 제어권을 넘기지 않는다. 따라서 많은 수의 스텝을 한꺼번에 회전시키기보다는 적은 수의 스텝을 여러 번 회전시키는 것이 바람직하다.

```
void step(int number_of_steps)
```
　- 매개변수
　　number_of_steps: 스텝 수
　- 반환값: 없음

Stepper 라이브러리의 4선 제어 방식을 사용하여 스텝 모터를 제어해 보자. 스텝 모터를 제어하기 위해서는 아두이노 우노의 전압인 5V보다 높은 전압이 필요한 경우가 대부분이므로 DC 모터의 경우와 마찬가지로 모터 드라이버 칩을 사용한 전용 제어 모듈을 사용하는 것이 일반적이다. Stepper 라이브러리를 사용하여 스텝 모터를 제어하기 위해 이 장에서는 그림 11-11의 스텝 모터 제어 모듈을 사용한다.

그림 11-11　스텝 모터 제어 모듈 1[37]

그림 11-11의 스텝 모터 제어 모듈은 모터 드라이버로 SLA7026M 칩을 사용하고 있으며, 2개의 스텝 모터를 연결하여 사용할 수 있다. 각각의 모터 제어를 위해서는 A, /A, B, /B에 해당하는 4개의 제어선을 연결해야 한다. 모터 제어 모듈의 연결 방법은 그림 11-12와 같다. 그림 11-10의 스텝 모터를 제어하기 위해 모터 제어 모듈의 모터 전원은 12V 이상이어야 하며, 모터가 정상적으로 회전하지 않거나 회전 속도가 느리다면 가변저항을 통해 모터에 유입되는 전류를 조절하면 된다.

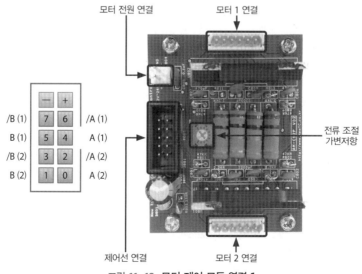

그림 11-12　모터 제어 모듈 연결 1

Stepper 클래스의 객체를 생성할 때 생성자의 각 핀은 A, /A, B, /B에 해당한다.

```
Stepper(int number_of_steps, int pin_1, int pin_2, int pin_3, int pin_4)
Stepper(int number_of_steps, int pin_A, int pin_slash_A,
                             int pin_B, int pin_slash_B)
```

그림 11-13과 같이 모터 제어 모듈을 사용하여 아두이노에 스텝 모터를 연결해 보자. 단극 스텝 모터는 6핀의 연결선(A, /A, B, /B, 2개의 COM)을 가지고 있으며, 그림 11-13에서 '(C)'가 표시된 핀은 마이크로컨트롤러의 제어핀과 연결하는 핀을 나타내며, 표시가 없는 핀은 모터와 연결하는 핀을 나타낸다.

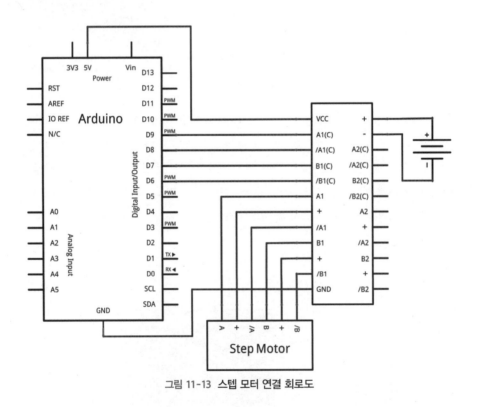

그림 11-13 스텝 모터 연결 회로도

스케치 11-3은 Stepper 라이브러리를 사용하여 스텝 모터를 제어하는 스케치의 예로 정방향으로 한 바퀴 회전하고 0.5초 정지한 후, 역방향으로 한 바퀴 회전하고 0.5초 정지하기를 반복하는 스케치이다.

스케치 11-3 스텝 서보 모터 – Stepper 라이브러리

```
#include <Stepper.h>

const int stepsPerRevolution = 200;        // 한 바퀴 회전을 위해 필요한 스텝 수

// 아두이노의 디지털 9, 8, 7, 6번 핀은
// 스텝 모터 제어 모듈의 A, /A, B, /B 핀으로 연결
Stepper myStepper(stepsPerRevolution, 9, 8, 7, 6);

void setup() {
    myStepper.setSpeed(60);                // 분당 60회전. 초당 1회전
}

void loop() {
    // 양수인 경우 정방향 회전
    // 200 스텝 진행 → 1회전에 해당
    myStepper.step(stepsPerRevolution);
    delay(500);                            // 0.5초 대기

    myStepper.step(-stepsPerRevolution);   // 음수인 경우 역방향 회전
    delay(500);
}
```

Stepper 라이브러리는 스텝 모터 제어에 필요한 A, /A, B, /B 제어 핀의 펄스를 생성하는 역할을 한다. 이러한 제어 방식은 일반적으로 스텝 모터 제어를 위해 사용하는 방식으로 4개의 신호선을 필요로 한다. 4선 제어 방식에 비해 더 적은 수의 제어 핀으로 스텝 모터를 제어할 수 있도록 해 주는 제어 모듈 역시 존재하며, 그림 11-14의 제어 모듈이 그러한 예 중 하나이다.

그림 11-14 스텝 모터 제어 모듈 2[38]

그림 11-14의 스텝 모터 제어 모듈은 그림 11-11의 스텝 모터 제어 모듈과 거의 동일하게 보이지만, 모터 드라이버로 SLA7062M 칩을 사용하고 있어 제어 방식에는 차이가 있다. 그림 11-14의 스텝 모터 제어 모듈은 4개의 입력이 아니라 회전 방향과 속도를 결정하기 위한 2개의 입력만으로 스텝 모터를 제어할 수 있도록 해 준다. 모터 제어 모듈의 연결 방법은 그림 11-15와 같다.

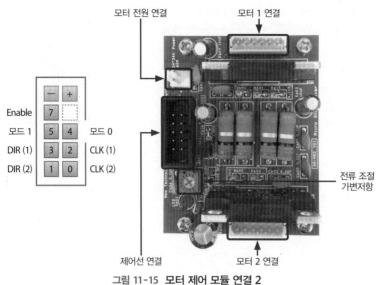

그림 11-15 모터 제어 모듈 연결 2

그림 11-15에서 Enable은 구동 모듈을 활성화시키기 위한 핀으로, VCC에 연결하면 구동 모듈이 활성화되어 모터를 제어할 수 있고, GND에 연결하면 모터를 제어할 수 없다. DIR(Direction) 핀은 모터의 회전 방향을 결정하기 위한 핀으로, GND에 연결하면 시계방향으로, VCC에 연결하면 반시계방향으로 회전한다. CLK(Clock) 핀은 모터 회전 속도를 제어하기 위한 핀으로, 하나의 펄스를 출력하는 경우 모터는 1 스텝 회전한다. 따라서 펄스의 속도를 빨리 하면 모터는 빠른 속도로 회전하게 된다. 모드(mode) 핀은 모터의 분할각을 제어하기 위해 사용된다. 모드 값에 따른 스텝 모드는 표 11-5와 같다. 1/16 스텝으로 갈수록 분할각은 줄어들고, 한 바퀴 회전을 위한 클록의 수는 증가한다. 모드 핀을 연결하지 않으면 디폴트로 HIGH가 가해지고 1/2 스텝으로 설정된다. 따라서 그림 11-14의 모터 제어 모듈을 사용하면 그림 11-11의 제어 모듈에 비해 최소 2배의 정밀도를 얻을 수 있다.

표 11-5 스텝 모드

모드 0	모드 1	스텝 모드
High	High	1/2 (Half) Step
High	Low	1/4 (Quarter) Step
Low	High	1/8 (Eighth) Step
Low	Low	1/16 (Sixteenth) Step

그림 11-16과 같이 모터 제어 모듈을 사용하여 스텝 모터를 연결해 보자.

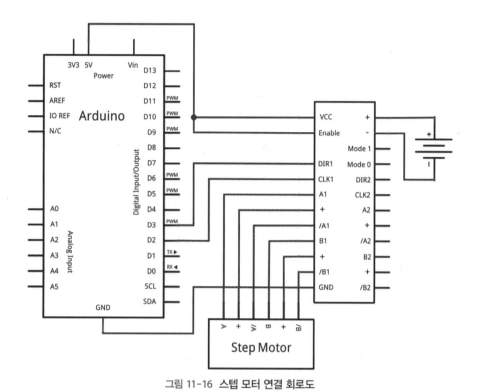

그림 11-16 스텝 모터 연결 회로도

스케치 11-4는 그림 11-15의 모터 제어 모듈을 사용하여 스텝 모터를 제어하는 스케치의 예이다. 그림 11-10의 스텝 모터는 1 스텝에 1.8° 회전하므로 한 바퀴 회전하기 위해서는 200 스텝이 필요하다. 따라서 1초에 1회전을 하기 위해서는 1초에 200개의 펄스, 즉 5ms 간격의 펄스가 필요하다. 따라서 스케치 11-4에서는 2.5ms 동안 HIGH를, 2.5ms 동안 LOW를 출력하고 있다. 하지만, 스케치 11-4를 실행시키면 1초가 아닌 2초에 한 바퀴 회전하는 것을 알 수 있다. 이는 그림 11-11의 제어 모듈과 달리 그림 11-14의 제어 모듈은 1/2 스텝을 기본으로 하고 있기 때문이다. 표 11-5에 따라 모드를 수정함으로써 더욱 정밀하게 제어할 수 있다.

스케치 11-4 스텝 서보 모터 – 정밀 제어

```
#include <Stepper.h>

int pin_CLK = 2;                        // Clock 출력 핀
int pin_DIR = 3;                        // Direction 제어 핀

boolean state = false;                  // 클록 상태

void setup() {
    pinMode(pin_CLK, OUTPUT);
```

```
    pinMode(pin_DIR, OUTPUT);

    digitalWrite(pin_CLK, LOW);          // 클록은 LOW 상태에서 시작
    digitalWrite(pin_DIR, HIGH);         // 정방향 회전
}

void loop() {
    // 2.5ms마다 클록 상태를 반전시켜 출력
    // 즉, 5ms마다 클록을 출력하여 초당 200개 펄스를 출력
    digitalWrite(pin_CLK, state);
    delayMicroseconds(2500);
    state = !state;
}
```

11.4 요약

모터는 전자기유도 현상을 통해 전기 에너지를 운동 에너지로 변환하는 장치로, 움직이는 장치를 만들기 위해 반드시 필요한 장치이다. 모터는 DC 모터가 처음 만들어진 이후 DC 모터에서 변형된 여러 종류의 모터가 만들어졌다. 이들 모터는 각각 그 특성이 다르고 제어 방법이 달라 사용하고자 하는 목적에 맞게 선택하여야 한다. 마이크로컨트롤러와 함께 사용되는 모터에는 DC 모터, 서보 모터, 스텝 모터 등이 있다. DC 모터는 연결선 2개만을 가지는 모터로 제어 역시 간단하지만 정확한 위치 제어는 불가능하다. 서보 모터는 위치 제어가 가장 간단하지만 일반적으로 180°만 회전할 수 있어 제한된 범위에서의 회전이 필요한 경우 사용된다. 스텝 모터는 일정한 각도 단위의 회전만이 가능하지만, 연속 회전이 가능하고 위치 제어가 가능하므로 라인 트레이서 등을 만들기 위해 흔히 사용된다. 이외에도 최근 접점을 제거하여 내구성이 향상된 브러시리스(brushless) 모터가 드론 제작에 사용되고 있다.

PART

III

아두이노
– 컴퓨터 연결

12

UART:
아두이노 - 컴퓨터

UART는 대표적인 시리얼 통신 방법 중 하나로, 컴퓨터와 마이크로컨트롤러 사이의 통신에서도 사용할 수 있다. 하지만, 컴퓨터의 경우 UART가 아니라 RS-232나 USB 등을 사용하므로 아두이노와 통신을 하기 위해서는 아두이노가 사용하는 UART와 컴퓨터가 사용하는 RS-232나 USB 사이의 변환을 위한 장치가 필요하다. 이 장에서는 변환 장치를 이용하여 컴퓨터의 RS-232 또는 USB를 아두이노의 UART와 연결하는 방법을 알아본다.

12.1 RS-232 연결

UART(Universal Asynchronous Receiver/Transmitter)는 마이크로컨트롤러에서 흔히 사용되는 시리얼 통신 방법 중 하나이다. UART 통신에서는 TTL(Transistor-Transistor Logic) 레벨 신호를 사용하므로 동일한 전압 레벨을 사용하는 장치 사이에서는 간단하게 통신을 수행할 수 있는 장점이 있다. TTL 레벨은 5V나 3.3V가 흔히 사용되며, 아두이노 우노에 사용된 ATmega328의 경우 5V를 사용한다.

5V 기준 전압을 사용하는 장치를 아두이노 우노와 연결하여 UART를 통해 데이터를 주고받고자 한다면 아무런 문제가 없지만, 컴퓨터와의 통신은 조금 다르다. 컴퓨터는 UART가 아니라, UART를 바탕으로 반전된 ±13V 전압 레벨을 기준으로 하는 RS-232를 사용한다. 따라서

컴퓨터의 시리얼 포트와 아두이노를 직접 연결하면 과도한 전압으로 인해 아두이노가 망가질 수 있다. 대부분의 데스크톱 컴퓨터에는 COM1이나 COM2 등 하나 이상의 하드웨어 시리얼 포트가 준비되어 있으며, 이는 장치 관리자에서 확인할 수 있다.

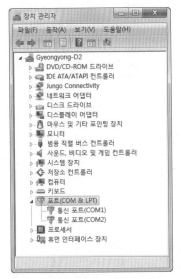

그림 12-1 컴퓨터의 하드웨어 시리얼 포트

이들 하드웨어 시리얼 포트는 컴퓨터의 뒤편에 있는 DB9 커넥터를 통해 연결된다.

(a) DB9 커넥터   (b) DB9 커넥터 핀 배치

그림 12-2 DB9 커넥터

DB9 커넥터의 각 핀의 이름은 표 12-1과 같으며, 이 중 데이터 송수신을 위한 RX, TX 그리고 GND만이 마이크로컨트롤러와의 UART 시리얼 통신에 사용된다. 다른 핀들은 기본 데이터 송수신 이외의 기능을 구현하기 위해 사용되는 핀들이다.

표 12-1 DB9 커넥터의 핀

핀 번호	약어	원어	비고
1	DCD	Data Carrier Detect	
2	RXD	Receive Data	UART 시리얼 통신
3	TXD	Transmit Data	UART 시리얼 통신
4	DTR	Data Terminal Ready	
5	GND	Ground	
6	DSR	Data Set Ready	
7	RTS	Ready To Send	
8	CTS	Clear To Send	
9	RI	Ring Indicator	

DB9 커넥터를 통해 이루어지는 컴퓨터의 시리얼 통신은 RS-232를 사용하므로 이를 마이크로
컨트롤러와 연결하기 위해서는 라인 드라이버(line driver) 또는 논리 레벨 변환기라고 부르는 변
환 장치가 필요하다. RS-232와 UART 사이의 레벨 변환을 위해서는 MAX3232 칩이 흔히 사
용되며, MAX3232 칩을 사용한 변환 모듈을 쉽게 찾아볼 수 있다. 그림 12-3은 MAX3232 칩
을 사용한 논리 레벨 변환기의 예이다.

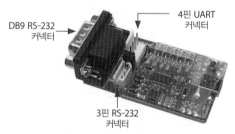

그림 12-3 MAX3232 칩을 사용한 RS232-UART 논리 레벨 변환 모듈

논리 레벨 변환 모듈을 사용하여 아두이노와 컴퓨터를 연결한 예는 그림 12-4와 같다. 아두이
노와 컴퓨터를 연결할 때에도 RX와 TX는 서로 교차하여 연결하여야 한다는 점은 동일하다.

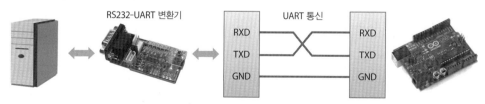

그림 12-4 컴퓨터와 아두이노 우노의 시리얼 연결

12.2 USB 연결

최근 판매되는 데스크톱 컴퓨터의 경우 DB9 커넥터를 제공하지 않는 컴퓨터도 존재하며, 노트북 컴퓨터의 경우 DB9 커넥터를 제공하는 경우를 찾아보기 어렵다. 이처럼 DB9 커넥터를 제공하지 않는 컴퓨터의 경우 RS-232 대신 USB를 사용하여 아두이노와 연결할 수 있다. 하지만, USB를 사용하는 경우에는 USB를 UART로 변환하기 위해 그림 12-3과는 다른 변환 장치가 필요하다.

아두이노 우노의 경우 USB를 UART로 변환하기 위한 전용의 마이크로컨트롤러가 포함되어 있다. 아두이노 우노를 컴퓨터에 연결하면 장치 관리자에서 포트 부분에 아두이노 우노가 나열되는 것을 확인할 수 있다. 아두이노 우노는 USB를 통해 컴퓨터와 연결하였지만 컴퓨터에서는 '가상의' 시리얼 포트를 생성하고, 생성된 포트를 통해 아두이노와 시리얼 통신을 수행한다. 가상의 포트를 통해 컴퓨터는 아두이노 우노와 UART 통신이 가능하며, 송수신되는 데이터는 시리얼 모니터를 통해 확인할 수 있다. 또한 생성된 가상의 포트는 스케치 업로드에도 사용된다.

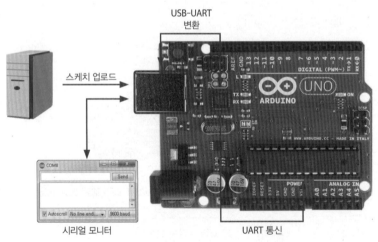

그림 12-5 컴퓨터와 아두이노 우노의 USB 연결

그림 12-5에 나타낸 것처럼 스케치를 업로드하는 것과 시리얼 모니터를 통한 UART 통신은 동일한 경로를 거쳐서 이루어진다. 차이가 있다면 스케치 업로드는 부트로더라는 특별한 프로그램에 의해 프로그램이 설치되는 시점에서만 이루어지는 반면, UART 통신은 스케치가 설치된 이후 스케치에서 이루어지는 통신이라는 점이다.

12.3 컴퓨터와 시리얼 연결

컴퓨터와 아두이노를 UART 시리얼 통신을 통해 연결해 보자. 물론 UART 시리얼 통신은 아두이노에서 사용하는 방식이며, 컴퓨터는 RS-232나 USB를 통해 연결되므로 적절한 변환 장치가 있다고 가정한다.

아두이노 우노를 컴퓨터에 연결하면 아두이노 우노에 대응하는 가상의 COM 포트가 할당된다. COM6이 할당되었다고 가정해 보자. COM6은 ATmega328의 하드웨어 UART 포트에 해당하며, Serial 클래스를 통해 통신을 수행할 수 있다. 또 다른 UART 통신은 그림 12-3과 같은 RS-232-UART 변환 장치를 컴퓨터의 DB9 커넥터에 연결함으로써 가능하다. 컴퓨터의 DB9 커넥터는 일반적으로 COM1이 할당되어 있다. ATmega328의 하드웨어 UART 포트는 이미 사용되었으므로 COM1과 통신하기 위해 아두이노는 가상의 UART 포트인 SoftwareSerial 클래스를 사용한다. 그림 12-6은 아두이노와 컴퓨터가 2개의 UART 시리얼 통신을 통해 연결된 구조를 보여 준다.

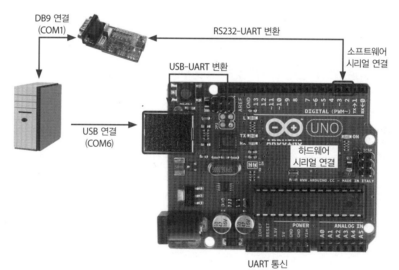

그림 12-6 아두이노 우노와 컴퓨터 연결

COM6 포트로 송수신되는 데이터는 아두이노의 시리얼 모니터로 확인할 수 있다. 하지만, COM1 포트로 송수신되는 데이터를 확인하기 위해서는 별도의 프로그램이 필요하다. COM 포트로 송수신되는 데이터를 확인할 수 있는 프로그램에는 여러 종류가 있지만, 여기서는 무료로 사용할 수 있는 RealTerm을 사용한다. RealTerm 프로그램을 다운로드받아[39] 설치해 보자. 설치가 완료되면 RealTerm 프로그램을 실행시킨다.

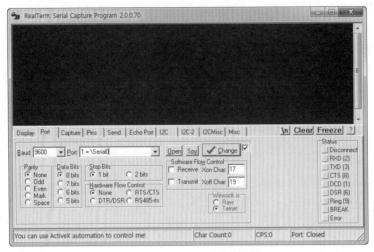

그림 12-7 **RealTerm 실행 화면**

먼저 'Port' 탭에서 Baud를 9600으로 설정하고, Port는 COM1에 해당하는 '1' 또는 'Serial0'를 선택한다. 'Open' 버튼을 누르거나, 이미 눌러져 있다면 'Change' 버튼을 눌러 지정한 포트로 연결해 보자. 지정한 포트로 연결되면 상태 메시지가 바뀌는 것을 확인할 수 있다. 아두이노 우노에는 스케치 12-1을 업로드하자. 스케치 12-1은 COM1에서 전달된 메시지는 COM6으로, COM6에서 전달된 메시지는 COM1으로 전달해 주는 역할을 한다.

스케치 12-1 하드웨어 및 소프트웨어 시리얼 포트 사용

```
#include <SoftwareSerial.h>

SoftwareSerial mySerial(2, 3);          // DB9 연결, COM1, RealTerm

void setup(){
    Serial.begin(9600);                 // USB 연결, COM6, 시리얼 모니터
    mySerial.begin(9600);               // DB9 연결, COM1, RealTerm
}

void loop(){
    if(Serial.available() > 0){
        mySerial.write(Serial.read());
    }

    if(mySerial.available() > 0){
        Serial.write(mySerial.read());
    }
}
```

시리얼 모니터의 입력 창에 메시지를 입력하고 'Send' 버튼을 누르면 RealTerm에 메시지가 나타날 것이며, RealTerm의 'Send' 탭을 열고 메시지를 아스키 형식으로 전송하면 시리얼 모니터에 메시지가 나타날 것이다.

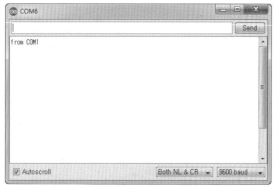

그림 12-8 **COM6에 연결된 시리얼 모니터**

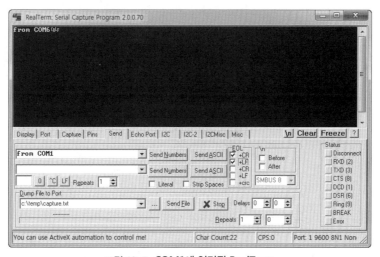

그림 12-9 **COM1에 연결된 RealTerm**

스케치 12-1은 간단하지만, 앞에서 설명한 내용을 정확하게 이해하고 있어야 한다. 표 12-2는 스케치 12-1의 동작에 관련된 내용을 비교하여 정리한 것이며, 그림 12-10은 이를 도식적으로 나타낸 것이다.

표 12-2 컴퓨터와 아두이노의 시리얼 연결 비교

	COM1	COM6
포트	하드웨어 포트	가상의 소프트웨어 포트
컴퓨터에서의 연결	DB9 커넥터	USB 커넥터
터미널 프로그램	RealTerm	아두이노 시리얼 모니터
아두이노에서의 연결	소프트웨어 시리얼(디지털 2번, 3번 핀)	하드웨어 시리얼(디지털 0번, 1번 핀)
아두이노에서의 사용 클래스	SoftwareSerial	Serial
컴퓨터와 아두이노 사이의 변환	RS-232 ↔ UART	USB ↔ UART
비고		스케치 업로드를 위해서도 사용됨

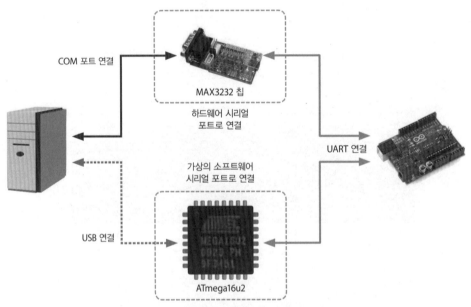

그림 12-10 컴퓨터와 아두이노의 시리얼 연결 비교

12.4 요약

UART는 저수준의 시리얼 통신 방법 중 하나로, 마이크로컨트롤러의 동작 전압을 기준으로 통신을 수행하며, 통신을 위한 하드웨어가 마이크로컨트롤러에 구현되어 있어 간단하게 통신을 수행할 수 있는 장점이 있다. 컴퓨터의 경우에는 UART 통신을 기본으로 하고 전압 레벨을 조정하여 먼 거리까지 전송이 가능한 RS-232가 흔히 사용되며, RS-232는 역사가 오래 되어

많은 기기들이 지원하고 있다. UART와 RS-232는 전압 레벨의 차이로 인해 전압 레벨 변환을 위한 하드웨어가 있어야 상호 통신이 가능하다. 하지만, 최근 컴퓨터에서는 RS-232 통신을 위한 포트가 사라지고 있는 추세이며, USB가 그 자리를 대체하고 있다. USB 역시 통신 방법이 UART와는 다르므로 RS-232의 경우와 마찬가지로 변환 장치가 필요하다. 아두이노 우노의 경우 USB-UART 변환을 위한 전용의 마이크로컨트롤러를 포함하고 있으므로 USB 연결선을 연결하는 것만으로 UART 시리얼 통신이 가능하다.

최근 무선 통신이 증가하는 추세에 있지만, UART 통신은 저렴한 가격에 다양한 장치를 제어할 수 있는 장점이 있어 아직도 많이 사용되고 있으며, 컴퓨터와 유선으로 연결된 아두이노를 제어하고자 한다면 사용을 고려해 볼 수 있다.

13

아두이노 레오나르도

아두이노 레오나르도는 ATmega32u4 마이크로컨트롤러를 사용하는 아두이노 보드이다. ATmega32u4
는 아두이노 우노에 사용된 ATmega328과 달리 USB 연결을 컨트롤러에서 지원하므로 별도의 변환 장치
없이 USB 데이터를 직접 처리할 수 있으며, 컴퓨터와 연결하였을 경우 HID 장치로 인식되므로 간단하게
키보드나 마우스 등을 구현할 수 있다. 이 장에서는 레오나르도와 ATmega32u4의 특징을 살펴보고, 레
오나르도를 키보드나 마우스로 동작시키는 방법을 알아본다.

13.1 아두이노 레오나르도

아두이노 레오나르도(Arduino Leonardo)는 ATmega32u4 마이크로컨트롤러를 사용한 아두이
노 보드이다. 먼저 아두이노 우노에 사용되는 ATmega328과 아두이노 레오나르도에 사용되는
ATmega32u4를 비교해 보자. 표 13-1의 내용은 아두이노 사이트의 내용을 요약한 것이다.

표 13-1 **ATmega328과 ATmega32u4 비교**

항목	ATmega328	ATmega32u4
동작 전압	5V	5V
디지털 핀 수	14	20
PWM 채널 수	6	7
아날로그 입력 핀 수	6	12
플래시 메모리	32KB	32KB
SRAM	2KB	2.5KB
EEPROM	1KB	1KB
클록	16MHz	16MHz
핀 수	28	44

ATmega328은 핀이 28개인 반면, ATmega32u4는 핀이 44개로 16개 더 많으며, 이는 디지털 및 아날로그 입력 핀 개수의 차이로 나타난다. 이외에 메모리와 동작 주파수 등은 거의 동일하다. 실제 레오나르도는 우노와 외형상으로는 차이가 거의 없으며, 공식 보드의 경우 모양이 거의 동일하다. 그림 13-1은 우노와 레오나르도의 외형을 비교한 것이다.

(a) 아두이노 우노[40]

(b) 아두이노 레오나르도[41]

그림 13-1 **아두이노 우노와 레오나르도**

우노와 레오나르도의 외관상 눈에 띄는 차이점은 USB 연결 커넥터 형태가 서로 다르고, 우노의 경우 DIP 타입의 마이크로컨트롤러를 사용하는 반면, 레오나르도는 SMD 타입을 사용하며, 그리고 우노의 경우 ICSP 커넥터가 2개인 반면, 레오나르도는 1개라는 점 정도이다. 이외에 연결 핀 배치는 완전히 동일하다. 그림 13-1을 유심히 살펴보면 표 13-1과는 그 내용이 상반되는 것을 발견할 수 있다. 레오나르도의 특징 중 하나는 우노에 비해 더 많은 입출력 핀을 사용할 수 있다는 점이다. 하지만, 그림 13-1에서 볼 때 더 많은 입출력 핀을 사용할 수 있을 가능성을 찾아보기 힘들고 아두이노 우노와 마찬가지로 20개의 입출력 핀만을 사용할 수 있는 것으로 보인다. 여분의 핀들은 사용하지 못하는 것일까?

아두이노 우노에 사용되는 28핀의 ATmega328의 경우, 8개의 핀은 전원, 크리스털, 리셋 등의 용도로 사용되고, 나머지 20개는 입출력 핀으로 사용될 수 있다. 아두이노 우노에는 아두이노 환경에서 사용할 수 있는 20개의 입출력 핀이 정의되어 있다. 즉, 사용 가능한 모든 핀들이 실제 입출력 핀으로 정의되어 있다. 20개의 핀을 모두 디지털 입출력으로 사용할 수도 있으며, 이 중 6개의 핀을 아날로그 입력으로 사용할 수 있다. 입출력 핀은 0번부터 19번까지 번호가 할당되어 있고, 14번부터 19번까지 6개의 핀에는 A0부터 A5까지 아날로그 입력을 위해 사용할 수 있도록 별도의 상수가 정의되어 있다.

아두이노 레오나르도에 사용되는 44핀의 ATmega32u4의 경우, 18개의 핀을 전원, 크리스털, 리셋, USB 등을 위해 사용하고, 나머지 26개를 입출력 핀으로 사용할 수 있다. 하지만 아두이노 우노와는 달리 아두이노 레오나르도에는 아두이노 환경에서 사용할 수 있는 30개의 입출력 핀이 정의되어 있다. 즉, 사용 가능한 핀 수보다 더 많은 수의 핀이 정의되어 있다. 그뿐만 아니라 30개의 입출력 핀은 표 13-1에 나타낸 디지털 입출력 20개, 아날로그 입력 12개와 연관지어 생각하기가 어렵다. 26개의 핀 중에서 2개의 핀은 실제로 사용하지 않는 핀이다. 따라서 실제로 사용되는 핀의 수는 24개이며, 24개의 핀 중에서 6개의 핀은 중복해서 정의되어 있다. 즉, 6개의 핀은 핀 번호를 두 개 가지고 있으므로 아두이노 레오나르도는 24개의 핀으로 30개의 입출력 핀을 정의하고 있는 것이다.

아두이노 레오나르도에서는 24개의 핀을 사용할 수 있지만, 핀 헤더는 아두이노 우노와의 호환을 위해 동일한 배열을 가지고 있다. 즉, 20개의 핀 헤더만이 아두이노 레오나르도에 준비되어 있다. 따라서 실제로 사용할 수 있는 핀은 20개이며, 이들 핀 모두를 디지털 입출력으로 사용할 수 있으며, 20개의 핀 중에서 12는 아날로그 입력으로 사용될 수 있다. 따라서 표 13-1에서는 디지털 입출력 핀 수가 20개, 아날로그 입력 핀이 12로 표시되어 있다.

사용 가능한 26개 중 2개의 핀은 아두이노 환경에서는 정의 자체가 되어 있지 않으므로 사용할 수 있는 방법이 없다. 그중 하나가 ATmega32u4의 33번 핀인 PE2 핀으로 아두이노의 부트로더 사용을 위해 할당되어 있다. 다른 하나는 ATmega32u4의 22번 핀인 PD5 핀으로 TX의 LED에 연결되어 있다. 이처럼 아두이노 레오나르도에서는 24개의 핀만을 데이터 입출력 핀으로 사용할 수 있다. 언뜻 표 13-1을 보면 아날로그 우노는 20개의 핀을 사용할 수 있는 반면, 아날로그 레오나르도는 32개의 핀을 사용할 수 있는 것처럼 보인다. 하지만, 아두이노 우노와 비교하기 위해서는 디지털 핀 18개와 아날로그 입력 핀 6개 또는 디지털 핀 12개와 아날로그 핀 12개로 이야기하여야 아두이노 우노와 정확한 비교가 이루어질 수 있다.

표 13-2 **ATmega32u4와 아두이노 레오나르도에서의 핀 번호 및 기능**

32u4 핀 번호	기능	입출력으로 사용 가능	디지털 핀 번호	아날로그 핀 번호	기타
1	PE6	○	7		
2	UVcc	×	–	–	
3	D-	×	–	–	USB 데이터
4	D+	×	–	–	USB 데이터
5	UGnd	×	–	–	
6	UCap	×	–	–	
7	VBus	×	–	–	
8	PB0	○	17		RX LED로 연결
9	PB1	○	15		
10	PB2	○	16		
11	PB3	○	14		
12	PB7	○	11		PWM
13	RESET	×	–	–	
14	VCC	×	–	–	
15	GND	×	–	–	
16	XTAL2	×	–	–	
17	XTAL1	×	–	–	
18	PD0	○	3		PWM
19	PD1	○	2		
20	PD2	○	0		RX
21	PD3	○	1		TX
22	PD5	○	n/a		TX LED로 연결
23	GND	×	–	–	
24	AVCC	×	–	–	
25	PD4	○	4, 24	A6	
26	PD6	○	12, 29	A11	
27	PD7	○	6, 25	A7	PWM
28	PB4	○	8, 26	A8	

표 13-2 ATmega32u4와 아두이노 레오나르도에서의 핀 번호 및 기능 (계속)

32u4 핀 번호	기능	입출력으로 사용 가능	디지털 핀 번호	아날로그 핀 번호	기타
29	PB5	○	9, 27	A9	PWM
30	PB6	○	10, 28	A10	PWM
31	PC6	○	5		PWM
32	PC7	○	13		PWM
33	PE2	×	–	–	리셋 후 부트로더 실행
34	VCC	×	–	–	
35	GND	×	–	–	
36	PF7	○	18	A0	
37	PF6	○	19	A1	
38	PF5	○	20	A2	
39	PF4	○	21	A3	
40	PF1	○	22	A4	
41	PF0	○	23	A5	
42	AREF	×	–	–	
43	GND	×	–	–	
44	AVCC	×	–	–	

24개의 핀 중 4개는 정의되어 있기는 하지만, 핀 헤더가 없어 사용하기가 쉽지 않다. 이들 4개의 핀은 디지털 14번에서 17번까지이다. 여기서 아두이노 우노와 한 가지 차이점을 더 찾을 수 있다. 아두이노 우노의 아날로그 0번 핀인 A0 핀은 디지털 14번 핀에 해당하지만, 아두이노 레오나르도의 아날로그 0번 핀인 A0 핀은 디지털 18번 핀에 해당한다. 이외에 추가로 사용할 수 있는 아날로그 입력 핀 6개(A6~A11)는 디지털 24번 핀에서 29번까지로 할당되어 있지만, 실제로는 디지털 4, 6, 8, 9, 10, 12번 핀에 중복해서 정의되어 있다. 즉, 아두이노 우노에서와 마찬가지로 디지털 핀 이후 아날로그 핀이 배치되도록 아날로그 핀에 핀 번호가 중복되어 할당된 것이다.

아두이노 레오나르도에 추가된 디지털 14번에서 17번까지의 핀은 별도의 핀 헤더가 존재하지 않지만, 디지털 14번에서 16번까지 3개의 핀은 ISP 커넥터와 연결되어 있으므로 ISP 커넥터를 통해 사용할 수 있다. 나머지 하나 17번 핀은 RX의 LED로 연결되어 있으므로 사용하려면 별도의 배선 작업이 필요하다. 따라서 실제 레오나르도에서 추가로 사용할 수 있는 핀은 3개뿐이다.[42]

PWM의 경우에는 우노에서 사용 가능한 6개의 PWM 핀에 13번 핀이 추가되어 모두 7개의 핀을 PWM 신호를 출력하기 위해 사용할 수 있다. 레오나르도 핀 번호의 정의는 아두이노 설치 디렉터리 아래 'hardware\arduino\avr\variants' 디렉터리 아래에 아두이노 보드별로 정의되어 있는 'pins_arduino.h' 파일을 참고하면 된다.

아두이노 우노는 14개의 디지털 입출력과 6개의 아날로그 입력을 사용할 수 있다.

아두이노 레오나르도는 18개의 디지털 입출력과 6개의 아날로그 입력을 사용할 수 있다. 하지만, 별도의 배선 작업 없이는 17개의 디지털 입출력과 6개의 아날로그 입력만을 사용할 수 있다.

입출력 핀이 4개 늘어난 것 이외에 레오나르도와 우노의 중요한 차이점으로는 컴퓨터와의 연결 방식이다. 레오나르도 우노와 마찬가지로 USB를 통해 컴퓨터와 연결하고 스케치를 다운로드한다. 하지만, 실제 동작 방식은 다르다. 그림 13-1에서 우노에는 ICSP 커넥터가 2개 존재하지만, 레오나르도에는 1개만 존재한다는 점을 언급하였다. 즉, 우노에는 2개의 마이크로컨트롤러가 사용되고 있는 반면, 레오나르도에는 1개의 마이크로컨트롤러만 사용되고 있다. 그림 13-2는 아두이노 우노에 사용된 마이크로컨트롤러와 ICSP 커넥터를 나타내고 있다. ATmega328 이외에 ATmega16u2 마이크로컨트롤러가 사용되고 있으며, 이는 USB로 전달된 데이터를 UART 데이터로 변환하여 ATmega328로 전달하는 역할을 한다.

ATmega16u2용 ISP 커넥터

ATmega328용 ISP 커넥터

그림 13-2 아두이노 우노에 사용된 마이크로컨트롤러[43]

13.2 레오나르도 연결

아두이노 우노에서는 USB 데이터를 UART 데이터로 변환하는 전용 마이크로컨트롤러가 사용되었다면, 레오나르도에서는 USB 데이터를 UART 데이터로 변환하는 기능이 ATmega32u4에 포함되어 있다. 즉, USB를 통해 직접 ATmega32u4로 데이터를 전달하는 것이 가능하다. ATmega32u4는 컴퓨터와 연결하면 우노에서와 같이 가상의 COM 포트로 연결됨과 동시에 마우스와 키보드로도 인식된다. 레오나르도를 컴퓨터에 연결해 보자. 레오나르도를 처음 연결하면 레오나르도 이외에도 복합 USB 장치 및 USB 입력 장치에 대한 드라이버가 설치되는 것을 확인할 수 있다.

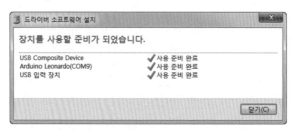

그림 13-3 아두이노 레오나르도 드라이버 설치

장치 관리자에서 아두이노 레오나르도에 할당된 가상의 시리얼 포트를 확인할 수 있다.

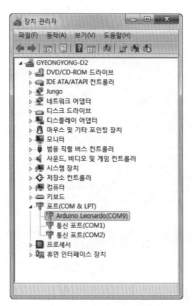

그림 13-4 레오나르도에 할당된 시리얼 포트

레오나르도가 우노와 달라진 것은 없는 것처럼 보이지만 레오나르도를 연결하기 전과 후에 마우스와 키보드 장치를 살펴보면 달라진 점을 확인할 수 있다. '마우스 및 기타 포인팅 장치'와 '키보드'에 HID 장치가 하나씩 추가된다. 즉, 레오나르도는 마우스와 키보드로도 사용할 수 있는 것이다.

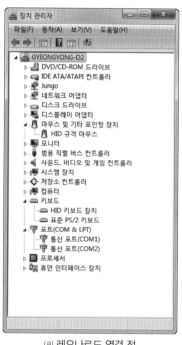
(a) 레오나르도 연결 전

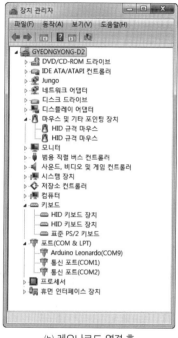
(b) 레오나르도 연결 후

그림 13-5 레오나르도의 연결 전후 장치 추가

Blink 예제를 실행시켜 보자. '도구 ➡ 보드' 메뉴에서 'Arduino Leonardo'를 선택하고 '도구 ➡ 시리얼 포트' 메뉴에서 레오나르도에 할당된 포트 번호를 선택하자. '파일 ➡ 예제 ➡ 01.Basics ➡ Blink'를 선택하여 Blink 예제를 열어 레오나르도로 업로드해 보자. 13번 핀에 연결된 LED 가 깜빡거린다면 성공적으로 업로드가 된 것이다. 업로드 도중 드라이버 설치에 실패했다는 메시지가 나오면서 업로드가 되지 않는 경우에는 장치 관리자에서 아두이노 레오나르도의 '드라이버 소프트웨어 업데이트'를 선택하고 아두이노가 설치된 디렉터리 아래 'drivers' 디렉터리를 지정하여 드라이버를 업데이트해 보기 바란다.

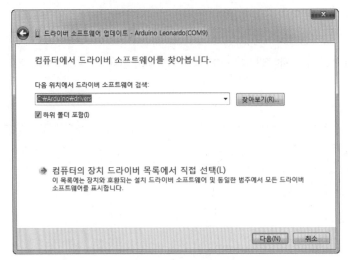

그림 13-6 드라이버 업데이트

우노와 달라진 점을 눈치 챘는가? 눈치 채지 못했다면 장치 관리자를 유심히 지켜보면서 다시 Blink 예제를 업로드해 보자. 차이점을 찾아내었는가?

(a) 레오나르도를 컴퓨터에 연결한 상태

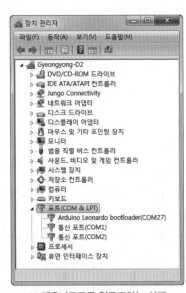

(b) 레오나르도로 업로드하는 상태

그림 13-7 업로드 도중 포트의 변화

레오나르도가 컴퓨터에 연결된 상태에서는 포트, 키보드, 마우스에 장치가 하나씩 추가되어 있다. 하지만, 레오나르도로 프로그램을 업로드하는 순간에는 추가된 키보드와 마우스 장치는 사라지고 포트 번호 역시 바뀐다. 포트의 이름도 'Arduino Leonardo'에서 'Arduino Leonardo bootloader'로 바뀌는 것을 확인할 수 있다. 업로드가 끝나면 다시 원래의 포트 번호로 바뀌고, 마우스와 키보드 장치가 추가된다.

아두이노 우노는 스케치의 실행과 USB 통신을 위해 2개의 마이크로컨트롤러를 사용하고 있고, 컴퓨터에 연결된 상태나 스케치를 업로드하는 상태에서 동일한 통신 포트에 연결되어 있다. 우노를 연결하였을 때 나타나는 포트 번호는 USB 통신을 담당하는 ATmega16u2 마이크로컨트롤러에 할당된 포트이다. 따라서 ATmega328 마이크로컨트롤러가 리셋되는 경우에도 ATmega16u2 마이크로컨트롤러는 USB 연결을 유지하고 있으므로 포트 번호가 바뀌지 않는다. 하지만, 레오나르도의 경우 ATmega32u4 마이크로컨트롤러가 스케치의 실행과 USB 통신 모두를 책임지고 있으므로 마이크로컨트롤러가 리셋되면 USB 연결은 끊어진다. 아두이노에서 스케치를 시리얼 방식으로 업로드하는 경우 리셋 신호를 사용하며, 마이크로컨트롤러가 리셋되면 먼저 부트로더가 실행되어 스케치의 설치를 시도하게 된다. 따라서 그림 13-7에서 알 수 있듯이, 레오나르도로 스케치를 업로드할 때 나타나는 포트는 레오나르도가 리셋된 후 가장 먼저 실행되는 부트로더에 할당되는 포트 번호이다. 컴퓨터에 스피커가 연결되어 있다면, 업로드가 시작되는 시점과 끝나는 시점에서 새로운 USB 장치를 연결하였을 때의 소리를 들을 수 있다.

레오나르도에서도 시리얼 모니터를 사용할 수 있으며, 우노에서와 사용 방법은 기본적으로 동일하지만, 시리얼 모니터와 연결된 포트는 부트로더에 할당된 포트가 아니라 레오나르도에 할당된 포트인 점, 즉 그림 13-7에서 9번 포트임에 유의하여야 한다. 시리얼 모니터로 1초에 한 번 출력하는 코드를 작성해 업로드해 보자.

스케치 13-1 시리얼 모니터로 카운터 값 출력

```
int count = 0;

void setup(){
    Serial.begin(9600);
    while(!Serial);
}

void loop(){
    Serial.println(count++);
    delay(1000);
}
```

스케치 13-1은 while(!Serial); 문장이 추가된 점을 제외하면 우노에서 동작하는 코드와 동일하다.

레오나르도는 실행 중에 통신 포트가 바뀌므로 항상 시리얼 포트를 사용할 수는 없다. 따라서 시리얼 포트를 사용하기 이전에 실제로 시리얼 포트가 준비되어 있는지 확인하여야 하며, 추가된 문장은 시리얼 포트가 준비될 때까지 기다리기 위해 필요하다. 스케치 13-1의 실행 결과는 우노에서와 차이가 없다.

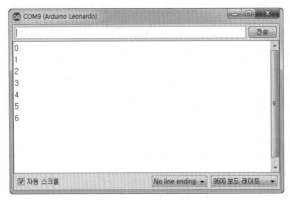

그림 13-8 스케치 13-1의 실행 결과

우노와 레오나르도의 또 다른 차이점은 USB 연결을 위해 사용하는 핀에 있다. 우노의 경우 컴퓨터와의 시리얼 연결은 디지털 0번과 1번을 통해 이루어지지만, 레오나르도는 디지털 입출력 핀이 아닌 USB 연결을 위한 전용 핀으로 이루어진다. 하지만, 레오나르도 역시 디지털 0번과 1번을 시리얼 포트로 사용할 수 있으며, 이는 Serial 클래스가 아닌 Serial1 클래스를 통해 이루어진다. 우노의 경우 하나의 하드웨어 시리얼 장치를 프로그램 업로드와 시리얼 겸용으로 사용하였지만, 레오나르도의 경우에는 하드웨어 시리얼 장치는 하나이지만 프로그램 업로드를 위해서는 전용의 USB 연결을 통해 가상의 시리얼 연결을 제공함으로써 하드웨어 시리얼 장치를 사용하는 데 유연성이 높다.

레오나르도에는 시리얼 연결을 위한 별도의 전용 장치(우노에서의 ATmega16u2 마이크로컨트롤러)가 존재하지 않으므로 컴퓨터에서 USB를 통한 연결이 가상의 시리얼 포트로 나타나는 것처럼, 레오나르도 보드가 컴퓨터와 연결되었을 때 나타나는 포트와 업로드가 이루어질 때 나타나는 포트 모두 가상의 포트이다. 따라서 레오나르도 보드의 리셋 버튼을 누르면 시리얼 포트 객체는 소멸되고 다시 생성되므로 컴퓨터에 레오나르도와 시리얼 포트로 연결된 프로그램이 있었다면 리셋을 누른 후에는 비록 동일한 포트 번호를 가지더라도 다시 연결해 주어야 한다. 우노의 경우에는 시리얼 연결을 위해 ATmega16u2 마이크로컨트롤러가 별도로 존재하므로 ATmega328 마이크로컨트롤러를 리셋하더라도 연결이 끊어지지 않는다.

13.3 키보드와 마우스

레오나르도의 또 다른 특징 중 하나는 키보드나 마우스 장치로 인식된다는 점이다. 그림 13-9와 같이 버튼을 디지털 4번 핀으로 연결한다.

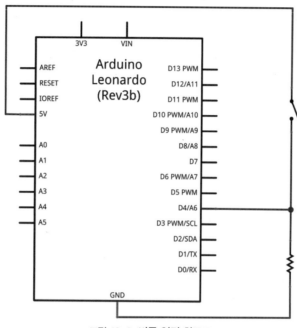

그림 13-9 버튼 연결 회로도

스케치 13-2는 버튼이 눌러진 경우 시리얼 모니터로 메시지를 출력하는 코드의 예이다.

스케치 13-2 시리얼 모니터로 버튼 상태 출력

```
int buttonPin = 4;                                      // 버튼 입력 핀
int previousButtonState = LOW;                          // 버튼의 상태
int counter = 0;                                        // 버튼을 누른 횟수

void setup() {
    pinMode(buttonPin, INPUT);                          // 버튼 입력 핀을 입력으로 설정
    Serial.begin(9600);                                 // 시리얼 모니터 초기화
}


void loop() {
    int buttonState = digitalRead(buttonPin);           // 버튼 상태 읽기
    // 이전 버튼 상태와 다르고 현재 버튼이 눌러진 경우
    if ((buttonState != previousButtonState) && (buttonState == HIGH)) {
        counter++;                                      // 버튼 누른 횟수 증가
```

```
        Serial.print("You pressed the button ");     // 메시지 출력
        Serial.print(counter);
        Serial.println(" times.");
    }
    previousButtonState = buttonState;                 // 현재 상태 저장
    delay(100);
}
```

버튼을 누를 때마다 시리얼 모니터로 문자열이 출력되는가?

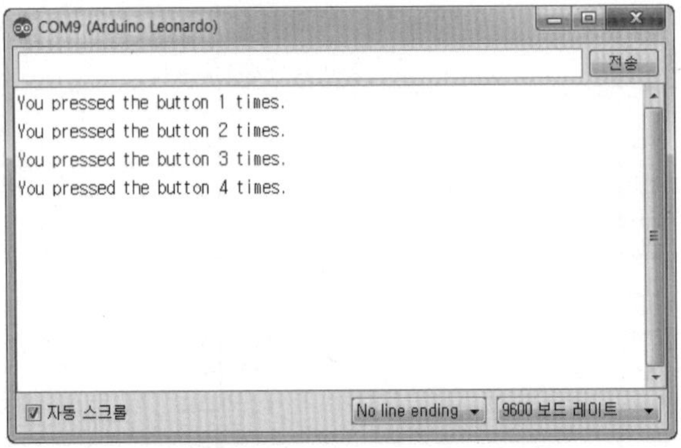

그림 13-10 스케치 13-2의 실행 결과

스케치 13-2를 약간만 수정하면 버튼을 눌렀을 때 키보드가 눌러진 것과 같은 효과를 얻을
수 있다. 스케치 13-3을 업로드하고 메모장을 실행시킨 후 버튼을 눌러보자. 단, 메모장은 활
성화 상태에 있어야 한다.

스케치 13-3 키보드 에뮬레이션

```
int buttonPin = 4;                                 // 버튼 입력 핀
int previousButtonState = LOW;                     // 버튼의 상태
int counter = 0;                                   // 버튼을 누른 횟수

void setup() {
    pinMode(buttonPin, INPUT);                     // 버튼 입력 핀을 입력으로 설정
    Keyboard.begin();                              // 키보드 초기화
}

void loop() {
    int buttonState = digitalRead(buttonPin);      // 버튼 상태 읽기
    // 이전 버튼 상태와 다르고 현재 버튼이 눌러진 경우
    if ((buttonState != previousButtonState) && (buttonState == HIGH)) {
        counter++;                                 // 버튼 누른 횟수 증가
```

```
        Keyboard.print("You pressed the button "); // 메시지 출력
        Keyboard.print(counter);
        Keyboard.println(" times.");
    }
    previousButtonState = buttonState;                      // 현재 상태 저장
    delay(100);
}
```

그림 13-11 스케치 13-3의 실행 결과

메시지의 출력은 키보드 클래스를 통해 이루어지므로 윈도우에서 현재 활성화된 창에 키보드
입력이 가해진 것과 동일한 효과를 가져 오며, 메모장에 지정한 문자를 타이핑한 것과 동일한
결과가 나타난다.

마우스로 동작시키는 것도 간단하다. 스케치 13-4는 그림 13-10의 회로도를 이용하여 버튼을
눌렀을 때 마우스 오른쪽 버튼이 눌러진 효과를 내는 코드이다.

스케치 13-4 마우스 에뮬레이션

```
int buttonPin = 4;                          // 버튼 입력 핀

void setup() {
    pinMode(buttonPin, INPUT);              // 버튼 입력 핀을 입력으로 설정
    Mouse.begin();                          // 마우스 초기화
}

void loop() {
    int buttonState = digitalRead(buttonPin);   // 버튼 상태 읽기
    if (buttonState == HIGH) {              // 버튼이 눌러진 경우
        Mouse.click(2);                     // 마우스 오른쪽 버튼 클릭
        delay(1000);
    }
}
```

그림 13-12 스케치 13-4의 실행 결과

보다 자세한 내용은 제14장에서 다룬다.

13.4 요약

아두이노 레오나르도는 ATmega32u4 마이크로컨트롤러를 사용하여 만들어진 아두이노 공식 보드 중 하나이다. ATmega32u4 마이크로컨트롤러가 아두이노 우노에 사용된 ATmega328 마이크로컨트롤러와 다른 점 중 한 가지는 USB 연결을 마이크로컨트롤러에서 직접 관리할 수 있다는 점이다. 아두이노 우노의 경우 컴퓨터와의 USB 연결을 위해 전용의 마이크로컨트롤러가 사용되었다. 하지만, 아두이노 레오나르도는 ATmega32u4에서 USB 연결까지 직접 처리하고 별도의 마이크로컨트롤러가 필요하지 않으므로 사용이 간편하며 소형화에도 유리하다. 레오나르도의 또 다른 장점이라면 컴퓨터와 연결하였을 때 USB 장치로 인식된다는 점이다. 레오나르도를 컴퓨터에 연결하면 키보드와 마우스로 인식되므로 간단하게 키보드와 마우스의 동작을 에뮬레이션할 수 있다. 한 가지 아쉬운 점이라면, 레오나르도에 사용된 ATmega32u4 마이크로컨트롤러는 최대 26개의 입출력 핀을 사용할 수 있지만, 레오나르도 보드에서는 기본적으로 20개의 입출력 핀만을 사용할 수 있도록 핀 헤더가 마련되어 있다는 점이다. 하지만, ICSP 연결 핀을 통해 추가로 3개의 입출력 핀을 사용할 수 있으며, 아두이노 우노와 달리 디지털 0번과 1번 핀이 스케치 업로드에 사용되지 않으므로 활용 범위는 아두이노 우노에 비해 넓다.

14

마우스와
키보드 라이브러리

아두이노의 기본 라이브러리 중 하나인 마우스와 키보드 라이브러리는 아두이노 레오나르도가 마우스 또는 키보드로 동작할 수 있도록 해 준다. 레오나르도가 USB 장치로 동작할 수 있는 것은 레오나르도에 사용된 ATmega32u4 마이크로컨트롤러가 직접 USB 연결을 처리할 수 있기 때문이다. 이 장에서는 레오나르도를 키보드나 마우스로 동작시키기 위한 마우스와 키보드 라이브러리의 사용 방법을 알아본다.

마우스와 키보드 라이브러리는 아두이노 레오나르도, 마이크로 그리고 듀에(Due) 보드가 컴퓨터에서 마우스 또는 키보드로 동작할 수 있도록 해 주는 라이브러리이다. 레오나르도 보드에 사용된 ATmega32u4 마이크로컨트롤러의 경우 마이크로컨트롤러에 USB 입력을 처리할 수 있는 하드웨어가 포함되어 있으며, 레오나르도를 컴퓨터에 연결하는 것만으로 마우스와 키보드로 인식된다. 이는 레오나르도를 컴퓨터와 연결하였을 때 장치 관리자에서 마우스와 키보드 장치가 추가되는 것으로 확인할 수 있다. 마우스와 키보드로 동작하도록 스케치를 작성할 때 주의해야 할 점은, 잘못된 스케치로 인해 레오나르도나 컴퓨터의 동작을 제어할 수 없는 상황이 발생할 수 있다는 점이다. 예를 들어 잘못 사용된 Mouse.move 함수나 Keyboard.print 함수는 원하지 않는 커서 움직임이나 키 입력을 지속적으로 컴퓨터에 가할 수 있다. 따라서 아두이노 보드에 마우스나 키보드 기능을 켜고 끌 수 있는 물리적인 스위치를 부착하고 스케치에서도 해당 스위치의 상태를 반영하여 키보드나 마우스로 동작하도록 스케치를 작성하는 것이 안전하다.

14.1 마우스 라이브러리

마우스 라이브러리는 레오나르도, 마이크로, 듀에 보드가 연결된 컴퓨터의 마우스로 동작할 수 있도록 해 준다. 커서의 위치를 갱신하는 경우 갱신되는 위치는 항상 이전 위치에서 상대적인 위치로 이동한다.

■ **begin**

```
void begin(void)
    - 매개변수: 없음
    - 반환값: 없음
```

아두이노 보드를 컴퓨터에 연결된 마우스로 에뮬레이션하기 시작한다. 마우스로 동작하기 이전에 반드시 begin 함수를 호출해 주어야 하며, 동작을 끝내기 위해서는 end 함수를 사용한다.

■ **end**

```
void end(void)
    - 매개변수: 없음
    - 반환값: 없음
```

컴퓨터에 연결된 마우스로의 에뮬레이션을 끝낸다. 마우스로 에뮬레이션을 시작하기 위해서는 begin 함수를 사용한다.

■ **click**

```
void click(void)
void click(uint8_t button)
    - 매개변수
        button: 버튼 종류(MOUSE_LEFT, MOUSE_RIGHT, MOUSE_MIDDLE 중 한 가지)
    - 반환값: 없음
```

연결된 컴퓨터의 현재 커서 위치에 클릭 이벤트를 전송한다. 클릭은 마우스 버튼을 누르고 (press) 떼는(release) 동작의 조합에 해당한다. 매개변수가 없는 경우에는 디폴트로 왼쪽 버튼이 눌러진 것으로 간주된다. 마우스 각 버튼은 MOUSE_LEFT, MOUSE_RIGHT, MOUSE_MIDDLE의 상수로 정의되어 있다.

■ move

```
void move(signed char x, signed char y, signed char wheel)
```
　　- 매개변수
　　　　x: 커서의 x축 방향 이동량
　　　　y: 커서의 y축 방향 이동량
　　　　wheel: 휠이 움직인 양
　　- 반환값: 없음

마우스의 커서와 휠을 지정한 양만큼 움직인다. 커서의 움직임은 현재 커서의 위치에서 상대적인 값을 나타낸다.

■ press

```
void press(void)
void press(uint8_t button)
```
　　- 매개변수
　　　　button: 버튼 종류(MOUSE_LEFT, MOUSE_RIGHT, MOUSE_MIDDLE 중 한 가지)
　　- 반환값: 없음

연결된 컴퓨터의 현재 커서 위치에 마우스 누름(press) 이벤트를 전송한다. 매개변수가 없는 경우에는 디폴트로 왼쪽 버튼이 눌러진 것으로 간주되며, MOUSE_LEFT, MOUSE_RIGHT, MOUSE_MIDDLE 중 하나를 지정할 수 있다.

■ release

```
void release(void)
void release(uint8_t button)
```
　　- 매개변수
　　　　button: 버튼 종류(MOUSE_LEFT, MOUSE_RIGHT, MOUSE_MIDDLE 중 한 가지)
　　- 반환값: 없음

연결된 컴퓨터의 현재 커서 위치에 마우스 뗌(release) 이벤트를 전송한다. 매개변수가 없는 경우에는 디폴트로 왼쪽 버튼을 뗀 것으로 간주하며, MOUSE_LEFT, MOUSE_RIGHT, MOUSE_MIDDLE 중 하나를 지정할 수 있다.

- **isPressed**

```
bool isPressed(void)
bool isPressed(uint8_t button)
```
- 매개변수
   button: 버튼 종류(MOUSE_LEFT, MOUSE_RIGHT, MOUSE_MIDDLE 중 한 가지)
- 반환값: 버튼의 눌려진 여부를 반환

지정한 마우스의 버튼이 눌려졌는지 여부를 반환한다. 매개변수가 없는 경우에는 디폴트로 왼쪽 버튼의 상태를 검사하며, MOUSE_LEFT, MOUSE_RIGHT, MOUSE_MIDDLE 중 하나를 지정할 수 있다.

14.2 키보드 라이브러리

키보드 라이브러리는 레오나르도, 마이크로, 듀에 보드가 연결된 컴퓨터의 키보드로 동작할 수 있도록 해 준다. 키보드 라이브러리를 통해 키보드에 존재하는 대부분의 키 누름을 에뮬레이션할 수 있지만 모든 ASCII 문자를 전송할 수 있는 것은 아니다. 특히 화면에 글자를 표시하지 않는 제어문자의 경우에는 일부만을 사용할 수 있다. 모디파이어 키(modifier key) 중 레오나르도에서 사용 가능한 키는 표 14-1에 정의된 키들이다.

표 14-1 **모디파이어 키**

키	16진값	10진값	키	16진값	10진값
KEY_LEFT_CTRL	0x80	128	KEY_PAGE_UP	0xD3	211
KEY_LEFT_SHIFT	0x81	129	KEY_PAGE_DOWN	0xD6	214
KEY_LEFT_ALT	0x82	130	KEY_HOME	0xD2	210
KEY_LEFT_GUI	0x83	131	KEY_END	0xD5	213
KEY_RIGHT_CTRL	0x84	132	KEY_CAPS_LOCK	0xC1	193
KEY_RIGHT_SHIFT	0x85	133	KEY_F1	0xC2	194
KEY_RIGHT_ALT	0x86	134	KEY_F2	0xC3	195
KEY_RIGHT_GUI	0x87	135	KEY_F3	0xC4	196
KEY_UP_ARROW	0xDA	218	KEY_F4	0xC5	197
KEY_DOWN_ARROW	0xD9	217	KEY_F5	0xC6	198
KEY_LEFT_ARROW	0xD8	216	KEY_F6	0xC7	199

표 14-1 모디파이어 키 (계속)

키	16진값	10진값	키	16진값	10진값
KEY_RIGHT_ARROW	0xD7	215	KEY_F7	0xC8	200
KEY_BACKSPACE	0xB2	178	KEY_F8	0xC9	201
KEY_TAB	0xB3	179	KEY_F9	0xCA	202
KEY_RETURN	0xB0	176	KEY_F10	0xCB	203
KEY_ESC	0xB1	177	KEY_F11	0xCC	204
KEY_INSERT	0xD1	209	KEY_F12	0xCD	205
KEY_DELETE	0xD4	212			

키보드 라이브러리에는 다음과 같은 함수들이 정의되어 있다.

■ **begin**

```
void begin(void)
    - 매개변수: 없음
    - 반환값: 없음
```

아두이노 보드를 컴퓨터에 연결된 키보드로 에뮬레이션하기 시작한다. 키보드로 동작하기 이전에 반드시 begin 함수를 호출해 주어야 하며, 동작을 끝내기 위해서는 end 함수를 사용한다.

■ **end**

```
void end(void)
    - 매개변수: 없음
    - 반환값: 없음
```

컴퓨터에 연결된 키보드로의 에뮬레이션을 끝낸다. 키보드로 에뮬레이션을 시작하기 위해서는 begin 함수를 사용한다.

■ **press**

```
void press(uint8_t key)
    - 매개변수
        key: 키 값
    - 반환값: 없음
```

지정한 키 값의 키가 눌러진 상태에 있도록 에뮬레이션한다. 특히 여러 개의 키를 함께 눌러야 하는 경우 모디파이어 키가 눌러진 상태를 나타내기 위해 유용하게 사용할 수 있다. 키가 눌러진 상태를 해제하기 위해서는 release 또는 releaseAll 함수를 사용하면 된다.

■ **release**

```
void release(uint8_t key)
```
- 매개변수
    key: 키 값
- 반환값: 없음

지정한 키가 눌러지지 않은 상태에 있도록 에뮬레이션한다.

■ **releaseAll**

```
void releaseAll(void)
```
- 매개변수
- 반환값: 없음

현재 눌러진 모든 키가 눌러지지 않은 상태에 있도록 에뮬레이션한다.

■ **print**

```
size_t print(value)
```
- 매개변수
    value: 문자 또는 문자열
- 반환값: 키보드 입력으로 에뮬레이션된 바이트 수

주어진 문자 또는 문자열이 키보드 입력으로 컴퓨터에 전달된다. print 함수를 통한 키보드 입력은 실제 키보드에 의한 입력에 우선한다. 즉, 잘못된 스케치로 인해 원치 않는 반복적인 문자 입력이 발생할 수 있으므로 print 함수를 사용할 때는 원치 않는 키 입력을 제어할 수 있는 경우에만 사용하는 것이 안전하다.

■ println

```
size_t println()
size_t println(value)
```

- 매개변수
    value: 문자 또는 문자열
- 반환값: 키보드 입력으로 에뮬레이션된 바이트 수

주어진 문자 또는 문자열과 줄바꿈 문자인 '\n', '\r'이 키보드 입력으로 컴퓨터에 전달된다. 매개변수가 없는 경우에는 줄바꿈 문자만을 전달한다. println 함수를 통한 키보드 입력은 실제 키보드에 의한 입력에 우선한다.

■ write

```
size_t write(uint8_t key)
```

- 매개변수
    key: 키 값
- 반환값: 키보드 입력으로 에뮬레이션된 바이트 수

지정한 키 값을 연결된 컴퓨터에 키보드 입력으로 전달한다. write는 키보드를 누르고(press) 떼는(release) 동작의 조합에 해당한다. write 함수를 통한 키보드 입력은 실제 키보드에 의한 입력에 우선한다.

14.3 마우스와 키보드 에뮬레이션하기

레오나르도를 마우스나 키보드로 사용하는 경우 잘못된 스케치로 원치 않는 동작이 계속 발생할 수 있으며, 이 경우 컴퓨터를 전혀 제어할 수 없는 상황이 발생할 수 있다. 이 때 레오나르도의 전원을 끄는 것만으로는 해결되지 않고 컴퓨터를 다시 부팅해야 할 수도 있으므로 마우스나 키보드 입력을 금지할 수 있는 하드웨어적인 수단을 마련하는 것이 바람직하다. 이를 위해서는 간단한 on/off 스위치를 추가하고, 스위치가 on인 경우에만 마우스나 키보드로 동작하도록 하는 방법을 사용할 수 있다. 그림 14-1은 디지털 13번 핀에 on/off 스위치를 추가한 회로도를 나타낸다. 스위치가 on인 경우에만 마우스나 키보드로 동작하도록 하고 off인 경우에는 마우스나 키보드로의 동작을 멈추도록 지정함으로써 잘못된 마우스나 키보드의 동작으로부터 컴퓨터를 보호할 수 있다.

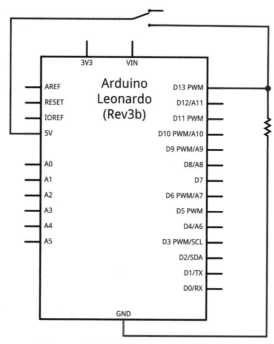

그림 14-1 마우스와 키보드 on/off를 위한 스위치

스케치 14-1은 그림 14-1의 회로를 이용하여 마우스와 키보드 기능을 on/off하는 스케치의 예이다.

스케치 14-1 키보드 기능 on/off 버튼

```
int ON_OFF_BTN = 13;                        // 마우스 & 키보드 on/off 버튼
int count = 0;

void setup(){
    pinMode(ON_OFF_BTN, INPUT);             // 버튼을 입력으로 설정
    Keyboard.begin();                       // 키보드 에뮬레이션 시작
}

void loop(){
    // 마우스 & 키보드 기능이 켜진 경우에만
    // 컴퓨터로 마우스나 키보드 이벤트를 전송한다.
    if(digitalRead(ON_OFF_BTN) == HIGH){
        Keyboard.println("Test String : " + String(count));
    }

    delay(1000);
    count++;
}
```

그림 14-2는 스케치 14-1의 실행 결과로 스위치가 켜진 경우에만 현재 활성화된 창에 키보드 입력이 가해진다. 카운트 값은 계속 증가하고 있지만 버튼이 눌러진 경우에만 키보드로 동작하므로 메모장에 입력되는 카운트 값은 연속적인 값이 아니다.

그림 14-2 스케치 14-1의 실행 결과

버튼 6개를 연결하여 키보드의 4방향 화살표 키와 마우스의 좌우 버튼을 에뮬레이션해 보자. 먼저 그림 14-3과 같이 6개의 버튼을 연결한다.

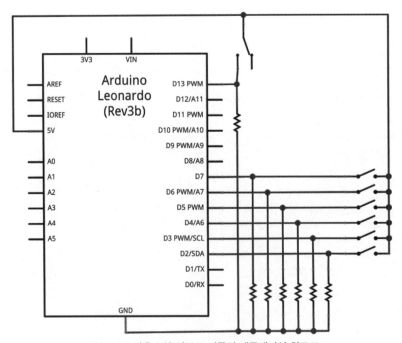

그림 14-3 마우스와 키보드 버튼의 에뮬레이션 회로도

스케치 14-2는 각 버튼의 입력에 따라 키보드 또는 마우스 입력을 컴퓨터로 전달하는 스케치의 예이다. 그림 14-4는 시리얼 모니터로의 출력을 나타낸 것이며, 전달된 키보드나 마우스 입력은 현재 활성 상태인 프로그램에서 확인할 수 있다.

스케치 14-2 마우스 버튼과 키보드 방향키 에뮬레이션

```
int ON_OFF_BTN = 13;                    // 마우스 & 키보드 on/off 버튼

int BUTTON_LEFT = 2;                    // 왼쪽 키보드
int BUTTON_RIGHT = 3;                   // 오른쪽 키보드
int BUTTON_UP = 4;                      // 위쪽 키보드
int BUTTON_DOWN = 5;                    // 아래쪽 키보드
int MOUSE_LEFT_BTN = 6;                 // 왼쪽 마우스
int MOUSE_RIGHT_BTN = 7;                // 오른쪽 마우스

void setup(){
    Keyboard.begin();                   // 키보드 에뮬레이션 시작
    Mouse.begin();                      // 마우스 에뮬레이션 시작

    pinMode(ON_OFF_BTN, INPUT);         // 버튼을 입력으로 설정
    pinMode(BUTTON_LEFT, INPUT);
    pinMode(BUTTON_RIGHT, INPUT);
    pinMode(BUTTON_UP, INPUT);
    pinMode(BUTTON_DOWN, INPUT);
    pinMode(MOUSE_LEFT, INPUT);
    pinMode(MOUSE_RIGHT, INPUT);

  Serial.begin(9600);                   // 시리얼 포트 초기화
}

void loop(){
    // 마우스 & 키보드 기능이 켜진 경우에만
    // 컴퓨터로 마우스나 키보드 이벤트를 전송한다.
    if(digitalRead(ON_OFF_BTN) == HIGH){
        // 키보드 입력 전달
        if(digitalRead(BUTTON_LEFT) == HIGH){
            Keyboard.write(KEY_LEFT_ARROW);
            Serial.println("Left Key");
        }
        if(digitalRead(BUTTON_RIGHT) == HIGH){
            Keyboard.write(KEY_RIGHT_ARROW);
            Serial.println("Right Key");
        }
        if(digitalRead(BUTTON_UP) == HIGH){
            Keyboard.write(KEY_UP_ARROW);
            Serial.println("Up  Key");
        }
        if(digitalRead(BUTTON_DOWN) == HIGH){
            Keyboard.write(KEY_DOWN_ARROW);
```

```
        Serial.println("Down Key");
    }

    // 마우스 입력 전달
    if(digitalRead(MOUSE_LEFT_BTN) == HIGH){
        Mouse.click(MOUSE_LEFT);
        Serial.println("Left Button");
    }
    if(digitalRead(MOUSE_RIGHT_BTN) == HIGH){
        Mouse.click(MOUSE_RIGHT);
        Serial.println("Right Button");
    }

    delay(100);
    }
}
```

그림 14-4 스케치 14-2의 실행 결과

키보드 라이브러리를 사용하여 복사하기(Ctrl + C)와 붙여넣기(Ctrl + V) 동작을 에뮬레이션해
보자. 2개의 키보드를 동시에 누르기 위해서는 Keyboard 클래스의 press 멤버 함수를 여러 번
호출해야 한다. 눌러진 여러 개의 키를 모두 떼기 위해서는 releaseAll 멤버 함수를 사용하면
된다. 복사하기와 붙여넣기 동작을 수행할 버튼 2개를 그림 14-5와 같이 연결하자.

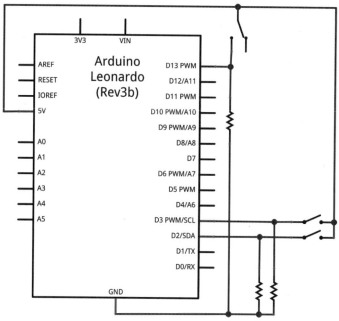

그림 14-5 복사 & 붙여넣기를 위한 버튼 연결 회로도

스케치 14-3은 디지털 2번 핀에 연결된 버튼을 눌렀을 때는 복사하기(Ctrl + C) 동작을, 디지털 3번 핀에 연결된 버튼을 눌렀을 때는 붙여넣기(Ctrl + V) 동작을 에뮬레이션하는 스케치의 예이다. 그림 14-6은 마우스로 영역을 선택한 후, 복사하기 버튼을 누르고 메모장의 빈 곳에 마우스를 클릭한 후 붙여넣기 버튼을 누른 경우의 결과를 보여 준다.

스케치 14-3 **복사하기와 붙여넣기**

```
int ON_OFF_BTN = 13;            // 마우스 & 키보드 on/off 버튼
int CTRL_C = 2;                 // 복사하기 버튼
int CTRL_V = 3;                 // 붙여넣기 버튼

void setup(){
    pinMode(ON_OFF_BTN, INPUT); // 버튼을 입력으로 설정
    pinMode(CTRL_C, INPUT);
    pinMode(CTRL_V, INPUT);

    Keyboard.begin();           // 키보드 에뮬레이션 시작

    Serial.begin(9600);         // 시리얼 모니터 초기화
    while(!Serial);
}

void loop(){
```

```
// 마우스 & 키보드 기능이 켜진 경우에만
// 컴퓨터로 마우스나 키보드 이벤트를 전송한다.
if(digitalRead(ON_OFF_BTN) == HIGH){
    if(digitalRead(CTRL_C)){
        Keyboard.press(KEY_LEFT_CTRL); // 컨트롤 키 누름
        Keyboard.press('c');           // 'c' 키 누름
        Keyboard.releaseAll();         // 2개의 키 뗌
        Serial.println("Ctrl + C");
        delay(500);
    }
    else if(digitalRead(CTRL_V)){
        Keyboard.press(KEY_LEFT_CTRL);
        Keyboard.press('v');
        Keyboard.releaseAll();
        Serial.println("Ctrl + V");
        delay(500);
    }
}
}
```

그림 14-6 스케치 14-3의 실행 결과

14.4 요약

아두이노의 기본 라이브러리 중 하나인 마우스와 키보드 라이브러리는 ATmega32u4 마이크로컨트롤러를 사용하는 아두이노 레오나르도와 아두이노 마이크로, ARM Cortex M3 마이크로컨트롤러를 사용하는 아두이노 듀에 등 USB 연결을 직접 처리할 수 있는 마이크로컨트롤러를 사용하여 만들어진 아두이노 보드가 마우스 또는 키보드로 동작할 수 있도록 해 준다. 마우스와 키보드 라이브러리를 사용하면 동일한 순서의 마우스/키보드 입력을 에뮬레이션하는 마우스/키보드 매크로를 위한 하드웨어를 제작하는 것이 가능하므로 반복적인 마우스/키보드 입력이 필요한 경우라면 고려해 볼 수 있다.

15

블루투스:
아두이노 – 컴퓨터

블루투스는 기존 RS-232의 유선 연결 방법을 대체하기 위해 만들어진 근거리 무선 통신 기술로, 최근 스마트폰의 대중화에 힘입어 널리 사용되고 있다. 이 장에서는 블루투스 모듈을 아두이노에 연결하여 설정하고, 블루투스 모듈을 통해 컴퓨터와 무선 통신을 수행하는 방법을 알아본다.

15.1 블루투스

블루투스(Bluetooth)는 1994년 에릭슨(Ericsson)이 개발한 개인 근거리 무선 통신(Personal Area Network, PAN)을 위한 표준으로, RS-232를 대체하기 위한 저가격, 저전력의 무선 기술로 개발되었다. 블루투스는 기본적으로 10m 이내 근거리에서의 통신을 목표로 하지만, 통신 범위는 100m까지 확장이 가능하다. 블루투스는 2.4GHz 대역인 ISM(Industrial, Scientific, Medical) 대역을 사용한다. ISM 대역은 산업, 과학 및 의료 목적으로 할당된 대역으로 전파 사용에 대한 허가를 받을 필요가 없어 저전력의 전파를 발산하는 개인 무선기기에 많이 사용되고 있으며, 와이파이와 지그비 역시 ISM 대역을 사용한다.

블루투스는 기기 간의 통신 방식을 정의하기 위해 프로파일(profile)을 사용한다. 프로파일은 블루투스를 이용한 어플리케이션을 구현할 때 특정 어플리케이션에서 사용해야 하는 프로토콜의 종류와 구조 및 사용 방법을 정의하고 있다. 따라서 프로파일은 특정 어플리케이션을 개발할 때의 기준을 제시하는 역할을 하게 되며, 프로파일에 따라 제작된 어플리케이션은 제작사와 무관하게 호환될 수 있는 장점이 있다. 블루투스 표준을 관리하는 Bluetooth SIG(Special Interest Group)에서는 어플리케이션에서 사용할 수 있는 다양한 프로파일을 정의하고 있으며, 여기에는 파일 전송 프로파일, 전화 접속 네트워크 프로파일, 팩스 프로파일, 시리얼 포트 프로파일 등이 포함된다. 이 중 가장 기본이 되면서 다른 프로파일의 기초가 되는 프로파일은 일반 액세스 프로파일(generic access profile)로, 블루투스 장치를 연결하기 위해 연결 대상을 발견하고 연결을 설정하는 방법 및 이와 관련된 보안 관련 내용을 규정하고 있다. 이들 프로파일 중 이 책에서 사용하는 프로파일은 시리얼 포트 프로파일(Serial Port Profile, SPP)로 시리얼 통신을 에뮬레이션하기 위한 프로파일이다. 마이크로컨트롤러에서 SPP를 지원하는 블루투스 모듈을 사용하는 경우 UART 통신 코드를 약간만 수정하고 블루투스 모듈을 연결하는 것만으로 블루투스 통신이 가능하므로 손쉽게 유선 통신을 블루투스를 이용한 무선 통신으로 바꿀 수 있다.

현재 흔히 사용되고 있는 블루투스는 2.x 버전이다. 블루투스 3.0은 2009년 블루투스 2.1의 후속으로 고속통신 기능이 추가된 것이지만, 고속 전송을 위해서는 와이파이를 사용하므로 WiFi Direct와의 차별성 부족으로 널리 사용되지는 못하고 있다. 2010년 제정된 블루투스 4.0은 저전력 블루투스(Bluetooth Low Energy, BLE)로 인해 주목받고 있다. 하지만, 블루투스 4.0에는 서로 호환되지 않는 블루투스 2.x까지의 기술인 클래식 블루투스(Classic Bluetooth)와 BLE가 합쳐진 형태를 띠고 있다. 블루투스 4.0을 지원하는 기기 중 BLE만을 지원하는 기기를 'Bluetooth Smart'라고 표시하고, 클래식 블루투스와 BLE를 모두 지원하여 하위 호환성을 가지는 기기를 'Bluetooth Smart Ready'라고 구별하여 표시하므로 혼돈하지 말아야 한다.

(a) Bluetooth Smart

(b) Bluetooth Smart Ready

그림 15-1 **블루투스 로고**[44]

블루투스는 마스터와 슬레이브로 구성되어 있으며, 하나의 마스터 기기에는 슬레이브 기기를 최대 7개까지 연결할 수 있다. 블루투스 통신에서는 마스터가 모든 통신의 책임을 지고 있으므로 마스터와 슬레이브 사이의 통신만이 가능하고 슬레이브 사이의 통신은 불가능하다.

이 책에서는 블루투스 2.x 버전을 지원하는 모듈을 사용하여 SPP 프로파일을 통한 통신을 사용한다. SPP는 클래식 블루투스에 속하는 프로파일이므로 BLE를 사용하는 경우에는 SPP와 호환되지 않는다. 또한, 이 책에서 사용하는 블루투스 모듈은 1:1 연결만을 지원하므로 마스터와 1개의 슬레이브 사이의 통신만을 다룬다.

15.2 HC-06 블루투스 모듈

이 책에서 사용할 블루투스 모듈은 HC-06 블루투스 모듈로, SPP를 지원하므로 2개의 연결선, 즉 RX(receive)와 TX(transmit)를 통해 UART 시리얼 통신과 거의 동일한 방법으로 무선 통신을 수행할 수 있다.

그림 15-2 HC-06 블루투스 슬레이브 모듈[45]

먼저 블루투스 모듈을 설정하는 방법을 살펴보자. 블루투스 모듈을 그림 15-3과 같이 연결한다. 그림 15-2의 블루투스 모듈에는 6개의 핀이 존재하지만, 그중 4개의 핀, 즉 VCC, GND, RX, TX만을 사용하여 연결한다. HC-06 블루투스 모듈은 SPP 프로파일을 사용하므로 아두이노의 Serial 또는 SoftwareSerial 클래스를 사용하여 통신을 수행할 수 있다. 그림 15-3에서는 프로그램 업로드와 충돌을 피하기 위해 디지털 2번과 3번 핀에 블루투스 모듈을 연결하고 SoftwareSerial을 사용하였다.

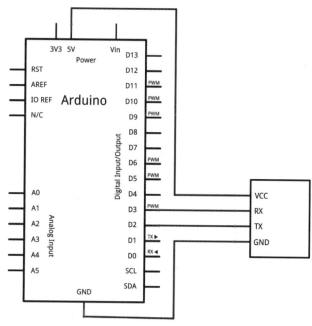

그림 15-3 **블루투스 모듈 연결 회로도**

스케치 15-1을 아두이노 우노에 업로드해 보자. 스케치 15-1은 시리얼 모니터로 입력되는 데이터를 블루투스 모듈로 전달하고, 블루투스 모듈에서 출력되는 데이터를 시리얼 모니터로 출력하는 스케치이다.

스케치 15-1 **블루투스 모듈 설정**

```
#include <SoftwareSerial.h>

// SoftwareSerial(RX, TX) 형식으로 블루투스 모듈과 교차하여 연결
SoftwareSerial BTSerial(2, 3);

void setup()
{
    Serial.begin(9600);              // 컴퓨터와의 시리얼 통신 초기화
    BTSerial.begin(9600);            // 블루투스 모듈 초기화
}

void loop()
{
    // 블루투스 모듈 → 아두이노 → 시리얼 모니터
    if (BTSerial.available())
        Serial.write(BTSerial.read());

    // 시리얼 모니터 → 아두이노 → 블루투스 모듈
```

```
    if (Serial.available())
        BTSerial.write(Serial.read());
}
```

블루투스 모듈을 설정하기 위해서는 특별한 명령어를 블루투스 모듈로 전달하여야 하며, 이들 명령어를 AT 명령어라고 한다. 스케치 15-1을 업로드한 후 시리얼 모니터에서 'AT'를 입력해 보자. 블루투스 모듈이 정상적으로 연결되었다면 'AT'는 블루투스 모듈로 전달되고, 'AT' 명령을 전달받은 블루투스 모듈은 현재 상태를 반환한다. 블루투스 모듈에 이상이 없다면 "OK" 문자열을 반환하며, 반환된 문자열은 시리얼 모니터에 표시된다. 단, HC-06 블루투스 모듈은 디폴트값으로 9600 보율의 속도로 설정되어 있으므로 스케치 15-1에서도 9600 보율을 사용하고 있다. 또한, 시리얼 모니터에서 'No line ending'이 선택되어 있어야 하며, 개행문자가 추가되면 명령이 정상적으로 전달되지 않는다는 점도 기억해야 한다.

그림 15-4 블루투스 연결 확인

HC-06 블루투스 모듈을 설정하기 위해서는 표 15-1의 명령어들을 사용할 수 있다.

표 15-1 HC-06 설정 AT 명령어

명령어	사용 방법	반환값	비고
AT	AT	OK	
AT+NAME	AT+NAMEAtmelBlue	OKsetname	이름 설정
AT+PIN	AT+PIN1111	OKsetPIN	PIN 설정
AT+BAUD	AT+BAUD4	OK9600	통신 속도 설정

AT+NAME은 모듈의 이름을 설정하기 위해 사용된다. AT+PIN은 연결 코드, 패스 코드, 핀 코드 등으로도 불리며, 페어링 과정에서 사용되는 일종의 비밀번호 설정을 위해 사용된다. 페어링이 이루어진 이후에는 다시 핀을 입력할 필요는 없다. AT+BAUD는 통신 속도를 설정하기 위해 사용되며, 숫자에 따른 통신 속도는 표 15-2와 같다.

표 15-2 **전송 속도**

숫자	전송 속도(Baud)	숫자	전송 속도(Baud)
1	1200	5	19200
2	2400	6	38400
3	4800	7	57600
4	9600	8	115200

표 15-1의 명령어를 순서대로 실행하여 HC-06 블루투스 모듈을 설정한 결과는 그림 15-5와 같다.

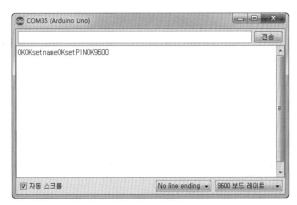

그림 15-5 **블루투스 모듈 설정 결과**

15.3 컴퓨터의 블루투스 설정

최근 판매되는 노트북에는 블루투스가 지원되는 경우를 흔히 볼 수 있다. 블루투스를 지원하지 않는 컴퓨터라면 별도의 블루투스 동글을 설치함으로써 블루투스를 사용할 수 있다.[46] '제어판 ➡ 하드웨어 및 소리 ➡ Bluetooth 장치 추가'를 선택해 보자.[47]

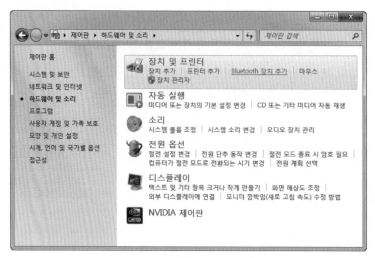

그림 15-6 블루투스 장치 추가

아두이노 우노에 연결된 블루투스 모듈에 전원이 공급되고 있다면, HC-06 블루투스 모듈의
이름으로 설정한 'AtmelBlue'가 목록에 표시된다.

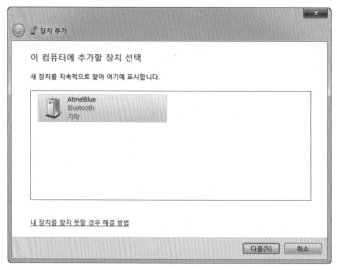

그림 15-7 추가할 블루투스 장치 선택

'AtmelBlue'를 선택하고 '다음' 버튼을 누르면 장치 추가 창이 나타난다.

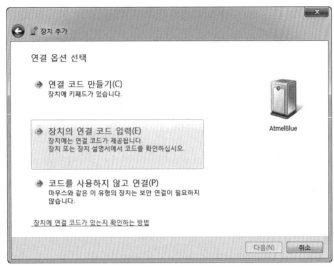

그림 15-8 블루투스 장치의 연결 옵션 선택

모듈 설정 과정에서 핀 코드를 설정하였으므로 '장치의 연결 코드 입력'을 선택하고 핀 코드 '1111'을 입력한다.

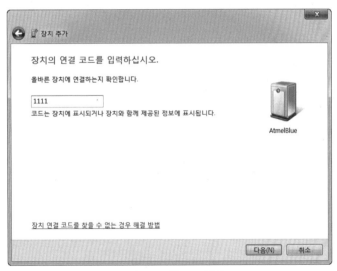

그림 15-9 핀 코드 입력

핀 코드를 입력하면 장치 추가가 완료된다. 핀 코드를 입력하여 장치 추가가 완료되기까지 의 과정을 페어링이라고 하며, 페어링된 장치는 윈도우즈 운영체제에서 관리되므로 이후에는 자동으로 연결되므로 다시 핀 코드를 입력하지 않아도 된다. 물론 장치를 제거하고 다시 연결하고자 한다면 그림 15-6부터의 과정을 반복하여야 한다.

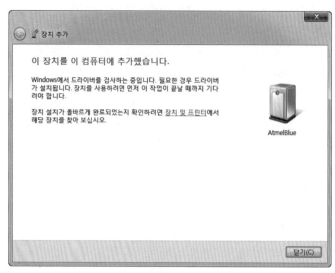

그림 15-10 **블루투스 장치 추가 완료**

추가된 블루투스 장치는 '제어판 ➡ 하드웨어 및 소리 ➡ 장치 및 프린터'에서 확인할 수 있다.

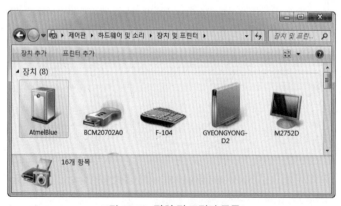

그림 15-11 **장치 및 프린터 목록**

장치 및 프린터 목록에서 'AtmelBlue'를 선택하고 마우스 오른쪽 버튼을 눌러 '속성'을 선택해보자. '서비스' 탭을 선택하면 AtmelBlue 모듈과 SPP 통신을 수행할 수 있는 컴퓨터의 시리얼포트 번호를 확인할 수 있다.

그림 15-12 AtmelBlue 모듈과 통신을 위한 직렬 포트

15.4 컴퓨터와 아두이노의 블루투스 통신

HC-06 블루투스 모듈 설정과 컴퓨터의 블루투스 설정이 완료되었으면 컴퓨터와 아두이노 사이에 블루투스를 이용하여 데이터를 주고받도록 해 보자. 아두이노 우노와 컴퓨터는 두 가지 방법으로 연결될 것이다. 하나는 프로그램 업로드를 위해 사용되는 USB 유선 연결로, 시리얼 모니터와도 연결되어 있다. 다른 하나는 블루투스를 통한 무선 연결이다.

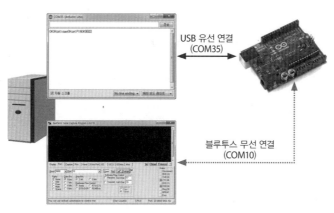

그림 15-13 컴퓨터와 아두이노 우노의 유무선 연결

아두이노 우노에는 스케치 15-1을 업로드한다. 스케치 15-1은 시리얼 모니터에 입력한 문자열을 아두이노에서 블루투스를 통해 컴퓨터로 다시 전송하여 RealTerm에 출력되도록 한다. 반대로 RealTerm에 입력한 문자열은 블루투스를 통해 아두이노로 전송되고 이는 시리얼 모니터로 출력된다.

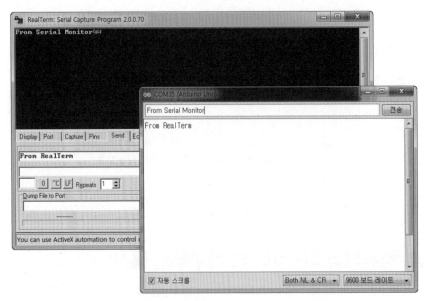

그림 15-14 컴퓨터와 아두이노 우노 사이의 유무선 통신

RealTerm으로 0에서 255 사이의 정수를 전송하고, 아두이노 우노에서는 수신된 정수를 이진수로 변환하여 아두이노 우노에 연결된 8개의 LED를 비트 단위로 제어하도록 해 보자. 아두이노 우노에는 그림 15-15와 같이 8개의 LED를 연결한다. 블루투스 모듈을 디지털 2번과 3번에 연결하였으므로 LED는 디지털 4번부터 11번까지 연결하였다.

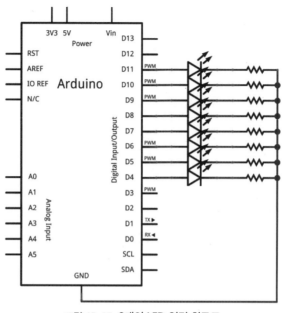

그림 15-15 8개의 LED 연결 회로도

스케치 15-2는 블루투스로 전송된 데이터를 바탕으로 LED를 제어하는 스케치의 예이다.

스케치 15-2 **블루투스를 통한 LED 제어**

```
#include <SoftwareSerial.h>

// SoftwareSerial(RX, TX) 형식으로 블루투스 모듈과 교차하여 연결
SoftwareSerial BTSerial(2, 3);
int pins[] = {4, 5, 6, 7, 8, 9, 10, 11};    // LED 연결 핀

void setup()
{
    Serial.begin(9600);                      // 컴퓨터와의 시리얼 통신 초기화
    BTSerial.begin(9600);                    // 블루투스 모듈 초기화

    for(int i = 0; i < 8; i++){              // LED 제어 핀 설정
        pinMode(pins[i], OUTPUT);
        digitalWrite(pins[i], LOW);
    }
}

void loop()
{
    if(BTSerial.available()){                // 블루투스로 데이터 수신
        byte no = BTSerial.read();
        if(no < 0 || no > 255)               // 범위 검사
```

```
        Serial.println("** Wrong Number...");
    else{
        for(int i = 0; i < 8; i++){     // LED 제어
            if( no & (1 << i) )
                digitalWrite(pins[i], HIGH);
            else
                digitalWrite(pins[i], LOW);
        }
    }
}
```

RealTerm의 'Send' 탭에는 'Send Number'와 'Send ASCII' 버튼이 있다. 숫자 '123'을 입력하고 'Send Number'를 선택하면 1바이트 크기의 이진수로 전달되지만, 'Send ASCII'를 선택하면 문자열 "123"으로 전달되므로 'Send Number'를 선택하여야 원하는 결과를 얻을 수 있다. 블루투스를 통한 무선 연결로 LED를 제어해 보자.

15.5 요약

블루투스는 근거리 저전력 무선 통신 방법 중 하나로, RS-232 유선 통신을 대체하기 위한 개인용 무선 통신으로 만들어졌다. 블루투스는 선 없는(codeless) 간편한 연결로 다양한 가전제품 및 휴대장치들을 연결하기 위해 사용되고 있으며, 컴퓨터 주변장치 중에서도 헤드폰, 마우스, 키보드 등 블루투스를 사용하는 장치들을 쉽게 발견할 수 있다. 마이크로컨트롤러에서 사용되는 블루투스는 시리얼 통신 대용으로 사용되는 경우가 대부분이므로, 주로 SPP(Serial Port Profile)를 사용한다. UART 시리얼 통신을 사용하여 시스템을 구성하였다면 SPP를 지원하는 블루투스 모듈을 사용함으로써 간단하게 무선 시스템으로 변경할 수 있다.

최근 블루투스는 4.0으로 업데이트되면서 저전력 통신을 강조한 Bluetooth Low Energy(BLE)가 각광받고 있다. BLE는 사물인터넷에 대한 관심의 증가와 더불어 그 사용이 늘어날 것으로 예측되고 있으며, 특히 사물인터넷의 사물이 간단한 제어 장치와 다르지 않다는 측면에서 마이크로컨트롤러와도 밀접한 관계가 있다. 아두이노에서 사용 가능한 BLE 지원 장치들이 여러 종류 판매되고 있지만, 마이크로컨트롤러와 통신하는 장치에서도 BLE를 지원해야 한다는 점을 잊지 말아야 한다.

CHAPTER

16

지그비:
아두이노-컴퓨터

지그비는 근거리 저전력의 무선 통신을 위한 표준 중 하나이다. 다른 무선 통신 표준과 비교할 때 지그비는 통신 속도가 가장 낮아 간헐적으로 적은 데이터를 전송하는 기기들 사이의 통신에 적합하다. 또한, 지그비는 손쉽게 많은 기기들을 연결할 수 있는 메시 네트워크를 지원하므로 대규모 네트워크 구성에도 유리하다. 이 장에서는 지그비의 특징에 대해 살펴보고, 지그비 모듈을 사용하여 컴퓨터와 무선 통신을 수행하는 방법을 알아본다.

16.1 무선 통신

무선 통신(wireless communication)이란 둘 이상의 지점 사이에 선의 연결 없이 정보를 전송하는 것을 말한다. 선으로 연결되어 있지 않으므로 공기 중으로 신호를 전송하여야 하는 것은 당연하며, 일상생활에서의 대화 역시 공기 중으로 목소리가 전달되고 있다. 하지만, 멀리 있는 친구를 불러보자. 거리가 조금만 멀어지면 전달 과정에서 반사, 산란, 감쇄 등으로 인해 목소리가 전달되지 못한다. 따라서 멀리 떨어져 있는 두 지점 사이에 정보를 전달하기 위해서는 높은 주파수의 신호에 낮은 주파수의 데이터 신호를 실어서 보내는 변조(modulation) 과정이 필요하다. 높은 주파수의 신호는 직진성이 좋고 간섭에 강하므로 먼 거리까지 전송이 가능하다. 반대로 수신된 고주파 신호에서 저주파의 데이터 신호를 분리해 내는 것을 복조(demodulation)라고 한다.

변조에서 고려해야 하는 사항은 여러 가지가 있으며, 그중 하나가 신호 전달을 위해 사용하는, 흔히 캐리어(carrier)라고 불리는 고주파 신호의 주파수이다. 주파수가 높을수록 정보는 멀리까지 전달될 수 있지만, 장애물을 피해가기는 어렵다. 따라서 정보를 전달하고자 하는 지점 사이의 특징을 고려하여 캐리어 주파수가 선택된다. 거리가 아주 멀고 장애물이 거의 없는 우주 통신의 경우 기가헤르츠(GHz) 단위의 캐리어 주파수를 사용하는 반면, 상대적으로 거리가 짧고 산이나 건물과 같이 장애물이 많은 TV나 라디오의 경우 이보다 낮은 메가헤르츠(MHz) 단위의 캐리어 주파수를 사용한다.

캐리어 주파수가 선택된 경우에 한 가지 더 고려해야 할 사항으로 대역폭(bandwidth)이 있다. 그림 16-1은 주파수 변조(Frequency Modulation, FM) 방식에 의해 변조된 신호를 보여 주고 있다.

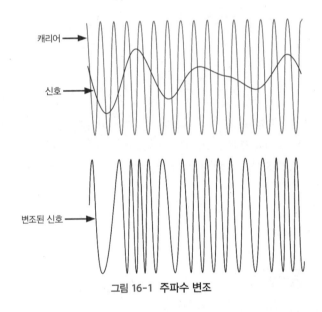

그림 16-1 주파수 변조

그림 16-1에서 알 수 있듯이, 캐리어 주파수에 전달하고자 하는 신호를 실어서 변조된 신호는 하나의 정현파로는 설명할 수 없으며, 일정한 범위의 주파수에 있는 정현파의 합으로 표시된다. 대역이란 변조에 사용되는 '일정한 범위'의 주파수를 가리키는 말로, 대역폭이 넓을수록 (즉, 변조된 신호를 구성하기 위해 사용하는 정현파의 종류가 많을수록) 더 많은 정보를 전송할 수 있다. (즉, 더 복잡한 신호를 캐리어에 실어 보낼 수 있다.) 대역폭은 종종 수도관의 굵기와도 비교된다. 수도관이 굵을수록 더 많은 물이 한꺼번에 흘러갈 수 있는 것과 마찬가지로 대역폭이 넓을수록 더 많은 정보를 한꺼번에 전송할 수 있다. 따라서 흔히 무선 통신에서 말하는 '대역(band)'이란 일정 범위의 주파수를 가리키며, 그 넓이가 '대역폭'에 해당한다. 대역은 다시 몇 개의 채널

(channel)로 나눌 수 있다. FM 방송을 위해 사용하는 대역은 88.1~107.9MHz이며, 이는 100개의 채널로 나뉘어져 있어 100개의 서로 다른 라디오 방송이 동시에 가능하다.

지그비는 블루투스와 마찬가지로 ISM(Industrial, Scientific and Medical) 대역이라 불리는 2.4GHz 대역을 사용한다. 이외에도 ISM 대역을 사용하는 대표적인 통신 방식에는 와이파이가 있다. 이처럼 다양한 통신 방식에서 동일한 주파수 대역을 사용하므로 상호 간섭에 의한 통신 장애가 발생할 수 있다. 특히 최근 블루투스 기기 사용의 증가로 인해 블루투스를 사용하는 키보드나 마우스의 연결이 끊어지는 현상을 발견할 수 있다.

16.2 지그비

지그비(ZigBee)는 개인 근거리 저전력 무선 통신을 위한 프로토콜을 말한다. 비록 지그비가 저전력의 근거리 통신이지만, 지그비 노드들 사이의 데이터 중계를 통한 메시 네트워크(mesh network)를 구성함으로써 데이터 전송 거리를 늘리는 것이 가능하다. 지그비를 통해서는 2.4GHz 대역에서 250Kbit/s의 속도로 데이터 전송이 가능하며, 전송할 수 있는 데이터의 양이 적어 주기적으로 또는 간헐적으로 센서나 입력 장치에서 데이터를 전송하는 경우에 적합하다. 동일한 대역을 사용하는 블루투스 2.0의 경우 이론상 최고 3.0Mbit/s의 속도까지 가능하며, WiFi 802.11g의 경우 최고 54Mbit/s 속도로 전송할 수 있는 등 지그비와 달리 많은 양의 데이터를 전송할 수 있다.

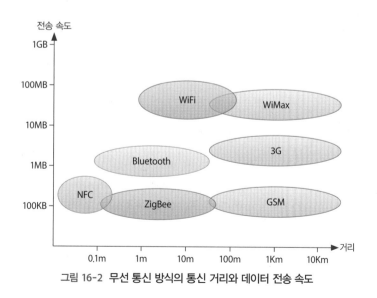

그림 16-2 무선 통신 방식의 통신 거리와 데이터 전송 속도

블루투스나 와이파이는 전송 속도 면에서 지그비보다 우수하지만, 상대적으로 가격이 비싸다. 지그비는 블루투스나 와이파이를 대체하여 간단하고 저렴한 무선 네트워크를 구성하기 위해 고안되었으며, 주기적으로 적은 양의 데이터를 수집하는 센서 네트워크 구성에 흔히 사용된다. 지그비라는 이름은 Zig-Zag와 Bee의 합성어로, 꿀벌의 정보 전달을 위한 비행 패턴에서 그 이름을 따왔다. 지그비의 전송 거리는 실외에서는 100m까지 가능하지만, 실내에서는 30m 정도로 짧은 범위에서만 가능하다.

지그비는 IEEE 802.15.4를 바탕으로 하고 있다. IEEE 802.15.4는 저속의 개인용 근거리 무선 네트워크를 위한 표준 중 하나이다. 지그비의 하위 프로토콜이 IEEE 802.15.4라면 상위 프로토콜은 지그비 연합(ZigBee Alliance)에 의한 지그비 명세(ZigBee Specification)에 의해 관리되고 있으며, 이 상위 프로토콜을 흔히 지그비 프로토콜이라 한다.

IEEE 802.15.4는 스타 또는 P2P(Point to Point) 형태의 네트워크만을 지원하지만, 지그비 프로토콜은 트리나 메시 형태의 네트워크도 지원한다. 즉, 지그비 프로토콜은 IEEE 802.15.4를 기반으로 다양한 형태의 네트워크를 지원하여 활용성을 높이고 있다. 그림 16-3은 지그비로 구성할 수 있는 다양한 형태의 네트워크를 나타낸다. 지그비 통신은 기본적으로 통신을 책임지는 코디네이터(coordinator)와 단말(end device)로 이루어진다. 여기에 네트워크 확장을 위해 라우터(router)가 추가되고, 라우터 사이의 연결 방법에 따라 트리 또는 메시 형태의 네트워크를 구성할 수 있다.

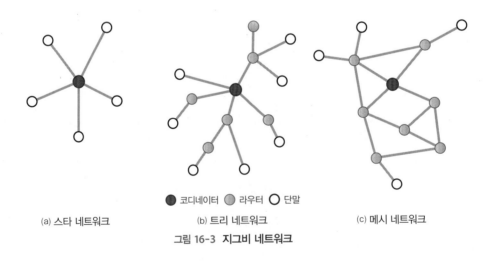

● 코디네이터　◐ 라우터　○ 단말

(a) 스타 네트워크　　　(b) 트리 네트워크　　　(c) 메시 네트워크

그림 16-3 지그비 네트워크

16.3 지그비 모듈

이 장에서는 DiGi International[48]에서 제작하여 판매하는 지그비 모듈을 사용한다. DiGi International에서는 다양한 종류의 지그비 모듈을 판매하고 있으며, DiGi International에서 판매하는 모듈들은 'Xbee'라는 이름으로 판매되고 있다. 지그비는 저속 근거리 개인용 무선 네트워크를 위한 표준을 가리킨다면, Xbee는 지그비 호환 모듈에 붙여진 DiGi International의 상표 이름에 해당한다. 또한, Xbee는 지그비 프로토콜을 바탕으로 보다 쉬운 사용을 위해 Xbee 전용 프로토콜을 제공하고 있으며, Xbee 전용 프로토콜을 사용하는 경우 일반 지그비 모듈과 통신이 불가능할 수도 있다는 점을 염두에 두어야 한다.

Xbee 모듈은 크게 시리즈 1과 시리즈 2 두 종류로 나뉜다. 두 시리즈의 제품들 사이에는 여러 가지 차이가 있지만, 가장 큰 차이는 사용하는 프로토콜에 있다. 시리즈 1은 IEEE 802.15.4 펌웨어가 기본으로 설치되어 있으므로 P2P 또는 스타 네트워크만을 사용할 수 있으며, 메시 네트워크는 사용할 수 없다. 메시 네트워크를 사용하기 위해서는 지그비 프로토콜이나 DiGi International에서 제공하는 DigiMesh 프로토콜을 지원하는 펌웨어로 교체하여야 한다. DigiMesh 프로토콜은 지그비 프로토콜과 마찬가지로 메시 네트워크를 지원하기는 하지만, DiGi International 자체 프로토콜로 지그비 프로토콜과는 동작 방식에서 약간의 차이가 있다. 시리즈 2는 지그비 프로토콜이 기본으로 설치되어 있어서 지그비 표준 메시 네트워크를 지원한다. 지그비 프로토콜에 비해 DigiMesh 프로토콜은 메시 네트워크를 구성하기가 간편하고 전력 소비 면에서도 우수하므로 DigiMesh 프로토콜이 흔히 사용되고 있다. 하지만, DigiMesh 프로토콜은 DiGi International의 제품에서만 사용할 수 있다는 점을 기억하여야 한다.

Xbee 모듈은 일반 모듈과 프로 모듈로도 구분된다. 일반 모듈과 프로 모듈의 차이는 출력의 차이로, 일반 모듈은 최대 출력이 1mW이고 최대 90m 정도까지 통신이 가능하지만, 프로 모듈은 최대 100mW의 출력을 사용할 수 있어 최대 1.6Km까지 통신이 가능하다. Xbee 모듈은 사용하는 안테나의 종류에 따라서도 여러 가지 모듈이 판매되고 있으므로 사용 환경에 따라 선택하여 사용할 수 있다. 이 책에서는 와이어 안테나를 사용하고 출력이 1mW인 시리즈 1 Xbee 모듈을 사용한다.

그림 16-4 **Xbee 모듈**

Xbee 모듈은 20개의 핀을 가지고 있다. 20개의 핀 간격은 일반적인 브레드보드의 핀 간격인 2.54mm보다 좁은 2.0mm이므로 브레드보드에 꽂아 사용하기 위해서는 별도의 변환 모듈이 필요하다. 또한, Xbee 모듈은 3.3V 전원을 사용하므로 전원 연결에 주의하여야 한다.

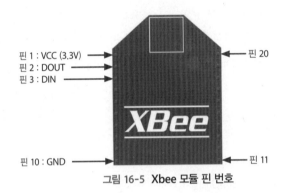

그림 16-5 **Xbee 모듈 핀 번호**

Xbee 모듈의 핀 번호는 그림 16-5와 같으며, 이 중 1번 핀은 VCC를 연결하는 핀으로 3.3V의 전원을 연결하여야 하고, 10번 핀은 GND에 해당한다. 2번과 3번 핀은 UART 시리얼 통신에 사용되는 핀으로 2번 핀이 DOUT(TX), 3번 핀이 DIN(RX)에 해당한다.

표 16-1 **Xbee 모듈 핀**

핀 번호	기능	비고
1	VCC	
2	DOUT	Xbee 모듈의 데이터 출력
3	DIN	Xbee 모듈로의 데이터 입력
10	GND	

Xbee 모듈을 컴퓨터와 연결하기 위해서는 USB 익스플로러가 필요하다. USB 익스플로러는 FTDI 칩을 사용하여 USB를 통한 연결을 가상의 COM 포트로 인식되도록 해 주므로 Xbee 모듈을 통해 수신된 데이터를 컴퓨터에서 시리얼 터미널을 통해 확인할 수 있도록 해 준다.

그림 16-6 **USB 익스플로러**

USB 익스플로러에 Xbee 모듈을 연결하고 컴퓨터에 연결해 보자. USB 익스플로러는 장치 관리자에서 시리얼 포트로 나타나는 것을 확인할 수 있다.

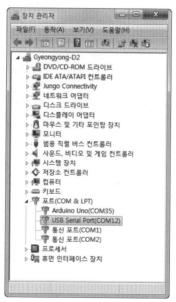

그림 16-7 **USB 익스플로러 연결 후 시리얼 포트**

또 다른 Xbee 모듈에 전원을 연결하고 DOUT과 DIN 핀을 서로 연결해 보자. DOUT과 DIN을 연결하면 Xbee 모듈로 수신되는 데이터가 다시 재전송되므로 Xbee 모듈의 동작 여부를 확인할 수 있다. DOUT과 DIN을 연결하여 전송을 테스트하는 것을 루프 백(loop back) 테스트라고 한다.

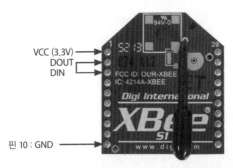

VCC (3.3V)
DOUT
DIN

핀 10 : GND

그림 16-8 루프 백 테스트를 위한 Xbee 모듈 연결

USB 익스플로러를 컴퓨터에 연결하고 또 다른 Xbee 모듈을 루프 백 테스트를 위해 연결하였다면 RealTerm 프로그램을 실행시켜서 USB 익스플로러와 연결된 포트를 열어 문자열을 전송해 보자. 전송한 문자가 그대로 수신되어 화면에 나타난다면 두 Xbee 모듈은 정상적으로 통신을 수행하고 있는 것이다. Xbee 모듈은 디폴트로 9600 보율로 설정되어 있으므로 정상적으로 데이터가 수신되지 않는 경우 확인하도록 한다.

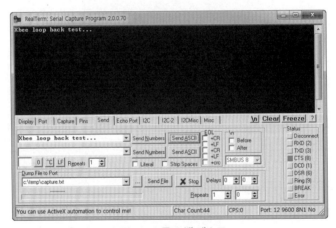

그림 16-9 루프 백 테스트

DiGi International에서는 모듈 테스트와 더불어 다양한 설정 기능을 제공하는 XCTU(X Control and Test Utility)라는 전용 프로그램을 제공하고 있으므로 이를 다운로드하여[49] 설치해 보자. 설치가 완료되면 프로그램을 실행시켜 보자.

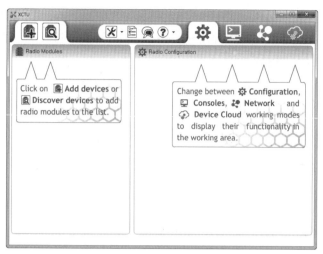

그림 16-10 **XCTU 실행 화면**

툴바 왼쪽의 Add 버튼(🔌)을 누르고 USB 익스플로러가 연결되어 있는 시리얼 포트를 선택한다.

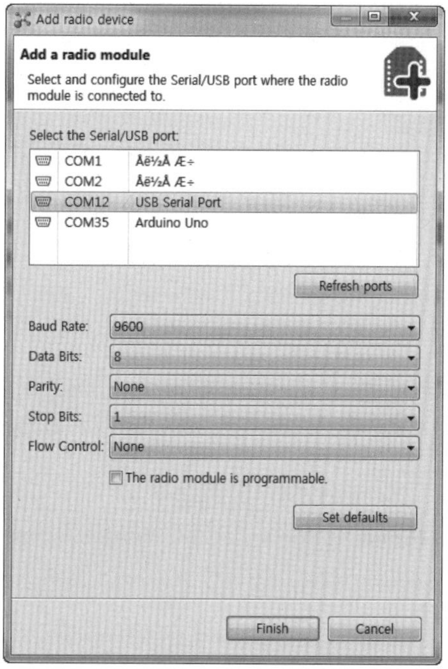

그림 16-11 **장치 추가**

XCTU는 지정한 포트를 검사하여 Xbee 모듈을 찾아내고 관련 정보를 표시해 준다. 추가된 Xbee 모듈을 선택하면 오른쪽에 자세한 정보가 표시된다.

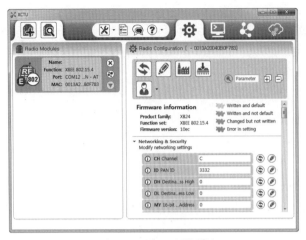

그림 16-12 **Xbee 모듈 정보**

아래 설명에서 Xbee 모듈은 802.15.4 펌웨어가 설치되어 있고 펌웨어의 디폴트 옵션을 수정하지 않은 것으로 가정한다. 만약 다른 펌웨어가 설치되어 있거나 디폴트 옵션을 수정하였다면 설명에서와는 다른 결과를 얻을 수 있다. 디폴트 옵션으로 설정하는 방법은 그림 16-12에서 디폴트 펌웨어 옵션을 로드하는 명령(📊)을 실행시킨 후, 변경된 옵션을 Xbee 모듈에 기록하는 명령(🖊)을 실행시키면 된다.

툴바의 오른쪽에서 콘솔 모드(🖥)를 선택하고 시리얼 연결 버튼(🔌)을 누르면 데이터를 입력할 수 있는 창이 활성화된다. 창에 'Test'라고 입력해 보면 각 글자가 두 번씩 나타나는 것을 확인할 수 있다. 파란색은 송신한 데이터에 해당하며, 빨간색은 루프 백에 의해 수신된 데이터를 나타낸다.

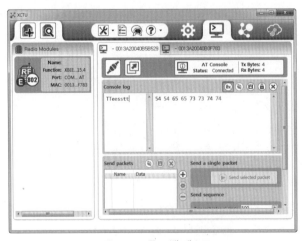

그림 16-13 **루프 백 테스트**

설정 탭으로 돌아와서 화면 왼쪽의 Xbee 모듈 옆에 있는 무선 노드 검색 버튼(⚇, 그림 16-12 참고)을 누르면 현재 동일한 네트워크상에 있는 Xbee 모듈이 검색되어 나타난다.

그림 16-14 무선 노드 검색

'Add selected devices' 버튼을 누르면 USB 익스플로러의 Xbee 모듈 아래에 원격 모듈로 추가 된다.

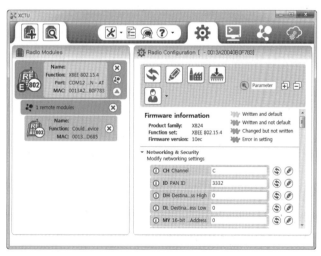

그림 16-15 원격 모듈 추가

Xbee 모듈을 하나 더 루프 백 테스트가 가능하도록 DIN과 DOUT을 서로 연결하고 전원을 연결하자. 그림 16-14의 검색과 장치 추가를 통해 3개의 모듈을 등록한다. 콘솔 모드를 열고 시리얼 연결을 수행한 후 문자를 입력해 보자. 어떤 일이 발생하는가?

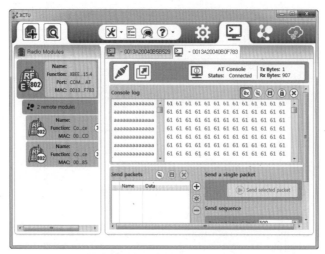

그림 16-16 3개의 모듈로 구성되는 Xbee 네트워크에서의 루프 백 테스트

그림 16-16에 나타난 것처럼 한 번 전송된 데이터가 계속해서 수신되는 것을 확인할 수 있다. 이는 2개의 Xbee 모듈이 수신된 데이터를 다른 두 Xbee 모듈로 재전송함으로써 계속해서 동일한 데이터가 반복해서 수신되기 때문이다.

Xbee 모듈은 디폴트로 동일한 네트워크에 소속되어 있고 동일한 주소를 가지는 것으로 설정되어 있으므로 별다른 설정 없이도 네트워크를 구성하는 3개의 노드, 즉 Xbee 모듈이 서로 연결되고 데이터를 주고받을 수 있다. 특정 노드에만 데이터를 전달하고 싶다면 어떻게 해야 할까? 네트워크상에서 노드를 식별하기 위해서 지그비는 주소를 사용한다. USB 익스플로러에 연결된 Xbee 모듈을 선택하고 오른쪽에 나타나는 정보 중에서 'Networking & Security' 부분을 살펴보면 노드의 주소와 관련된 부분을 확인할 수 있다.

첫 번째 항목인 채널(Channel, CH)은 Xbee가 사용하는 2.4GHz 대역 중에서 사용할 채널을 나타낸다. 노드들이 서로 통신하기 위해서는 동일한 채널로 설정되어 있어야 한다. PAN ID는 Personal Area Network ID의 줄임말로, 개인용 네트워크를 식별하기 위해 사용된다. 네트워크 ID는 0x0에서 0xFFFF 사이의 값을 가지며, 동일한 네트워크에 소속된 노드들 사이에서만 통신이 가능하다. 위의 두 가지 항목은 네트워크를 특징짓기 위한 파라미터에 속한다. 다음 두 가지는 네트워크 내에서 노드를 특징짓기 위한 파라미터이다.

그림 16-17 노드의 주소 설정

동일 네트워크상에서 모든 노드는 0x0000에서 0xFFFF 사이의 16비트 주소를 가지며, 이를 MY 주소 또는 소스 주소(source address)라고 한다. 반면, 목적지 주소(destination address)는 노드가 데이터를 보낼 수 있는 주소를 가리킨다. 예를 들어, 노드 1의 MY 주소가 0x1234인 경우, 노드 2의 목적지 주소가 0x1234로 설정되어 있어야만 노드 2가 노드 1로 데이터를 전송할 수 있다. 그림 16-17에서 알 수 있듯이, 목적지 주소는 2개의 16비트 값으로 구성된다. 데이터를 수신할 노드의 MY 주소로 목적지를 지정하는 경우 DH 값은 0으로, DL 값은 MY 주소로 설정하면 된다. 또는 목적지 노드의 시리얼 번호(serial number)를 DH와 DL 값으로 지정해 주어도 목적지 노드를 설정할 수 있지만, 시리얼 번호는 수정이 불가능하므로 MY 주소를 사용하는 것이 편리하며 더 많이 사용된다.

Xbee 모듈의 디폴트값은 그림 16-17에 나타난 것처럼 모든 주소가 0으로 동일하게 설정되어 있어 모든 노드로 메시지가 전달되었다. 서로 다른 소스 주소를 가지는 노드로 구성된 네트워크에서는 모든 노드로 메시지를 전달하기 위해서 브로드캐스트(broadcast)를 사용할 수 있으며, 브로드캐스트를 사용하기 위해서는 목적지 주소를 DH = 0x0, DL = 0xFFFF로 설정하여야 한다.

3개의 Xbee 모듈이 스타 네트워크를 형성하고 통신할 수 있도록 표 16-2와 같이 주소를 설정해 보자. IEEE 802.15.4 프로토콜은 메시 네트워크를 지원하지 않으므로, 표 16-2는 컴퓨터와 USB를 통해 연결된 노드(노드 1)를 코디네이터(coordinator)로 두고, 다른 두 노드들(노드 2와 3)은 코디네이터로 데이터를 전송하도록 설정한 예이다.

표 16-2 노드 주소 설정

파라미터	노드 1	노드 2	노드 3	비고
CH		C		통신 채널
ID		0x1234		네트워크 ID
DH	0	0	0	
DL	0xFFFF	1	1	
MY	1	2	3	노드 주소
비고	코디네이터, PC와 연결, 브로드캐스트	노드 1로 데이터 전송	노드 1로 데이터 전송	

표 16-2와 같이 주소를 설정하고 루프 백 테스트를 해 보자. 그림 16-16에서와는 달리 노드 1은 모든 노드로 데이터를 전송하지만, 노드 2와 3은 노드 1로만 데이터를 전송하므로 수신이 두 번 일어남을 알 수 있다.

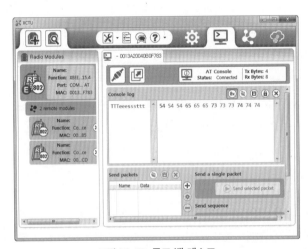

그림 16-18 루프 백 테스트

16.4 아두이노와 컴퓨터의 지그비 통신

지그비 모듈을 사용하는 방법에는 여러 가지가 있지만, 여기서는 컴퓨터에 연결된 지그비 모듈을 코디네이터로, 아두이노에 연결된 지그비 모듈을 단말로 사용하여 통신하는 방법을 살펴본다. 이를 위해 표 16-2의 3개 노드 중 노드 1과 2를 사용하며, 노드 1은 컴퓨터에 USB 익스플로러를 통해 연결하고 노드 2는 그림 16-19와 같이 아두이노 우노에 연결한다.

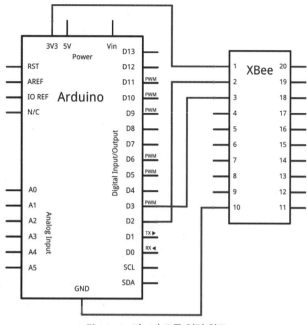

그림 16-19 **지그비 모듈 연결 회로도**

아두이노에는 1초에 한 번 카운터 값을 증가시키고 이를 지그비를 통해 전송하도록 스케치 16-1을 업로드한다. 스케치 16-1은 컴퓨터에서 전송된 데이터를 수신하여 이를 시리얼 모니터 로 출력하는 기능 역시 포함되어 있다.

스케치 16-1 **카운터 값 전송**

```
#include <SoftwareSerial.h>

SoftwareSerial xbee(2, 3);                    // (RX, TX)
byte count = 0;
unsigned long time_previous, time_current;

void setup() {
    Serial.begin(9600);
    xbee.begin(9600);                         // Xbee 모듈 연결 초기화
    time_previous = millis();
}

void loop() {
    time_current = millis();
    if(time_current - time_previous > 1000){  // 1초에 한 번 실행
        time_previous = time_current;
        count++;                              // 카운터 증가
        xbee.println(count);                  // 데이터 전송
    }
```

```
    if(xbee.available()){                           // 수신 데이터를 시리얼 모니터로 출력
        Serial.write(xbee.read());
    }
}
```

그림 16-20은 스케치 16-1을 실행시키고 컴퓨터에서 RealTerm을 통해 USB 익스플로러가 연결된 시리얼 포트 데이터를 출력한 것이다.

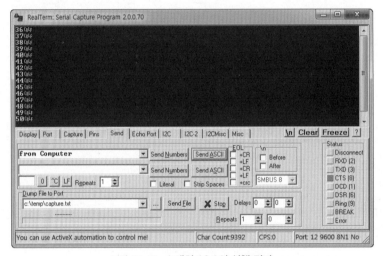

그림 16-20 스케치 16-1의 실행 결과

RealTerm에서 데이터를 입력하면 아두이노와 연결된 시리얼 모니터에 표시되는 것 역시 확인할 수 있다.

그림 16-21 스케치 16-1의 실행 결과

16.5 요약

지그비는 가까운 거리에서 저전력의 개인용 무선 통신 네트워크를 구축하기 위한 표준 중 하나이다. 근거리 저전력 개인용 무선 네트워크 표준으로 이미 블루투스를 살펴보았다. 블루투스와 지그비의 차이점은 여러 가지가 있지만, 더 낮은 전송 속도와 손쉬운 확장성에서 그 차이를 발견할 수 있다. 전송 속도가 낮은 것은 단점이 될 수도 있지만, 낮은 전송 속도는 낮은 전력 소비로 이어지므로 오랜 시간 동안 동작할 수 있는 무선기기를 만들기에 유리하다.

블루투스에 비해 지그비의 장점은 확장성에서 찾아야 한다. 블루투스는 스타 네트워크만을 지원하지만 지그비는 메시 네트워크를 지원하므로, 많은 노드들을 손쉽게 연결할 수 있으며 이에 따라 전송 거리 역시 확장이 가능하다. 최근 사물인터넷과 관련하여 스마트 홈에 대한 관심이 증가하고 있으며, 스마트 홈 구축을 위한 무선 통신 방법으로 지그비에 대한 관심 역시 증가하고 있다. 하지만, 블루투스 역시 저전력의 BLE(Bluetooth Low Energy)와 메시 네트워크 지원 등을 통해 스마트 홈을 겨냥하고 있으므로 향후 지그비와 블루투스의 행보를 주목할 필요가 있다.

IV

아두이노
– 아두이노 연결

17

UART:
아두이노 – 아두이노

UART는 마이크로컨트롤러에서 사용하는 대표적인 시리얼 통신 방법 중 하나로, 오랜 역사로 많은 장치들이 UART 통신을 지원하고 있고 연결이 간단하여 지금도 많이 사용되는 시리얼 통신 방법 중 하나이다. UART가 1:1의 연결만이 가능하고 TTL 레벨을 사용하므로 전송 거리가 짧다는 등의 단점이 있지만, RS-232, RS-422 등과 함께 사용하면 이러한 단점을 극복할 수 있다. 제3장에서 시리얼 텍스트 LCD를 아두이노와 UART 시리얼 통신으로 연결하여 사용하는 방법에 대해 살펴보았다. 이 장에서는 UART를 이용한 통신 중에서도 아두이노와 아두이노 사이 또는 보다 일반적으로 마이크로컨트롤러와 마이크로컨트롤러 사이의 통신 방법과 이를 이용한 원격 제어 방법을 알아본다.

17.1 아두이노 연결

2개의 아두이노 우노를 연결하기 위해서는 2개의 아두이노 우노가 준비되어 있어야 하는 것은 당연하다. 2개의 아두이노 우노를 컴퓨터에 연결하면 장치 관리자에서는 각각 서로 다른 포트가 할당되며, 이는 장치 관리자에서 확인할 수 있다. 2개의 아두이노가 각각 COM35와 COM36에 연결되었다고 가정하자.

그림 17-1 **2개의 아두이노 우노 연결**

2개의 아두이노를 UART 통신을 위해 연결하기 위해서는 RX와 TX를 서로 교차하여 연결하면 된다. 하지만, 아두이노 우노는 하드웨어적으로 하나의 UART 통신만을 지원하므로 컴퓨터로 결과를 확인할 수 있도록 소프트웨어로 UART 통신을 에뮬레이션하는 SoftwareSerial 클래스를 함께 사용한다. 그림 17-1에서 COM36에 연결된 아두이노를 슬레이브라고 하고, COM35에 연결된 아두이노를 마스터라고 하자. UART 시리얼 통신은 1:1 통신으로 마스터-슬레이브 개념을 사용하지는 않지만, 이 장에서는 COM36에 연결된 아두이노가 정보를 수집하여 COM35에 연결된 아두이노로 데이터를 전송하도록 할 것이므로 COM36에 연결된 아두이노를 슬레이브, COM35에 연결된 아두이노를 마스터라고 지칭한다. 또한, SPP를 지원하는 블루투스 장치를 사용하는 경우 UART 시리얼 통신에 사용하는 동일한 코드로 블루투스 통신이 가능하며, 블루투스의 경우 마스터-슬레이브 개념을 사용하므로 이 장에서는 UART 통신에서도 그 기능에 따라 마스터와 슬레이브로 나누었다.

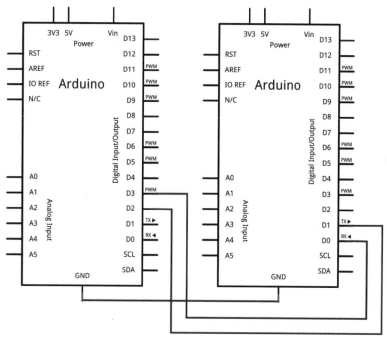

그림 17-2 **2개의 아두이노 우노 연결 회로도**

그림 17-2에서 왼쪽에 있는 아두이노가 마스터로 SoftwareSerial 클래스를 통해 슬레이브의 데이터를 수신하고, 수신된 데이터를 Serial 클래스를 통해 시리얼 모니터로 출력한다. 오른쪽에 있는 아두이노는 슬레이브로, Serial 클래스를 통해 마스터로 데이터를 전송한다. 먼저 슬레이브에 스케치 17-1을 업로드해 보자.

스케치 17-1 **아두이노 사이의 UART 시리얼 통신 – 슬레이브**

```
int count = 0;                  // 카운터

void setup() {
    Serial.begin(9600);         // UART 시리얼 포트 초기화
}

void loop() {
    count = count + 1;
    Serial.println(count);      // 카운터 값 전송

    delay(1000);                // 1초 대기
}
```

스케치 17-1은 하드웨어 UART 포트(Serial)를 통해 1초에 1씩 증가하는 카운터 값을 전송한다.

슬레이브에 스케치 17-1을 업로드하고 COM36 포트를 시리얼 모니터로 확인해 보면 전송되는 값을 확인할 수 있다. 단, 마스터와 슬레이브가 연결되어 있다면 UART 시리얼 통신과 프로그램 업로드를 위해 동일한 핀이 중복으로 사용되어 프로그램 업로드에서 오류가 발생할 수 있다. 이 경우에는 마스터와의 연결선을 제거하고 스케치를 업로드하도록 한다.

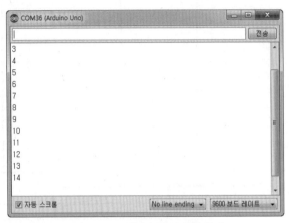

그림 17-3 스케치 17-1의 실행 결과

마스터에는 스케치 17-2를 업로드한다. 스케치 17-2는 2개의 UART 통신을 사용하며, 하나는 슬레이브로부터 전송된 데이터를 받아들이기 위한 소프트웨어 시리얼 포트(SoftwareSerial 클래스)이며, 다른 하나는 슬레이브의 데이터를 컴퓨터로 전송하여 시리얼 모니터로 출력하기 위한 하드웨어 시리얼 포트(Serial 클래스)이다.

스케치 17-2 아두이노 사이의 UART 시리얼 통신 – 마스터

```
#include <SoftwareSerial.h>

SoftwareSerial mySerial(2, 3);          // 슬레이브 데이터 입력 포트

void setup() {
    Serial.begin(9600);                 // 컴퓨터 연결 포트
    mySerial.begin(9600);
}

void loop() {
    while(mySerial.available()){         // 슬레이브로부터의 데이터 수신 확인
        char data = mySerial.read();     // 슬레이브 데이터 읽기
        Serial.print(data);              // 컴퓨터로 재전송
    }
}
```

그림 17-4 스케치 17-2의 실행 결과

스케치 17-2의 실행 결과는 그림 17-4와 같으며, 그림 17-3과의 차이를 찾아보기 어렵다. 무엇이 달라졌는가? 바로 시리얼 모니터가 연결된 포트 번호에 차이가 있다. 그림 17-3은 슬레이브가 직접 컴퓨터로 데이터를 전송한 결과인 반면, 그림 17-4는 슬레이브가 마스터로 데이터를 전달하고 마스터가 이를 다시 컴퓨터로 전달한 결과이다.

슬레이브 역시 마스터와의 통신을 위해 소프트웨어 시리얼 포트(SoftwareSerial 클래스)를 사용할 수 있다. 소프트웨어 시리얼 포트를 사용하면 슬레이브에 프로그램을 업로드할 때 마스터와의 연결선을 제거하지 않아도 된다. 스케치 17-3은 스케치 17-1을 소프트웨어 시리얼 포트를 사용하도록 수정한 예이다.

스케치 17-3 **SoftwareSerial 사용 – 슬레이브**

```
#include <SoftwareSerial.h>

SoftwareSerial mySerial(2, 3);          // 마스터 연결 시리얼 포트

int count = 0;                          // 카운터

void setup() {
    mySerial.begin(9600);               // UART 시리얼 포트 초기화
}

void loop() {
    count = count + 1;
    mySerial.println(count);            // 카운터 값 전송

    delay(1000);                        // 1초 대기
}
```

17.2 원격 온도 측정

앞 절에서 설명한 예는 슬레이브가 지속적으로 마스터로 데이터를 전송하는 예이다. 이를 수정하여 마스터가 데이터를 요구하는 경우에만 슬레이브가 데이터를 전송하는 프로그램을 작성해 보자. 2개의 아두이노 우노를 UART를 통해 연결하고 슬레이브에는 온도 센서를 연결하자. 마스터는 일정한 시간 간격으로 슬레이브로 현재 온도를 전송하도록 요청하고, 슬레이브는 마스터의 요청이 있는 경우에만 온도를 마스터로 전송하도록 해 보자. 슬레이브에는 그림 17-5와 같이 온도 센서를 연결하자. 사용한 온도 센서는 TMP36으로, 트랜지스터와 형태가 동일하며 온도에 비례하는 전압을 아날로그 값으로 출력한다.

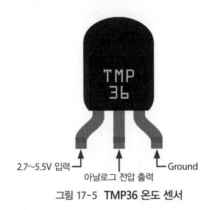

그림 17-5 TMP36 온도 센서

TMP36 온도 센서의 출력 전압 특성은 그림 17-6과 같다.

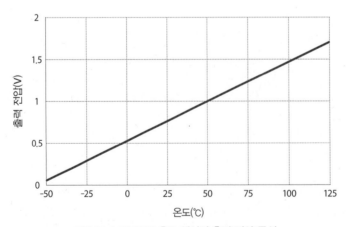

그림 17-6 TMP36 온도 센서의 출력 전압 특성

출력 전압을 온도로 변환하기 위해서는 다음 수식을 사용하면 된다. 이 때 출력 전압은 mV 단위를 사용한다.

$$T(°C) = \frac{V_{out} - 500}{10}$$

출력 전압을 아날로그 입력 핀으로 읽으면 0에서 1023 사이의 디지털 값으로 변환되어 아두이노에서 읽힌다. 따라서 V_{out}은 실제 입력값 A_{in}에서 다음과 같이 계산할 수 있다. 아두이노 우노를 사용하므로 아날로그 기준 전압은 5V로 가정하였다.

$$V_{out} = \frac{A_{in} \times 5000}{1024}$$

그림 17-7과 같이 슬레이브 아두이노에 온도 센서를 연결하자.

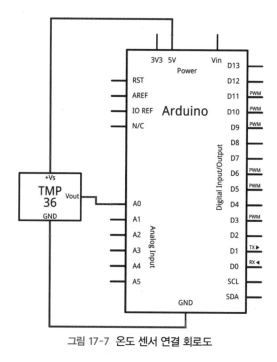

그림 17-7 온도 센서 연결 회로도

스케치 17-4는 온도 센서를 통해 현재 온도를 측정하고, 이를 시리얼 모니터로 출력하는 스케치의 예이다.

스케치 17-4 **온도 센서 읽기**

```
int temperature_pin = A0;                          // 온도 센서 연결 핀

void setup() {
    Serial.begin(9600);
}

void loop() {
    int reading = analogRead(temperature_pin);     // ADC 값 읽기
    float voltage = reading * 5.0 / 1024.0;        // 볼트 단위 전압으로 변환
    float temperature = (voltage - 0.5) * 100;     // 온도로 변환

    Serial.print("Current Temperature : ");
    Serial.println(temperature);

    delay(1000);
}
```

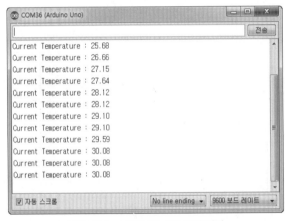

그림 17-8 **스케치 17-4의 실행 결과**

스케치 17-4는 슬레이브에서 컴퓨터로 직접 온도를 전송하고 있다. 이를 수정하여 마스터로부터 현재 온도에 대한 요청을 나타내는 문자 'T'가 전송된 경우 현재 온도를 마스터로 알려 주는 스케치 17-5를 업로드하자. 업로드 시의 충돌을 피하기 위해 스케치 17-5에서는 소프트웨어 시리얼 포트를 사용하였다.

스케치 17-5 **원격 온도 측정 – 슬레이브**

```
#include <SoftwareSerial.h>

int temperature_pin = A0;                          // 온도 센서 연결 핀
SoftwareSerial mySerial(2, 3);                     // 마스터 연결 시리얼 포트
```

```
void setup() {
    mySerial.begin(9600);                               // UART 시리얼 포트 초기화
}

void loop() {
    if(mySerial.available()){                           // 마스터로부터의 데이터 전송 확인
        char data = mySerial.read();
        if(data == 'T'){                                // 현재 온도를 요구한 경우 온도 반환
            mySerial.print("Current temperature is ");
            mySerial.print(get_temperature());
            mySerial.println(" degrees C");
        }
    }
}

float get_temperature() {
    int reading = analogRead(temperature_pin);          // ADC 값 읽기
    float voltage = reading * 5.0 / 1024.0;             // 볼트 단위 전압으로 변환
    float temperature = (voltage - 0.5) * 100;          // 온도로 변환

    return temperature;
}
```

마스터에는 시리얼 모니터로부터 임의의 문자를 입력받고 이를 슬레이브로 전달해 주고 슬레이브로부터 전달된 현재 온도를 시리얼 모니터로 출력하는 스케치 17-6을 업로드하자.

스케치 17-6 원격 온도 측정 – 마스터

```
#include <SoftwareSerial.h>

SoftwareSerial mySerial(2, 3);              // 슬레이브 통신 포트

void setup() {
    Serial.begin(9600);                     // 컴퓨터 연결 포트
    mySerial.begin(9600);
}

void loop() {
    // 시리얼 모니터 --> 마스터 --> 슬레이브
    if(Serial.available())
        mySerial.write(Serial.read());

    // 슬레이브 --> 마스터 --> 시리얼 모니터
    if(mySerial.available())
        Serial.write(mySerial.read());
}
```

마스터가 연결된 시리얼 포트(COM35)의 시리얼 모니터를 실행시키고, 문자를 입력하여 현재 온도가 시리얼 모니터로 출력되는지 확인해 보자.

그림 17-9 스케치 17-5 및 스케치 17-6의 실행 결과

17.3 요약

UART 시리얼 통신은 가장 오래된 시리얼 통신 방법 중 하나로 다양한 장치들이 지원하는 장점을 가지고 있어 지금까지도 널리 사용되고 있다. 특히 산업용 장비의 경우에는 UART를 바탕으로 하는 RS-232나 RS-422 등이 널리 사용되고 있다. 하지만, 마이크로컨트롤러에서 RS-232나 RS-422를 사용하기 위해서는 전압 레벨을 조절하기 위한 변환 장치가 필요하다.

UART 통신의 장점은 간단하고 직관적인 연결만으로 통신이 가능하다는 데 있다. UART 통신은 기본적으로 1:1 통신만을 지원하므로 데이터 송수신을 위한 RX와 TX의 두 개 연결선만으로 통신이 가능하다. 하지만, UART 통신은 1:1 통신이므로 여러 개의 UART 통신 장치를 연결하기 어려우므로, 많은 수의 장치를 연결하기 위해서는 소프트웨어를 통한 에뮬레이션을 사용하거나 여러 개의 UART 포트를 제공하는 다른 마이크로컨트롤러의 사용을 고려해 볼 수 있다. 또한, I2C나 SPI와 같이 1:n 연결을 지원하는 유선 통신이나 간편하게 장치들을 설치할 수 있는 무선 통신 방식 역시 UART의 대안으로 고려해 볼 수 있다.

18

SPI:
아두이노 – 아두이노

SPI는 고속의 데이터 전송을 위한 시리얼 통신 방법 중 하나로, 많은 양의 데이터를 고속으로 전송하기 위해 흔히 사용된다. 또한, SPI는 1:n 연결이 가능하다는 장점을 가지고 있어 여러 장치들을 연결하기가 용이하다. 이 장에서는 SPI를 이용한 통신 중에서도 아두이노와 아두이노 사이에서의 통신 방법을 알아보고, 3개의 아두이노를 SPI 통신을 통해 연결하는 방법을 알아본다.

SPI는 고속의 주변장치 연결을 위한 동기식, 전이중 방식의 시리얼 통신 방식으로, 1:n 연결을 지원하고 SS(Slave Select) 연결선을 통해 하드웨어적인 방식으로 여러 개의 주변장치 중 하나를 선택하는 방식을 사용하고 있다. 흔히 비교되는 I2C(Inter-Integrated Circuit)는 반이중 방식을 사용하는 저속의 시리얼 통신 방식으로, 주변장치의 주소를 사용한 소프트웨어적인 방식으로 여러 개의 주변장치 중 하나를 선택하는 차이가 있다.

SPI 통신은 데이터 송수신을 위해 MISO(Mater In Slave Out)와 MOSI(Master Out Slave In), 동기화 클록을 위해 SCK(Serial Clock), 그리고 특정 장치 선택을 위해 SS(Slave Select)를 사용하여 4-Wire라고도 불린다. SPI는 장치 선택을 위해 SS 연결선을 사용하므로 I2C에서와 같은 주소 충돌이 발생하지 않는 장점이 있는 반면, 연결하는 주변장치의 수가 증가하면 필요한 연결선의 수가 그에 비례하여 증가하는 점은 단점이 될 수도 있다. 아두이노에서는 SPI 통신을 위해 SPI 라이브러리를 제공하고 있으므로 SPI 통신을 통해 주변장치와 손쉽게 통신이 가능하다.

18.1 슬레이브로 데이터 전송

2개의 아두이노 우노를 SPI 통신으로 연결해 보자. 2개의 아두이노는 UART 연결에서와 마찬가지로 COM35와 COM36에 연결된 것으로 가정하며, COM35에 연결된 아두이노를 마스터, COM36에 연결된 아두이노를 슬레이브로 한다.

아두이노 우노에 사용된 ATmega328은 SPI 연결을 위해 전용 핀이 지정되어 있다. 여러 개의 주변장치를 연결하는 경우 MOSI, MISO, SCK는 공통으로 사용되며, SS는 주변장치별로 하나씩 필요하다. 표 18-1은 아두이노 우노에서 SPI 연결을 위해 사용되는 핀을 나타낸 것으로, SS 핀은 기본적으로 디지털 10번 핀을 사용하도록 지정되어 있지만 필요에 따라 변경할 수 있다.

표 18-1 SPI 연결 핀

SPI 신호	아두이노 우노	비고
MOSI	디지털 11	데이터
MISO	디지털 12	데이터
SCK	디지털 13	클록
SS	디지털 10	변경 가능

2개의 아두이노 우노를 그림 18-1과 같이 SPI를 통해 연결해 보자.

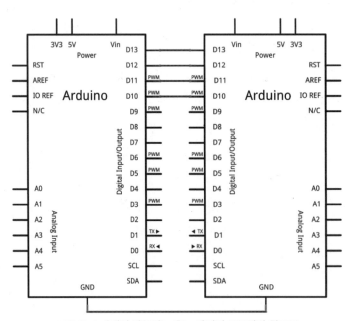

그림 18-1 2개의 아두이노 우노 사이의 SPI 연결 회로도

스케치 18-1은 마스터가 1초 간격으로 "Hello World!"라는 문자열을 전송하는 스케치의 예이다. 문자열을 수신하는 슬레이브는 전송된 문자열의 끝을 개행문자 '\n'으로 판별하므로 마스터에서는 전송하는 문자열의 끝에 개행문자 '\n'을 함께 전송하고 있다.

스케치 18-1 **SPI 통신 테스트 - 마스터**

```
#include <SPI.h>

void setup (void)
{
    SPI.begin ();                          // SPI 통신 초기화
    digitalWrite(SS, HIGH);                // 슬레이브가 선택되지 않은 상태로 유지

    // 안정적인 전송을 위해 분주비를 높여 전송 속도를 낮춤
    SPI.setClockDivider(SPI_CLOCK_DIV16);
}

void loop (void)
{
    const char *p = "Hello, World\n";

    digitalWrite(SS, LOW);                 // 슬레이브를 선택한다.
    for (int i = 0; i < strlen(p); i++){   // 문자열을 전송한다.
        SPI.transfer(p[i]);
    }

    digitalWrite(SS, HIGH);                // 슬레이브 선택을 해제한다.

    delay(1000);
}
```

마스터를 위한 스케치는 스케치 18-1과 같이 SPI 라이브러리를 사용하여 간단하게 작성할 수 있지만, 아두이노의 SPI 라이브러리는 마스터 모드만을 지원하므로 슬레이브로 동작하는 SPI 장치를 위해서는 레지스터를 직접 제어하여 ATmega328의 SPI 통신 기능을 사용하여야 한다. ATmega328에서 SPI는 인터럽트 방식으로 동작한다. SPI 통신을 통해 데이터가 수신되면 인터럽트 서비스 루틴(Interrupt Service Routine, ISR)이 자동으로 호출된다. 이 때 ISR의 매개변수로는 SPI 통신을 통한 데이터 수신 인터럽트에 해당하는 SPI_STC_vect가 전달된다. ATmega328이 SPI에 의한 데이터 수신 인터럽트를 처리하기 위해서는 세 가지 설정이 필요하다.

• SPI 통신을 사용 가능하도록 설정하여야 한다.

• SPI 통신에서 슬레이브로 동작하도록 설정하여야 한다.

• SPI 통신을 통해 데이터가 수신된 경우 인터럽트가 발생하도록 설정하여야 한다.

앞의 세 가지 설정은 모두 SPI Control Register인 SPCR의 해당 비트를 설정해 줌으로써 가능하다. SPCR 레지스터의 구조는 그림 18-2와 같다.

비트	7	6	5	4	3	2	1	0
	SPIE	SPE	DORD	MSTR	CPOL	CPHA	SPR1	SPR0
읽기/쓰기	R/W	R/W	R/W	R/W	R/W	R/W	R/W	R/W
초깃값	0	0	0	0	0	0	0	0

그림 18-2 **SPCR 레지스터의 구조**

SPCR 레지스터 중 6번 비트인 SPE(SPI Enable) 비트를 1로 설정함으로써 SPI 통신이 가능하도록 설정할 수 있다. 4번 비트인 MSTR(Master/Slave Select) 비트가 1인 경우 마스터 모드로 동작하며, 0인 경우 슬레이브 모드로 동작한다. 디폴트값은 0이다. 마지막으로 7번 비트인 SPIE(SPI Interrupt Enable) 비트를 1로 설정하면 SPI 통신에 의한 인터럽트 발생이 허용된다. MSTR, SPE, SPIE는 각각 4, 6, 7의 상수로 비트 번호를 나타내도록 정의되어 있다.

```
#define MSTR    4
#define SPE     6
#define SPIE    7
```

각 비트는 _BV 매크로를 이용한 비트 연산을 통해 설정할 수 있다. _BV 매크로는 해당 위치의 비트만을 1로 하는 마스크를 생성하는 매크로로 다음과 같이 정의되어 있다.

```
#define _BV(bit) (1 << (bit))
```

따라서 _BV 매크로를 통해 생성된 마스크와 비트 OR 연산을 수행함으로써 해당 비트만을 1로 설정할 수 있으며, 마스크를 반전시켜 비트 AND 연산을 수행함으로써 해당 비트만을 0으로 설정할 수 있다. 스케치 18-2는 슬레이브가 SPI 통신을 통해 문자열을 수신하고 개행문자를 만나는 경우 시리얼 모니터로 수신된 문자열을 출력하는 함수이다.

```
#include <SPI.h>

char buf[100];                              // 수신된 문자 저장을 위한 버퍼
volatile byte pos;                          // 수신 버퍼에 문자를 기록할 위치
volatile boolean process_it;                // 개행문자를 만난 경우 시리얼 모니터로 출력

void setup ()
{
    Serial.begin (9600);                    // 시리얼 통신 초기화

    // SPI 통신을 위한 핀들의 입출력 설정
    pinMode(MISO, OUTPUT);
    pinMode(MOSI, INPUT);
    pinMode(SCK, INPUT);
    pinMode(SS, INPUT);

    // 마스터의 전송 속도에 맞추어 통신 속도를 설정한다.
    SPI.setClockDivider(SPI_CLOCK_DIV16);

    // SPI 통신을 위한 레지스터를 설정
    SPCR |= _BV(SPE);                       // SPI 활성화
    SPCR &= ~_BV(MSTR);                     // Slave 모드 선택
    SPCR |= _BV(SPIE);                      // 인터럽트 허용

    pos = 0;                                // 수신 문자 기록 위치 초기화
    process_it = false;
}

// SPI 통신으로 데이터가 수신될 때 발생하는 인터럽트 처리 루틴
ISR (SPI_STC_vect)
{
    byte c = SPDR;                          // 수신된 문자를 얻어온다.

    if (pos < sizeof(buf) - 1){             // 현재 버퍼에 저장할 공간이 있는 경우
        buf[pos++] = c;                     // 버퍼에 수신된 문자 기록

        if (c == '\n'){                     // 개행문자를 만나면 출력
    process_it = true;
        }
    }
}

void loop ()
{
    if (process_it){                        // Serial로 출력할 문자열이 있는 경우
        buf[pos] = 0;                       // 문자열의 끝 표시
        Serial.print(buf);
        pos = 0;                            // 버퍼가 비었음을 표시
        process_it = false;
    }
}
```

스케치 18-2에서 슬레이브가 수신한 문자는 SPDR(SPI Data Register) 레지스터를 통해 알아 낼수 있다. SPDR 레지스터의 값을 읽으면 SPI 통신을 통해 전달된 데이터가 저장되는 데이터 버퍼에서 값을 읽어온다. 스케치 18-2를 슬레이브에 업로드하고 슬레이브와 연결된 시리얼 모니터를 실행시키면 마스터에서 1초 간격으로 전달하는 메시지가 슬레이브로 수신되고 있음을 확인할 수 있다.

그림 18-3 스케치 18-1과 스케치 18-2의 실행 결과

18.2 슬레이브로부터 데이터 수신

SPI는 데이터 송수신을 위한 마스터와 슬레이브의 버퍼가 원형 큐를 이루면서 연결되어 있으며, 데이터 송수신은 마스터에 의해서만 시작될 수 있으므로 슬레이브로부터 데이터를 수신하기 위해서도 마스터는 슬레이브로 데이터를 송신하여야 한다. 즉, 1바이트의 데이터를 얻기 위해서는 1바이트의 데이터를 보내야만 한다. 슬레이브는 1초 간격으로 0에서 9까지 증가하는 카운터를 가지고 있다고 가정해 보자. 마스터는 시리얼 모니터를 통해 사용자의 입력을 기다리다가 문자 'C'가 입력되는 경우 슬레이브로부터 현재 카운터 값을 받아 이를 시리얼 모니터로 출력하도록 해 보자. 슬레이브에는 스케치 18-3을 업로드한다. 스케치 18-2에서 슬레이브가 SPDR 레지스터를 통해 수신된 문자를 읽어오는 것과 유사하게 스케치 18-3에서는 마스터로 데이터를 전송하기 위해 SPDR 레지스터를 사용하고 있다.

스케치 18-3 초 단위 카운터 - 슬레이브

```cpp
#include <SPI.h>

byte count;

void setup ()
{
    // SPI 통신을 위한 핀들의 입출력 설정
    pinMode(MISO, OUTPUT);
    pinMode(MOSI, INPUT);
    pinMode(SCK, INPUT);
    pinMode(SS, INPUT);

    // 마스터의 전송 속도에 맞추어 통신 속도를 설정한다.
    SPI.setClockDivider(SPI_CLOCK_DIV16);

    // SPI 통신을 위한 레지스터를 설정
    SPCR |= _BV(SPE);                   // SPI 활성화
    SPCR &= ~_BV(MSTR);                 // Slave 모드 선택
    SPCR |= _BV(SPIE);                  // 인터럽트 허용

    count = 0;                          // 카운터 초기화
}

// SPI 통신으로 데이터가 수신될 때 발생하는 인터럽트 처리 루틴
ISR (SPI_STC_vect)
{
    SPDR = count + '0';                 // 카운터 값을 ASCII 값으로 전달
}

void loop ()
{
    count = (count + 1) % 10;           // 카운터 값 증가
    delay(1000);
}
```

마스터에는 스케치 18-4를 업로드하고 마스터와 연결된 시리얼 모니터를 통해 문자 'C'를 입력하여 슬레이브의 현재 카운터 값이 전송되어 오는지 확인해 보자.

스케치 18-4 카운터 값 요청 - 마스터

```
#include <SPI.h>

void setup ()
{
    SPI.begin ();                         // SPI 통신 초기화
    digitalWrite(SS, HIGH);               // 슬레이브가 선택되지 않은 상태로 유지

    // 안정적인 전송을 위해 분주비를 높여 전송 속도를 낮춤
    SPI.setClockDivider(SPI_CLOCK_DIV16);

    Serial.begin(9600);
}

void loop ()
{
    if(Serial.available()){
        char data = Serial.read();        // 데이터 입력 확인
        if(data == 'C'){
            digitalWrite(SS, LOW);        // 슬레이브를 선택한다.
            // 1바이트 데이터 수신을 위해 의미 없는 1바이트 데이터를 전송한다.
            char received = SPI.transfer(0);
            digitalWrite(SS, HIGH);       // 슬레이브 선택을 해제한다.
            Serial.println(received);
        }
    }
}
```

슬레이브는 1초에 한 번 증가하는 카운터를 가지고 있다. 따라서 그림 18-4의 실행 결과에서 알 수 있듯이, 슬레이브로의 요청이 1초 이내에 여러 번 발생하게 되면 동일한 카운터 값을 얻게 되고, 요청 간격이 길어지는 경우에는 연속된 카운터 값을 얻어오지 못한다.

그림 18-4 스케치 18-3과 18-4의 실행 결과

18.3 3개의 아두이노 연결

UART와 비교하여 SPI의 장점 중 하나는 마스터 하나에 슬레이브가 1개 이상 연결될 수 있다는 점이다. 1:n 통신을 테스트하기 위해 3개의 아두이노 우노를 그림 18-5와 같이 연결해 보자. 3개의 아두이노는 각각 COM35, COM36, COM37에 연결된 것으로 가정하며, COM35에 연결된 아우이노가 마스터에 해당한다.

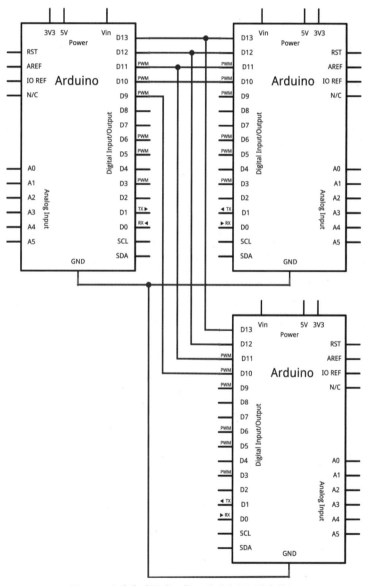

그림 18-5 3개의 아두이노 우노 사이의 SPI 연결 회로도

그림 18-5에서 3개의 아두이노 우노는 디지털 11번에서 디지털 13번까지 3개의 핀은 모두 함께 사용하고 있으며, 이들 핀은 다른 핀으로 대체할 수 없다. 마스터에 해당하는 왼쪽 위의 아두이노는 슬레이브 선택을 위해 디지털 9번과 10번을 사용하고 있으며, 슬레이브에 해당하는 2개의 아두이노는 모두 디지털 10번 핀을 슬레이브 선택을 위해 사용하고 있다. 슬레이브 선택을 위한 핀은 다른 3개의 핀과 달리 다른 핀을 사용하여도 무방하다.

2개의 슬레이브에는 모두 스케치 18-2를 업로드하여 개행문자가 수신되면 수신 버퍼의 문자열을 시리얼 모니터로 출력하도록 한다. 마스터는 1초 간격으로 증가하는 카운터를 두어 홀수와 짝수를 각각 2개의 슬레이브로 나누어 전달하도록 스케치 18-5를 업로드한다.

스케치 18-5 1:2 SPI 연결 - 마스터

```
#include <SPI.h>
#define SS1 10
#define SS2 9

char sendBuffer[20];                        // 전송 문자열 저장 버퍼
int count;                                  // 현재 카운터

void setup ()
{
    SPI.begin ();                           // SPI 통신 초기화
    digitalWrite(SS1, HIGH);                // 슬레이브가 선택되지 않은 상태로 유지
    // 디폴트 SS핀인 10번 핀만이 출력으로 설정되므로
    // 추가 SS핀인 9번 핀을 출력으로 설정한다.
    pinMode(SS2, OUTPUT);
    digitalWrite(SS2, HIGH);

    // 안정적인 전송을 위해 분주비를 높여 전송 속도를 낮춤
    SPI.setClockDivider(SPI_CLOCK_DIV16);

    count = 0;                              // 카운터 초기화
}

void loop ()
{
    count = count + 1;

    if(count % 2) digitalWrite(SS1, LOW);   // 슬레이브를 선택
    else digitalWrite(SS2, LOW);

    String(count).toCharArray(sendBuffer, 20);  // 카운터 값을 문자열로 변환
    for (int i = 0; i < strlen(sendBuffer); i++){  // 문자열을 전송한다.
        SPI.transfer(sendBuffer[i]);
    }
    SPI.transfer('\n');                     // 개행문자 추가
```

```
    if(count % 2) digitalWrite(SS1, HIGH);          // 슬레이브를 선택한다.
    else digitalWrite(SS2, HIGH);

    delay(1000);
}
```

그림 18-6은 슬레이브에 연결된 시리얼 모니터의 출력 결과로 홀수와 짝수가 나뉘어서 수신됨을 확인할 수 있다.

그림 18-6 스케치 18-5의 실행 결과

18.4 요약

SPI는 대표적인 시리얼 통신 방법 중 하나로, 고속의 데이터 전송과 1:n 연결이 가능하다는 장점이 있다. 아두이노 사이의 SPI 연결에서는 고속의 데이터 전송이 필요하지는 않지만, 주변장치와의 SPI 연결을 유심히 살펴보면 전달해야 하는 데이터의 양이 많은 경우, 예를 들어 컬러 그래픽 LCD, 이더넷, 와이파이 등에서 SPI 연결이 사용됨을 볼 수 있다. 또 다른 장점인 1:n 연결이 가능하다는 점은 3개의 아두이노 우노를 연결하여 통신하는 방법을 통해 살펴보았다.

아두이노에서는 SPI 통신을 지원하기 위한 전용 라이브러리로 SPI 라이브러리를 제공하고 있다. 하지만, SPI 라이브러리는 마스터 모드만을 지원하며, 슬레이브 모드를 지원하지 않는 단점이 있다. 즉, 아두이노를 마스터로 하고 슬레이브 모드로 동작하는 주변장치를 연결하기 위한 용도로는 쉽게 사용할 수 있지만, 아두이노를 다른 장치의 슬레이브로 연결하기 위해서는 레지스터를 직접 제어하여야 하는 불편함이 있다. 또한, SPI의 하드웨어적인 슬레이브 선택 방법으로 인해 여러 개의 SPI 장치를 연결하는 경우에는 필요한 입출력 핀이 증가하여 연결에 제약이 따를 수 있다. 핀의 개수가 문제가 된다면 적은 수의 핀만을 필요로 하는 I2C를 고려해 볼 수도 있지만, I2C는 데이터 전송 속도가 SPI에 비해 느리므로 SPI를 대체할 수 있는 방법으로 보기는 어려우며 적용 범위도 서로 다르다.

19

I2C:
아두이노-아두이노

I2C는 저속의 데이터 전송을 위한 시리얼 통신 방법 중 하나로, 적은 양의 데이터를 간헐적으로 전송하기 위해 흔히 사용된다. I2C는 SPI와 마찬가지로 1:n 연결이 가능하다는 장점이 있지만, 반이중 방식의 통신이므로 UART와 SPI에 비해 통신 속도가 가장 느리다. 이 장에서는 I2C를 이용한 통신 중에서도 아두이노와 아두이노 사이에서의 통신 방법을 알아보고, 3개의 아두이노를 I2C 통신을 통해 연결하는 방법을 알아본다.

I2C(Inter-Integrated Circuit)는 저속의 주변장치 연결을 위한 동기식, 반이중 방식의 시리얼 통신으로 1:n 연결을 지원하며 슬레이브 선택을 위해 소프트웨어적인 주소를 사용하므로 SPI에서와 같이 연결하는 장치의 수에 따라 사용하는 핀이 증가하지 않아 적은 양의 데이터를 간헐적으로 전송하는 센서 네트워크 등에서 흔히 사용되는 시리얼 통신 방법이다. I2C가 2-Wire라고도 불리는 이유는 데이터를 위한 SDA(Serial Data)와 동기화 클록을 위한 SCL(Serial Clock)의 2개 연결선만으로 여러 개의 슬레이브를 제어할 수 있기 때문이다.

I2C 통신을 위해 필요로 하는 연결선의 개수가 적은 것은 UART나 SPI와 비교할 때 I2C의 장점이지만 송수신을 위해 하나의 데이터 선을 사용하는 반이중 방식의 통신은 속도에 한계가 있으므로 I2C의 용도는 제한적이다.

아두이노에서는 I2C 통신을 위해 Wire 라이브러리를 제공하고 있어 I2C 통신을 지원하는 주변장치와 손쉽게 통신을 수행할 수 있으며, SPI 라이브러리와 달리 마스터 모드와 슬레이브 모드 모두를 지원한다.

19.1 슬레이브로 데이터 전송

2개의 아두이노가 COM35와 COM36에 연결되어 있고, COM35에 연결된 아두이노를 마스터, COM36에 연결된 아두이노를 슬레이브라고 가정하자. 2개의 아두이노는 그림 19-1과 같이 연결한다. 아두이노 우노에 사용된 ATmega328은 I2C 연결을 위해 아날로그 4번을 SDA, 아날로그 5번을 SCL로 사용하고 있으며, 지정한 핀을 사용하여야 한다.

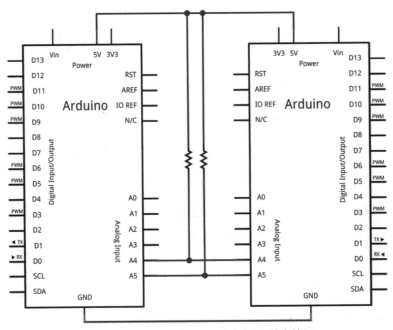

그림 19-1 2개의 아두이노 우노 사이의 I2C 연결 회로도

SPI 라이브러리는 슬레이브 모드를 지원하지 않으므로 SPI 통신을 위해서는 직접 레지스터를 조작해야 하는 불편함이 있지만, Wire 라이브러리는 마스터와 슬레이브 모드를 모두 지원하므로 SPI 통신에 비해 간단하게 아두이노 사이의 I2C 통신을 수행할 수 있다. 스케치 19-1은 마스터가 1초 간격으로 "Hello World!"라는 문자열을 슬레이브로 전송하는 스케치의 예이다.

```
#include <Wire.h>
#define SLAVE 4                             // 슬레이브 주소

void setup() {
    Wire.begin();                           // 마스터 모드로 Wire 라이브러리 초기화
}

void loop() {
    const char *p = "Hello, World\n";

    // I2C 통신을 통한 전송 시작
    Wire.beginTransmission(SLAVE);

    for(int i = 0; i < strlen(p); i++){     // 버퍼에 데이터 기록
        Wire.write(p[i]);
    }

    // I2C 통신을 통한 전송 끝
    Wire.endTransmission(SLAVE);

    delay(1000);
}
```

스케치 19-1에서 볼 수 있듯이, I2C를 통한 데이터 전송은 beginTransmission 함수에서 시작되고 write 함수는 전송하고자 하는 데이터를 버퍼에 기록한다. 실제 데이터 전송이 일어나는 시점은 endTransmission 함수가 호출될 때이다.

스케치 19-2는 슬레이브를 위한 코드로 마스터에서 전송된 데이터를 시리얼 모니터로 출력하는 예이다. 마스터 코드에서와 마찬가지로 begin 함수로 Wire 라이브러리를 초기화하지만 슬레이브 모드인 경우에는 주소를 지정해야 한다. 스케치 19-1에서는 마스터 모드로 초기화하기 때문에 주소를 지정하지 않았다. 마스터로부터 데이터가 수신되면 슬레이브의 처리 함수가 자동으로 호출되며, 호출되는 함수는 onReceive 함수로 지정한다. 지정된 함수는 수신된 바이트 수를 매개변수로 가지므로 수신된 데이터의 바이트 수를 알 수 있다. 이처럼 슬레이브는 인터럽트 방식으로 수신 데이터를 처리하므로 loop 함수는 비어있다.

스케치 19-2 I2C 통신 테스트 - 슬레이브

```
#include <Wire.h>
#define SLAVE 4

void setup() {
    Wire.begin(SLAVE);                       // 슬레이브 모드로 Wire 라이브러리 초기화
    // 마스터로부터 데이터가 전송된 경우 처리할 함수 등록
    Wire.onReceive(receiveFromMaster);

    Serial.begin(9600);
}

void loop () {
}

void receiveFromMaster(int bytes) {
    for(int i = 0; i < bytes; i++){
        char ch = Wire.read();               // 수신 버퍼 읽기
        Serial.print(ch);
    }
}
```

그림 19-2는 슬레이브와 연결된 시리얼 모니터에서의 출력 결과를 보여 준다.

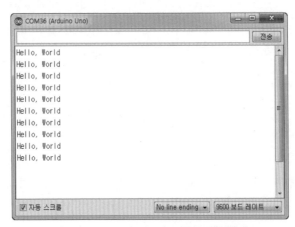

그림 19-2 스케치 19-1과 19-2의 실행 결과

19.2 슬레이브로부터 데이터 수신

I2C는 SPI와 마찬가지로 송수신의 책임을 마스터가 진다. 따라서 슬레이브로부터 데이터를 수신하기 위해서는 먼저 슬레이브로 요청을 보내야 한다. 스케치 19-3은 마스터에 업로드할 스케치로, 1초에 한 번 1바이트의 값을 슬레이브에 요청하고 수신된 데이터를 시리얼 모니터에 출력하는 예이다. 슬레이브로 데이터를 요청하기 위해서는 requestFrom 함수를 사용하는 점이 데이터를 전송할 때와는 다르다. 데이터 요청 후 실제 슬레이브에서 전송된 데이터를 읽기 위해서는 read 함수를 사용한다.

스케치 19-3 카운터 값 요청 - 마스터

```
#include <Wire.h>
#define SLAVE 4                         // 슬레이브 주소

void setup() {
    Wire.begin();                       // Wire 라이브러리 초기화
    Serial.begin(9600);                 // 시리얼 통신 초기화
}

void loop() {
    i2c_communication();                // 슬레이브로 데이터 요구 및 수신 데이터 처리
    delay(1000);
}

void i2c_communication() {
    Wire.requestFrom(SLAVE, 1);         // 1바이트 크기의 데이터 요청

    char c = Wire.read();               // 수신 데이터 읽기
    Serial.println(String(c, DEC));     // 수신 데이터 출력
}
```

스케치 19-4는 슬레이브를 위한 스케치로, 마스터의 요청이 있는 경우 1바이트 크기의 카운터 값을 증가시키고 마스터로 전송하는 예이다. 슬레이브가 마스터로부터의 데이터를 수신한 경우 처리 함수를 onReceive 함수를 통해 등록한 것과 유사하게, 마스터로부터의 데이터 요청을 처리할 함수는 onRequest 함수를 통해 등록한다. 데이터 요청을 처리할 함수는 데이터 수신을 처리하는 함수와 달리 매개변수를 가지지 않는다.

```
#include <Wire.h>
#define SLAVE 4

byte count = 0;                              // 카운터

void setup() {
    // Wire 라이브러리 초기화
    // 슬레이브로 참여하기 위해서는 주소를 지정해야 한다.
    Wire.begin(SLAVE);

    // 마스터의 데이터 전송 요구가 있을 때 처리할 함수 등록
    Wire.onRequest(sendToMaster);
}

void loop () {
}

void sendToMaster() {
    Wire.write(++count);                     // 카운터 값을 증가시키고 마스터로 전송
}
```

그림 19-3 스케치 19-3과 19-4의 실행 결과

2바이트 크기의 값, 예를 들어 정수값을 받고자 한다면 requestFrom 함수에서 요청하는 바이트 수가 2바이트임을 알려 주어야 한다. 이후 read 함수를 통해 데이터를 두 번 읽으면 2바이트의 데이터를 수신할 수 있다. 하지만, 2바이트의 데이터가 int 형의 정수값인 경우에는 주의가 필요하다. ATmega328은 리틀 엔디안(little endian) 방식으로 숫자를 저장하므로 먼저 읽어들인 바이트는 하위 바이트에 해당한다.

스케치 19-5는 시리얼 모니터로 'C'가 입력된 경우 슬레이브로부터 카운터 값을 요청하여 출력하는 스케치의 예로, 두 번째 읽은 값을 int 형식의 값에서 상위 바이트로 저장하고 있다.

스케치 19-5 2바이트 크기의 데이터 전송 - 마스터

```
#include <Wire.h>
#define SLAVE 4                                  // 슬레이브 주소

void setup() {
    Wire.begin();                                // Wire 라이브러리 초기화
    Serial.begin(9600);                          // 시리얼 통신 초기화
}

void loop() {
    if(Serial.available()){
        char ch = Serial.read();
        if(ch == 'C'){
            i2c_communication();                 // 슬레이브로 데이터 요구 및 수신 데이터 처리
        }
    }
}

void i2c_communication() {
    Wire.requestFrom(SLAVE, 2);                  // 2바이트 데이터 요청

    byte c1 = Wire.read();                       // 수신 데이터 읽기
    byte c2 = Wire.read();

    Serial.println((int)( (c2 << 8) + c1 ));     // 수신 데이터 출력
}
```

슬레이브에서도 마스터의 요청이 있을 때 2바이트의 데이터를 버퍼에 기록해 주어야 한다. 스케치 19-6은 초 단위로 증가하는 정수형 카운터를 가지고 마스터의 요청이 있을 때 현재 카운터 값을 전송하는 스케치의 예이다. 슬레이브에서 정수형 값을 전달하기 위해서 포인터의 형 변환 후 2바이트 값을 전달하고 있다.

스케치 19-6 2바이트 크기의 데이터 전송 - 슬레이브

```
#include <Wire.h>
#define SLAVE 4

int count = 0;                                   // 카운터

void setup() {
    // Wire 라이브러리 초기화
    // 슬레이브로 참여하기 위해서는 주소를 지정해야 한다.
```

```
    Wire.begin(SLAVE);

    // 마스터의 데이터 전송 요구가 있을 때 처리할 함수 등록
    Wire.onRequest(sendToMaster);
}

void loop () {
    count++;                             // 초 단위 카운터
    delay(1000);
}

void sendToMaster() {
    Wire.write( (uint8_t *)(&count), 2 );  // 2바이트 크기의 카운터 값 전송
}
```

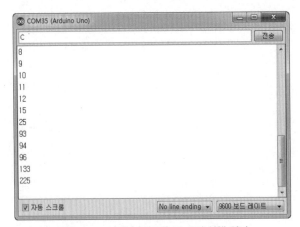

그림 19-4 스케치 19-5와 19-6의 실행 결과

19.3 3개의 아두이노 연결

I2C는 SPI와 마찬가지로 1:n의 연결을 지원한다. SPI의 경우 연결하는 장치가 늘어날수록 마스터에서 사용하는 핀의 수도 증가하지만, I2C는 연결 장치의 개수와 무관하게 항상 2개의 핀만을 사용하므로 사용 가능한 핀 수가 제한된 경우 여러 개의 장치를 연결하기 위해서는 I2C가 SPI에 비해 유리할 수 있다. 3개의 아두이노를 그림 19-5와 같이 연결해 보자. 그림 19-5에서는 아날로그 4번과 아날로그 5번을 3개의 아두이노가 공통으로 사용하고 있다. 3개의 아두이노는 각각 COM35, COM36, COM37에 연결된 것으로 가정하며, COM35에 연결된 아두이노가 마스터에 해당한다.

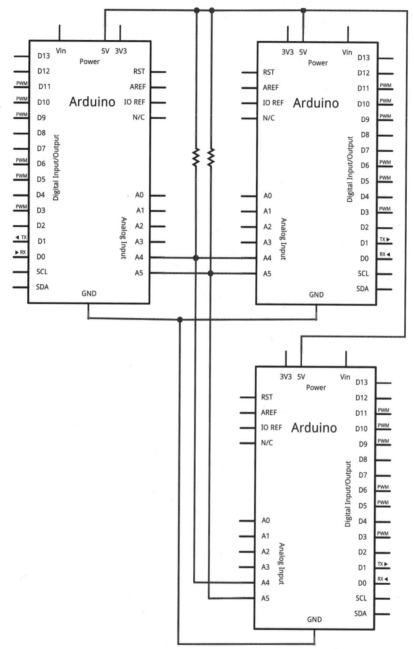

그림 19-5 **3개의 아두이노 우노 사이의 I2C 연결 회로도**

2개의 슬레이브는 동일한 2개의 핀만을 사용하므로 각각의 슬레이브 구분을 위해서는 주소를 달리 지정해 주어야 한다. 2개의 슬레이브에는 각각 스케치 19-2를 업로드하면 되지만, 슬레이브 주소는 4번과 5번으로 지정하여 업로드하여야 한다. 스케치 19-7은 초 단위로 증가하는 카운터 값을 2개의 슬레이브로 번갈아 전송하는 스케치의 예로, 마스터에 업로드한다.

스케치 19-7 2바이트 크기의 데이터 전송 - 슬레이브

```
#include <Wire.h>
#define SLAVE1 4                                    // 슬레이브 주소
#define SLAVE2 5                                    // 슬레이브 주소

char sendBuffer[20];                                // 전송 문자열 저장 버퍼
int count;                                          // 현재 카운터

void setup() {
    Wire.begin();                                   // 마스터 모드로 Wire 라이브러리 초기화
    count = 0;                                       // 카운터 초기화
}

void loop() {
    count++;
    String(count).toCharArray(sendBuffer, 20);      // 카운터 값을 문자열로 변환

    if(count % 2){
        Wire.beginTransmission(SLAVE1);             // 전송 준비
        for(int i = 0; i < strlen(sendBuffer); i++) // 버퍼에 데이터 기록
            Wire.write(sendBuffer[i]);
        Wire.write('\n');
        Wire.endTransmission(SLAVE1);               // 전송
    }
    else{
        Wire.beginTransmission(SLAVE2);
        for(int i = 0; i < strlen(sendBuffer); i++)
            Wire.write(sendBuffer[i]);
        Wire.write('\n');
        Wire.endTransmission(SLAVE2);
    }

    delay(1000);
}
```

그림 19-6은 슬레이브에 연결된 시리얼 모니터의 출력 결과로 홀수와 짝수가 나뉘어서 수신됨을 확인할 수 있다.

그림 19-6 스케치 19-7의 실행 결과

19.4 요약

마이크로컨트롤러에서 흔히 사용되는 시리얼 통신 방법에는 UART, SPI, I2C가 있다. 이 중 I2C는 1:n 연결이 가능하고 여러 개의 슬레이브를 연결하는 경우에도 2개의 연결선만 필요하다는 장점이 있다. 반면, I2C는 세 가지 통신 방법 중 전송 속도가 가장 느리므로 적은 양의 데이터를 간헐적으로 전송하는 경우, 예를 들어 센서 네트워크 등에서 흔히 사용된다. 아두이노에서는 I2C 지원을 위한 Wire 라이브러리를 제공하고 있으며, Wire 라이브러리는 마스터와 슬레이브 모드 모두를 지원하므로 간편하게 I2C 방식의 주변장치를 연결하여 사용할 수 있다.

I2C는 2개의 연결선을 사용하며, 이 중 하나는 데이터, 다른 하나는 클록을 위해 사용되는 동기식 방식을 사용한다. 여러 개의 장치를 연결하는 경우 I2C는 다른 시리얼 통신 방법에 비해 적은 수의 연결선을 필요로 하지만, 사용할 수 있는 핀 개수가 부족하다면 비동기식 방식인 1-Wire 사용을 고려해 볼 수 있다.

20

블루투스:
아두이노 – 아두이노

블루투스는 다양한 데이터 교환 방식을 프로파일로 정의하고 있으며, 그중 하나가 SPP(Serial Port Profile)이다. SPP를 사용하면 유선의 시리얼 통신을 간단하게 무선 통신으로 바꿀 수 있어 간단한 원격 제어 장치를 구성할 수 있다. 이 장에서는 2개의 아두이노를 블루투스를 이용하여 연결하고 통신하는 방법을 알아본다.

블루투스(Bluetooth)는 RS-232의 유선 통신을 대체하기 위해 만들어진 저가격, 저전력의 무선 통신 기술로, 다양한 장치들이 블루투스를 사용하고 있다. 특히 스마트폰의 보급에 힘입어 다양한 스마트폰 액세서리가 블루투스를 이용하여 출시되는 등 블루투스의 이용 범위는 점점 늘어나고 있다. 여기에 최근 사물인터넷의 붐과 더불어 주목받고 있는 블루투스 4.0 저전력 블루투스(Bluetooth Low Energy, BLE)는 향후 다양한 응용이 가능할 것으로 기대되고 있다. 하지만, BLE는 블루투스 4.0에서 새롭게 추가된 기술로, 마이크로컨트롤러에서 흔히 사용되는 SPP와 함께 사용될 수 없으므로 간단한 무선 통신을 위해서는 아직도 2.x 버전의 블루투스가 흔히 사용되고 있다.

20.1 블루투스 마스터 모듈

블루투스는 마스터-슬레이브 구조로 되어 있다. 제15장에서 컴퓨터와 아두이노를 블루투스로 연결하기 위해 HC-06 모듈을 사용하였으며, 이 때 컴퓨터는 마스터로, 아두이노 우노는 슬레이브로 동작하였다. HC-06 모듈의 경우 마스터 모듈과 슬레이브 모듈이 별도로 존재한다. HC-06 마스터 모듈의 모양은 슬레이브 모듈과 거의 동일하지만, 흰색 점으로 표시가 되어 있고 리셋 버튼이 있다는 점에서 차이가 있다. 마스터 모듈 역시 6개의 핀을 가지고 있으며, 6개의 핀 중 4개는 슬레이브 모듈에서와 동일하게 VCC, GND, RX, TX에 해당하고 다른 2개의 핀은 일반적으로 사용하지 않는다. HC-06 모듈은 1:1 통신만이 가능하며, 페어링이 이루어진 이후에는 페어링 정보가 모듈 내에 저장된다. 한 번 페어링이 이루어진 이후 다시 전원이 주어지면 자동으로 저장된 페어링 정보를 사용하여 연결을 시도하므로 다른 기기와 연결하기 위해서는 페어링 정보를 삭제해야 한다. 페어링 정보를 삭제하기 위해서는 리셋 버튼을 누르면 된다. 일부 HC-06 모듈의 경우에는 리셋 버튼이 없는 경우도 있으며, 리셋 버튼이 없는 모듈의 경우 6개의 핀 중 KEY 핀을 VCC에 연결하여 페어링 정보를 삭제할 수 있다.

그림 20-1 HC-06 마스터 모듈[50]

그림 20-2와 같이 마스터 모듈을 아두이노와 연결해 보자.

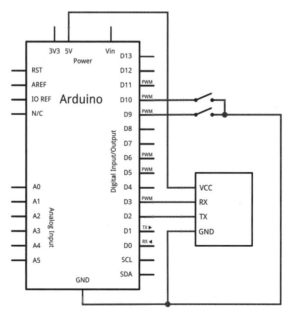

그림 20-2 블루투스 마스터 모듈의 연결 회로도

아두이노에는 스케치 20-1을 업로드한다. 스케치 20-1은 슬레이브 모듈을 설정하기 위해 사용한 코드와 동일하다.

스케치 20-1 **블루투스 모듈 설정**

```
#include <SoftwareSerial.h>

// SoftwareSerial(RX, TX) 형식으로 블루투스 모듈과 교차하여 연결
SoftwareSerial BTSerial(2, 3);

void setup()
{
    Serial.begin(9600);                  // 컴퓨터와의 시리얼 통신 초기화
    BTSerial.begin(9600);                // 블루투스 모듈 초기화
}

void loop()
{
    // 블루투스 모듈 → 아두이노 → 시리얼 모니터
    if (BTSerial.available())
        Serial.write(BTSerial.read());

    // 시리얼 모니터 → 아두이노 → 블루투스 모듈
    if (Serial.available())
        BTSerial.write(Serial.read());
}
```

HC-06 블루투스 마스터 모듈을 설정하기 위해 사용할 수 있는 AT 명령어는 표 20-1과 같다. 슬레이브 모듈과 달리 마스터 모듈은 이름을 바꿀 수 없는 점을 제외하면 슬레이브 모듈 설정에 사용하는 명령어와 동일하다.

표 20-1 **HC-06 마스터 설정 AT 명령어**

명령어	사용 방법	반환값	비고
AT	AT	OK	
AT+PIN	AT+PIN1111	OKsetPIN	PIN 설정
AT+BAUD	AT+BAUD4	OK9600	통신 속도 설정

그림 20-3 블루투스 마스터 모듈 설정 결과

마스터 모듈을 설정할 때 주의할 점은 마스터 모듈의 핀 코드를 슬레이브 모듈의 핀 코드와 동일하게 설정해야 한다는 점이다. 블루투스 마스터에는 여러 개의 슬레이브를 연결할 수 있지만 HC-06 마스터 모듈은 1:1 연결만을 지원하며, 마스터와 슬레이브에 동일한 핀 코드가 설정되어 있으면 마스터와 슬레이브는 자동으로 연결되고 마스터에 슬레이브와의 페어링 정보가 저장된다.

2개의 아두이노에 각각 마스터와 슬레이브 모듈을 연결하고 전원을 연결해 보자. 슬레이브 모듈 연결 방법은 마스터 모듈 연결을 위한 그림 20-2의 회로와 동일하다. 마스터 모듈이 연결된 아두이노는 COM36에 연결되어 있고, 슬레이브 모듈이 연결된 아두이노는 COM35에 연결되어 있는 것으로 가정한다. 슬레이브 모듈의 붉은색 LED가 빠른 속도로 깜빡거리다 마스터와 연결이 완료되면 계속 켜져 있는 것을 확인할 수 있다. 마스터 모듈의 경우 이전 페어링 정보가 없는 상황에서 연결을 대기하는 상황이라면 빠른 속도로 LED가 깜빡이고, 이전 페어링 정보가 있는 상황에서 연결을 대기하는 상황이라면 느린 속도로 LED가 깜빡인다. 연결이 이루어지면 슬레이브 모듈과 마찬가지로 깜빡임을 멈추고 LED가 계속 켜져 있다. 스케치 20-2는 (COM35에 연결된) 슬레이브에 업로드할 스케치로, 문자열을 전송받아 다시 마스터로 돌려보내는 역할을 한다.

스케치 20-2 블루투스 통신 - 슬레이브

```
#include <SoftwareSerial.h>

// SoftwareSerial(RX, TX) 형식으로 블루투스 모듈과 교차하여 연결
SoftwareSerial BTSerial(2, 3);
char buffer[100];                          // 수신 문자열 버퍼
```

```
void setup()
{
    BTSerial.begin(9600);                     // 블루투스 모듈 통신 속도의 디폴트값
}

void loop()
{
    if(BTSerial.available()){                 // 마스터로부터의 데이터 수신
        int no = BTSerial.readBytes(buffer, 99);
        BTSerial.write(buffer, no);           // 마스터로 재전송
    }
}
```

스케치 20-3은 (COM36에 연결된) 마스터에 업로드할 스케치로, 시리얼 모니터로 입력받은 문자열을 시리얼 모니터로 출력함과 동시에 블루투스 연결을 통해 슬레이브로 전송한다. 또한, 슬레이브에서 되돌려 준 메시지를 시리얼 모니터로 출력하는 역할도 함께 하고 있다.

스케치 20-3 **블루투스 통신 - 마스터**

```
#include <SoftwareSerial.h>

// SoftwareSerial(RX, TX) 형식으로 블루투스 모듈과 교차하여 연결
SoftwareSerial BTSerial(2, 3);
char buffer[100];                             // 수신 문자열 버퍼

void setup()
{
    Serial.begin(9600);                       // 시리얼 통신 초기화
    BTSerial.begin(9600);                     // 블루투스 모듈 초기화
}

void loop()
{
    if(BTSerial.available()){                 // 슬레이브로부터 데이터 수신
        int bytes = BTSerial.readBytes(buffer, 99);
        buffer[bytes] = 0;
        Serial.print("Slave Echo : ");
        Serial.println(buffer);
    }

    if(Serial.available()){                   // 시리얼 모니터의 데이터 입력
        int bytes = Serial.readBytes(buffer, 99);
        buffer[bytes] = 0;
        Serial.println(buffer);
        BTSerial.write(buffer);
    }
}
```

그림 20-4 스케치 20-2와 20-3의 실행 결과

20.2 블루투스를 통한 원격 제어

슬레이브에 LED 2개를 디지털 9번과 10번에 연결하고, 마스터에는 버튼 2개를 디지털 9번과 10번에 연결한다. 마스터의 디지털 9번 핀에 연결된 버튼을 누르면 블루투스 통신을 통해 문자 'A'를 슬레이브로 전송하고, 문자 'A'를 수신한 슬레이브는 디지털 9번 핀에 연결된 LED의 상태를 반전시키도록 해 보자. 마스터의 디지털 10번 핀에 연결된 버튼을 누르는 경우에는 문자 'B'를 전송하여 슬레이브의 디지털 10번 핀에 연결된 LED를 제어하도록 한다. 마스터와 슬레이브에는 그림 20-5 및 그림 20-6과 같이 버튼과 LED를 블루투스 모듈과 함께 연결한다.

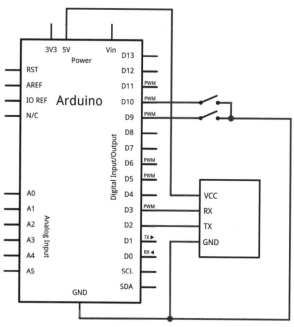

그림 20-5 버튼과 블루투스 마스터 모듈의 연결 회로도

그림 20-5에서 버튼은 내부 풀업저항을 사용할 것이므로 별도의 저항은 연결하지 않았다.

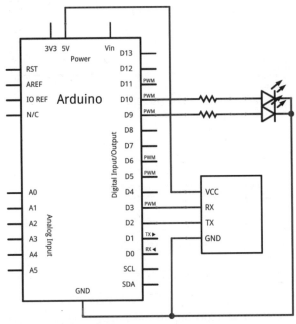

그림 20-6 **LED와 블루투스 슬레이브 모듈의 연결 회로도**

스케치 20-4는 마스터에 업로드할 스케치로, 버튼의 상태를 검사하여 해당 문자를 슬레이브로 전달하는 스케치의 예이다.

스케치 20-4 **블루투스를 통한 원격 제어 - 마스터**

```
#include <SoftwareSerial.h>

// SoftwareSerial(RX, TX) 형식으로 블루투스 모듈과 교차하여 연결
SoftwareSerial BTSerial(2, 3);

int button1 = 9;                        // 버튼 연결 핀
int button2 = 10;

void setup()
{
    BTSerial.begin(9600);               // 블루투스 연결 초기화

    pinMode(button1, INPUT_PULLUP);     // 내부 풀업 저항을 사용하는 버튼 설정
    pinMode(button2, INPUT_PULLUP);
}

void loop()
```

```
{
    if(digitalRead(button1) == 0){          // 1번 버튼이 눌러지면 'A' 전송
                BTSerial.write('A');
                delay(200);
    }

    if(digitalRead(button2) == 0){          // 2번 버튼이 눌러지면 'B' 전송
                BTSerial.write('B');
                delay(200);
    }
}
```

스케치 20-5는 슬레이브에 업로드할 스케치로, 마스터로부터 'A'나 'B'의 문자가 수신된 경우
해당 LED를 반전시키는 스케치의 예이다.

스케치 20-5 **블루투스를 통한 원격 제어 – 슬레이브**

```
#include <SoftwareSerial.h>

// SoftwareSerial(RX, TX) 형식으로 블루투스 모듈과 교차하여 연결
SoftwareSerial BTSerial(2, 3);
int LED1 = 9;                               // LED 연결 핀
int LED2 = 10;

boolean state1 = false;                     // 현재 LED의 상태
boolean state2 = false;

void setup()
{
    BTSerial.begin(9600);                   // 블루투스 연결 초기화

    pinMode(LED1, OUTPUT);                   // LED 연결 핀을 출력으로 설정
    pinMode(LED2, OUTPUT);
    digitalWrite(LED1, LOW);                // LED는 꺼진 상태로 시작
    digitalWrite(LED1, LOW);
}

void loop()
{
    if (BTSerial.available()){              // 마스터로부터 데이터 수신
        char ch = BTSerial.read();

        if(ch == 'A'){                      // 'A'를 수신한 경우 첫 번째 LED 반전
            state1 = !state1;
            digitalWrite(LED1, state1);
        }
        else if(ch == 'B'){                 // 'B'를 수신한 경우 두 번째 LED 반전
            state2 = !state2;
```

```
        digitalWrite(LED2, state2);
    }
  }
}
```

마스터에 연결된 버튼을 눌러 슬레이브에 연결된 LED가 반전되는지 확인해 보자.

20.3 요약

블루투스는 저전력의 근거리 무선 통신 방법 중 하나로, 컴퓨터용 주변장치를 컴퓨터와 무선으로 연결하기 위해 흔히 사용된다. 최근 스마트폰의 보급에 따라 스마트폰을 위한 액세서리에서 블루투스를 이용한 예를 흔히 볼 수 있으며, 라인트레이서, 자동차, 비행기 등의 무선 조정 장치에서 블루투스를 사용한 예도 쉽게 찾아볼 수 있다. RS-232가 많은 기기들이 제공하고 있어 지금까지도 사용되는 것과 마찬가지로, 블루투스의 장점 역시 많은 기기들이 지원하고 있다는 데서 찾아야 할 것이다. 최근 블루투스 4.0 중 저전력 블루투스에 대한 관심이 증가하고 있지만, 마이크로컨트롤러에서 사용되는 블루투스는 시리얼 통신과 유사한 방식으로 동작하는 SPP를 사용하는 방법으로 저전력 블루투스와는 다른 방법이다. 마이크로컨트롤러에서 흔히 사용되는 블루투스 모듈인 HC-06은 1:1 통신만을 지원하는 한계가 있지만, 저렴한 가격과 간단한 사용 방법으로 널리 사용되고 있다. 여러 개의 장치들을 무선으로 연결하고 싶다면 1:n 연결 및 메시 네트워크를 간단하게 구현할 수 있는 지그비를 고려해 볼 수 있다. 물론 지그비의 경우 컴퓨터나 스마트폰에서의 지원이 블루투스만큼 원활하지 못하다는 점은 염두에 두어야 한다.

21

지그비:
아두이노－아두이노

지그비는 근거리 저전력의 무선 통신을 위한 표준 중 하나이다. 블루투스에 비해 주변에서 흔히 볼 수는 없지만 많은 수의 기기를 손쉽게 연결할 수 있고, 지그비 모듈만으로도 센서 정보를 수집하여 전송할 수 있는 등의 장점이 있다. 이 장에서는 여러 개의 아두이노를 지그비를 통해 연결하는 방법과 아두이노의 도움 없이 독립적으로 동작하는 센서 노드를 구성하는 방법을 알아본다.

지그비는 개인용 근거리 무선 통신 방법 중 하나로, 가격이 저렴하고 블루투스에 비해 메시 네트워크 구성이 용이하다는 등 여러 가지 장점을 가지고 있다. 지그비의 단점 중 하나인 짧은 통신 거리는 저전력 무선 통신에서의 공통적인 특징이지만, 메시 네트워크 구성과 노드의 중계(routing) 기능을 활용함으로써 통신 가능 거리는 확장이 가능하다. 또 다른 단점으로 꼽히는 전송 속도의 한계 역시 저전력이라는 목표를 달성하기 위한 방편이므로 지그비는 적은 데이터를 전송하는 응용에 특화되어 있다고 보는 것이 옳다. 최근 블루투스가 4.0으로 업데이트되면서 새롭게 선보인 BLE(Bluetooth Low Energy)는 지그비와 많은 부분 겹치고 있다. BLE는 지그비보다 더 적은 전력을 소모하는 것으로 알려져 있지만, BLE는 블루투스의 스타 네트워크에 기반을 두고 있으므로 메시 네트워크에 기반을 둔 지그비에 비해 연결할 수 있는 노드 수가 제한되고 네트워크 구성에 제약이 따른다. 이러한 특징으로 인해 BLE는 기존 블루투스를 이용하는 스마트폰 기반의 네트워크에 주로 사용되는 반면, 지그비는 센서 네트워크나 공장 자동화 등에 주로 사용되는 등 각각의 영역을 찾아나가고 있다.

21.1 지그비 모듈을 이용한 2개의 아두이노 연결

지그비는 IEEE 802.15.4를 바탕으로 하고 있다. IEEE 802.15.4의 경우 스타 또는 P2P(Point to Point) 네트워크만을 지원하지만, 지그비는 메시 네트워크 역시 지원한다. 이 장에서는 DiGi International에서 제작하여 판매하는 모듈 중 IEEE 802.15.4 프로토콜을 사용하는 3개의 모듈을 스타 네트워크를 구성하는 방법에 대해 살펴본다. 네트워크 구성에 사용된 각 지그비 모듈 또는 지그비 모듈이 연결된 아두이노를 이 장에서는 '노드(node)'라고 지칭한다. 더 많은 수의 모듈들을 사용하거나 메시 네트워크를 구성하고자 한다면 IEEE 802.15.4 프로토콜이 아닌, 지그비 프로토콜이나 지그비 프로토콜과 호환되는 DiGi International의 자체 프로토콜인 DigiMesh 프로토콜을 사용하는 것을 고려해 볼 수 있다. 그림 21-1은 이 장에서 사용한 지그비 모듈로 Xbee는 DiGi International의 등록상표이므로 지그비와 혼동하지 않도록 한다.

그림 21-1 IEEE 802.15.4 프로토콜 지원 지그비 모듈

먼저 3개의 지그비 모듈을 준비하고 각각의 모듈의 주소를 설정한다. 주소 설정은 지그비 모듈을 USB 익스플로러를 통해 컴퓨터와 연결하고, 지그비 설정을 위한 전용 프로그램인 XCTU 프로그램을 사용하는 것이 편리하다. 각 노드의 주소는 표 21-1과 같이 설정한다. 자세한 주소 설정 방법 및 그 의미는 제16장을 참고하도록 한다.

표 21-1 지그비 모듈 주소 설정

파라미터	노드 1	노드 2	노드 3	비고
CH		C		통신 채널
ID		0x1234		네트워크 ID
DH	0	0	0	
DL	0xFFFF	1	1	
MY	1	2	3	노드 주소
비고	브로드캐스트	노드 1로 데이터 전송	노드 1로 데이터 전송	

먼저 2개의 아두이노에 지그비 모듈을 연결하고 2개의 노드 사이에 통신을 테스트해 보자. 지그비 모듈은 20개의 핀을 가지며, 아두이노 우노와는 전원(핀 1과 핀 10)과 UART 시리얼 통신을 위한 데이터 핀(핀 2와 핀 3)만을 연결하면 된다. 지그비 모듈은 3.3V를 사용하므로 잘못된 전원을 연결하면 모듈이 파손될 수 있으므로 주의하여야 한다.

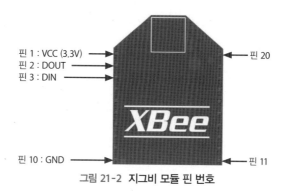

그림 21-2 지그비 모듈 핀 번호

지그비 모듈은 그림 21-3과 같이 아두이노와 연결한다. 노드 1은 다른 노드에서 전송된 데이터를 수신하여 처리하는 역할을 하며 COM35에 연결된 것으로 가정하고, 노드 2는 COM36에 연결된 것으로 가정한다.

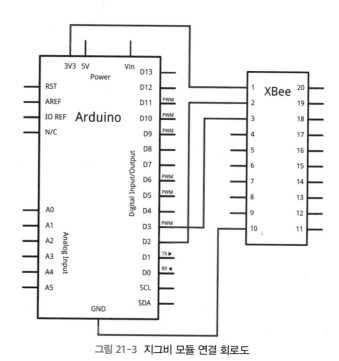

그림 21-3 지그비 모듈 연결 회로도

스케치 21-1은 노드 1에 업로드할 스케치로, 2초 간격으로 노드 2에 현재 카운터 값을 요청하는 스케치의 예이다. 수신된 값은 시리얼 모니터로 출력한다.

스케치 21-1 **노드 1 – 1:1 통신**

```
#include <SoftwareSerial.h>

SoftwareSerial xbee(2, 3);                          // (RX, TX)
unsigned long time_previous, time_current;

void setup() {
    Serial.begin(9600);
    xbee.begin(9600);                               // Xbee 모듈 연결 초기화
    time_previous = millis();
}

void loop() {
    time_current = millis();
    // 2초 간격으로 노드 2로 현재 카운터 값 요청
    if(time_current - time_previous > 2000){
        time_previous = time_current;
        xbee.write('C');                            // 카운터 값 요청 문자 'C'
    }

    if(xbee.available()){
        Serial.println(xbee.read());                // 수신 데이터 출력
    }
}
```

스케치 21-2는 노드 2에 업로드할 스케치로, 1초 간격으로 증가하는 카운터를 가지며, 현재 카운터 값을 요청하는 문자 'C'가 수신된 경우 카운터 값을 노드 1로 반환하는 스케치의 예이다.

스케치 21-2 **노드 2 – 1:1 통신**

```
#include <SoftwareSerial.h>

SoftwareSerial xbee(2, 3);                          // (RX, TX)
unsigned long time_previous, time_current;
byte count = 0;                                     // 카운터

void setup() {
    xbee.begin(9600);                               // Xbee 모듈 연결 초기화
    time_previous = millis();
}

void loop() {
    time_current = millis();
```

```
if(time_current - time_previous > 1000){          // 1초 간격으로 카운터 값 증가
    time_previous = time_current;
    count++;
}


if(xbee.available()){
    byte data = xbee.read();
    if(data == 'C')                               // 카운터 요청 문자를 수신한 경우
        xbee.write(count);                        // 현재 카운터 값 전송
    }
}
```

그림 21-4는 스케치 21-1과 21-2의 실행 결과로 2초 간격으로 2씩 증가하는 카운터 값이 시리얼 모니터로 출력됨을 확인할 수 있다.

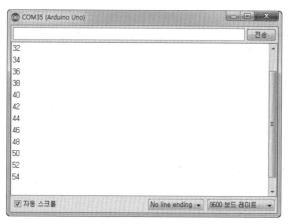

그림 21-4 스케치 21-1과 21-2의 실행 결과

21.2 지그비 모듈을 이용한 3개의 아두이노 연결

앞의 예는 2개의 모듈만을 사용하였으므로 데이터를 전송한 노드를 구별할 필요가 없었다. 하지만, 2개 이상의 노드에서 데이터를 전송한다면 데이터를 전송한 노드를 구별하여야 한다. 데이터를 전송한 노드를 구분하는 간단한 방법으로는 전송되는 데이터에 노드의 아이디를 포함시켜 전달하는 방법이 있을 수 있으며, 이를 위해 데이터 전송은 항상 3바이트로 이루어진다고 가정해 보자. 첫 번째 바이트는 데이터를 전송한 노드의 ID를 나타내고, 두 번째 바이트는 데이터 값을, 그리고 마지막 바이트는 종료 문자로 '$'를 전송한다고 가정하면 각 노드가

전송하는 데이터는 표 21-2와 같은 형식을 가지게 될 것이다. 각 노드가 전송하는 데이터는 알파벳 대문자와 소문자로 가정한다.

표 21-2 노드의 데이터 전송 형식

바이트 1 노드 번호	바이트 2 데이터	바이트 3 종료 문자
1	A~Z	$
2	a~z	$

노드 1에는 스케치 21-3을 업로드한다. 스케치 21-3은 데이터를 수신하여 버퍼에 저장하고 종료 문자 '$'가 발견된 경우 지금까지 수신된 데이터를 출력하는 스케치의 예이다.

스케치 21-3 노드 1 – 1:2 통신

```
#include <SoftwareSerial.h>

SoftwareSerial xbee(2, 3);                      // (RX, TX)
String receiveBuffer = "";
boolean process_it = false;

void setup() {
    Serial.begin(9600);
    xbee.begin(9600);                           // Xbee 모듈 연결 초기화
}

void loop() {
    if(xbee.available()){
        byte data = xbee.read();

        if(data == '$')                         // 종료 문자 수신
            process_it = true;
        else                                    // 버퍼에 저장
            receiveBuffer = receiveBuffer + (char)data;
    }

    if(process_it){                             // 수신 데이터 처리
        process_it = false;
        if(receiveBuffer.length() == 2){  // 메시지 길이는 종료 문자 제외 2바이트
            Serial.print((int)(receiveBuffer.charAt(0)));       // 송신 ID
            Serial.print(" : ");
            Serial.println(receiveBuffer.charAt(1));            // 송신 데이터
        }
        receiveBuffer = "";                     // 버퍼 비움
    }
}
```

노드 2에는 스케치 21-4를 업로드한다. 스케치 21-4는 1초 간격으로 알파벳 소문자를 전송하는 스케치의 예이다.

스케치 21-4 노드 2 & 3 – 1:2 통신

```
#include <SoftwareSerial.h>

#define DATA_START   'a'                         // 전송 데이터 범위 시작
#define DATA_END      'z'                         // 전송 데이터 범위 끝
#define NODE_ID        1                          // 노드 ID

SoftwareSerial xbee(2, 3);                        // (RX, TX)
unsigned long time_previous, time_current;
char sendData = DATA_START;

void setup() {
    xbee.begin(9600);                            // Xbee 모듈 연결 초기화
    time_previous = millis();
}

void loop() {
    time_current = millis();
    if(time_current - time_previous > 1000){
        time_previous = time_current;
        xbee.write(NODE_ID);                     // 노드 ID
        xbee.write(sendData);                    // 전송 데이터
        xbee.write('$');                         // 종료 문자

        sendData++;
        if(sendData > DATA_END)
            sendData = DATA_START;
    }
}
```

노드 3에는 스케치 21-4의 #define 문장을 수정하여 노드 ID와 전송되는 문자를 대문자로 수정한 후 업로드한다.

```
#define DATA_START   'A'
#define DATA_END      'Z'
#define NODE_ID        2
```

그림 21-5는 스케치 21-3과 21-4의 실행 결과로 2번과 3번 노드에서 진송한 데이터가 1번 노드에 번갈아 수신되고 있음을 확인할 수 있다.

그림 21-5 스케치 21-3과 21-4의 실행 결과

21.3 API 모드

지금까지 3개의 노드로 구성되는 스타 네트워크를 구성해 보았다. 하지만, 스케치 어디에도 네트워크 구성과 관련된 정보는 찾을 수 없다. 비밀은 표 21-1에 있다. 사용된 지그비 모듈의 주소 설정에 따라 네트워크의 형태는 자동으로 결정되며, UART 시리얼 통신을 통해 아두이노에서 지그비 모듈로 전송된 데이터는 지그비 무선 통신을 통해 목적지로 자동으로 전달된다. 이처럼 앞의 예에서 지그비 모듈은 단순히 UART 시리얼 통신을 통해 전달된 데이터를 무선 통신으로 바꾸어 전달하는 역할을 하고 있다. 하지만, 지그비 모듈에는 ADC(Analog Digital Converter)가 포함되어 있으므로, 여기에 센서를 연결하고 전원만 연결해 주면 아두이노의 도움 없이도 데이터를 전송할 수 있다. 즉, 지그비 모듈 내에 이미 간단한 마이크로컨트롤러가 포함되어 있다. 이처럼 센서가 연결된 지그비 모듈만으로 구성된 노드를 센서 노드라고 부르며, 센서 노드는 지그비를 통한 센서 네트워크 구성에서 흔히 사용된다.

디폴트값으로 지그비 모듈은 (Transparent Mode라고도 불리는) AT 모드로 동작하며, 이전의 예에서도 디폴트 설정인 AT 모드를 사용하였다. AT 모드에서는 DIN 핀으로 입력되는 모든 데이터는 무선 전송을 위해 큐를 거쳐 무선으로 전송되며, 지그비 모듈에 수신된 데이터는 DOUT으로 출력된다. 즉, AT 모드에서 지그비 모듈은 무선 방식의 UART 시리얼로 동작한다고 볼 수 있다. 지그비 모듈을 사용하는 방법에는 이외에도 API(Application Programming Interface) 모드가 있다. API 모드에서는 프레임 단위의 데이터가 전송되며, 지그비 모듈의 파라미터 변경이 가능하고 프레임을 전송한 노드의 주소를 알 수 있으며, 프레임 전송에 대한 확인이 가능하다는 점 등 여러 가지 장점이 있다. 이 절의 예를 위해서는 xbee-arduino 라이브러리를 사용할 것이며, xbee-arduino 라이브러리에서는 API 모드를 사용하므로 사용하고자 하는 지그비 모듈들을 API 모드로 변경하여야 한다. 먼저 아두이노와 연결된 노드 1을 API 모드로 변경해 보자. XCTU 프로그램의 오른쪽 탭의 'Serial Interface' 부분 중 'API Enable' 항목을 API 2(API enabled w/PPP)로 설정하면 변경은 끝난다. 주소 설정은 표 21-1의 설정을 그대로 유지한다.

그림 21-6 노드 1 API 모드 설정

API 모드로 설정된 노드 1은 그림 21-3과 같이 아두이노와 연결한다. 센서 노드인 노드 3 역시 API 모드로 변경한다. 이에 더해, 노드 3은 센서 값을 읽고 이를 일정한 시간 간격으로 노드 1로 전송하기 위해 몇 가지 설정을 추가하여야 한다. Xbee 모듈은 9개의 데이터 핀(D0 ~ D8)을 사용할 수 있으며, 이 중 6개의 핀은 아날로그 입력을 받기 위해 사용할 수 있다. 이 중 D0 핀에 가변저항을 연결하여 현재 가변저항의 값을 1초 간격으로 노드 1로 전송하도록 설정해 보자. 디폴트값으로 데이터 핀은 사용하지 않는 상태로 설정되어 있으므로 'I/O Settings' 부분에서 D0 핀의 값을 'ADC'로 변경하여 아날로그 값을 받아들일 수 있도록 설정한다. 그리고 1초 간격으로 데이터를 전송하기 위해 Sample Rate를 '3E8'로 설정한다. 설정된 값은 16진수 값으로, 1,000ms, 즉 1초에 해당한다. 노드 3의 주소 설정 역시 노드 1과 마찬가지로 표 21-1의 설정을 그대로 유지한다.

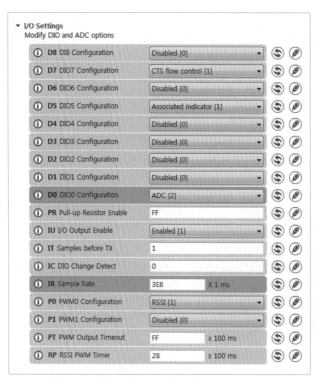

그림 21-7 노드 2 설정

다음으로 지그비 모듈에 가변저항을 연결한다. 지그비 모듈에서 D0에 해당하는 핀은 20번 핀이므로 가변저항의 출력을 20번 핀으로 연결한다. 그리고 14번 핀은 ADC를 위한 기준 전압 (VREF)을 설정하는 핀이므로 3.3V를 가해 준다.

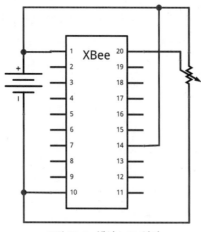

그림 21-8 센서 노드 연결

API 모드에서 전송되는 프레임의 구조는 표 21-3과 같이 크게 네 부분으로 이루어진다. 첫 번째 바이트는 프레임의 시작을 표시하는 값으로, API 모드에서 프레임은 '7E' 값을 가진다. 다음 두 바이트는 전송되는 데이터의 길이를 나타내는 값이다. 이후 N 바이트는 프레임의 실제 데이터를 나타내며, 마지막 바이트는 오류 검사를 위한 체크섬 값에 해당한다.

표 21-3 **API 모드 패킷 구조**

바이트	1	2	3	4 ~ (N+3)	N+4
설명	7E	MSB	LSB	데이터	체크섬
	프레임 시작 표시	데이터 길이			

API 모드에서는 다양한 종류의 프레임을 통해 다양한 데이터들이 전송되고 있으므로 N 바이트의 데이터에서 필요한 정보를 찾아내어야 한다. 다양한 구조를 가지는 프레임 데이터의 파싱을 위해 이 장에서는 xbee-arduino 라이브러리를 사용한다. 라이브러리를 다운로드받아[51] 스케치북 디렉터리 아래 'libraries' 디렉터리에 설치하고, 스케치 21-5를 노드 1이 연결된 아두이노에 업로드하자. 스케치 21-5는 지그비로 수신된 프레임이 I/O 데이터를 포함한 프레임인지 먼저 확인하고 9개의 디지털 또는 6개의 아날로그 데이터 중 유효한 값을 찾아 출력한다. 가변 저항이 연결된 핀은 A0 핀이므로 아날로그 값 하나만이 수신되며, 지그비 모듈의 ADC는 10 비트의 해상도를 가지므로 0에서 1023 사이의 값이 수신됨을 확인할 수 있다.

스케치 21-5 **xbee-arduino 라이브러리**

```
#include <XBee.h>
#include <SoftwareSerial.h>

uint8_t xbee_RX = 2;
uint8_t xbee_TX = 3;
SoftwareSerial xbee_serial(xbee_RX, xbee_TX);        // xbee 모듈 연결

XBee xbee = XBee();                                   // xbee 객체 생성

// ADC 데이터 전송을 위한 프레임
Rx16IoSampleResponse ioSample = Rx16IoSampleResponse();

void setup() {
    Serial.begin(9600);

    xbee_serial.begin(9600);
    // SoftwareSerial을 통해 전달된 데이터를 xbee 객체와 연결
    xbee.setSerial(xbee_serial);
}
```

```
void loop() {
    xbee.readPacket();                                      // 프레임 읽기

    if (xbee.getResponse().isAvailable()) {
        if (xbee.getResponse().getApiId() == RX_16_IO_RESPONSE) {
            xbee.getResponse().getRx16IoSampleResponse(ioSample);

            Serial.print("** Received I/O Sample from: ");
            // 프레임 송신 노드 주소
            Serial.println(ioSample.getRemoteAddress16(), HEX);

            if(ioSample.containsAnalog()){            // 아날로그 데이터 포함 여부
                for (int i = 0; i <= 5; i++) {
                    if (ioSample.isAnalogEnabled(i)) {
                        Serial.print("Analog (AI");
                        Serial.print(i, DEC);
                        Serial.print(") is ");
                        Serial.println(ioSample.getAnalog(i, 0));
                    }
                }
            }

            if(ioSample.containsDigital()){           // 디지털 데이터 포함 여부
                for (int i = 0; i <= 8; i++) {
                    if (ioSample.isDigitalEnabled(i)) {
                        Serial.print("Digtal (DI");
                        Serial.print(i, DEC);
                        Serial.print(") is ");
                        Serial.println(ioSample.isDigitalOn(i, 0));
                    }
                }
            }
        }
        else {
            Serial.print("Expected I/O Sample, but got ");
            Serial.print(xbee.getResponse().getApiId(), HEX);
        }
    }
    else if (xbee.getResponse().isError()) {
        Serial.print("Error reading packet.  Error code: ");
        Serial.println(xbee.getResponse().getErrorCode());
    }
}
```

가변저항을 돌리면서 시리얼 모니터로 가변저항의 값이 수신되는 것을 확인해 보자. 노드 3을
센서 노드로 사용하였으므로 수신된 주소 역시 3으로 나타나고 있다.

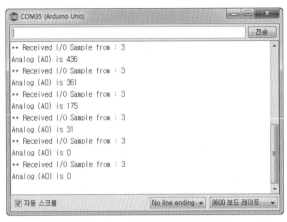

그림 21-9 스케치 21-5의 실행 결과

21.4 요약

지그비는 개인용 근거리 무선 통신 방법 중 하나로 블루투스와 거의 동일한 목적으로 사용된다. 하지만, 지그비는 블루투스에 비해 전송 속도가 낮아 적은 양의 데이터 전송이 필요한 경우에 흔히 사용된다. 이 또한 블루투스 4.0에서 소개된 BLE(Bluetooth Low Energy)와 유사해 보이지만, 블루투스의 경우 컴퓨터나 스마트폰과의 연결을 주 대상으로 하는 반면, 지그비는 손쉽게 메시 네트워크를 구성할 수 있어 대규모의 네트워크 구성이 가능하므로 여러 가지 기기들을 상호 연결할 필요가 있는 경우 흔히 사용된다. 특히 사물인터넷에 대한 관심의 증가와 더불어 홈 네트워크 구성, 홈오토메이션 등의 분야에서 지그비는 주목받고 있다.

이 장에서는 3개의 아두이노를 상호 연결하는 방법을 살펴보았으며, 이는 마스터-슬레이브 구조로 되어 있는 스타 네트워크를 지원하는 블루투스로는 구현하기가 쉽지 않다. 또한 아두이노의 도움 없이 지그비 모듈만으로 동작하는 센서 노드의 경우 주변 정보를 수집하여 활용하는 센서 네트워크의 전형적인 예라 할 수 있다.

V

아두이노
– 스마트폰 연결

22

안드로이드 프로그래밍

안드로이드는 리눅스와 자바를 기반으로 만들어진 모바일 운영체제로, 스마트폰, 태블릿, 멀티미디어 플레이어 등 모바일 기기의 운영체제로 널리 사용되고 있다. 아 장에서는 안드로이드 기반 스마트폰의 어플리케이션 개발을 위한 준비 과정으로 개발에 필요한 개발 도구를 설치하여 개발 환경을 구축해 보고, 이를 이용해 간단한 어플리케이션을 작성하는 방법을 알아본다.

안드로이드는 리눅스와 자바를 바탕으로 하는 모바일 운영체제로, 2007년 구글과 OHA(Open Handset Alliance)에서 1.0 베타 버전을 발표한 이래 지속적으로 업데이트되고 있다. 안드로이드가 사용된 대표적인 모바일 기기로는 스마트폰이 있으며, 2013년 11월 기준으로 스마트폰 운영체제에서 안드로이드의 점유율은 80%를 넘어선 것으로 조사되는 등 애플의 iOS와 더불어 스마트폰 운영체제를 지배하고 있다. 이 장에서는 흔히 앱이라 불리는 안드로이드 어플리케이션을 개발하기 위해 필요한 개발 환경 설정 과정을 살펴볼 것이다. 안드로이드 어플리케이션을 개발하기 위해서는 구글에서 공식적으로 발표한 안드로이드 스튜디오(Android Studio)를 사용한다. 하지만, 이 책에서는 아두이노와 블루투스를 통해 데이터를 주고받을 수 있는, 간단한 사용자 인터페이스 요소만을 가지는 어플리케이션을 작성하는 방법을 살펴볼 것이다. 따라서 안드로이드 스튜디오의 상세한 사용 방법이나 다양한 안드로이드 어플리케이션 작성 방법에 대해서는 다루지 않으며, 보다 자세한 내용이 필요하다면 안드로이드 프로그래밍 관련 서적을 참고하기 바란다.

22.1 Java Development Kit 설치

안드로이드의 핵심 부분은 리눅스로 만들어져 있지만, 어플리케이션 개발은 자바를 이용하여 이루어진다. 따라서 안드로이드 어플리케이션을 만들기 위해서는 JDK(Java Development Kit)를 먼저 설치하여야 한다. JDK의 공식 다운로드 사이트[52]인 Oracle 사이트에서 Java SE(Standard Edition) Development Kit의 최신 버전을 다운로드받는다.

그림 22-1 JDK 다운로드 페이지

JDK 설치는 몇 번의 클릭만으로 간단히 완료된다.

22.2 Android Software Development Kit 설치

JDK 설치가 완료되었으면 안드로이드 어플리케이션을 개발하기 위한 SDK(Software Development Kit)를 설치하여야 한다. 안드로이드 SDK에는 자바 환경에서 안드로이드 어플리케이션을 개발할 수 있도록 해 주는 도구들을 포함하고 있다. 엄밀히 말해, 안드로이드에서 사용되는 자바는 문법만 자바와 같을 뿐 실제 기계어 코드 수준에서는 컴퓨터에서 실행되는 일반적인 자바와 호환되지 않는다. 따라서 안드로이드 SDK를 추가로 설치하여야 한다. 하지만, 안드로이드 SDK는 명령 프롬프트에서 실행되는 도구들의 모음이므로 개발을 위한 IDE 역시 필요하다. 지금까지 안드로이드 어플리케이션 개발을 위해 가장 많이 사용된 IDE는 이클립스 (Eclipse)[53]였다. 하지만, 2014년 12월 구글은 안드로이드 어플리케이션 개발을 위한 공식 통합 개발 환경(IDE, Integrated Development Environment)인 안드로이드 스튜디오를 안드로이드가 처음 소개된 지 7년이 넘게 지난 시점에서 발표하였다. 이전에는 안드로이드 개발자 사이트에서 안드로이드 SDK와 이클립스를 한번에 다운로드받을 수 있는 형태로 제공하였지만, 현재는 안드로이드 SDK와 안드로이드 스튜디오를 한번에 다운로드받을 수 있도록 하고 있다.

그림 22-2 안드로이드 스튜디오 다운로드 페이지[54]

'다운로드' 버튼을 누르고 사용권에 대해 동의하면 안드로이드 스튜디오를 무료로 다운로드받을 수 있다. 다운로드받은 안드로이드 스튜디오 파일을 설치하자. 디폴트 옵션으로 설치하면 시간이 제법 걸리기는 하지만, 어렵지 않게 설치할 수 있다.

22.3 안드로이드 스튜디오 사용하기

안드로이드 스튜디오의 설치가 완료되면 안드로이드 스튜디오를 실행해 보자. JDK와 안드로이드 SDK가 정상적으로 설치되있지만 컴퓨터에 따라서는 자바 가상기계를 찾을 수 없다는 오류가 발생할 수 있다.

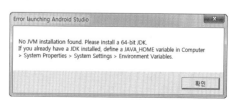

그림 22-3 자바 가상기계 오류

이 경우에는 컴퓨터의 속성 창에서 고급 시스템 설정을 선택하면 '시스템 속성' 다이얼로그가 나타난다. '고급' 탭을 선택하자.

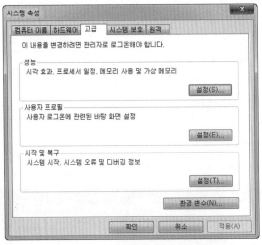

그림 22-4 '시스템 속성' 다이얼로그

아래쪽에 있는 '환경 변수' 버튼을 클릭한다.

그림 22-5 '환경 변수' 다이얼로그

사용자 변수에서 '새로 만들기' 버튼을 클릭하여 JDK가 설치된 디렉터리를 값으로 하는 'JAVA_HOME' 변수를 만들어 주면 문제는 해결된다.[55]

그림 22-6 **JAVA_HOME** 사용자 변수 만들기

안드로이드 스튜디오가 처음 실행되면 개발 환경의 사용자 인터페이스를 선택하는 창이 나타난다. 마음에 드는 UI를 선택하자.

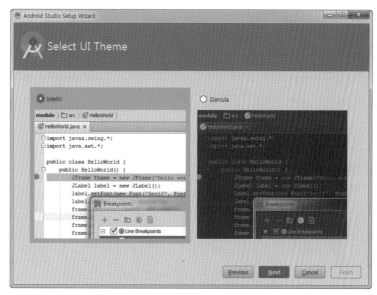

그림 22-7 **사용자 인터페이스 선택**

안드로이드를 처음 실행하는 경우에는 자동으로 SDK를 업데이트하기 때문에 시간이 걸릴 수도 있다.

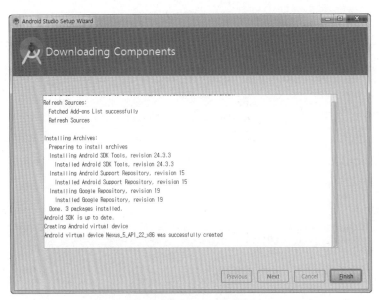

그림 22-8 설치 요소 업데이트

SDK 업데이트가 끝나면 빠른 실행 창이 나타난다.

그림 22-9 안드로이드 스튜디오 초기 구동 화면

새로운 안드로이드 어플리케이션을 만들기 위해 'Start a new Android Studio project'를 선택해 보자. 새로운 프로젝트를 선택하면 프로젝트 이름을 입력하는 창이 나타난다. 어플리케이션의 이름은 'HelloAndroid'로 하고, 회사 도메인은 'gyeongyong.dongeui.edu'로 하자. 회사 도메인은 어플리케이션의 이름 공간(namespace)을 나타낸다. 안드로이드에서의 모든 클래스는 Object 클래스를 최상위 클래스(또는 루트 클래스)로 하여 계층적으로 구성되며, 안드로이드 시스템에 설치된 모든 클래스와 구별되는 유일한 이름을 가져야 한다. 홈페이지의 주소를 결정하는 방식과 유사하게 정해 주면 패키지의 이름은 도메인과 어플리케이션 이름에 의해 자동을 결정된다.

그림 22-10 새 프로젝트 생성

다음은 어플리케이션이 실행될 플랫폼과 안드로이드의 버전을 선택한다. 스마트폰을 위한 어플리케이션을 작성할 것이므로 'Phone and Tablet'을 선택하고, 최소 SDK 버전은 4.0.3 아이스크림 샌드위치 버전으로 선택한다.

그림 22-11 플랫폼 및 안드로이드 버전 선택

다음은 메인 액티비티를 선택하는 창으로 메인 액티비티의 사용자 인터페이스를 선택한다. 버튼과 텍스트 입력 필드 등의 간단한 사용자 인터페이스 개체를 직접 배치할 것이므로 'Blank Activity'를 선택한다.

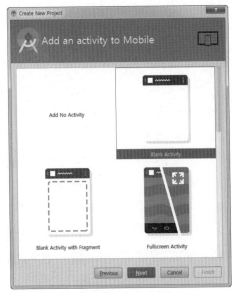

그림 22-12 액티비티 선택

이제 마지막이다. 액티비티 클래스의 이름을 지정해 주고 'Finish' 버튼을 누르면 프로젝트 생성이 완료된다.

그림 22-13 액티비티 이름 설정

프로젝트 생성이 끝나면 안드로이드 스튜디오는 흔히 볼 수 있는 개발 환경과 유사한 형태의 화면을 보여 준다.

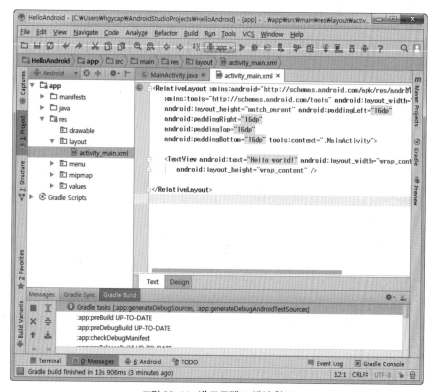

그림 22-14 새 프로젝트 생성 완료

안드로이드 스튜디오 화면은 크게 왼쪽의 프로젝트 관리 창과 오른쪽의 편집 창으로 나뉘며, 아래쪽에는 메시지 창이 나타난다. 프로젝트 관리 창의 'app' 부분은 크게 세 가지 항목이 나열되어 있다.

그림 22-15 프로젝트 구조

- manifests: 어플리케이션의 속성을 설정하는 AndroidManifest.xml이 포함되어 있다. XML 파일은 HTML 파일과 같이 태그를 이용하여 정보를 조직화하여 표시한다.
- java: 어플리케이션의 소스 파일들이 위치하는 디렉터리를 나타낸다. 어플리케이션을 실행시켰을 때 실행되는 Activity 클래스의 파생 클래스가 포함되어 있다. Activity 클래스는 C/C++에서 main 함수와 같은 역할을 하는 것으로 생각할 수 있다.
- res: 어플리케이션에 필요한 리소스를 포함하고 있는 하위 디렉터리들로 이루어진다.
    - drawable: 비트맵, 아이콘 등의 그리기 객체가 위치한다. 단, 어플리케이션 아이콘은 mipmap 아래에 위치한다.
    - layout: 어플리케이션의 사용자 인터페이스 디자인에 대한 정보를 포함하고 있다.
    - menu: 어플리케이션의 메뉴를 정의하는 XML 파일을 포함하고 있다.
    - mipmap: 어플리케이션의 아이콘이 위치한다. 해상도에 맞게 선택할 수 있도록 서로 다른 크기의 아이콘을 확인할 수 있다.
    - values: 문자열, 색상, 크기 등을 정의하는 XML 파일을 포함하고 있다.

그림 22-14를 보면 어플리케이션의 첫 화면에 해당하는 MainActivity의 디자인을 정의하고 있는 activity_main.xml 파일이 텍스트 형식으로 나타난다. 아래쪽의 'Design' 탭을 선택해 보자.

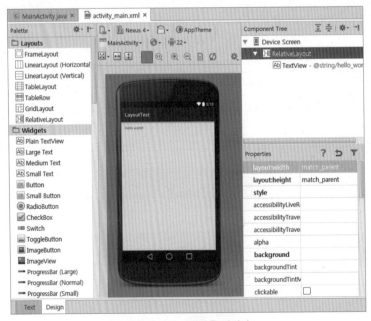

그림 22-16 레이아웃 편집기

레이아웃 편집기는 사용할 수 있는 사용자 인터페이스 요소들을 나타내는 팔레트(Palette), 디자인된 화면을 확인할 수 있는 프리뷰(Preview), UI 요소들의 관계를 나타내는 컴포넌트 트리(Component Tree), UI 요소들의 속성을 확인하고 수정할 수 있는 속성(Properties) 등의 부분으로 이루어진다. 다른 탭인 MainActivity.java를 눌러보면 어플리케이션의 메인 클래스의 소스코드를 편집할 수 있는 텍스트 에디터를 볼 수 있다.

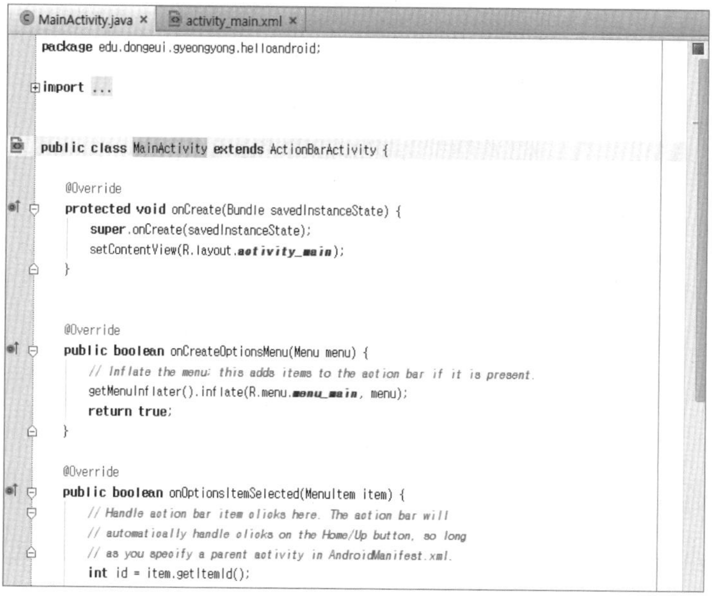

그림 22-17 텍스트 에디터

22.4 스마트폰에서 실행

첫 번째 어플리케이션을 스마트폰에 설치해 보자. 어플리케이션을 스마트폰에 설치하기 위해서는 컴퓨터에 해당 안드로이드 폰의 장치 드라이버가 설치되어 있어야 하며, 스마트폰의 '환경설정 ➡ 개발자 옵션'에서 'USB 디버깅'이 선택되어 있어야 한다.

그림 22-18 안드로이드 폰의 USB 디버깅 옵션

먼저 어플리케이션을 컴파일해 보자. 'Build ➡ Make Project' 메뉴, 'Ctrl + F9' 단축키, 또는 툴바의 ▦버튼을 눌러보자. 컴파일 결과는 IDE 아래쪽의 메시지 창을 통해 확인할 수 있다.

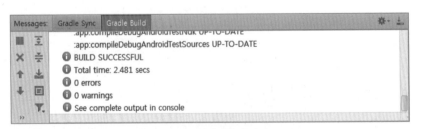

그림 22-19 컴파일 메시지

컴파일에 성공하였으면 스마트폰에 설치하고 실행시켜 보자. 'Run ➡ Run app' 메뉴, 'Shift + F10' 단축키, 또는 툴바의 ▶ 버튼을 누르면 어플리케이션을 설치하고 실행할 장치를 선택하는 다이얼로그가 나타난다. 물론, 스마트폰이 컴퓨터에 연결되어 있어야 한다.

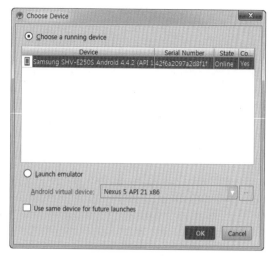

그림 22-20 장치 선택 다이얼로그

연결된 스마트폰을 선택하면 설치 과정을 거쳐 스마트폰에서 실행된다. 그림 22-21과 같이 "Hello world!" 문자열이 출력되는 화면이 스마트폰에 나타난다면 첫 번째 어플리케이션의 설치는 성공적으로 끝난 것이다.

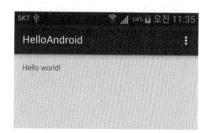

그림 22-21 스마트폰에서 실행되는 첫 번째 어플리케이션

22.5 에뮬레이터에서 실행

안드로이드 SDK에는 가상장치(Virtual Device)를 통해 스마트폰에 어플리케이션을 설치하지 않고도 실행해 볼 수 있는 에뮬레이터가 포함되어 있다. 'Tools ➡ Android ➡ AVD Manager' 메뉴 또는 툴바의 █ 버튼을 누르면 가상장치를 관리할 수 있는 안드로이드 가상장치 관리자(Android Virtual Device Manager)가 실행된다. 가상장치란 스마트폰을 에뮬레이션하는 소프트웨어로 생각하면 된다.

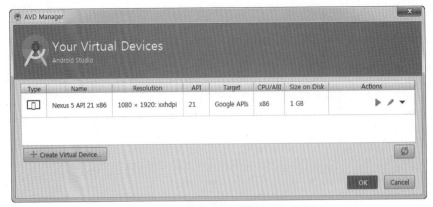

그림 22-22 안드로이드 가상장치 관리자

가상장치의 'Actions' 부분에서 연필 모양의 'Edit this AVD'를 선택하면 가상장치의 속성을 바꿀 수 있으며, 'Create Virtual Device' 버튼으로 새로운 가상장치를 생성할 수 있다. 'Actions' 부분에서 플레이 버튼 모양의 'Launch this AVD in the emulator' 버튼을 선택하면 에뮬레이터에서 실행되는 가상장치를 확인할 수 있다.

그림 22-23 에뮬레이터에서 가상장치 실행

가상장치가 실행된 후 어플리케이션을 실행시켜 보자. 그림 22-20과 다르게 가상장치 역시 장치 선택 다이얼로그에 나타남을 확인할 수 있다. 단, 에뮬레이터를 통해 가상장치를 먼저 실행시켜야 장치 선택 다이얼로그에 가상장치가 표시된다.

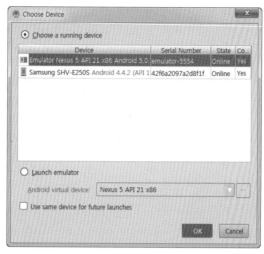

그림 22-24 장치 선택 다이얼로그

가상장치를 선택하고 'OK' 버튼을 눌러보자. 가상장치에 어플리케이션이 설치되고 실행되어 그림 22-21과 동일한 화면이 가상장치에 표시되는 것을 확인할 수 있다.

그림 22-25 가상장치에서 실행되는 첫 번째 어플리케이션

에뮬레이터를 통해 실행되는 가상장치는 어플리케이션을 스마트폰에 설치하기 이전에 내용을 미리 확인해 보는 용도로 사용할 수 있다. 다만 가상장치로는 이 책에서 스마트폰과 통신에 사용하는 블루투스 기능을 테스트할 수 없으므로 반드시 스마트폰에 설치하고 실행시켜야 한다.

22.6 요약

안드로이드는 리눅스 기반의 모바일 운영체제로 모바일 기기의 운영체제로 널리 사용되고 있다. 이 책에서는 스마트폰과 아두이노를 연결하고 스마트폰으로 아두이노를 제어하기 위해 블루투스를 사용할 것이며, 이를 위해서는 스마트폰에서 동작하는 어플리케이션을 작성하여야 한다. 스마트폰 어플리케이션을 작성하는 방법은 간단하지 않은데, 안드로이드 어플리케이션 관련 책만도 그 종류가 엄청나다는 사실만 보더라도 이를 짐작할 수 있다. 다행스러운 것은 아두이노를 제어하기 위한 어플리케이션은 그리 복잡하지 않으며, 블루투스 통신과 관련된 부분 역시 모든 제어용 어플리케이션에서 공통으로 사용되는 부분이므로 이 책에서는 아두이노를 제어하는 어플리케이션을 가장 간단하게 작성할 수 있을 정도로만 소개하려고 한다. 물론, 가장 간단한 어플리케이션도 실제로 그리 간단하지 않을 수 있다.

최근 스마트폰 보급의 확대로 인해 시스템 구성에서 스마트폰 어플리케이션은 빼놓을 수 없는 부분이 되고 있다. 비록 이 책에서 소개하는 어플리케이션 관련 내용이 본격적인 어플리케이션 개발을 위해서는 턱없이 부족하지만, 관심 있는 독자라면 이 책의 내용을 시작으로 어플리케이션 개발에도 관심을 두기를 권해 본다. 어플리케이션은 선택이 아니라 필수이다. 특히 사물인터넷 환경에서 스마트폰은 사물을 제어하고 사물과 대화하기 위한 훌륭한 도구가 되어 줄 것이며, 아두이노의 스케치와 마찬가지로 스마트폰의 어플리케이션은 그 중심에 있다 하겠다.

CHAPTER

23

레이아웃

레이아웃이란 화면에 나타나는 사용자 인터페이스(UI) 요소들을 배열하여 보여 주는 방식을 말한다. 안드로이드 운영체제를 사용하는 스마트폰은 화면의 해상도와 크기가 다양하여 절대적인 위치를 기준으로 UI 요소들을 배치하면 스마트폰에 따라 화면 구성이 달라질 수 있으므로, 절대적인 위치가 아닌 상대적인 위치에 따라 UI 요소들을 배치한다. 이 장에서는 레이아웃 중에서도 가장 간단한 선형 레이아웃과 상대 레이아웃을 사용하여 화면을 구성하는 방법을 알아본다.

안드로이드의 그래픽 사용자 인터페이스는 View와 ViewGroup 객체들의 계층 구조로 이루어진다. View 객체는 일반적으로 버튼이나 텍스트 필드와 같은 UI 요소들을 말하고, ViewGroup 객체는 눈에는 보이지 않지만 하나 이상의 View 객체들을 포함하고 있고 포함된 View 객체들이 나타내지는 방법, 즉 레이아웃을 결정하기 위해 사용되는 요소들을 가리킨다. View와 ViewGroup 객체들의 레이아웃은 XML 파일을 통해 정의된다. UI 요소들의 레이아웃을 코드 내에서 정의할 수도 있지만, 안드로이드 운영체제를 사용하는 기기들은 화면 크기 및 해상도가 다양하므로 모든 기기들에 적합한 레이아웃을 결정하기는 어렵다. 또한, 코드 내에서 배치를 결정하면 향후 추가될 새로운 해상도를 가지는 기기에서는 코드를 수정하지 않으면 어플리케이션을 사용할 수 없는 경우가 발생할 수도 있다. 하지만, XML 파일을 통해 UI 배치를 정의하면 코드의 수정 없이도 레이아웃의 수정 및 추가가 가능한 장점이 있다. 그림 23-1은 View와 ViewGroup 객체들이 이루는 계층 구조의 예를 나타낸 것이다. 레이아웃은 중첩되어(nested) 정의될 수 있으므로 간단한 레이아웃을 중첩하여 사용함으로써 복잡한 화면을 구성할 수 있다. 다만 중첩된 레이아웃을 많이 사용하면 성능 저하의 요인이 될 수 있으므로 가능한 피하는 것이 바람직하다.

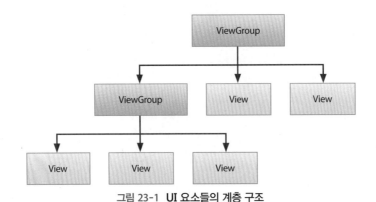

그림 23-1 **UI 요소들의 계층 구조**

23.1 레이아웃

레이아웃(layout)은 액티비티의 사용자 인터페이스(UI) 구조를 정의하기 위해 사용된다. 액티비티(activity)는 어플리케이션을 구성하는 기본 단위로, 하나의 화면에 해당한다. 스마트폰의 화면이 커지고는 있지만, 여전히 컴퓨터에서와 같이 여러 개의 창을 동시에 보여 주기에는 작은 것이 사실이다. 따라서 안드로이드 어플리케이션에서는 하나의 화면을 하나의 액티비티로 구성하고, 이들 사이의 전환을 통해 어플리케이션이 동작하도록 만들어진다. 액티비티가 화면에 보일 때 나타나는 UI 요소들의 배치와 속성을 정의하기 위해 사용하는 것이 바로 레이아웃이다.

안드로이드 어플리케이션에서 레이아웃은 XML 파일을 통해 정의되는 방법과 어플리케이션 내에서 프로그램으로 정의되는 두 가지 방법으로 결정될 수 있다. 일반적으로 레이아웃은 XML 파일을 통해 정의되고 어플리케이션 실행 중 사용자 인터페이스에 특정 요소를 추가하거나 속성을 변경하고 싶은 경우 프로그램에서 레이아웃을 변경하는 방식으로 사용된다. XML 파일을 이용하여 레이아웃을 정의하게 되면 어플리케이션의 외형을 나타내는 레이아웃과 어플리케이션의 동작을 제어하는 코드가 별개의 파일로 작성되므로 어플리케이션의 UI 배치를 바꾸고자 한다면 코드를 다시 컴파일할 필요 없이 XML 파일만 수정하면 되는 장점이 있다.

먼저 레이아웃 테스트를 위한 프로젝트를 생성해 보자. 프로젝트의 이름은 'LayoutTest'로, 도메인은 'gyeongyong.dongeui.edu'로 설정하고 나머지는 디폴트값을 사용한다.

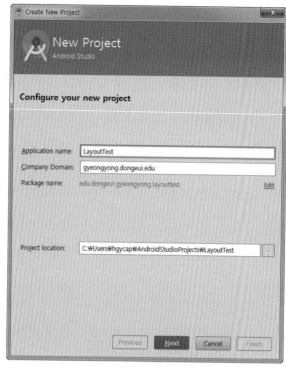

그림 23-2 레이아웃 테스트를 위한 프로젝트 생성

프로젝트의 'res' 디렉터리 아래 'layout' 디렉터리를 보면 'activity_main.xml' 파일을 볼 수 있다.

그림 23-3 레이아웃 정의 파일

activity_main.xml 파일은 LayoutTest 프로젝트의 유일한 액티비티 클래스인 MainActivity 클래스의 화면 구성을 정의하고 있는 파일이다. 파일은 XML(Extensible Markup Language) 형식으로 작성되어 있다. 레이아웃 편집기 아래쪽에는 두 가지 방식, 즉 '텍스트(Text)' 탭과 '디자인(Design)' 탭을 제공하고 있다.

안드로이드 스튜디오의 레이아웃 편집기는 UI 요소들을 끌어다 놓기(drag & drop) 방식으로 배치할 수 있는 그래픽 편집기를 제공하고 있다. 'Design' 탭을 선택한 경우 레이아웃 편집기의 왼쪽에는 레이아웃에 사용할 수 있는 레이아웃의 종류들과 UI 요소들이 나열되어 있고, 가운데는 편집된 레이아웃이 실제 화면에 어떻게 표시될지를 보여 주는 스마트폰 화면이 표시된다. 오른쪽의 위에는 뷰와 뷰그룹 요소들의 계층 구조가 표시되며, 그 아래에는 선택된 UI 요소의 속성이 표시된다.

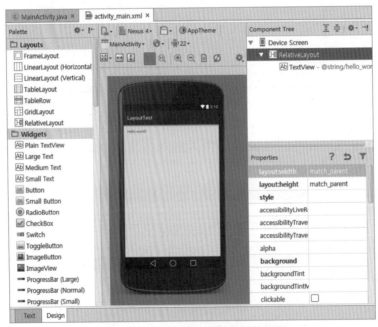

그림 23-4 그래픽 레이아웃 편집기 - 디자인

'디자인' 탭에서는 UI 요소들을 끌어다 놓는(drag & drop) 방식으로 화면을 구성할 수 있도록 해 주는 반면, '텍스트' 탭은 레이아웃을 정의하는 XML 파일을 직접 편집할 수 있도록 해 준다. '텍스트' 탭을 선택한 경우 편집기의 오른편에 미리보기(Preview) 버튼이 나타나며, '미리보기' 버튼을 누르면 배치된 화면을 확인할 수 있으므로 XML 파일의 편집 결과를 바로 확인할 수 있다.

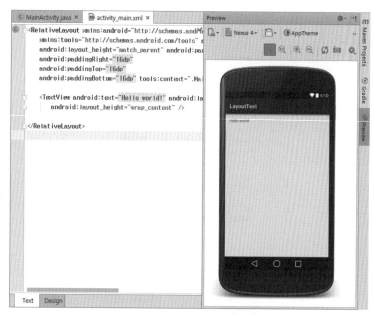

그림 23-5 그래픽 레이아웃 편집기 – 텍스트

이외에도 미리 보기 창의 툴바에는 화면을 가로(landscape)와 세로(portrait) 모드로 전환할 수 있는 기능과 다양한 크기의 화면에서의 배치를 동시에 보여 주는 기능이 포함되어 있어 화면 크기가 다양한 스마트폰을 위한 UI 디자인에 유용하게 사용할 수 있다.

(a) 세로 모드

(b) 가로 모드

그림 23-6 세로 모드와 가로 모드 보기

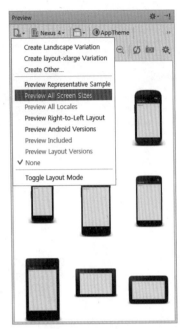

그림 23-7 다양한 크기의 화면 한꺼번에 보기

그래픽 레이아웃 편집기가 UI 요소들을 이용한 레이아웃 디자인에 유용하지만 완전하지는 않다. '텍스트' 탭의 XML 보기가 사용이 불편할 수는 있지만 XML 파일의 구조가 생각보다 어렵지 않으며, '텍스트' 탭에서 미리 보기도 지원되므로 '디자인' 탭에서 배치하여 '텍스트' 탭에서 XML 파일을 수정하면 간편하게 UI를 디자인할 수 있다.

어플리케이션은 일반적으로 여러 개의 화면으로 구성되며 어플리케이션 사용 중에 화면 전환이 이루어지지만, 이 책에서는 간단한 사용자 인터페이스를 가지는 어플리케이션으로 아두이노를 제어하는 것을 목적으로 하므로 하나의 액티비티로 구성되는 어플리케이션만을 다룬다. 'activity_main.xml' 탭을 클릭하여 XML 파일을 살펴보자.

코드 23-1 activity_main.xml

```
001 <RelativeLayout
002     xmlns:android="http://schemas.android.com/apk/res/android"
003     xmlns:tools="http://schemas.android.com/tools"
004     android:layout_width="match_parent"
005     android:layout_height="match_parent"
006     android:paddingLeft="@dimen/activity_horizontal_margin"
007     android:paddingRight="@dimen/activity_horizontal_margin"
008     android:paddingTop="@dimen/activity_vertical_margin"
009     android:paddingBottom="@dimen/activity_vertical_margin"
```

```
010     tools:context=".MainActivity">
011
012     <TextView
013         android:text="@string/hello_world"
014         android:layout_width="wrap_content"
015         android:layout_height="wrap_content"
016         android:textSize="25dp" />
017 </RelativeLayout>
```

activity_main.xml 파일을 훑어보면 '<이름> … </이름>' 또는 '<이름 … />'으로 구성되는 항목들이 중첩되어 존재하는 것을 볼 수 있다. 각 항목은 사용자 인터페이스에서 하나의 '요소(element)'를 나타내며, 요소들은 계층 구조를 이루고 있다. 레이아웃은 반드시 하나의 최상위 요소를 가져야 하며, View 또는 ViewGroup 객체가 올 수 있다. activity_main.xml 파일에서는 ViewGroup에 속하는 RelativeLayout이 최상위 요소이며, 그 아래에 "Hello world!" 문자열을 나타내기 위한 TextView 요소가 존재한다. 안드로이드에서 사용할 수 있는 레이아웃의 종류는 표 23-1과 같다. 모든 레이아웃은 그만의 활용성이 있지만, 이 책에서는 기본적인 선형 레이아웃(linear layout)과 상대 레이아웃(relative layout)을 주로 사용한다.

표 23-1 안드로이드에서 사용할 수 있는 레이아웃 종류

레이아웃	설명
LinearLayout	뷰들을 수직 또는 수평으로 일직선으로 배열
RelativeLayout	뷰의 위치를 다른 뷰들과의 상대적인 위치에 따라 배열
AbsoluteLayout	뷰들을 절대적인 좌표에 의해 배열
FrameLayout	모든 뷰들이 왼쪽 위를 기준으로 겹치게 배열
TableLayout	뷰들을 표 형식으로 배열
GridLayout	뷰들을 격자 형식으로 배열

요소 정의 내에는 다양한 요소의 속성을 정의하는 문장들이 '속성_이름="속성값"'의 형식으로 나열된다. 코드 23-1에서 Line 2와 3의 xmlns는 eXtensible Markup Language NameSpace의 줄임말이며, 이것은 XML 파일을 해석하는 방법을 나타내는 속성으로 '스키마(schema)'라고 불린다. 스키마는 안드로이드 개발자 사이트를 통해 제공된다. 각 요소들은 종류에 따라 다양한 속성을 가지지만, 모든 요소에 공통적인 속성도 존재한다. 그중 하나가 요소를 유일하게 구별하기 위한 'id' 속성이다. activity_main.xml에서의 요소들은 id가 지정되어 있지 않다. id는 다음과 같이 지정한다.

```
android:id="@+id/name_of_element"
```

기호 '@'은 확장의 의미를, 즉 기호 뒤의 문자열을 직접 사용하는 것이 아니라 다른 곳에 정의되어 있는 값을 참조하여야 함을 의미하며, 일종의 변수 이름으로 생각할 수 있다. '+'는 새로운 요소임을 나타낸다. 코드 23-1의 TextView에서 Line 13의 문자열 속성(android:text)을 살펴보면 '+'가 없음을 확인할 수 있다. 즉, 이미 정의된 문자열을 참조하라는 의미이다.

코드 23-1에서 TextView의 id를 'android:id="@+id/my_text_view"'와 같이 정의하였다고 가정해 보자. 어플리케이션에서 TextView에 출력되는 문자열을 바꾸고 싶다면 어떻게 해야 할까? 먼저 TextView 개체를 찾아야 하며, 이를 위해 id를 매개변수로 하는 findViewById 함수를 사용할 수 있다. 문자열은 TextView 클래스의 멤버 함수인 setText 함수를 이용하여 다음과 같이 교체할 수 있다.

```
TextView myTextView = (TextView)findViewById(R.id.my_text_view);
myTextView.setText("Another String");
```

코드 23-1에 나타난 속성 중에서 상대 레이아웃과 텍스트 뷰가 가지는 공통된 속성에는 layout_width와 layout_height가 있다. 이들은 요소의 크기를 나타내는 속성으로, 'match_parent'는 부모 요소를 꽉 채우는 크기를, 'wrap_content'는 내용만을 포함하는 최소의 크기를 나타낸다. 상대 레이아웃의 경우 전체 화면을 차지하도록 설정하기 위해 match_parent 속성값이 사용된 반면, 텍스트 뷰의 경우 글씨를 둘러싸는 최소 사각형 영역으로 설정하기 위해 wrap_content 속성값이 사용되었다. 요소들이 차지하는 영역은 '디자인' 탭에서 해당 요소를 클릭하면 확인할 수 있다.

표 23-2 크기 옵션

옵션	설명
wrap_content	내용의 크기에 맞게 가능한 작게 설정한다.
fill_parent	match_parent와 동일하다. API 8 이후에 match_parent로 바뀌었다.
match_parent	부모 ViewGroup이 허용하는 한도 내에서 가능한 크게 설정한다.

(a) 상대 레이아웃 – match_parent   (b) 텍스트 뷰 – wrap_content

그림 23-8 **UI 요소의 표시 영역**

이전 버전에서는 'fill_parent'라는 속성값이 사용되었으나, API Level 8 이후 match_parent로 바뀌었다. 안드로이드를 사용하는 스마트폰의 화면은 크기가 다양하므로 레이아웃의 크기를 픽셀 단위와 같은 절대 단위로 나타내는 것은 바람직하지 않다. 대신 density independent pixel(dp) 단위나, match_parent, wrap_content 등을 사용하여야 화면 크기나 해상도가 바뀌더라도 UI 요소들이 여러 가지 크기와 해상도를 가지는 화면에서 동일하게 표시될 수 있다. dp 는 160 dpi(dots per inch) 화면에서의 1 픽셀을 나타내므로 320 dpi 화면에서 1 dp는 실제로는 2 픽셀에 해당한다.

코드 23-1의 Line 6~9는 상대 레이아웃의 자식 요소로 배치되는 요소들과의 공백을 지정하고 있다. 왼쪽 공백을 지정하는 android:paddingLeft="@dimen/activity_horizontal_margin" 문장에서도 '+' 기호 없이 '@' 기호가 사용된 것은 이미 다른 곳에서 정의되어 있다는 의미이다. 'dimen/activity_horizontal_margin' 값은 'res/values/dimens.xml' 파일에서 확인할 수 있다. 마찬가지로 텍스트 뷰에 표시되는 문자열을 지정하는 android:text="@string/hello_world" 문장에서 문자열은 'res/values/strings.xml'에 정의되어 있다. Line 16의 텍스트 크기 지정은 화면에 글씨가 명확히 보이도록 추가한 것이다.

요소의 크기를 match_parent로 설정하면 가능한 가장 큰 크기를 가시므로 별도로 위치를 지정하지 않아도 된다. 코드 23-1에서 상대 레이아웃은 화면을 꽉 채우는 크기로 설정되어 있으므로 별도로 크기를 지정하지 않았다. 하지만, 텍스트 뷰는 문자열을 포함하는 최소 크기로 지정되어 있으면서도 위치가 지정되어 있지 않다. 상대 레이아웃에서 위치가 지정되지 않은 경우에는 디폴트로 상대 레이아웃의 좌상단을 기준으로 배치된다.

정의된 레이아웃은 액티비티 클래스가 생성될 때 호출되는 onCreate 함수에서 읽어서 setContentView 함수를 통해 화면에 나타낸다. setContentView 함수의 인자는 레이아웃에 대한 참조로 'R.layout.layout_file_name' 형식으로 지정한다. activity_main.xml 파일을 레이아웃으로 사용하고자 하는 경우에는 R.layout.activity_main을 setContentView 함수의 인자로 지정하면 된다.

```
protected void onCreate(Bundle savedInstanceState) {
    super.onCreate(savedInstanceState);
    setContentView(R.layout.activity_main);
}
```

23.2 선형 레이아웃

선형 레이아웃(linear layout)은 요소들을 수직 또는 수평 방향으로 배열하는 레이아웃이다. 배열 방향은 'android:orientation' 속성으로 설정할 수 있다. 코드 23-1의 경우 상대 레이아웃을 사용하였으므로 선형 레이아웃을 사용하도록 코드 23-1을 다음과 같이 수정하자. 이 때 텍스트 뷰는 제거한다.

코드 23-2 **선형 레이아웃**

```
<LinearLayout
    xmlns:android="http://schemas.android.com/apk/res/android"
    xmlns:tools="http://schemas.android.com/tools"
    android:layout_width="match_parent"
    android:layout_height="match_parent"
    android:paddingLeft="@dimen/activity_horizontal_margin"
    android:paddingRight="@dimen/activity_horizontal_margin"
    android:paddingTop="@dimen/activity_vertical_margin"
    android:paddingBottom="@dimen/activity_vertical_margin"
    tools:context=".MainActivity">
</LinearLayout>
```

'디자인' 탭에서 버튼을 끌어다 수평으로 3개 배열해 보자. 선형 레이아웃에서 디폴트 방향은 수평 방향(horizontal)이다.

(a) 디자인 탭에서 끌어 놓기   (b) 텍스트 탭에서 미리 보기

그림 23-9 선형 레이아웃에서 버튼 배치

코드 23-3은 선형 레이아웃으로 3개의 버튼을 배치한 결과이다.

코드 23-3 선형 레이아웃에 3개의 버튼 배치

```
<LinearLayout
    xmlns:android="http://schemas.android.com/apk/res/android"
    xmlns:tools="http://schemas.android.com/tools"
    android:layout_width="match_parent"
    android:layout_height="match_parent"
    android:paddingLeft="@dimen/activity_horizontal_margin"
    android:paddingRight="@dimen/activity_horizontal_margin"
    android:paddingTop="@dimen/activity_vertical_margin"
    android:paddingBottom="@dimen/activity_vertical_margin"
    tools:context=".MainActivity">

    <Button
        android:layout_width="wrap_content"
        android:layout_height="wrap_content"
        android:text="New Button"
        android:id="@+id/button" />

    <Button
        android:layout_width="wrap_content"
        android:layout_height="wrap_content"
        android:text="New Button"
        android:id="@+id/button2" />

    <Button
        android:layout_width="wrap_content"
        android:layout_height="wrap_content"
```

```
                android:text="New Button"
                android:id="@+id/button3" />

</LinearLayout>
```

무언가 어색하지 않은가? 모든 버튼의 크기는 wrap_content로 설정되어 있으므로 버튼 내 문자열 길이에 맞게 버튼의 크기가 결정된다. 따라서 세 번째 버튼을 배치할 수 있는 자리가 부족해서 다른 2개의 버튼과는 다르게 캡션이 두 줄로 나뉘어 표시되며, 따라서 버튼의 크기가 다르다. 코드 23-3에서 세 번째 버튼을 제거하더라도 나머지 버튼 2개의 배치는 바뀌지 않는다. 즉, 화면을 꽉 채우지 못한다.

그림 23-9에서 3개의 버튼이 모두 넓이가 동일하도록 하기 위해 사용할 수 있는 속성이 layout_weight이다. layout_weight는 공간을 분할하는 방식과 관련된 속성으로 디폴트값은 0이다. 그림 23-9에서 3개의 버튼 모두 넓이가 동일하도록 설정하기 위해서는 모든 버튼의 layout_weight를 동일한 값(0보다 큰 임의의 값)으로 설정하면 된다.

```
android:layout_weight="1"
```

그림 23-10 **weight 설정을 통해 폭이 동일해진 버튼**

하지만, UI 요소의 폭은 여러 가지 옵션에 영향을 받으므로 그림 23-10에서 각 버튼의 캡션 길이가 달라지면 버튼은 동일한 폭을 가지지 않을 수 있다.

그림 23-11 **캡션 길이에 따른 버튼 배치**

캡션의 길이와 무관하게 버튼의 폭을 동일하게 설정하려면 layout_width를 0dp로 설정하여 내용의 크기에 영향을 받지 않도록 해 주면 된다.

```
android:layout_width="0dp"
```

그림 23-12 캡션 길이와 무관한 버튼 배치

3개의 버튼의 넓이를 1:2:3으로 설정하고 싶다면 layout_weight를 비율에 맞게 설정하면 된다. 단, 이 경우에도 layout_width를 0dp로 설정하여야 한다.

그림 23-13 버튼 넓이 지정

그림 23-12와 23-13에서 버튼의 넓이는 임의로 지정할 수 있지만 버튼의 높이는 캡션 길이에 영향을 받아 동일하지 않다. 버튼의 높이를 모두 동일하게 지정하고 싶다면 중첩된 레이아웃을 사용하여야 한다. 먼저 선형 레이아웃(부모 레이아웃) 내에 또 다른 선형 레이아웃(자식 레이아웃)을 넣어 보자. 이 때 자식 선형 레이아웃의 폭은 match_parent, 높이는 wrap_content로 지정한다. 자식 선형 레이아웃에 3개의 버튼을 1:2:3의 weight 비율을 가지면서 높이는 match_parent 값을 가지도록 해 보자. 버튼의 높이가 동일해졌는가?

코드 23-4 중첩된 선형 레이아웃을 통한 버튼 높이 조절

```
<LinearLayout
    xmlns:android="http://schemas.android.com/apk/res/android"
    xmlns:tools="http://schemas.android.com/tools"
    android:orientation="vertical"
    android:layout_width="match_parent"
    android:layout_height="match_parent"
    android:paddingLeft="@dimen/activity_horizontal_margin"
    android:paddingRight="@dimen/activity_horizontal_margin"
    android:paddingTop="@dimen/activity_vertical_margin"
    android:paddingBottom="@dimen/activity_vertical_margin"
    tools:context=".MainActivity">

    <LinearLayout
        android:orientation="horizontal"
        android:layout_width="match_parent"
        android:layout_height="wrap_content">

        <Button
            android:layout_width="0dp"
            android:layout_weight="1"
            android:layout_height="match_parent"
            android:text="New Button"
            android:id="@+id/button" />

        <Button
            android:layout_width="0dp"
            android:layout_weight="2"
            android:layout_height="match_parent"
            android:text="New Button"
            android:id="@+id/button2" />

        <Button
            android:layout_width="0dp"
            android:layout_weight="3"
            android:layout_height="match_parent"
            android:text="New Button"
            android:id="@+id/button3" />

    </LinearLayout>
</LinearLayout>
```

그림 23-14 중첩된 레이아웃으로 동일한 높이로 설정된 버튼

선형 레이아웃에서 또 한 가지 흔히 사용되는 속성에는 gravity 속성이 있다. gravity 속성은 자식 요소의 정렬 방식을 결정하는 속성으로, "center_horizontal"은 가운데 정렬, "right"는 오른쪽 정렬을 의미한다. 디폴트값은 "left"로 왼쪽 정렬이다. 코드 23-5는 최상위 선형 레이아웃의 orientation 속성을 vertical로 설정하고 버튼의 수평 위치를 설정한 예이다.

코드 23-5 선형 레이아웃에서의 gravity 속성

```
<LinearLayout
    xmlns:android="http://schemas.android.com/apk/res/android"
    xmlns:tools="http://schemas.android.com/tools"
    android:layout_width="match_parent"
    android:layout_height="match_parent"
    android:paddingLeft="@dimen/activity_horizontal_margin"
    android:paddingRight="@dimen/activity_horizontal_margin"
    android:paddingTop="@dimen/activity_vertical_margin"
    android:paddingBottom="@dimen/activity_vertical_margin"
    android:orientation="vertical"
    tools:context=".MainActivity"
    android:gravity="center_horizontal">

    <Button
        android:layout_width="wrap_content"
        android:layout_height="wrap_content"
        android:text="New Button"
        android:id="@+id/button" />
</LinearLayout>
```

android:gravity="center_horizontal" 문장을 android:gravity="right"로 수정하면 버튼은 오른쪽에 배치된다.

(a) 가운데 정렬

(b) 오른쪽 정렬

그림 23-15 수평 방향 정렬

레이아웃의 gravity는 레이아웃 전체에 영향을 미친다. 버튼이 여러 개 있는 경우 버튼의 정렬 방식은 모든 버튼에 동일하게 적용된다. 버튼에 따라 정렬 방식을 바꾸려면 버튼의 layout_gravity 속성을 사용할 수 있다. 레이아웃의 gravity 속성과 버튼의 layout_gravity 속성이 함께 사용되는 경우에는 자식 요소에 적용된 속성, 즉 버튼의 layout_gravity 속성이 우선한다.

코드 23-6 버튼의 layout_gravity 속성

```
<LinearLayout
    xmlns:android="http://schemas.android.com/apk/res/android"
    xmlns:tools="http://schemas.android.com/tools"
    android:layout_width="match_parent"
    android:layout_height="match_parent"
    android:paddingLeft="@dimen/activity_horizontal_margin"
    android:paddingRight="@dimen/activity_horizontal_margin"
    android:paddingTop="@dimen/activity_vertical_margin"
    android:paddingBottom="@dimen/activity_vertical_margin"
    android:orientation="vertical"
    tools:context=".MainActivity"
    android:gravity="center_horizontal">

    <Button
        android:layout_width="wrap_content"
        android:layout_height="wrap_content"
        android:text="New Button"
        android:id="@+id/button"
        android:layout_gravity="start" />
    <Button
        android:layout_width="wrap_content"
        android:layout_height="wrap_content"
        android:text="New Button"
        android:id="@+id/button2"
        android:layout_gravity="center_horizontal" />
    <Button
        android:layout_width="wrap_content"
        android:layout_height="wrap_content"
        android:text="New Button"
        android:id="@+id/button3"
        android:layout_gravity="right" />

</LinearLayout>
```

그림 23-16(a)는 코드 23-6에 의한 레이아웃 결과이다. 코드 23-6에서 버튼의 layout_gravity 속성을 모두 제거한 경우의 레이아웃은 그림 23-16(b)와 같이 모든 버튼이 레이아웃의 gravity 속성에 영향을 받아 가운데로 배치된다.

(a) 버튼의 layout_gravity 속성을 사용한 경우   (b) 버튼의 layout_gravity 속성을 사용하지 않은 경우

그림 23-16 버튼의 layout_gravity 속성

23.3 상대 레이아웃

상대 레이아웃(relative layout)은 버튼 A의 오른쪽에 버튼 B를 배치하는 식으로 요소들의 상대적인 위치에 따라 화면을 구성하는 레이아웃이다. 중첩된 레이아웃을 사용하는 경우 성능 저하의 요인이 될 수 있으므로 복잡한 레이아웃의 경우 선형 레이아웃이 아닌 상대 레이아웃을 고려해 볼 필요가 있다. 상대 레이아웃의 경우 디폴트로 모든 자식 요소들은 부모 요소의 좌상단에 배치된다. 따라서 2개의 버튼을 위치 지정 없이 배열하면 부모 요소의 좌상단에 중첩되어 나타난다.

코드 23-7 상대 레이아웃

```
<RelativeLayout
    xmlns:android="http://schemas.android.com/apk/res/android"
    xmlns:tools="http://schemas.android.com/tools"
    android:layout_width="match_parent"
    android:layout_height="match_parent"
    android:paddingLeft="@dimen/activity_horizontal_margin"
    android:paddingRight="@dimen/activity_horizontal_margin"
    android:paddingTop="@dimen/activity_vertical_margin"
    android:paddingBottom="@dimen/activity_vertical_margin"
    tools:context=".MainActivity" >

    <Button
        android:id="@+id/button1"
        android:layout_width="wrap_content"
        android:layout_height="wrap_content"
        android:text="New Button 1" />
```

```
    <Button
        android:id="@+id/button2"
        android:layout_width="wrap_content"
        android:layout_height="wrap_content"
        android:text="Button 2" />
</RelativeLayout >
```

그림 23-17 상대 레이아웃에 의해 중첩된 버튼

버튼을 다른 요소의 상대적인 위치로 설정하기 위해 사용할 수 있는 속성에는 표 23-3과 같은
속성들이 있다.

표 23-3 상대적인 위치 지정을 위한 속성

속성	설명
layout_above	기준 요소의 위쪽 경계선에 아래쪽 경계선을 위치시킨다.
layout_below	기준 요소의 아래쪽 경계선에 위쪽 경계선을 위치시킨다.
layout_toRightOf	기준 요소의 오른쪽 경계선에 왼쪽 경계선을 위치시킨다.
layout_toLeftOf	기준 요소의 왼쪽 경계선에 오른쪽 경계선을 위치시킨다.
layout_centerHorizontal	true인 경우 부모 요소 내에서 수평으로 중앙에 위치시킨다.
layout_centerVertical	true인 경우 부모 요소 내에서 수직으로 중앙에 위치시킨다.
layout_centerParent	true인 경우 부모 요소 내에서 수평과 수직 모두 중앙에 위치시킨다.

코드 23-8은 버튼 하나를 부모 요소(상대 레이아웃)의 중앙에 위치시키고, 나머지 버튼들을 상
하좌우로 위치시킬 의도로 작성되었다. 하지만, 결과는 의도했던 바와는 다르게 나타날 것이다.

코드 23-8 5개의 버튼 배치 1

```xml
<RelativeLayout
    xmlns:android="http://schemas.android.com/apk/res/android"
    xmlns:tools="http://schemas.android.com/tools"
    android:layout_width="match_parent"
    android:layout_height="match_parent"
    android:paddingLeft="@dimen/activity_horizontal_margin"
    android:paddingRight="@dimen/activity_horizontal_margin"
    android:paddingTop="@dimen/activity_vertical_margin"
    android:paddingBottom="@dimen/activity_vertical_margin"
    tools:context=".MainActivity" >

    <Button
        android:id="@+id/button1"
        android:layout_width="wrap_content"
        android:layout_height="wrap_content"
        android:layout_centerInParent="true"
        android:text="Button 1" />

    <Button
        android:id="@+id/button2"
        android:layout_width="wrap_content"
        android:layout_height="wrap_content"
        android:layout_toRightOf="@id/button1"
        android:text="Button 2" />

    <Button
        android:id="@+id/button3"
        android:layout_width="wrap_content"
        android:layout_height="wrap_content"
        android:layout_toLeftOf="@id/button1"
        android:text="Button 3" />

    <Button
        android:id="@+id/button4"
        android:layout_width="wrap_content"
        android:layout_height="wrap_content"
        android:layout_above="@id/button1"
        android:text="Button 4" />

    <Button
        android:id="@+id/button5"
        android:layout_width="wrap_content"
        android:layout_height="wrap_content"
        android:layout_below="@id/button1"
        android:text="Button 5" />

</RelativeLayout >
```

버튼 2는 버튼 1의 오른쪽에, 버튼 3은 버튼 1의 왼쪽에 배치된 것은 맞지만, 상대 레이아웃에서 디폴트값은 부모 요소의 왼쪽과 위쪽을 기준으로 하므로 수직 방향이 지정되지 않아 디폴트값이 사용된 것을 확인할 수 있다. 버튼 4와 버튼 5의 경우도 마찬가지로 수평 방향의 위치로 디폴트값이 사용되었다. 원하는 결과를 얻기 위해서는 요소들 사이의 정렬 방식을 지정하여야 하며, 사용할 수 있는 옵션에는 표 23-4와 같은 옵션들이 있다. 물론, 표 23-3의 layout_centerHorizontal과 layout_centerVertical 속성을 사용해서도 가능하다.

표 23-4 정렬 방식 지정을 위한 속성

속성	설명
layout_alignParentTop	true인 경우 부모 요소와 위쪽을 일치시킨다.
layout_alignParentBottom	true인 경우 부모 요소와 아래쪽을 일치시킨다.
layout_alignParentRight	true인 경우 부모 요소와 오른쪽을 일치시킨다.
layout_alignParentLeft	true인 경우 부모 요소와 왼쪽을 일치시킨다.
layout_alignTop	기준 요소와 위쪽을 일치시킨다.
layout_alignBottom	기준 요소와 아래쪽을 일치시킨다.
layout_alignRight	기준 요소와 오른쪽을 일치시킨다.
layout_alignLeft	기준 요소와 왼쪽을 일치시킨다.

코드 23-8에 정렬 속성을 추가하여 다섯 개의 버튼을 배열해 보자.

코드 23-9 5개의 버튼 배치 2

```
<RelativeLayout
    xmlns:android="http://schemas.android.com/apk/res/android"
    xmlns:tools="http://schemas.android.com/tools"
    android:layout_width="match_parent"
    android:layout_height="match_parent"
    android:paddingLeft="@dimen/activity_horizontal_margin"
    android:paddingRight="@dimen/activity_horizontal_margin"
    android:paddingTop="@dimen/activity_vertical_margin"
    android:paddingBottom="@dimen/activity_vertical_margin"
    tools:context=".MainActivity" >

    <Button
        android:id="@+id/button1"
        android:layout_width="wrap_content"
        android:layout_height="wrap_content"
        android:layout_centerInParent="true"
        android:text="Button 1" />

    <Button
        android:id="@+id/button2"
        android:layout_width="wrap_content"
        android:layout_height="wrap_content"
        android:layout_toRightOf="@id/button1"
```

```
            android:layout_alignTop="@id/button1"
            android:text="Button 2" />

    <Button
            android:id="@+id/button3"
            android:layout_width="wrap_content"
            android:layout_height="wrap_content"
            android:layout_toLeftOf="@id/button1"
            android:layout_alignTop="@id/button1"
            android:text="Button 3" />

    <Button
            android:id="@+id/button4"
            android:layout_width="wrap_content"
            android:layout_height="wrap_content"
            android:layout_above="@id/button1"
            android:layout_alignLeft="@id/button1"
            android:text="Button 4" />

    <Button
            android:id="@+id/button5"
            android:layout_width="wrap_content"
            android:layout_height="wrap_content"
            android:layout_below="@id/button1"
            android:layout_alignLeft="@id/button1"
            android:text="Button 5" />

</RelativeLayout >
```

(a) 코드 23-8에 의한 레이아웃

(b) 코드 23-9에 의한 레이아웃

그림 23-18 코드 23-8과 23-9에 의한 레이아웃

'디자인' 탭에서 버튼을 끌어다 놓으면 미리보기의 위쪽에 위치가 표시되는 것을 확인할 수 있으므로 편리하다. 다만 표시되는 위치는 표 23-3과 23-4의 속성값으로 표시되므로 속성값의 의미를 이해하고 있어야 한다.

그림 23-19 '디자인' 탭에서 상대 레이아웃에 의한 배치

선형 레이아웃에서와 같이 상대 레이아웃을 이용하여 버튼 3개를 수평 방향으로 배치해 보자. 첫 번째 버튼을 제외한 나머지 2개의 버튼은 layout_toRightOf 속성을 이용한다.

코드 23-10 3개의 버튼 배치

```
<RelativeLayout
    xmlns:android="http://schemas.android.com/apk/res/android"
    xmlns:tools="http://schemas.android.com/tools"
    android:layout_width="match_parent"
    android:layout_height="match_parent"
    android:paddingLeft="@dimen/activity_horizontal_margin"
    android:paddingRight="@dimen/activity_horizontal_margin"
    android:paddingTop="@dimen/activity_vertical_margin"
    android:paddingBottom="@dimen/activity_vertical_margin"
    tools:context=".MainActivity" >

    <Button
        android:id="@+id/button1"
        android:layout_width="wrap_content"
        android:layout_height="wrap_content"
        android:text="Button1" />
```

```
<Button
    android:id="@+id/button2"
    android:layout_width="wrap_content"
    android:layout_height="wrap_content"
    android:layout_toRightOf="@id/button1"
    android:text="Button2" />

<Button
    android:id="@+id/button3"
    android:layout_width="wrap_content"
    android:layout_height="wrap_content"
    android:layout_toRightOf="@id/button2"
    android:text="Button3" />

</RelativeLayout >
```

그림 23-20 상대 레이아웃을 이용한 버튼 3개의 수평 배치

그림 23-20에서 볼 수 있듯이 버튼 3개는 부모 요소를 가득 채우지 못하며 캡션이 길어지면 일부 버튼이 가려져서 보이지 않을 수도 있다. 3개의 버튼이 부모 요소를 수평 방향으로 가득 채우기 위해서는 세 번째 버튼을 부모 요소의 오른쪽에 정렬시켜 주면 된다.

```
android:layout_alignParentRight="true"
```

그림 23-21 수평 방향을 채우도록 배열된 3개의 버튼

하지만, 그림 23-21에서 볼 수 있듯이 3개의 버튼이 부모 요소를 가득 채우지만 버튼의 폭은 동일하지 않다. 선형 레이아웃에서는 layout_weight를 통해 버튼의 폭을 동일하게 지정할 수 있지만, 상대 레이아웃에서는 layout_weight 속성을 사용할 수 없다. 상대 레이아웃에서 버튼의 폭을 동일하게 설정하는 방법 중 하나는 코드 상에서 설정하는 방법이다. 하지만, 코드 상에서 버튼의 크기를 동일하게 설정하기 위해서는 실제 화면의 크기를 얻어 와야 하고 요소들을 배치하기 위한 마진을 고려해야 하는 등 간단하지 않으므로 선형 레이아웃을 사용하는 것이 편리하다.

23.4 요약

안드로이드 운영체제를 사용하는 스마트폰의 어플리케이션은 하나의 화면을 나타내는 액티비티의 집합으로 구성된다. 액티비티는 다양한 UI 요소들을 사용하여 화면을 구성하며, 이들 UI 요소들의 배치를 결정하는 것이 레이아웃이다. 윈도우즈 운영체제에서 동작하는 프로그램의 경우 일반적으로 절대적인 좌표를 통해 화면을 구성하므로 해상도에 따라 화면 구성이 달라져 보이는 경우를 볼 수 있다. 이러한 단점을 없애고 다양한 화면에서 동일한 형태의 화면을 보여 주기 위해 안드로이드 어플리케이션에서는 상대적인 위치에 따른 배치를 사용한다.

이 책에서는 간단한 어플리케이션을 만들기 위해 사용할 수 있는 선형 레이아웃과 상대 레이아웃에 대해 설명하였다. 이외에도 안드로이드에서는 다양한 레이아웃을 지원하며, 선형 레이아웃과 상대 레이아웃에서 사용할 수 있는 속성 중에서도 이 장에서 언급하지 않은 속성들도 다수 존재한다. 하지만, 이 장에서 설명한 레이아웃과 속성들을 조합하여 아두이노를 제어하기 위한 어플리케이션을 구현하기에 큰 어려움은 없을 것이다. 레이아웃에 대한 보다 자세한 내용은 다른 안드로이드 관련 서적이나 안드로이드 개발자 사이트[56]를 참고하기 바란다.

CHAPTER

24

사용자 인터페이스 요소

어플리케이션에서 액티비티는 하나의 화면을 구성하며, 화면 구성을 위해서는 다양한 사용자 인터페이스(UI) 요소들이 사용된다. 안드로이드 어플리케이션에서 사용할 수 있는 UI 요소들은 윈도우즈에서 사용 가능한 UI 요소들과 기본적으로 동일하다. 이 장에서는 간단한 어플리케이션을 작성하기 위해 사용할 수 있는 UI 요소들을 살펴보고, 이들을 사용하여 사용자와 상호작용하는 방법을 알아본다.

어플리케이션을 작성할 때 고려해야 할 한 가지 중요한 점을 사용자와의 대화 방식이다. 어플리케이션은 특정 목적을 달성하기 위해 계산을 수행하는 알고리듬이 중요하지만, 현재 계산 과정을 사용자에게 알려 주고 필요하다면 사용자로부터 필요한 정보를 얻어 오는 방법 역시 필요하다. 모든 정보를 동일한 방법으로 표시할 수도 있지만, 정보의 종류에 따라 서로 다른 형태로 정보를 제공해 준다면 사용자는 보다 직관적으로 정보를 알아차리고 이에 반응할 수 있다. 예를 들어 맛집을 검색한다고 생각해 보자. 단순히 문자열로 주소와 메뉴를 보여 주는 것보다는 지도에 표시하여 맛집의 위치를 보여 주고, 메뉴를 사진으로 보여 주는 것이 정보를 보다 명확히 보여 줄 뿐만 아니라 정보의 가치를 높이는 일임은 당연하다. 이를 흔히 그래픽 사용자 인터페이스(Graphical User Interface, GUI)라고 부르며, GUI를 구성하는 요소들을 UI 요소라고 한다. UI 요소에는 이전 장에서 살펴본 레이아웃 역시 포함된다. 이 장에서는 사용자 인터페이스를 구성하는 요소들 중 흔히 사용되는 버튼, 체크 박스, 탐색바, 문자열 입력창, 다이얼로그 등의 사용 방법에 대해 알아본다.

24.1 사용자 인터페이스 디자인

UI 요소들을 테스트하기 위해 'UIComponentTest'라는 프로젝트를 생성해 보자. 프로젝트는 기본 옵션으로 생성한다. 프로젝트가 생성되면 상대 레이아웃과 선형 레이아웃을 이용하여 그림 24-1과 같이 화면을 구성해 보자. 그림 24-1은 상대 레이아웃을 최상위 요소로 하고, '예'와 '아니오' 선택을 위한 버튼을 포함하는 선형 레이아웃, 옵션 선택을 위한 체크 박스, 일정한 범위의 값 중 하나를 드래그를 통해 선택할 수 있는 탐색바(seek bar), 문자열 입력을 위한 편집 문자열 상자 등으로 구성된다. 코드 24-1은 그림 24-1의 화면을 구성하기 위한 XML 파일이다.

그림 24-1 화면 구성

코드 24-1 **사용자 인터페이스 요소 테스트**

```xml
<RelativeLayout
    xmlns:android="http://schemas.android.com/apk/res/android"
    xmlns:tools="http://schemas.android.com/tools"
    android:layout_width="match_parent"
    android:layout_height="match_parent"
    android:paddingLeft="@dimen/activity_horizontal_margin"
    android:paddingRight="@dimen/activity_horizontal_margin"
    android:paddingTop="@dimen/activity_vertical_margin"
    android:paddingBottom="@dimen/activity_vertical_margin"
    tools:context=".MainActivity" >

    <TextView
        android:layout_width="wrap_content"
        android:layout_height="wrap_content"
        android:textAppearance="?android:attr/textAppearanceLarge"
```

```xml
        android:text="버튼"
        android:id="@+id/textView"
        android:layout_alignParentTop="true"
        android:layout_alignParentLeft="true"
        android:layout_marginTop="30dp"/>

    <LinearLayout
        android:orientation="horizontal"
        android:layout_width="match_parent"
        android:layout_height="wrap_content"
        android:layout_below="@+id/textView"
        android:layout_alignParentLeft="true"
        android:id="@+id/linearLayout">

        <Button
            android:layout_width="0dp"
            android:layout_weight="1"
            android:layout_height="match_parent"
            android:text="예"
            android:id="@+id/button_yes"
            android:textAppearance="?android:attr/textAppearanceLarge" />

        <Button
            android:layout_width="0dp"
            android:layout_weight="1"
            android:layout_height="match_parent"
            android:text="아니오"
            android:textAppearance="?android:attr/textAppearanceLarge"
            android:id="@+id/button_no"
            android:layout_above="@+id/textView2" />
    </LinearLayout>

    <TextView
        android:layout_width="wrap_content"
        android:layout_height="wrap_content"
        android:textAppearance="?android:attr/textAppearanceLarge"
        android:text="체크 박스"
        android:id="@+id/textView2"
        android:layout_below="@+id/linearLayout"
        android:layout_alignParentLeft="true"
        android:layout_marginTop="30dp" />

    <CheckBox
        android:layout_width="wrap_content"
        android:layout_height="wrap_content"
        android:text="항상 켜기"
        android:id="@+id/checkBox_always_on"
        android:textAppearance="?android:attr/textAppearanceLarge"
        android:layout_below="@+id/textView2"
        android:layout_alignParentLeft="true"
```

```
            android:layout_alignParentRight="true" />

        <TextView
            android:layout_width="wrap_content"
            android:layout_height="wrap_content"
            android:textAppearance="?android:attr/textAppearanceLarge"
            android:text="밝기 조절 탐색바"
            android:id="@+id/textView3"
            android:layout_below="@+id/checkBox_always_on"
            android:layout_marginTop="30dp" />

        <SeekBar
            android:layout_width="wrap_content"
            android:layout_height="wrap_content"
            android:id="@+id/seekBar_brightness"
            android:layout_below="@+id/textView3"
            android:layout_alignParentLeft="true"
            android:layout_alignParentRight="true" />

        <TextView
            android:layout_width="wrap_content"
            android:layout_height="wrap_content"
            android:textAppearance="?android:attr/textAppearanceLarge"
            android:text="전송 문자열 입력"
            android:id="@+id/textView4"
            android:layout_below="@+id/seekBar_brightness"
            android:layout_alignParentLeft="true"
            android:layout_marginTop="30dp" />

        <EditText
            android:layout_width="wrap_content"
            android:layout_height="wrap_content"
            android:id="@+id/editText_send_string"
            android:layout_below="@+id/textView4"
            android:layout_alignParentLeft="true"
            android:layout_alignParentRight="true" />

        <Button
            android:layout_width="wrap_content"
            android:layout_height="wrap_content"
            android:textAppearance="?android:attr/textAppearanceLarge"
            android:text="전송"
            android:id="@+id/button_send"
            android:layout_below="@+id/editText_send_string"
            android:layout_alignParentRight="true" />
</RelativeLayout>
```

그림 24-2는 '디자인' 탭의 오른쪽에 표시되는 UI 요소들의 계층 구조를 나타낸 것으로, 코드 24-1의 계층 구조를 한눈에 알아볼 수 있다.

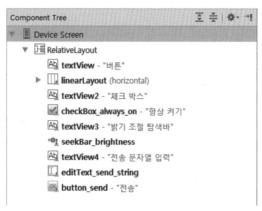

그림 24-2 **UI 요소들의 계층 구조**

24.2 이벤트 처리

화면 구성에 사용된 각 요소들의 사용 방법을 살펴보기 이전에 이해해야 할 부분이 바로 이벤트 처리 부분이다. 이벤트란 사용자가 UI 요소들을 조작한 경우 발생하는 '사건'을 말한다. 어떤 사건이 발생하면 어플리케이션은 이에 반응하여 사건을 처리하는 동작을 수행하여야 하며, 이를 '이벤트 처리'라고 한다. 그림 24-1에서 '전송' 버튼을 누르는 사건이 발생하였다고 가정해 보자. 어플리케이션은 편집 문자열 상자에 입력된 내용을 즉시 어디론가 보내야 한다. '항상 켜기'의 체크 박스를 선택하는 이벤트가 발생하였다고 가정해 보자. 일정 시간이 지나도 백라이트가 꺼지지 않도록 하기 위해 어플리케이션은 내부 상태를 그에 맞게 설정하여야 한다. 이처럼 이벤트는 어플리케이션의 동작 방식과 순서에 영향을 미친다.

이벤트가 발생한 경우 이를 처리하는 방식은 폴링(polling) 방식과 이벤트 구동(event-driven) 방식으로 나눌 수 있다. 폴링 방식이란 어플리케이션이 무한 루프를 돌면서 이벤트 발생을 계속적으로 검사하고 이벤트가 발생하면 이를 처리하는 방식이다. 마이크로컨트롤러에서는 이벤트 루프 또는 메인 루프라 부르며, 아두이노에서 loop 함수로 구현된 부분이 여기에 해당한다. 하지만, 폴링 방식은 이벤트 발생을 감시하기 위해 많은 시간과 자원을 할애해야 하는 단점이 있다. 마이크로컨트롤러의 경우 오직 하나의 프로그램만이 설치되어 실행될 수 있으므로 크게 문제가 되지 않을 수 있지만, 스마트폰에는 여러 가지 프로그램을 설치하고 동시에 실행되고 있으므로 잘못된 폴링 루프는 스마트폰이 동작을 멈추는 상황에까지도 이르게 할 수 있다.

폴링 방식의 단점을 해결할 수 있는 방식이 이벤트 구동 방식으로 마이크로컨트롤러의 인터럽트 방식과 유사하다. 마이크로컨트롤러에서 인터럽트가 발생하면 인터럽트 처리를 위한 ISR(Interrupt Service Routine)로 자동으로 분기하여 인터럽트를 처리한다. 이벤트 구동 방식에서 이벤트가 발생하면 이를 처리하기 위한 콜백(callback) 함수가 호출되어 이벤트 처리가 이루어진다. 마이크로컨트롤러에서 ISR 호출은 하드웨어, 즉 마이크로컨트롤러에서 담당한다. 단, 발생하는 인터럽트의 종류와 이를 처리할 ISR을 프로그램에서 미리 설정해 주어야 한다. 스마트폰 어플리케이션에서 이벤트가 발생한 경우 콜백 함수 호출은 운영체제, 즉 안드로이드에서 이루어지며, 어플리케이션에서는 마이크로컨트롤러 프로그램에서와 마찬가지로 발생하는 이벤트와 이를 처리할 콜백 함수를 설정해 주어야 한다. 마이크로컨트롤러를 위한 프로그램은 일반적으로 C 스타일로 작성되므로 ISR 함수는 전역 함수로 정의된다. 반면, 스마트폰 어플리케이션은 Java를 사용하여 객체지향 스타일로 작성되므로 콜백 함수는 클래스의 멤버 함수로 정의된다.

'전송' 버튼을 눌렀다고 가정해 보자. 버튼을 누른 이벤트가 발생하고, 이는 안드로이드 시스템에서 이벤트 전달 경로를 통해 이를 처리할 수 있는 클래스까지 전달되며, 해당 클래스는 멤버 함수로 정의된 콜백 함수를 통해 이벤트를 처리한다. 하지만, 모든 클래스가 이벤트를 처리할 수 있는 것은 아니며, 뷰 클래스와 그 자식 클래스에서만 처리할 수 있다. UIComponentTest 프로젝트에는 오직 하나의 클래스인 'MainActivity' 클래스만 존재하며, 이는 'Activity' 클래스의 자식 클래스이므로 이벤트를 처리할 수 없다. MainActivity 클래스에서 이벤트를 처리하는 방법 중 한 가지는 이벤트 처리를 위한 전용 객체를 생성하고 생성한 객체를 MainActivity 클래스의 멤버 변수로 등록하는 방법이다. 이때 이벤트 처리는 이벤트 처리를 위한 리스너(listener)를 구현(implement)한 클래스에서만 가능하며, 이벤트의 종류에 따라 다양한 리스너가 정의되어 있다. 버튼을 누른 경우 발생하는 이벤트를 처리할 수 있는 리스너는 OnClickListener이다. MainActivity 클래스에 내부 클래스로 ButtonListener 클래스를 작성해 보자.

```
class ButtonListener implements OnClickListener { }
```

클래스 정의를 입력하면 OnClickListener의 정의를 찾을 수 없다는 오류 메시지가 나타난다. 정확히 이야기하면 여러 개의 OnClickListener가 정의되어 있다는 오류 메시지이다.

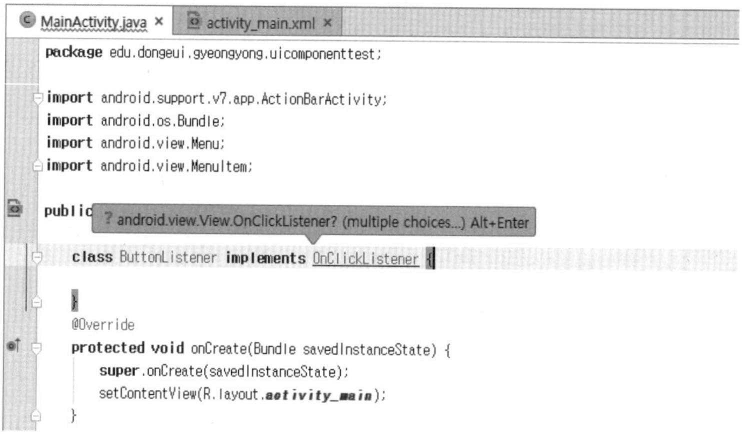

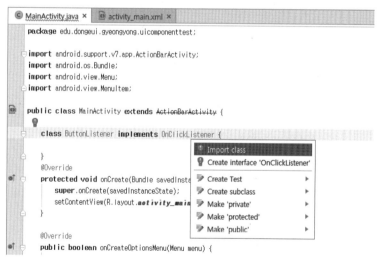

그림 24-3 **OnClickListener 중복 정의 오류**

'Alt + Enter' 키를 누르면 헤더 파일을 포함시킬 수 있는 메뉴가 나타난다.

그림 24-4 **클래스 정의 포함 메뉴**

'Import class'를 선택하면 OnClickListener 클래스의 목록이 나타나며, 이 중 뷰 클래스의 하위 클래스를 선택한다.

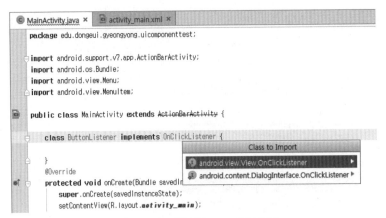

그림 24-5 OnClickListener 정의 목록

해당 클래스의 정의가 포함(import)되었지만 여전히 클래스 이름은 붉은색으로 표시된다. OnClickListener는 이벤트 처리를 위한 전용 클래스로, 반드시 이벤트 처리를 위한 해당 멤버 함수를 구현하여야 하지만, 현재 멤버 함수가 구현되어 있지 않아 오류가 발생한다. 다시 'Alt + Enter' 키를 눌러 보자.

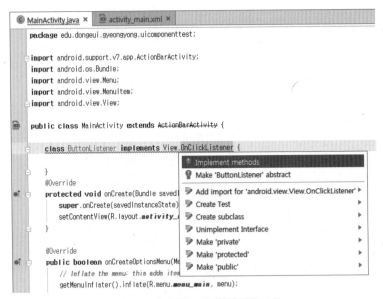

그림 24-6 멤버 함수 미구현에 따른 오류

'Implement methods'를 선택하면 구현할 멤버 함수 선택을 위한 창이 나타난다. onClick 함수를 선택하면 자동으로 함수 정의 부분이 추가된다. onClick 함수는 버튼이 눌려졌을 때 자동으로 호출되는 이벤트 처리 함수이다.

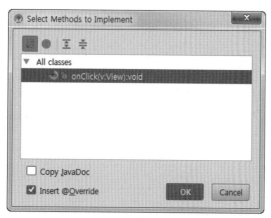

그림 24-7 구현할 멤버 함수 선택

디폴트 옵션을 선택하여 생성된 프로젝트의 소스 코드인 MainActivity.java를 살펴보면 MainActivity 클래스의 정의 부분에서 ActionBarActivity 부분에 밑줄이 그어져 있는 것을 발견할 수 있다. 안드로이드가 업그레이드되면서 이전 버전에서 지원하던 ActionBarActivity 클래스는 더 이상 사용하지 않는다. 컴파일과 실행에는 문제가 없지만 향후 지원이 중단될 시점을 대비하여 ActionBarActivity를 AppCompatActivity 클래스로 교체하는 것이 좋다. AppCompatActivity 클래스로 교체하면 OnClickListener 클래스를 추가할 때와 마찬가지로 해당 헤더 파일을 'Alt + Enter' 키를 눌러 추가시켜 주어야 한다.

함수를 작성해 보자. onClick 함수의 매개 변수로 주어지는 뷰(View) 클래스는 이벤트를 발생시킨 UI 개체를 나타낸다. 간단하게 메시지가 눌려지면 다이얼로그에 버튼이 눌려졌음을 나타내도록 해 보자. 이 때 사용하는 클래스는 Toast로, 이것은 잠깐 나타났다가 자동으로 사라지는 짧은 메시지를 표시하기 위해 흔히 사용되는 UI 요소 중 하나이다. 코드 입력 과정에서 오류가 발생한다면 'Alt + Enter' 키를 눌러 클래스 사용에 필요한 클래스를 포함시키는 것을 잊지 말자.

```
class ButtonListener implements View.OnClickListener {
    @Override
    public void onClick(View v) {
        Toast.makeText(getApplicationContext(),
                        "버튼이 눌러졌습니다.", Toast.LENGTH_LONG).show();
    }
}
```

ButtonListener 클래스를 내부 클래스로 정의하였으므로 ButtonListener 클래스의 객체를 MainActivity 클래스의 멤버 변수로 선언하고 객체를 생성한다. 객체가 생성되면 MainActivity 클래스의 onCreate 함수에서 '전송' 버튼이 눌러졌을 때 발생하는 이벤트를 ButtonListener 클래스의 객체가 담당하도록 지정하여야 한다.

```
ButtonListener myListener = new ButtonListener();

@Override
protected void onCreate(Bundle savedInstanceState) {
    super.onCreate(savedInstanceState);
    setContentView(R.layout.activity_main);

    // '전송' 버튼을 찾는다.
    Button button = (Button)findViewById(R.id.button_send);
    // '전송' 버튼을 눌렀을 때 발생하는 이벤트를
    // ButtonListener 클래스 객체가 처리하도록 설정한다.
    button.setOnClickListener(myListener);
}
```

MainActivity 클래스의 전체 코드는 다음과 같다.

코드 24-2 이벤트 처리 전용 객체 사용

```
package edu.dongeui.gyeongyong.uicomponenttest;

import android.support.v7.app.ActionBarActivity;
import android.os.Bundle;
import android.view.Menu;
import android.view.MenuItem;
import android.view.View;
import android.widget.Button;
import android.widget.Toast;

public class MainActivity extends ActionBarActivity {
    class ButtonListener implements View.OnClickListener {
        @Override
```

```java
        public void onClick(View v) {
            Toast.makeText(getApplicationContext(),
                            "버튼이 눌러졌습니다.", Toast.LENGTH_LONG).show();
        }
    }

    // 버튼 클릭 이벤트 처리를 위한 객체 생성
    ButtonListener myListener = new ButtonListener();

    @Override
    protected void onCreate(Bundle savedInstanceState) {
        super.onCreate(savedInstanceState);
        setContentView(R.layout.activity_main);

        // '전송' 버튼을 찾는다.
        Button button = (Button)findViewById(R.id.button_send);
        // '전송' 버튼을 눌렀을 때 발생하는 이벤트를
        // ButtonListener 클래스 객체가 처리하도록 설정한다.
        button.setOnClickListener(myListener);
    }

    @Override
    public boolean onCreateOptionsMenu(Menu menu) {
        // Inflate the menu; this adds items to the action bar if it is present.
        getMenuInflater().inflate(R.menu.menu_main, menu);
        return true;
    }

    @Override
    public boolean onOptionsItemSelected(MenuItem item) {
        // Handle action bar item clicks here. The action bar will
        // automatically handle clicks on the Home/Up button, so long
        // as you specify a parent activity in AndroidManifest.xml.
        int id = item.getItemId();

        //noinspection SimplifiableIfStatement
        if (id == R.id.action_settings) {
            return true;
        }

        return super.onOptionsItemSelected(item);
    }
}
```

에뮬레이터를 실행시키고 프로그램을 설치한 후 실행해 보자. '전송' 버튼을 누르면 메시지가
출력되는가?

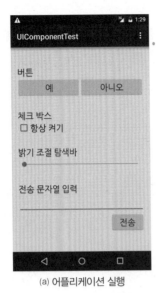
(a) 어플리케이션 실행

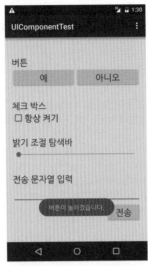
(b) '전송' 버튼을 누른 경우

그림 24-8 에뮬레이터를 통한 실행 결과

코드 24-2는 이벤트 처리를 위한 전용 클래스를 선언하고 객체를 생성하여 버튼의 이벤트 처리를 이벤트 처리 클래스의 객체에 위임함으로써 이벤트 처리가 수행된다. 코드 24-2와는 약간 다른 방법으로는 MainAcivity 클래스에서 직접 버튼 이벤트를 처리하는 방법이 있다. 코드 24-2에서 ButtonListener는 OnClickListener를 구현(implements)하고 있다. 동일하게 MainActivity 클래스가 OnClickListener를 구현한다면 버튼의 이벤트를 처리할 수 있다. 물론, MainActivity 클래스는 onClick 함수를 구현하여야 한다. 코드 24-3은 MainActivity 클래스가 버튼 이벤토를 처리하는 예로 실행 결과는 그림 24-8과 동일하다. 코드 24-3에서 '...'로 표현된 부분은 코드 24-2와 동일한 부분이므로 코드 24-2를 참고하면 된다.

코드 24-3 MainActivity 클래스가 버튼 이벤트 처리

```
package edu.dongeui.gyeongyong.uicomponenttest;

import ...

public class MainActivity extends ActionBarActivity
                              implements View.OnClickListener {
    public void onClick(View v) {
        Toast.makeText(getApplicationContext(),
                    "버튼이 눌러졌습니다.", Toast.LENGTH_LONG).show();
    }

    @Override
```

```
protected void onCreate(Bundle savedInstanceState) {
    super.onCreate(savedInstanceState);
    setContentView(R.layout.activity_main);

    // '전송' 버튼을 찾는다.
    Button button = (Button)findViewById(R.id.button_send);
    // '전송' 버튼을 눌렀을 때 발생하는 이벤트를
    // MainActivity 클래스가 처리하도록 설정한다.
    button.setOnClickListener(this);
}

@Override
public boolean onCreateOptionsMenu(Menu menu) { ... }

@Override
public boolean onOptionsItemSelected(MenuItem item) { ... }
}
```

코드 24-2와 24-3은 이벤트 처리를 위해 흔히 사용되는 구조이므로, 두 가지 모두를 알아 두는 것이 좋다. 특히 처리할 이벤트의 종류가 많아지는 경우에는 코드 24-2에서 이벤트 처리 전용 클래스를 별도로 작성하여 코드를 구조화하기 좋지만, 이 책에서는 코드 24-2에 비해 간단한 코드 24-3의 형식을 주로 사용한다.

24.3 다중 버튼

그림 24-8에서 '예'나 '아니오' 버튼을 눌러보자. 메시지는 출력되지 않는다. 이는 '예'나 '아니오' 버튼이 눌러진 경우 이벤트 처리 대상을 등록하지 않았기 때문이다. 코드 24-3에서 onCreate 함수를 다음과 같이 수정해 보자.

```
protected void onCreate(Bundle savedInstanceState) {
    super.onCreate(savedInstanceState);
    setContentView(R.layout.activity_main);

    Button button = (Button)findViewById(R.id.button_send);
    button.setOnClickListener(this);
    button = (Button)findViewById(R.id.button_yes);
    button.setOnClickListener(this);
    button = (Button)findViewById(R.id.button_no);
    button.setOnClickListener(this);
}
```

이제 '예'나 '아니오' 버튼을 누른 경우에도 메시지가 출력된다. 하지만, 3개의 버튼 중 어느 버튼을 눌렀는지는 구별되지 않는다. onClick 함수의 매개 변수는 이벤트를 발생시킨 UI 개체를 나타낸다고 설명하였다. 이를 이용하면 어느 버튼이 눌러졌는지 알아 낼 수 있다. MainActivity 클래스의 onClick 함수를 다음과 같이 수정하여 실행해 보자. 누른 버튼에 따라 서로 다른 메시지가 출력될 것이다.

```java
@Override
public void onClick(View v) {
    String str = new String();

    switch(v.getId()){
        case R.id.button_yes:
            str = "\"예\" 버튼을 눌렀습니다.";
            break;
        case R.id.button_no:
            str = "\"아니오\" 버튼을 눌렀습니다.";
            break;
        case R.id.button_send:
            str = "\"전송\" 버튼을 눌렀습니다.";
            break;
    }
    Toast.makeText(getApplicationContext(), str, Toast.LENGTH_LONG).show();
}
```

(a) '예' 버튼

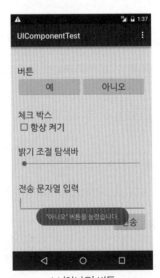

(b) '아니오' 버튼

그림 24-9 버튼이 발생시키는 이벤트 구별

24.4 체크 박스

체크 박스(CheckBox)는 버튼(Button)을 상속한 클래스로 2개의 상태를 가지는 버튼에 해당하며, 버튼의 특징을 그대로 가지고 있다. 즉, 체크 박스를 누르는 동작도 OnClickListener의 onClick 함수를 통해서 처리가 가능하다. 다만, 체크 박스의 경우 체크가 된 경우와 체크가 되지 않은 경우에 해당하는 두 가지 상태를 가지며, 두 상태 중 어느 상태에 있는지 알아보기 위해서는 CheckBox 클래스의 isChecked 멤버 함수를 사용할 수 있다. 또한, CheckBox 클래스의 setText 멤버 함수는 체크 박스 옆에 있는 문자열의 내용을 프로그램 실행 중에 바꿀 수 있도록 해 준다. MainActivity 클래스의 onClick 함수에서 체크 박스가 눌러진 경우를 구별하기 위해 case 문을 추가해 보자.

```java
case R.id.checkBox_always_on:
    CheckBox checkBox = (CheckBox)findViewById(R.id.checkBox_always_on);

    // 체크 박스의 상태에 따라 문자열 바꾸기
    if(checkBox.isChecked()) checkBox.setText("항상 켜기");
    else checkBox.setText("항상 켜지 않기");

    str = "체크 박스를 눌렀습니다.";                // Toast 출력 메시지
    break;
```

MainActivity 클래스의 onCreate 함수에서 체크 박스에서 발생하는 이벤트를 MainActivity 클래스가 처리하도록 등록하는 것도 잊지 말아야 한다.

```java
button = (Button)findViewById(R.id.checkBox_always_on);
button.setOnClickListener(this);
```

체크 박스를 누를 때마다 Toast 메시지가 출력됨과 동시에 체크 박스의 상태에 따라 문자열이 바뀌는 것을 확인할 수 있다.

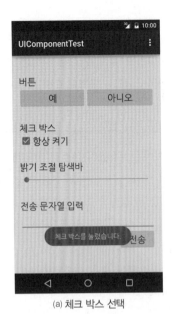
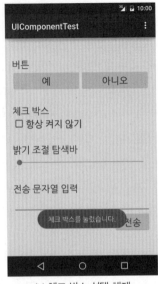

(a) 체크 박스 선택　　　　　　　　　　(b) 체크 박스 선택 해제

그림 24-10　체크 박스 이벤트 처리

어플리케이션이 시작될 때 체크 박스는 체크가 되지 않은 상태이지만, 문자열은 "항상 켜기"로
출력된다. 문자열을 "항상 켜지 않기"로 바꾸어도 되지만, '디자인' 탭의 오른쪽 아래에 있는
속성(properties) 중에서 'checked' 속성을 선택하면 어플리케이션이 시작될 때 체크 박스는 체크
된 상태로 시작한다.

Properties	? ↺ ▼
backgroundTint	
backgroundTintMode	
button	
buttonTint	
buttonTintMode	
capitalize	
checked	✓
clickable	☐
contentDescription	
elegantTextHeight	☐
elevation	
ellipsize	
enabled	☐

그림 24-11　체크 박스 속성

24.5 탐색바

탐색바는 일정 범위의 값에서 현재 위치를 알려 주는 UI 요소 중 하나로, 현재 위치는 썸 (thumb) 또는 놉(knob)이라 불리는 작은 동그라미(탐색바 스타일에 따라 막대나 사각형 모양이 될 수 도 있다)로 표시된다. 탐색바에서 발생하는 가장 중요한 이벤트는 썸의 위치가 바뀌는 이벤트이 다. 버튼의 경우 버튼이 눌러진 이벤트를 처리하기 위해 OnClickListener를 구현한 것과 비슷 하게 탐색바의 경우 OnSeekBarChangeListener를 구현함으로써 썸의 위치가 바뀌는 이벤트를 처리할 수 있다. 먼저 MainActivity 클래스가 OnSeekBarChangeListener를 구현하도록 수정해 보자. 오류 표시가 나는 경우에는 'Alt + Enter' 키를 눌러 필요한 클래스 정의를 포함(import)시 켜야 한다는 점을 잊지 말자.

```
public class MainActivity extends ActionBarActivity
        implements View.OnClickListener, SeekBar.OnSeekBarChangeListener {
    ...
}
```

상속은 부모 클래스의 특징을 그대로 물려받아 자식 클래스에서 별도의 추가적인 코딩 없 이 부모의 특징을 그대로 사용할 수 있도록 해 줌으로써 소프트웨어의 재사용성을 증가시키 는 대표적인 방법 중 하나이다. 자바에서 상속은 'extends' 키워드를 통해 부모 클래스를 지 정하여 이루어지지만, 자바에서 다중 상속은 허용되지 않는다. 이를 보완하기 위해 자바에 서 사용하는 방법이 인터페이스(Interface)를 구현(implements)하는 방법이다. OnClickListener 와 OnSeekBarChangeListener는 모두 인터페이스이며, 인터페이스의 경우 다중 구현이 허용 되고 있다. 다만 인터페이스를 구현하면 인터페이스에 정의된 모든 멤버 함수 역시 구현하 여야 한다. OnClickListener에서 onClick 함수가 그 예에 해당한다. MainActivity 클래스가 OnSeekBarChangeListener를 구현하도록 수정하면 구현해야 하는 멤버 함수 3개가 있다. 'Alt + Enter' 키를 눌러 'Implement Methods'를 선택하자.

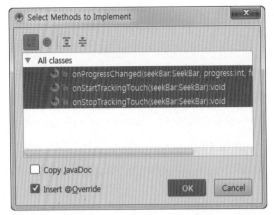

그림 24-12 **OnSeekBarChangedListener 인터페이스의 멤버 함수**

3개의 함수 정의가 자동으로 추가되며, 이들은 각각 탐색바에서 발생하는 이벤트에 대응한다.

```
@Override
public void onProgressChanged(SeekBar seekBar, int progress, boolean fromUser) {
}

@Override
public void onStartTrackingTouch(SeekBar seekBar) {
}

@Override
public void onStopTrackingTouch(SeekBar seekBar) {
}
```

onProgressChanged 함수는 썸의 위치가 변경된 경우 자동으로 호출된다. onStartTracking Touch 함수는 썸의 위치를 변경하기 위해 터치를 시작한 경우, onStopTrackingTouch 함수는 썸의 위치 변경을 위한 터치를 끝낸 경우 자동으로 호출된다. 여기서는 onProgressChanged 함수를 통해 썸의 위치가 변경된 경우를 처리해 보자. 단, 다른 두 함수는 내용이 없다고 해서 삭제해서는 안 된다.

```
@Override
public void onProgressChanged(SeekBar seekBar, int progress, boolean fromUser) {
    Toast.makeText(getApplicationContext(),
                "썸의 위치가 변경되었습니다.", Toast.LENGTH_LONG).show();
}
```

MainActivity 클래스의 onCreate 함수에서 탐색바의 이벤트 처리를 MainActivity 클래스가 수행하도록 설정해야 한다는 점도 잊지 말아야 한다. 이 때 탐색바의 범위도 지정해 보자. 탐색바가 가질 수 있는 최댓값은 setMax 함수를 통해 변경할 수 있지만, 최솟값은 0으로 고정되어 있으므로 최솟값을 변경하고 싶다면 탐색바의 현재 값으로 범위에 맞게 계산하여야 한다. 탐색바의 현재 값은 onProgressChanged 함수의 매개변수인 progress로 알아 낼 수 있값.

```
@Override
protected void onCreate(Bundle savedInstanceState) {
    ...

    SeekBar bar = (SeekBar)findViewById(R.id.seekBar_brightness);
    bar.setOnSeekBarChangeListener(this);

    bar.setMax(1000);
}
```

어플리케이션을 설치하고 실행해 보자. 탐색바를 누르면 토스트 메시지가 출력되는가?

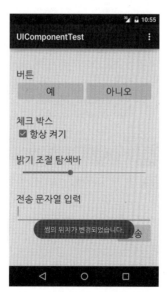

그림 24-13 탐색바의 썸 위치 변경

위치가 변경되는 것은 찾아내었지만, 현재 위치값이 표시되지는 않는다. 현재 위치값을 전송 문자열을 입력하는 편집 문자열 상자에 표시해 보자. 체크 박스의 경우와 마찬가지로 편집 문자열 상자에 표시되는 문자열 역시 setText 함수로 지정할 수 있다. onProgressChanged 함수를 다음과 같이 수정해 보자. 이제 썸의 위치가 바뀌면 현재값이 편집 문자열 상자에 표시된다. 최소 0에서 최대 1000의 값을 가지는지 확인해 보자.

```
@Override
public void onProgressChanged(SeekBar seekBar, int progress, boolean fromUser) {
    Toast.makeText(getApplicationContext(),
                   "썸의 위치가 변경되었습니다.", Toast.LENGTH_LONG).show();

    String str = String.valueOf(progress);
    EditText textField = (EditText)findViewById(R.id.editText_send_string);
    textField.setText(str);
}
```

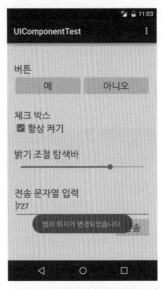

그림 24-14 탐색바의 썸 위치 표시

24.6 편집 문자열 상자

편집 문자열 상자는 문자열을 입력받기 위한 UI 요소에 해당한다. 탐색바를 사용하면서 문자열 표시를 위해 이미 편집 문자열 상자를 사용해 보았다. 편집 문자열 상자를 터치하면 자동으로 키보드가 나타나므로 문자열을 입력할 수 있으며, 에뮬레이터에서 실행 중인 경우 키보드로 입력도 가능하다.

그림 24-15 편집 문자열 상자를 위한 키보드

문자열을 입력하고 '전송' 버튼을 누르면 다이얼로그를 통해 입력한 문자열을 표시하도록 해
보자. 사용할 다이얼로그는 AlertDialog로, 제목 표시줄과 내용 그리고 최대 3개까지의 버튼
을 표시할 수 있다. 다이얼로그 생성은 두 단계로 이루어진다. 먼저 Builder 클래스를 통해 다
이얼로그의 UI를 디자인한 후 Builder 클래스의 create 멤버 함수를 통해 다이얼로그를 생성한
다. 다이얼로그의 show 함수를 통해 생성된 다이얼로그를 보여 줄 수 있다. MainActivity 클
래스의 onClick 함수를 다음과 같이 수정해 보자.

```java
public void onClick(View v) {
    ...
    switch(v.getId()){
        ...
        case R.id.button_send:
            str = "\"전송\" 버튼을 눌렀습니다.";

            // 다이얼로그 빌더
            AlertDialog.Builder builder = new AlertDialog.Builder(this);

            // 타이틀 문자열
            builder.setTitle("전송 문자열");

            // 다이얼로그 내용
            EditText editText = (EditText)findViewById(R.id.editText_send_string);
            String dialogStr = String.valueOf(editText.getText());
            builder.setMessage(dialogStr);
```

```
        // 다이얼로그 아이콘
        builder.setIcon(R.mipmap.ic_launcher);

        // 다이얼로그 버튼
        builder.setPositiveButton("OK", null);
        builder.setNegativeButton("Cancel", null);

        // 다이얼로그 생성 및 표시
        AlertDialog alert = builder.create();
        alert.show();

        break;
        ...
    }
    ...
}
```

'전송' 버튼을 눌러보자. 다이얼로그가 표시되는가?

그림 24-16 AlertDialog 표시

코드 24-4는 이 장에서 UI 요소를 테스트하기 위해 사용한 전체 코드를 나타낸다.

코드 24-4 MainActivity.java

```
package edu.dongeui.gyeongyong.uicomponenttest;

import android.app.AlertDialog;
import android.support.v7.app.ActionBarActivity;
import android.os.Bundle;
import android.view.Menu;
import android.view.MenuItem;
import android.view.View;
import android.widget.Button;
import android.widget.CheckBox;
import android.widget.EditText;
import android.widget.SeekBar;
import android.widget.Toast;

public class MainActivity extends ActionBarActivity
        implements View.OnClickListener, SeekBar.OnSeekBarChangeListener {
    @Override
    public void onClick(View v) {
        String str = new String();

        switch(v.getId()){
            case R.id.button_yes:
                str = "\"예\" 버튼을 눌렀습니다.";
                break;
            case R.id.button_no:
                str = "\"아니오\" 버튼을 눌렀습니다.";
                break;
            case R.id.button_send:
                str = "\"전송\" 버튼을 눌렀습니다.";

                AlertDialog.Builder builder = new AlertDialog.Builder(this);
                builder.setTitle("전송 문자열");
                EditText editText = (EditText)findViewById(R.id.editText_send_string);
                String dialogStr = String.valueOf(editText.getText());
                builder.setMessage(dialogStr);
                builder.setIcon(R.mipmap.ic_launcher);
                builder.setPositiveButton("OK", null);
                builder.setNegativeButton("Cancel", null);

                AlertDialog alert = builder.create();
                alert.show();

                break;
            case R.id.checkBox_always_on:
                CheckBox checkBox = (CheckBox)findViewById(R.id.checkBox_always_on);

                if(checkBox.isChecked()) checkBox.setText("항상 켜기");
                else checkBox.setText("항상 켜지 않기");
```

```
                    str = "체크 박스를 눌렀습니다.";
                    break;
        }
        Toast.makeText(getApplicationContext(), str, Toast.LENGTH_LONG).show();
    }

    @Override
    protected void onCreate(Bundle savedInstanceState) {
        super.onCreate(savedInstanceState);
        setContentView(R.layout.activity_main);

        Button button = (Button)findViewById(R.id.button_send);
        button.setOnClickListener(this);
        button = (Button)findViewById(R.id.button_yes);
        button.setOnClickListener(this);
        button = (Button)findViewById(R.id.button_no);
        button.setOnClickListener(this);
        button = (Button)findViewById(R.id.checkBox_always_on);
        button.setOnClickListener(this);

        SeekBar bar = (SeekBar)findViewById(R.id.seekBar_brightness);
        bar.setOnSeekBarChangeListener(this);
        bar.setMax(1000);
    }

    @Override
    public boolean onCreateOptionsMenu(Menu menu) {
        getMenuInflater().inflate(R.menu.menu_main, menu);
        return true;
    }

    @Override
    public boolean onOptionsItemSelected(MenuItem item) {
        int id = item.getItemId();

        if (id == R.id.action_settings) {
            return true;
        }

        return super.onOptionsItemSelected(item);
    }

    @Override
    public void onProgressChanged(SeekBar seekBar, int progress, boolean fromUser) {
        Toast.makeText(getApplicationContext(), "썸의 위치가 변경되었습니다.",
                    Toast.LENGTH_LONG).show();
        String str = String.valueOf(progress);
        EditText textField = (EditText)findViewById(R.id.editText_send_string);
        textField.setText(str);
    }
```

```
@Override
public void onStartTrackingTouch(SeekBar seekBar) {
}

@Override
public void onStopTrackingTouch(SeekBar seekBar) {
}
}
```

24.7 요약

어플리케이션을 구성하는 기본 요소인 액티비티는 하나의 화면에 해당하며, 액티비티의 화면
구성을 위해서 다양한 UI 요소들이 사용될 수 있다. UI 요소들은 어플리케이션의 현재 상태
를 알려 주고, 필요한 경우 사용자로부터의 입력을 받기 위해 반드시 필요하다. 안드로이드 어
플리케이션에서 UI 요소들은 이벤트를 통해 사용자 입력을 처리하며, 이벤트 처리를 위해 리
스너라는 이벤트 처리 전용의 객체를 사용한다. 이 장에서는 안드로이드 어플리케이션에서 사
용할 수 있는 UI 요소들 중에서도 기본적인 버튼, 체크 박스, 탐색바, 편집 문자열 상자 등의
사용 방법과 이벤트를 처리하는 방법에 대해 알아보았다. 이외에도 여러 가지 다양한 UI 요소
들을 사용할 수 있지만, 아두이노를 제어하기 위한 어플리케이션을 위해서는 기본적인 레이아
웃과 몇 가지 UI 요소들로 충분하다. 다양한 UI 요소들을 사용해 보고 싶은 독자라면 안드로
이드 개발자 사이트[57]를 참고하기 바란다.

25

블루투스 프로그래밍

블루투스는 안드로이드에서 지원하는 무선 통신 방법 중 하나로, 무선으로 아두이노를 제어하기 위해 사용할 수 있다. 블루투스를 사용하기 위한 아두이노의 스케치는 UART 통신을 위한 스케치와 크게 차이가 없지만, 안드로이드 폰에서 블루투스를 사용하기 위한 어플리케이션은 복잡한 과정이 필요하다. 이 장에서는 안드로이드에서 제공하는 블루투스 API를 사용하여 블루투스 통신을 지원하는 어플리케이션을 만드는 과정을 알아본다.

25.1 블루투스

안드로이드에는 블루투스 연결에 대한 지원이 포함되어 있어 손쉽게 다른 블루투스 장치와 무선 데이터를 교환할 수 있다. 블루투스 연결을 사용하기 위해 어플리케이션은 안드로이드의 블루투스 API를 사용하여야 하며, 블루투스 API를 통해 안드로이드 어플리케이션은 다음과 같은 작업을 수행할 수 있다.

- 블루투스 설정
- 페어링되었거나 페어링되지 않은 주변 블루투스 장치 검색
- 다른 블루투스 장치와의 연결
- 장치 간 데이터 전송

다른 블루투스 장치와 데이터를 주고받기 위해서는 앞의 네 가지 작업을 순서대로 시행하여야 한다. 먼저 안드로이드 폰의 블루투스 장치를 사용 가능하도록 설정하고, 주변의 블루투스 장치를 검색하여 검색된 장치의 정보를 등록하여야 한다. 검색된 장치의 등록 절차를 페어링이라고 하며, 장치의 전원을 끄더라도 페어링 정보는 남아 있으므로 페어링이 이루어진 장치는 이후 다시 페어링하지 않아도 된다. 블루투스에서는 페어링된 장치와의 연결만이 가능하며, 연결된 이후 데이터 송수신이 가능하다.

먼저 블루투스 테스트를 위한 프로젝트를 생성해 보자. 프로젝트의 이름은 'BluetoothTest'로, 도메인은 'gyeongyong.dongeui.edu'로 설정한다. 다른 옵션들은 디폴트값을 사용하였다.

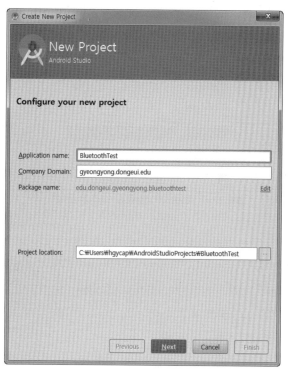

그림 25-1 **블루투스 테스트를 위한 프로젝트 생성**

25.2 블루투스 퍼미션

안드로이드 어플리케이션에서 블루투스를 사용하기 위해서는 BLUETOOTH 퍼미션(permission)을 선언해 주어야 한다. 퍼미션은 특정 기능을 사용할 수 있도록 하는 '승인' 또는 특정 기능을 사용할 수 있는 '권한'을 의미하며, 어플리케이션은 운영체제로부터 퍼미션을 얻어야만 특정 기능을 사용할 수 있다. BLUETOOTH 퍼미션은 블루투스 통신을 위한 연결 요청, 연결 수락, 데이터 전송 등을 위해 필요하다. 어플리케이션에서 주변장치를 검색하거나 블루투스 설정을 바꿀 수 있도록 하려면 BLUETOOTH_ADMIN 퍼미션 역시 필요하며, BLUETOOTH_ADMIN 퍼미션을 얻기 위해서는 BLUETOOTH 퍼미션 역시 필요하다. 아두이노와의 통신을 위해서는 블루투스의 사용 여부를 바꿀 수 있어야 하므로 두 가지 퍼미션을 모두 선언해 주어야 한다. 퍼미션은 'AndroidManifest.xml' 파일에서 선언하며, AndroidManifest.xml 파일은 프로젝트의 'manifests' 디렉터리 아래에서 찾을 수 있다.

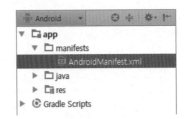

그림 25-2 **AndroidManifest.xml 파일 위치**

AndroidManifest.xml 파일은 모든 어플리케이션이 반드시 가지고 있어야 하는 파일로, 어플리케이션에 대한 필수 정보를 안드로이드 플랫폼에 알려 주기 위해 사용된다. 레이아웃을 정의하는 activity_main.xml 파일과 마찬가지로 AndroidManifest.xml 파일도 XML 형식으로 구성되어 있다. AndroidManifest.xml의 최상위 요소 'manifest' 아래에 블루투스를 사용하기 위해 uses-permission 항목을 추가하자.

```
<manifest ... >
    ...
    <uses-permission android:name="android.permission.BLUETOOTH" />
    <uses-permission android:name="android.permission.BLUETOOTH_ADMIN" />
    ...
</manifest>
```

25.3 블루투스 설정

어플리케이션이 블루투스로 통신을 수행하기 위해서는 장치가 블루투스를 지원하여야 하며, 블루투스를 지원하는 경우에는 블루투스 기능을 사용할 수 있도록 설정되어 있는지 확인하여야 한다. 최근 출시된 안드로이드 운영체제를 사용하는 스마트폰은 모두 블루투스를 지원하므로 블루투스 지원 여부를 걱정할 필요는 없다. 따라서 블루투스 장치의 상태를 검사하여 비활성(disabled) 상태이면, 이를 활성(enable) 상태로 어플리케이션 내에서 전환하여야 한다. 블루투스 설정은 BluetoothAdapter를 통해 두 단계로 이루어진다.

■ 블루투스 어댑터 얻기

모든 블루투스 관련 작업은 BluetoothAdapter를 통해 이루어진다. BluetoothAdapter를 얻기 위해서는 정적 함수인 getDefaultAdapter를 사용하며, getDefaultAdapter 함수는 장치의 블루투스 어댑터를 반환한다. 장치가 블루투스를 지원하지 않는 경우에는 getDefaultAdapter 함수는 null을 반환한다.

```
BluetoothAdapter mBluetoothAdapter = BluetoothAdapter.getDefaultAdapter();
if(mBluetoothAdapter == null){
    // 장치가 블루투스를 지원하지 않는 경우
}
else {
    // 장치가 블루투스를 지원하는 경우
}
```

■ 블루투스 활성화

다음은 블루투스 장치가 활성 상태인지 검사하여야 한다. 활성 상태를 검사하기 위해서는 블루투스 어댑터 객체의 isEnabled 함수를 사용할 수 있으며, 활성 상태인 경우 true를, 비활성 상태인 경우 false를 반환한다. 블루투스가 비활성 상태인 경우 블루투스를 활성 상태로 변경하기 위해서는 BluetoothAdapter의 ACTION_REQUEST_ENABLE 인텐트로 startActivityForResult 함수를 호출하면 된다. 이 때 REQUEST_ENABLE_BT는 사용자 정의 상수로 블루투스 활성 상태의 변경 결과를 어플리케이션으로 알려 줄 때 식별자로 사용되며, 0보다 큰 값으로 정의하여야 한다.

```
if (!mBluetoothAdapter.isEnabled()) {
    Intent enableBtIntent = new Intent(BluetoothAdapter.ACTION_REQUEST_ENABLE);
    startActivityForResult(enableBtIntent, REQUEST_ENABLE_BT);
}
```

startActivityForResult 함수가 호출되면 블루투스를 활성 상태로 변경하기 위해 사용자의 동의를 구하는 다이얼로그가 출력된다. 코드 25-1은 MainActivity 클래스의 멤버 함수로 블루투스 어댑터를 얻고, 블루투스 어댑터를 이용하여 블루투스의 활성 상태를 검사한 후, 비활성 상태이면 활성화를 위한 다이얼로그를 출력하는 함수의 예이다. 이 때 MainActivity 클래스의 멤버 함수로 mBluetoothAdapter 변수가 선언되어 있어야 하며, REQUEST_ENABLE_BT 상수 역시 정의되어 있어야 한다.

```
static final int REQUEST_ENABLE_BT = 10;
BluetoothAdapter mBluetoothAdapter;
```

작성한 함수는 MainActivity 클래스의 onCreate 함수에서 호출하면 된다.

코드 25-1 스마트폰의 블루투스 지원 여부 검사

```
static final int REQUEST_ENABLE_BT = 10;
BluetoothAdapter mBluetoothAdapter;

void checkBluetooth(){
    mBluetoothAdapter = BluetoothAdapter.getDefaultAdapter();
    if(mBluetoothAdapter == null){
        // 장치가 블루투스를 지원하지 않는 경우
        finish();    // 어플리케이션 종료
    }
    else {
        // 장치가 블루투스를 지원하는 경우
        if (!mBluetoothAdapter.isEnabled()) {
            // 블루투스를 지원하지만 비활성 상태인 경우
            // 블루투스를 활성 상태로 바꾸기 위해 사용자 동의 요청
            Intent enableBtIntent =
                    new Intent(BluetoothAdapter.ACTION_REQUEST_ENABLE);
            startActivityForResult(enableBtIntent, REQUEST_ENABLE_BT);
        }
        else {
            // 블루투스를 지원하며 활성 상태인 경우
            // 페어링된 기기 목록을 보여 주고 연결할 장치를 선택
            selectDevice();
        }
    }
}
```

startActivityForResult 함수가 호출되면 그림 25-3과 같은 다이얼로그가 나타난다. '예'를 선택하면 시스템의 블루투스 장치를 활성화시키고, '아니오'를 선택하면 비활성 상태를 유지한다.

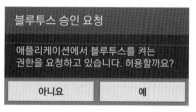

그림 25-3 블루투스 활성화 다이얼로그

사용자의 선택 결과는 onActivityResult 콜백 함수에서 확인할 수 있다. 블루투스가 활성화 상태로 변경된 경우 RESULT_OK를, 오류나 사용자의 '아니오' 선택으로 블루투스가 비활성 상태로 남아있는 경우 RESULT_CANCELED 값이 onActivityResult 콜백 함수의 인자로 전달된다. 'Code ➡ Override Methods' 메뉴를 선택하면 오버라이드(override) 가능한 함수 목록이 나타난다. 이 중 onActivityResult를 선택하고 'OK'를 누르면 함수가 자동으로 생성된다.

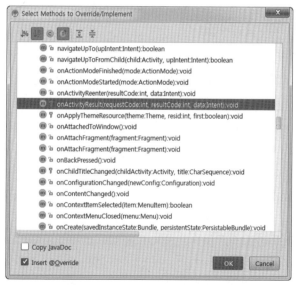

그림 25-4 오버라이드 가능한 함수 목록

함수의 인자 중 requestCode에는 블루투스 활성화를 요구하기 위해 사용한 상수 값인 REQUEST_ENABLE_BT가, resultCode에는 활성 상태 변경 결과인 RESULT_OK 또는 RESULT_CANCELED 중 하나의 값이 전달된다. 코드 25-2는 블루투스가 승인 요청에서

'아니오'를 선택하여 블루투스가 비활성 상태인 경우 프로그램을 종료하도록 하는 코드이다.

코드 25-2 블루투스가 비활성 상태인 경우 처리

```java
protected void onActivityResult(int requestCode, int resultCode, Intent data) {
    switch(requestCode){
    case REQUEST_ENABLE_BT:
        if(resultCode == RESULT_OK){
            // 블루투스가 활성 상태로 변경됨
            selectDevice();
        }
        else if(resultCode == RESULT_CANCELED){
            // 블루투스가 비활성 상태임
            finish();                           // 어플리케이션 종료
        }
        break;
    }
    super.onActivityResult(requestCode, resultCode, data);
}
```

25.4 블루투스 장치 찾기

연결하고자 하는 블루투스 장치를 찾는 방법은 발견(discovery) 과정을 통해 주변의 블루투스 장치를 검색하고 검색된 장치와 페어링 과정을 거쳐 가능하다. 발견 과정은 발견 가능하도록 (discoverable) 설정된 블루투스 장치를 검색하여 장치의 이름, 클래스, MAC 주소 등을 얻어오는 과정을 말한다. 발견된 장치와 처음으로 연결을 시도하면 보안을 위해 핀(PIN)을 입력하도록 하고 있으며, 한 번 페어링이 된 기기는 스마트폰에서 관리되고 있으므로 페어링을 해제하기 전까지 핀을 다시 입력할 필요는 없다. 페어링이 이루어진 이후에는 실제로 데이터를 주고받기 위한 연결이 진행될 수 있다. 핀은 Passcode, Pairing Code, Passkey 등으로도 불린다.

이 장에서는 어플리케이션을 가능한 간단하게 구성하기 위해 발견 과정과 페어링 과정을 구현하지 않으며, 연결하고자 하는 장치는 이미 페어링이 이루어져 있다고 가정한다. 페어링이 이루어지지 않은 새로운 장치의 경우에는 안드로이드 폰의 환경설정을 통해 페어링을 먼저 수행하여야 한다. 안드로이드 폰에서 '환경설정 ➡ 블루투스'를 선택해 보자. 스마트폰은 자동으로 사용할 수 있는 블루투스를 찾아서 목록을 보여 준다. 목록을 보여 주지 않는다면 아래쪽의 '찾기' 버튼을 누르면 블루투스 장치를 검색할 수 있다.

그림 25-5 블루투스 설정 화면

'사용할 수 있는 기기'에서 블루투스 모듈을 선택하면 핀을 입력하는 창이 출력된다.

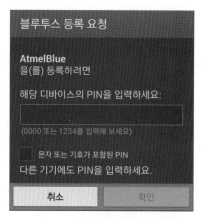
그림 25-6 페어링을 위한 핀 입력

블루투스 모듈에 설정된 핀을 입력하면 페어링 과정은 끝나고 블루투스 모듈이 '등록된 기기'
에 표시된다.

그림 25-7 블루투스 모듈 페어링 완료

블루투스 모듈과의 페어링이 완료되었으므로 이제 실제 블루투스 모듈과의 연결 방법을 알아보자.

25.5 연결할 장치 선택

연결하고자 하는 블루투스 장치는 페어링이 이루어져 있다고 가정하였으므로 장치를 선택하기 위해서는 먼저 페어링된 장치들의 목록을 가져와야 한다. 페어링된 장치 목록은 블루투스 어댑터의 getBondedDevices 함수를 사용하여 알아 낼 수 있다.

```
Set<BluetoothDevice> pairedDevices = mBluetoothAdapter.getBondedDevices();
if (pairedDevices.size() > 0) {
    // 페어링된 장치가 있는 경우
}
else {
    // 페어링된 장치가 없는 경우
}
```

코드 25-3은 AlertDialog를 이용하여 페어링된 장치의 목록을 보여 주고, 이 중 연결할 장치를 선택하는 selectDevice 함수를 구현한 예이다. 이 때 페어링이 되고 등록되어 연결할 수 있는 장치를 나타내는 BluetoothDevice 클래스들의 모음을 나타내기 위해 BluetoothDevice 클래스의 집합(Set) 형식의 멤버 변수인 mDevices와 페어링된 장치의 수를 나타내는 mPairedDeviceCount 역시 선언해 주어야 한다.

```
int mPairedDeviceCount = 0;
Set<BluetoothDevice> mDevices;
```

페어링된 장치가 없거나 연결할 장치를 선택하지 않은 경우에는 어플리케이션을 종료하도록 하였으며, '뒤로 가기' 버튼은 사용할 수 없도록 하였다. selectDevice 함수는 checkBluetooth 함수에서 현재 블루투스가 활성 상태인 경우와 onActivityResult 함수에서 사용자가 비활성 상태에서 활성 상태로 전환된 두 경우에 모두 호출해 주어야 한다.

코드 25-3 페어링된 장치 목록 출력 및 선택

```java
void selectDevice(){
    mDevices = mBluetoothAdapter.getBondedDevices();
    mPairedDeviceCount = mDevices.size();

    if(mPairedDeviceCount == 0){
        // 페어링된 장치가 없는 경우
        finish();                           // 어플리케이션 종료
    }

    AlertDialog.Builder builder = new AlertDialog.Builder(this);
    builder.setTitle("블루투스 장치 선택");

    // 페어링된 블루투스 장치의 이름 목록 작성
    List<String> listItems = new ArrayList<String>();
    for (BluetoothDevice device : mDevices) {
        listItems.add(device.getName());
    }
    listItems.add("취소");                    // 취소 항목 추가

    final CharSequence[] items =
            listItems.toArray(new CharSequence[listItems.size()]);

    builder.setItems(items, new DialogInterface.OnClickListener(){
        public void onClick(DialogInterface dialog, int item){
            if(item == mPairedDeviceCount){
                // 연결할 장치를 선택하지 않고 '취소'를 누른 경우
                finish();
```

```
        }
        else{
            // 연결할 장치를 선택한 경우
            // 선택한 장치와 연결을 시도함
            connectToSelectedDevice(items[item].toString());
        }
    }
});

builder.setCancelable(false);           // 뒤로 가기 버튼 사용 금지
AlertDialog alert = builder.create();
alert.show();
}
```

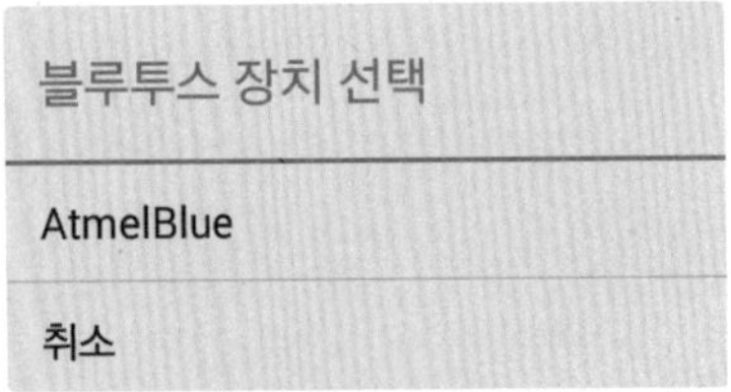

블루투스 장치 선택

AtmelBlue

취소

그림 25-8 페어링된 블루투스 장치 목록 및 장치 선택

25.6 장치 연결

연결하고자 하는 장치를 페어링된 목록에서 선택하였으므로 이제 선택한 장치와 실제 통신이 가능하도록 연결하여야 한다. 두 장치가 연결되었다는 것은 동일한 무선 채널에 연결된 블루투스 소켓을 가지고 있으며, 소켓을 통해 데이터 송수신이 가능하다는 의미이다.

다이얼로그에서 블루투스 장치의 이름을 선택하면 먼저 선택한 이름에 해당하는 BluetoothDevice 객체를 페어링된 기기 목록에서 얻어온다. getBondedDevices 함수가 반환하는 페어링된 기기 목록은 Set 형식이며, Set 형식에서는 n번째 원소를 얻어오는 방법이 없으므로 주어진 이름과 비교하여 찾아야 한다. 코드 25-4는 블루투스 장치의 이름이 주어졌을 때 해당하는 블루투스 장치 객체를 페어링된 장치 목록에서 찾아내는 코드의 예이다.

```
BluetoothDevice getDeviceFromBondedList(String name){
    BluetoothDevice selectedDevice = null;

    for (BluetoothDevice device : mDevices) {
        if(name.equals(device.getName())){
            selectedDevice = device;
            break;
        }
    }
    return selectedDevice;
}
```

BluetoothDevice 클래스로 표현되는 객체는 원격 블루투스 기기를 나타내며, createRfcomm SocketToServiceRecord 함수를 사용하여 원격 블루투스 장치와 통신할 수 있는 소켓을 생성할 수 있다. createRfcommSocketToServiceRecord 함수의 매개변수로 주어지는 UUID (Universally Unique IDentifier)는 SPP에 사용되는 UUID인 '00001101-0000-1000-8000-00805F9B34FB'를 사용하면 된다. 소켓이 생성되면 소켓의 connect 함수를 호출함으로써 두 기기의 연결은 완료된다. 실제 데이터 송수신은 소켓으로부터 입출력 스트림을 얻고 입출력 스트림을 이용하여 이루어진다. 원격 블루투스 장치와의 연결을 위해서는 연결 대상이 되는 블루투스 장치를 나타내는 멤버 변수인 mRemoteDevice, 원격 장치와 연결에 사용할 소켓을 나타내는 멤버 변수인 mSocket이 선언되어 있어야 한다. 또한, 실제 데이터 송수신을 위한 입력 및 출력 스트림도 멤버 변수로 선언되어 있어야 한다.

```
BluetoothDevice mRemoteDevice;
BluetoothSocket mSocket = null;
OutputStream mOutputStream = null;
InputStream mInputStream = null;
```

코드 25-5는 원격 장치와 연결하는 과정을 나타낸 예이다.

코드 25-5 **원격 블루투스 장치와의 연결**

```
void connectToSelectedDevice(String selectedDeviceName){
    mRemoteDevice = getDeviceFromBondedList(selectedDeviceName);
    UUID uuid = UUID.fromString("00001101-0000-1000-8000-00805f9b34fb");

    try{
        // 소켓 생성
        mSocket = mRemoteDevice.createRfcommSocketToServiceRecord(uuid);
```

```
        // RFCOMM 채널을 통한 연결
        mSocket.connect();

        // 데이터 송수신을 위한 스트림 얻기
        mOutputStream = mSocket.getOutputStream();
        mInputStream = mSocket.getInputStream();

        // 데이터 수신 준비
        beginListenForData();
    }catch(Exception e){
        // 블루투스 연결 중 오류 발생
        finish();                        // 어플리케이션 종료
    }
}
```

더 이상 블루투스 연결이 필요하지 않은 경우에는 입출력 스트림과 소켓을 닫아 주어야 한다.
'Code ➡ Override Methods' 메뉴에서 onDestroy 함수를 선택한다. onDestroy 함수는 어플리
케이션이 종료될 때 호출되는 함수로, 이 함수에서 스트림과 소켓을 닫아 준다. 더불어 데이터
수신을 위해 별도의 쓰레드를 사용하므로 프로그램 종료 시에는 쓰레드 역시 종료시켜 준다.
mWorkerThread 변수는 어플리케이션의 동작과 별도로 블루투스를 통한 데이터 수신을 감시
하는 쓰레드를 나타낸다.

```
Thread mWorkerThread = null;
```

코드 25-6 블루투스 소켓 닫기 및 데이터 수신 쓰레드 종료

```
protected void onDestroy() {
    try{
        mWorkerThread.interrupt();        // 데이터 수신 쓰레드 종료
        mInputStream.close();
        mOutputStream.close();
        mSocket.close();
    }catch(Exception e){}

    super.onDestroy();
}
```

25.7 데이터 송수신

소켓을 열고 데이터 송수신을 위한 준비는 끝났으므로 실제 데이터 송수신 방법을 살펴보자. 데이터 송수신을 구현하는 과정에서 주의해야 할 점 중 한 가지는 데이터 송수신을 별도의 쓰레드로 구현해야 한다는 점이다. 이는 입력 스트림에서 데이터를 읽는 read 함수와 출력 스트림으로 데이터를 쓰는 write 함수는 데이터 송수신이 완료될 때까지 반환하지 않는 블로킹(blocking) 호출을 사용하기 때문이다. 일반적으로 write 함수는 데이터를 출력한 후 바로 반환하여 블록되지 않지만, 연결된 원격 블루투스 장치가 전송된 데이터를 읽지 않아 버퍼가 가득 찬 상태라면 흐름 제어를 위해 블록될 수 있다. read 함수는 스트림에 읽을 수 있는 데이터가 준비될 때까지 블록된다. 먼저 데이터 전송 함수를 만들어 보자. 전송 함수에서는 문자열의 끝을 표현하기 위해 '\n'을 사용한다.

```
String mStrDelimiter = "\n";
char mCharDelimiter = '\n';
```

코드 25-7은 문자열을 전송하는 함수의 예로, 별도의 쓰레드로 작성하지는 않았다.

코드 25-7 데이터 송신 함수

```
void sendData(String msg){
    msg += mStrDelimiter;                        // 문자열 종료 표시
    try{
        mOutputStream.write(msg.getBytes());     // 문자열 전송
    }catch(Exception e){
        // 문자열 전송 도중 오류가 발생한 경우
        finish();                                // 어플리케이션 종료
    }
}
```

코드 25-8은 메시지 수신 함수의 예로, 메시지 수신을 위한 쓰레드를 생성하여 수신 메시지를 계속 검사한다. 메시지 수신 쓰레드에서 수신된 문자 중 문자열 종료 표시가 발견되면 새로운 쓰레드를 생성하여 수신된 문자열에 대한 처리를 진행하도록 한다. 이 때 수신된 문자열을 저장하고 저장된 위치를 기억하기 위해 멤버 변수를 정의하여야 한다.

```
byte[] readBuffer;
int readBufferPosition;
```

코드 25-8은 메시지 수신 및 처리 함수의 예이다.

코드 25-8 데이터 수신 준비 및 처리

```
void beginListenForData()
{
    final Handler handler = new Handler();

    readBuffer = new byte[1024];                          // 수신 버퍼
    readBufferPosition = 0;                               // 버퍼 내 수신 문자 저장 위치

    // 문자열 수신 쓰레드
    mWorkerThread = new Thread(new Runnable(){
        public void run(){
            while(!Thread.currentThread().isInterrupted()){
                try {
                    int bytesAvailable = mInputStream.available(); // 수신 데이터 확인
                    if(bytesAvailable > 0){                        // 데이터가 수신된 경우
                        byte[] packetBytes = new byte[bytesAvailable];
                        mInputStream.read(packetBytes);
                        for(int i = 0; i < bytesAvailable; i++){
                            byte b = packetBytes[i];
                            if(b == mDelimiter){
                                byte[] encodedBytes = new byte[readBufferPosition];
                                System.arraycopy(readBuffer, 0, encodedBytes, 0,
                                                    encodedBytes.length);
                                final String data = new String(encodedBytes,
                                                            "US-ASCII");
                                readBufferPosition = 0;

                                handler.post(new Runnable(){
                                    public void run(){
                                        // 수신된 문자열 데이터에 대한 처리 작업
                                    }
                                });
                            }
                            else{
                                readBuffer[readBufferPosition++] = b;
                            }
                        }
                    }
                }
                catch (IOException ex){
                    // 데이터 수신 중 오류 발생
                    finish();
                }
            }
        }
    });

    mWorkerThread.start();
}
```

지금까지 문자열을 송수신하는 방법까지 알아보았다. 실제 송수신된 문자열에 대한 의미는 어플리케이션에 따라 달라지므로 어플리케이션에 맞게 처리하여야 한다.

25.8 데이터 송수신 실험

이제 아두이노와 데이터 송수신을 해 보자. 먼저 아두이노의 디지털 2번과 3번 핀에 TX와 RX를 각각 연결한다.

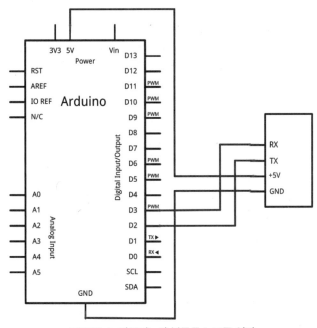

그림 25-9 아두이노와 블루투스 모듈 연결

아두이노에는 코드 25-9를 업로드한다. 코드 25-9는 블루투스를 통해 문자열을 전송받고 문자열 종료 표시가 발견되면 수신된 분자열을 다시 블루두스를 통해 진송하는 예이다. 송신과 수신에서 모두 문자열의 종료 표시로 개행문자인 '\n'을 사용하고 있다.

코드 25-9 아두이노를 위한 블루투스 통신 테스트 스케치

```
#include <SoftwareSerial.h>

SoftwareSerial BTSerial(2, 3);              // SoftwareSerial(RX, TX)

byte buffer[1024];                          // 데이터 수신 버퍼
int bufferPosition;                         // 버퍼에 기록할 위치

void setup()
{
    BTSerial.begin(9600);                   // 블루투스 모듈 초기화
    Serial.begin(9600);                     // 시리얼 모니터 초기화
    bufferPosition = 0;
}

void loop()
{
    if (BTSerial.available()){              // 블루투스로 데이터 수신
        byte data = BTSerial.read();
        Serial.write(data);                 // 수신된 데이터 시리얼 모니터로 출력
        buffer[bufferPosition++] = data;
        if(data == '\n'){                   // 문자열 종료 표시
            buffer[bufferPosition] = '\0';

            // 스마트폰으로 전송할 문자열을 시리얼 모니터에 출력
            Serial.print("Echo Back : ");
            Serial.write(buffer, bufferPosition);

            // 스마트폰으로 문자열 전송
            BTSerial.write(buffer, bufferPosition);

            bufferPosition = 0;
        }
    }
}
```

어플리케이션에는 전송할 문자열 입력을 위한 텍스트 박스와 수신된 문자열을 표시할 텍스트 박스 그리고 전송 버튼을 넣는다. 화면 배치는 상대 레이아웃을 사용하며, 문자열 입력 텍스트 박스는 좌상단에, 전송 버튼은 문자열 입력 박스의 오른쪽에, 그리고 출력 텍스트 박스는 아래쪽에 화면에 꽉 차게 표시한다. 코드 25-10은 그림 25-10의 화면 배치를 위한 'activity_main.xml' 파일이다.

코드 25-10 activity_main.xml

```xml
<RelativeLayout
    xmlns:android="http://schemas.android.com/apk/res/android"
    xmlns:tools="http://schemas.android.com/tools"
    android:layout_width="match_parent"
    android:layout_height="match_parent"
    android:paddingLeft="@dimen/activity_horizontal_margin"
    android:paddingRight="@dimen/activity_horizontal_margin"
    android:paddingTop="@dimen/activity_vertical_margin"
    android:paddingBottom="@dimen/activity_vertical_margin"
    tools:context=".MainActivity">

    <EditText
        android:layout_width="wrap_content"
        android:layout_height="wrap_content"
        android:id="@+id/sendText"
        android:layout_alignParentTop="true"
        android:layout_alignParentLeft="true"
        android:layout_alignBottom="@+id/sendButton"
        android:layout_toLeftOf="@+id/sendButton" />

    <Button
        android:layout_width="wrap_content"
        android:layout_height="wrap_content"
        android:text="전송"
        android:id="@+id/sendButton"
        android:layout_alignParentTop="true"
        android:layout_alignParentRight="true" />

    <EditText
        android:layout_width="wrap_content"
        android:layout_height="wrap_content"
        android:id="@+id/receiveText"
        android:layout_below="@+id/sendButton"
        android:layout_alignParentLeft="true"
        android:layout_alignRight="@+id/sendButton"
        android:layout_alignParentBottom="true"
        android:gravity="top" />
</RelativeLayout>
```

코드 25-10에 의한 화면 배치는 그림 25-10과 같이 위쪽에 문자열 입력을 위한 텍스트 박스와 전송 버튼이 위치하고, 아래쪽에는 수신된 문자열을 표시할 텍스트 박스가 위치한다.

송신 메시지 입력 ———— 송신 버튼

수신 메시지 출력

그림 25-10 화면 배치

문자열이 수신되면 데이터 수신 쓰레드에서 수신된 문자열을 텍스트박스에 나타내고, 이는 코드 25-8에서 처리한다. 데이터 송신 버튼이 눌러진 경우 MainActivity 클래스가 OnClickListener를 구현하여 처리한다.

어플리케이션을 실행하고 문자열을 입력한 뒤 'Send' 버튼을 누르면, 아두이노로 문자열이 전송되어 그림 25-11과 같이 시리얼 모니터에 수신된 문자열이 나타나고, 아두이노는 다시 스마트폰으로 동일한 내용을 전송하여 어플리케이션 상에 그림 25-12와 같이 나타나게 된다.

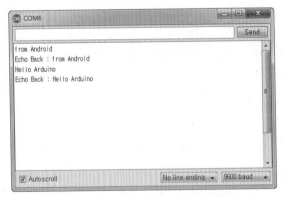

그림 25-11 어플리케이션 실행 화면 – 아두이노

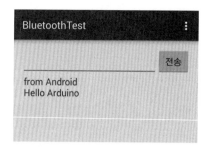

그림 25-12 어플리케이션 실행 화면 – 스마트폰

프로그램의 전체 코드는 코드 25-11과 같다.

코드 25-11 블루투스 테스트 코드

```java
package edu.dongeui.gyeongyong.bluetoothtest;

import android.app.AlertDialog;
import android.bluetooth.BluetoothAdapter;
import android.bluetooth.BluetoothDevice;
import android.bluetooth.BluetoothSocket;
import android.content.DialogInterface;
import android.content.Intent;
import android.os.Handler;
import android.support.v7.app.ActionBarActivity;
import android.os.Bundle;
import android.view.Menu;
import android.view.MenuItem;
import android.view.View;
import android.widget.Button;
import android.widget.EditText;

import java.io.IOException;
import java.io.InputStream;
import java.io.OutputStream;
import java.util.ArrayList;
import java.util.List;
import java.util.Set;
import java.util.UUID;

public class MainActivity
        extends ActionBarActivity implements View.OnClickListener{

    static final int REQUEST_ENABLE_BT = 10;
    BluetoothAdapter mBluetoothAdapter;
    int mPairedDeviceCount = 0;
    Set<BluetoothDevice> mDevices;
    BluetoothDevice mRemoteDevice;
    BluetoothSocket mSocket = null;
```

```
OutputStream mOutputStream = null;
InputStream mInputStream = null;

Thread mWorkerThread = null;
String mStrDelimiter = "\n";
char mCharDelimiter = '\n';
byte[] readBuffer;
int readBufferPosition;

EditText mEditReceive, mEditSend;

@Override
protected void onActivityResult(int requestCode, int resultCode, Intent data) {
    switch(requestCode){
        case REQUEST_ENABLE_BT:
            if(resultCode == RESULT_OK){
                // 블루투스가 활성 상태로 변경됨
                selectDevice();
            }
            else if(resultCode == RESULT_CANCELED){
                // 블루투스가 비활성 상태임
                finish();                              // 어플리케이션 종료
            }
            break;
    }
    super.onActivityResult(requestCode, resultCode, data);
}

void checkBluetooth(){
    mBluetoothAdapter = BluetoothAdapter.getDefaultAdapter();
    if(mBluetoothAdapter == null){
        // 장치가 블루투스를 지원하지 않는 경우
        finish();                                      // 어플리케이션 종료
    }
    else {
        // 장치가 블루투스를 지원하는 경우
        if (!mBluetoothAdapter.isEnabled()) {
            // 블루투스를 지원하지만, 비활성 상태인 경우
            // 블루투스를 활성 상태로 바꾸기 위해 사용자 동의 요청
            Intent enableBtIntent =
                    new Intent(BluetoothAdapter.ACTION_REQUEST_ENABLE);
            startActivityForResult(enableBtIntent, REQUEST_ENABLE_BT);
        }
        else {
            // 블루투스를 지원하며 활성 상태인 경우
            // 페어링된 기기 목록을 보여 주고 연결할 장치를 선택
            selectDevice();
        }
    }
}
```

```java
void selectDevice(){
    mDevices = mBluetoothAdapter.getBondedDevices();
    mPairedDeviceCount = mDevices.size();

    if(mPairedDeviceCount == 0){
        // 페어링된 장치가 없는 경우
        finish();                                       // 어플리케이션 종료
    }

    AlertDialog.Builder builder = new AlertDialog.Builder(this);
    builder.setTitle("블루투스 장치 선택");

    // 페어링된 블루투스 장치의 이름 목록 작성
    List<String> listItems = new ArrayList<String>();
    for (BluetoothDevice device : mDevices) {
        listItems.add(device.getName());
    }
    listItems.add("취소");                              // 취소 항목 추가

    final CharSequence[] items =
            listItems.toArray(new CharSequence[listItems.size()]);

    builder.setItems(items, new DialogInterface.OnClickListener(){
        public void onClick(DialogInterface dialog, int item){
            if(item == mPairedDeviceCount){
                // 연결할 장치를 선택하지 않고 '취소'를 누른 경우
                finish();
            }
            else{
                // 연결할 장치를 선택한 경우
                // 선택한 장치와 연결을 시도함
                connectToSelectedDevice(items[item].toString());
            }
        }
    });

    builder.setCancelable(false); // 뒤로 가기 버튼 사용 금지
    AlertDialog alert = builder.create();
    alert.show();
}

void beginListenForData() {
    final Handler handler = new Handler();

    readBuffer = new byte[1024]; // 수신 버퍼
    readBufferPosition = 0;                             // 버퍼 내 수신 문자 저장 위치

    // 문자열 수신 쓰레드
    mWorkerThread = new Thread(new Runnable(){
        public void run(){
```

```java
        while(!Thread.currentThread().isInterrupted()){
            try {
                int bytesAvailable = mInputStream.available(); // 수신 데이터 확인
                if(bytesAvailable > 0){          // 데이터가 수신된 경우
                    byte[] packetBytes = new byte[bytesAvailable];
                    mInputStream.read(packetBytes);
                    for(int i = 0; i < bytesAvailable; i++){
                        byte b = packetBytes[i];
                        if(b == mCharDelimiter){
                            byte[] encodedBytes = new byte[readBufferPosition];
                            System.arraycopy(readBuffer, 0,
                                    encodedBytes, 0, encodedBytes.length);
                            final String data = new String(encodedBytes, "US-ASCII");
                            readBufferPosition = 0;

                            handler.post(new Runnable(){
                                public void run(){
                                    // 수신된 문자열 데이터에 대한 처리 작업
                                    mEditReceive.setText(mEditReceive.getText().
                                            toString() + data + mStrDelimiter);
                                }
                            });
                        }
                        else{
                            readBuffer[readBufferPosition++] = b;
                        }
                    }
                }
            }
            catch (IOException ex){
                // 데이터 수신 중 오류 발생
                finish();
            }
        }
    });

    mWorkerThread.start();
}

void sendData(String msg){
    msg += mStrDelimiter;                    // 문자열 종료 표시
    try{
        mOutputStream.write(msg.getBytes());     // 문자열 전송
    }catch(Exception e){
        // 문자열 전송 도중 오류가 발생한 경우
        finish();                            // 어플리케이션 종료
    }
}
```

```java
BluetoothDevice getDeviceFromBondedList(String name){
    BluetoothDevice selectedDevice = null;

    for (BluetoothDevice device : mDevices) {
        if(name.equals(device.getName())){
            selectedDevice = device;
            break;
        }
    }

    return selectedDevice;
}

@Override
protected void onDestroy() {
    try{
        mWorkerThread.interrupt();                  // 데이터 수신 쓰레드 종료
        mInputStream.close();
        mOutputStream.close();
        mSocket.close();
    }catch(Exception e){}

    super.onDestroy();
}

void connectToSelectedDevice(String selectedDeviceName){
    mRemoteDevice = getDeviceFromBondedList(selectedDeviceName);
    UUID uuid = UUID.fromString("00001101-0000-1000-8000-00805f9b34fb");

    try{
        // 소켓 생성
        mSocket = mRemoteDevice.createRfcommSocketToServiceRecord(uuid);
        // RFCOMM 채널을 통한 연결
        mSocket.connect();

        // 데이터 송수신을 위한 스트림 얻기
        mOutputStream = mSocket.getOutputStream();
        mInputStream = mSocket.getInputStream();

        // 데이터 수신 준비
        beginListenForData();
    }catch(Exception e){
        // 블루투스 연결 중 오류 발생
        finish();                                   // 어플리케이션 종료
    }
}

@Override
protected void onCreate(Bundle savedInstanceState) {
    super.onCreate(savedInstanceState);
    setContentView(R.layout.activity_main);
```

```
        mEditReceive = (EditText)findViewById(R.id.receiveText);
        mEditSend = (EditText)findViewById(R.id.sendText);

        Button button = (Button)findViewById(R.id.sendButton);
        button.setOnClickListener(this);

        checkBluetooth();
    }

    @Override
    public boolean onCreateOptionsMenu(Menu menu) {
        getMenuInflater().inflate(R.menu.menu_main, menu);
        return true;
    }

    @Override
    public boolean onOptionsItemSelected(MenuItem item) {
        int id = item.getItemId();

        if (id == R.id.action_settings) {
            return true;
        }

        return super.onOptionsItemSelected(item);
    }

    @Override
    public void onClick(View v) {
        sendData(mEditSend.getText().toString());
        mEditSend.setText("");
    }
}
```

코드 25-12는 안드로이드 어플리케이션과 아두이노의 블루투스 통신을 위해 사용될 기본 코
드로, 코드 25-11에서 레이아웃과 관련된 부분과 UI 요소의 이벤트에 따른 데이터 송수신 부
분을 제거한 것이다. 이후 어플리케이션 작성에서는 먼저 레이아웃 디자인을 수행하고, 코드
25-12를 입력한 후 레이아웃에 사용된 UI 요소에 맞게 데이터 송신과 수신을 추가하면 된다.
한 가지 주의할 점은 코드 25-12에 코드의 첫 번째 라인에 나오는 package 문장이 없다는 점
이다. 즉, 프로젝트를 새로 생성하였을 때 만들어지는 코드 중에서 첫 번째 라인의 package 문
장은 남겨 두어야 한다.

데이터 송신은 특정 UI 요소에서 발생하는 이벤트에 따라 이루어진다. 코드 25-11의 경우 '전
송' 버튼을 누르는 이벤트에 의해 현재 입력한 문자열이 전송되며, MainActivity 클래스에

OnClickListener를 구현함으로써 onClick 멤버 함수에서 이루어지고 있다. 코드 25-12에서는 특정 UI 요소를 가정하지 않으므로 인터페이스를 구현하고 있지 않다. 따라서 어플리케이션에 맞게 인터페이스를 구현하여 멤버 함수를 작성하여야 한다. 데이터 수신의 경우에는 종료 문자가 수신될 때까지 대기하는 별도의 쓰레드를 사용하고 있다. 종료 문자가 수신되면 Handler 의 멤버 함수인 run에서 처리된다. 코드 25-11의 경우에는 문자열을 출력하고 있지만, 코드 25-12에서는 아무런 동작도 취하지 않는다. 이 부분 역시 어플리케이션에 맞게 원하는 작업을 수행하면 된다. 블루투스 통신을 위해 AndroidManifest.xml 파일에 블루투스 사용을 위한 퍼미션을 추가하여야 한다는 사실도 잊지 말아야 한다.

```
<uses-permission android:name="android.permission.BLUETOOTH" />
<uses-permission android:name="android.permission.BLUETOOTH_ADMIN" />
```

코드 25-12 블루투스 기본 코드

```
001  // 어플리케이션에 맞게 패키지 이름을 설정하여야 한다.
002  // package edu.dongeui.gyeongyong.*;
003
004  import android.app.AlertDialog;
005  import android.bluetooth.BluetoothAdapter;
006  import android.bluetooth.BluetoothDevice;
007  import android.bluetooth.BluetoothSocket;
008  import android.content.DialogInterface;
009  import android.content.Intent;
010  import android.os.Handler;
011  import android.support.v7.app.ActionBarActivity;
012  import android.os.Bundle;
013  import android.view.Menu;
014  import android.view.MenuItem;
015
016  import java.io.IOException;
017  import java.io.InputStream;
018  import java.io.OutputStream;
019  import java.util.ArrayList;
020  import java.util.List;
021  import java.util.Set;
022  import java.util.UUID;
023
024  public class MainActivity extends ActionBarActivity{
025
026      static final int REQUEST_ENABLE_BT = 10;
027      BluetoothAdapter mBluetoothAdapter;
028      int mPairedDeviceCount = 0;
029      Set<BluetoothDevice> mDevices;
```

```
030    BluetoothDevice mRemoteDevice;
031    BluetoothSocket mSocket = null;
032    OutputStream mOutputStream = null;
033    InputStream mInputStream = null;
034
035    Thread mWorkerThread = null;
036    String mStrDelimiter = "\n";
037    char mCharDelimiter = '\n';
038    byte[] readBuffer;
039    int readBufferPosition;
040
041    @Override
042    protected void onActivityResult(int requestCode, int resultCode, Intent data) {
043        switch(requestCode){
044            case REQUEST_ENABLE_BT:
045                if(resultCode == RESULT_OK){
046                    // 블루투스가 활성 상태로 변경됨
047                    selectDevice();
048                }
049                else if(resultCode == RESULT_CANCELED){
050                    // 블루투스가 비활성 상태임
051                    finish();        // 어플리케이션 종료
052                }
053                break;
054        }
055        super.onActivityResult(requestCode, resultCode, data);
056    }
057
058    void checkBluetooth(){
059        mBluetoothAdapter = BluetoothAdapter.getDefaultAdapter();
060        if(mBluetoothAdapter == null){
061            // 장치가 블루투스를 지원하지 않는 경우
062            finish();                        // 어플리케이션 종료
063        }
064        else {
065            // 장치가 블루투스를 지원하는 경우
066            if (!mBluetoothAdapter.isEnabled()) {
067                // 블루투스를 지원하지만, 비활성 상태인 경우
068                // 블루투스를 활성 상태로 바꾸기 위해 사용자 동의 요청
069                Intent enableBtIntent =
070                        new Intent(BluetoothAdapter.ACTION_REQUEST_ENABLE);
071                startActivityForResult(enableBtIntent, REQUEST_ENABLE_BT);
072            }
073            else {
074                // 블루투스를 지원하며 활성 상태인 경우
075                // 페어링된 기기 목록을 보여 주고 연결할 장치를 선택
076                selectDevice();
077            }
078        }
079    }
080
```

```
081    void selectDevice(){
082        mDevices = mBluetoothAdapter.getBondedDevices();
083        mPairedDeviceCount = mDevices.size();
084
085        if(mPairedDeviceCount == 0){
086            // 페어링된 장치가 없는 경우
087            finish();                                    // 어플리케이션 종료
088        }
089
090        AlertDialog.Builder builder = new AlertDialog.Builder(this);
091        builder.setTitle("블루투스 장치 선택");
092
093        // 페어링된 블루투스 장치의 이름 목록 작성
094        List<String> listItems = new ArrayList<String>();
095        for (BluetoothDevice device : mDevices) {
096            listItems.add(device.getName());
097        }
098        listItems.add("취소");        // 취소 항목 추가
099
100        final CharSequence[] items =
101                listItems.toArray(new CharSequence[listItems.size()]);
102
103        builder.setItems(items, new DialogInterface.OnClickListener(){
104            public void onClick(DialogInterface dialog, int item){
105                if(item == mPairedDeviceCount){
106                    // 연결할 장치를 선택하지 않고 '취소'를 누른 경우
107                    finish();
108                }
109                else{
110                    // 연결할 장치를 선택한 경우
111                    // 선택한 장치와 연결을 시도함
112                    connectToSelectedDevice(items[item].toString());
113                }
114            }
115        });
116
117        builder.setCancelable(false);                // 뒤로 가기 버튼 사용 금지
118        AlertDialog alert = builder.create();
119        alert.show();
120    }
121
122    void beginListenForData() {
123        final Handler handler = new Handler();
124
125        readBuffer = new byte[1024];                // 수신 버퍼
126        readBufferPosition = 0;                     // 버퍼 내 수신 문자 저장 위치
127
128        // 문자열 수신 쓰레드
129        mWorkerThread = new Thread(new Runnable(){
130            public void run(){
```

```
131                    while(!Thread.currentThread().isInterrupted()){
132                        try {
133                            // 수신 데이터 확인
134                            int bytesAvailable = mInputStream.available();
135                            if(bytesAvailable > 0){          // 데이터가 수신된 경우
136                                byte[] packetBytes = new byte[bytesAvailable];
137                                mInputStream.read(packetBytes);
138                                for(int i = 0; i < bytesAvailable; i++){
139                                    byte b = packetBytes[i];
140                                    if(b == mCharDelimiter){
141                                        byte[] encodedBytes = new byte[readBufferPosition];
142                                        System.arraycopy(readBuffer, 0,
143                                                encodedBytes, 0, encodedBytes.length);
144                                        final String data = new String(encodedBytes, "US-ASCII");
145                                        readBufferPosition = 0;
146
147                                        handler.post(new Runnable(){
148                                            public void run(){
149                                                // 수신된 문자열 데이터에 대한 처리 작업
150                                            }
151                                        });
152                                    }
153                                    else{
154                                        readBuffer[readBufferPosition++] = b;
155                                    }
156                                }
157                            }
158                        }
159                        catch (IOException ex){
160                            // 데이터 수신 중 오류 발생
161                            finish();
162                        }
163                    }
164                }
165            });
166
167        mWorkerThread.start();
168    }
169
170    void sendData(String msg){
171        msg += mStrDelimiter;                        // 문자열 종료 표시
172        try{
173            mOutputStream.write(msg.getBytes());     // 문자열 전송
174        }catch(Exception e){
175            // 문자열 전송 도중 오류가 발생한 경우
176            finish();                                // 어플리케이션 종료
177        }
178    }
179
180    BluetoothDevice getDeviceFromBondedList(String name){
```

```
181         BluetoothDevice selectedDevice = null;
182
183         for (BluetoothDevice device : mDevices) {
184             if(name.equals(device.getName())){
185                 selectedDevice = device;
186                 break;
187             }
188         }
189
190         return selectedDevice;
191     }
192
193     @Override
194     protected void onDestroy() {
195         try{
196             mWorkerThread.interrupt();                    // 데이터 수신 쓰레드 종료
197             mInputStream.close();
198             mOutputStream.close();
199             mSocket.close();
200         }catch(Exception e){}
201
202         super.onDestroy();
203     }
204
205     void connectToSelectedDevice(String selectedDeviceName){
206         mRemoteDevice = getDeviceFromBondedList(selectedDeviceName);
207         UUID uuid = UUID.fromString("00001101-0000-1000-8000-00805f9b34fb");
208
209         try{
210             // 소켓 생성
211             mSocket = mRemoteDevice.createRfcommSocketToServiceRecord(uuid);
212             // RFCOMM 채널을 통한 연결
213             mSocket.connect();
214
215             // 데이터 송수신을 위한 스트림 얻기
216             mOutputStream = mSocket.getOutputStream();
217             mInputStream = mSocket.getInputStream();
218
219             // 데이터 수신 준비
220             beginListenForData();
221         }catch(Exception e){
222             // 블루투스 연결 중 오류 발생
223             finish();                                    // 어플리케이션 종료
224         }
225     }
226
227     @Override
228     protected void onCreate(Bundle savedInstanceState) {
229         super.onCreate(savedInstanceState);
230         setContentView(R.layout.activity_main);
```

```
231
232          checkBluetooth();
233      }
234
235      @Override
236      public boolean onCreateOptionsMenu(Menu menu) {
237          getMenuInflater().inflate(R.menu.menu_main, menu);
238          return true;
239      }
240
241      @Override
242      public boolean onOptionsItemSelected(MenuItem item) {
243          int id = item.getItemId();
244
245          if (id == R.id.action_settings) {
246              return true;
247          }
248
249          return super.onOptionsItemSelected(item);
250      }
251  }
```

25.9 요약

안드로이드에서는 기본적으로 블루투스를 지원하고 있으므로 아두이노를 무선으로 제어하기 위해 사용할 수 있으며, 실제로 블루투스를 이용하여 무선으로 자동차나 비행기 등을 제어하는 예를 어렵지 않게 찾아볼 수 있다. 아두이노의 경우 SPP를 지원하는 블루투스 모듈을 UART 시리얼 통신과 거의 동일한 방법으로 사용할 수 있지만, 안드로이드에서 블루투스 통신은 그처럼 간단하지는 않다. 이 장에서는 블루투스 통신을 지원하는 어플리케이션에 반드시 포함되어야 하는 과정들만으로 기본적인 블루투스 통신 어플리케이션을 작성하는 방법을 설명하였다. 블루투스 통신을 위해서는 이 장에서 설명한 내용보다 더 많은 것들이 필요하지만, 이는 이 책의 범주를 벗어나므로 자세히 다루지 않았다. 하지만, 코드 25-12의 기본 코드만으로도 간단한 블루투스 지원 어플리케이션을 작성하는 데 어려움은 없으리라 생각한다. 다만, 작성하고자 하는 어플리케이션에 맞게 레이아웃을 설정하고 UI 요소와 상호작용을 위한 코드를 작성해야 한다.

제22장에서 안드로이드 어플리케이션을 작성하기 위해 필요한 기본적인 내용을 시작으로, 사용자 인터페이스를 작성하고 기본적인 블루투스 통신을 지원하기 위한 내용은 모두 다루었다.

다음 몇 개 장에서는 아두이노와 스마트폰을 블루투스로 연결하고 서로 데이터를 교환하는 방법을 예를 통해 알아본다. 아두이노와 스마트폰이 연결되기 위해서는 스마트폰을 위한 전용 어플리케이션과 아두이노를 위한 스케치가 필요하다. 어플리케이션은 코드 25-12를 기본으로 하고 여기에 응용에 맞게 추가되어야 하는 내용과 사용자 인터페이스 작성을 중심으로 설명할 것이며, 스케치는 아두이노에 연결된 주변장치를 제어하는 방법을 중심으로 설명할 것이다. 아두이노에 연결된 주변장치는 버튼, LED, 가변저항 등 흔히 볼 수 있는 간단한 장치들을 아두이노의 기본 함수들을 사용하여 제어하며, 안드로이드 어플리케이션과 통신을 위주로 설명한다. 따라서 아두이노의 기본 함수에 대한 설명이 필요하다면 다른 책이나 아두이노 사이트를 참고하면 된다. 어플리케이션을 위한 사용자 인터페이스 구현과 추가되는 코드는 제22장에서 설명한 내용들만으로 구성하였으므로 이전 장의 내용을 참고하면 된다.

26

LED 제어 어플리케이션

이 장에서는 아두이노에 연결된 LED를 안드로이드 폰에서 블루투스를 통해 제어하는 방법을 살펴본다. LED를 제어하기 위해서는 아두이노에 LED가 연결되어 있어야 하며, 블루투스로 수신된 데이터로 LED 를 제어할 수 있는 스케치가 업로드되어 있어야 한다. 스마트폰을 위해서는 LED 상태를 블루투스를 이 용하여 아두이노로 전달할 수 있는 어플리케이션이 필요하며, 이는 블루투스 기본 코드와 토글 버튼을 사용하여 작성할 수 있다.

26.1 아두이노

스마트폰과 아두이노를 블루투스로 연결하고 아두이노에 연결된 LED 8개를 제어하는 어플리 케이션을 작성해 보자. 먼저 아두이노 우노에 LED 8개를 그림 26-1과 같이 연결한다.

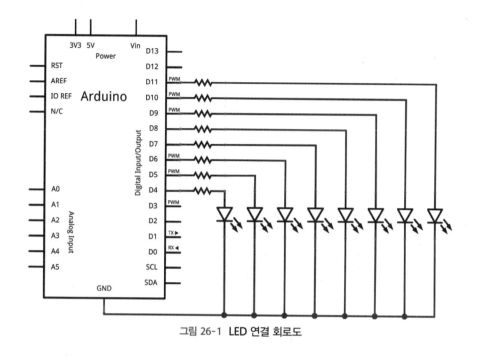

그림 26-1 LED 연결 회로도

그림 26-1에는 표시하지 않았지만 디지털 2번과 3번은 블루투스 모듈을 연결하기 위해 사용되므로 디지털 4번부터 11번까지 LED를 연결하였다. 스케치 26-1은 그림 26-1과 같이 연결된 LED를 0.5초 간격으로 순서대로 하나씩 켜는 스케치의 예이다. 스케치 26-1을 업로드하여 LED가 정상적으로 동작하는지 확인해 보자.

스케치 26-1 LED 테스트

```
int LED_pins[] = {4, 5, 6, 7, 8, 9, 10, 11};      // LED 연결 핀
int position = 0;

void setup(){
    for(int i = 0; i < 8; i++)                     // LED 연결 핀을 출력으로 설정
        pinMode(LED_pins[i], OUTPUT);
}

void loop(){
    position = (position + 1) % 8;                 // LED를 켤 위치

    for(int i = 0; i < 8; i++){
        if(position == i) digitalWrite(LED_pins[i], HIGH);
        else digitalWrite(LED_pins[i], LOW);
    }

    delay(500);
}
```

26.2 UI 디자인

아두이노에 LED가 연결되었으므로 어플리케이션의 UI를 만들어보자. 안드로이드 스튜디오에서 새 프로젝트를 선택하고 프로젝트 이름은 'Bluetooth_LED'로 한다. 프로젝트를 생성하기 위한 옵션은 디폴트값을 사용한다. LED는 켜졌거나 꺼진 두 가지 상태 중 한 가지 상태이므로 LED 상태를 나타내기 위해 사용할 수 있는 UI 개체로 토글 버튼(toggle button)을 사용할 수 있다. 어플리케이션의 UI는 중첩된 상대 레이아웃을 사용하여 8개의 토글 버튼이 화면 중앙에 위치하도록 하였다.

그림 26-2 토글 버튼 배치

코드 26-2 UI 디자인

```
<RelativeLayout
    xmlns:android="http://schemas.android.com/apk/res/android"
    xmlns:tools="http://schemas.android.com/tools"
    android:layout_width="match_parent"
    android:layout_height="match_parent"
    android:paddingLeft="@dimen/activity_horizontal_margin"
    android:paddingRight="@dimen/activity_horizontal_margin"
    android:paddingTop="@dimen/activity_vertical_margin"
    android:paddingBottom="@dimen/activity_vertical_margin"
    tools:context=".MainActivity"
    android:gravity="center" >

    <RelativeLayout
        android:layout_height="wrap_content"
```

```
android:layout_width="wrap_content" >

<ToggleButton
    android:layout_width="wrap_content"
    android:layout_height="wrap_content"
    android:textOn="LED 1 is on"
    android:textOff="LED 1 is off"
    android:id="@+id/toggleButton1" />
<ToggleButton
    android:layout_width="wrap_content"
    android:layout_height="wrap_content"
    android:textOn="LED 2 is on"
    android:textOff="LED 2 is off"
    android:id="@+id/toggleButton2"
    android:layout_below="@id/toggleButton1"/>
<ToggleButton
    android:layout_width="wrap_content"
    android:layout_height="wrap_content"
    android:textOn="LED 3 is on"
    android:textOff="LED 3 is off"
    android:id="@+id/toggleButton3"
    android:layout_below="@id/toggleButton2"/>
<ToggleButton
    android:layout_width="wrap_content"
    android:layout_height="wrap_content"
    android:textOn="LED 4 is on"
    android:textOff="LED 4 is off"
    android:id="@+id/toggleButton4"
    android:layout_below="@id/toggleButton3"/>
<ToggleButton
    android:layout_width="wrap_content"
    android:layout_height="wrap_content"
    android:textOn="LED 5 is on"
    android:textOff="LED 5 is off"
    android:id="@+id/toggleButton5"
    android:layout_below="@id/toggleButton4"/>
<ToggleButton
    android:layout_width="wrap_content"
    android:layout_height="wrap_content"
    android:textOn="LED 6 is on"
    android:textOff="LED 6 is off"
    android:id="@+id/toggleButton6"
    android:layout_below="@id/toggleButton5"/>
<ToggleButton
    android:layout_width="wrap_content"
    android:layout_height="wrap_content"
    android:textOn="LED 7 is on"
    android:textOff="LED 7 is off"
    android:id="@+id/toggleButton7"
    android:layout_below="@id/toggleButton6"/>
<ToggleButton
```

```
            android:layout_width="wrap_content"
            android:layout_height="wrap_content"
            android:textOn="LED 8 is on"
            android:textOff="LED 8 is off"
            android:id="@+id/toggleButton8"
            android:layout_below="@id/toggleButton7"/>

    </RelativeLayout>
</RelativeLayout>
```

26.3 블루투스 통신

블루투스 통신을 위한 어플리케이션의 기본 코드는 제25장의 코드를 사용한다. 생성된 코드에서 첫 번째 package 문장만을 남기고 이후 모든 코드를 삭제한 후 블루투스 기본 코드를 복사해 넣는다. AndroidManifest.xml 파일에서 블루투스 사용을 위한 퍼미션을 최상위 요소 아래에 추가하는 것도 잊지 말아야 한다.

```
<uses-permission android:name="android.permission.BLUETOOTH" />
<uses-permission android:name="android.permission.BLUETOOTH_ADMIN" />
```

먼저 토글 버튼이 눌러진 경우 이벤트를 처리하기 위해 MainActivity 클래스가 OnClickListener를 구현하도록 추가한다(블루투스 기본 코드의 라인 24). OnClickListener를 구현하기 위해서는 onClick 멤버 함수를 반드시 구현하여야 하므로, onClick 함수 정의 역시 추가해야 한다. 다음은 onCreate 함수(블루투스 기본 코드의 라인 228)에서 토글 버튼의 이벤트 처리를 MainActivity 클래스가 담당하도록 지정해 주어야 한다.

```
@Override
protected void onCreate(Bundle savedInstanceState) {
    super.onCreate(savedInstanceState);
    setContentView(R.layout.activity_main);

    ToggleButton btn;
    btn = (ToggleButton)findViewById(R.id.toggleButton1);
    btn.setOnClickListener(this);
    btn = (ToggleButton)findViewById(R.id.toggleButton2);
    btn.setOnClickListener(this);
    btn = (ToggleButton)findViewById(R.id.toggleButton3);
    btn.setOnClickListener(this);
```

```
            btn = (ToggleButton)findViewById(R.id.toggleButton4);
            btn.setOnClickListener(this);
            btn = (ToggleButton)findViewById(R.id.toggleButton5);
            btn.setOnClickListener(this);
            btn = (ToggleButton)findViewById(R.id.toggleButton6);
            btn.setOnClickListener(this);
            btn = (ToggleButton)findViewById(R.id.toggleButton7);
            btn.setOnClickListener(this);
            btn = (ToggleButton)findViewById(R.id.toggleButton8);
            btn.setOnClickListener(this);

            checkBluetooth();
    }
```

버튼이 눌러지면 MainActivity 클래스의 onClick 함수가 호출되므로 추가된 onClick 함수에서
는 상태가 변한 버튼에 대한 정보를 블루투스를 통해 아두이노로 전달하면 된다. onClick 함
수는 MainActivity 클래스가 OnClickListener를 구현함으로써 추가된 함수로, 블루투스 기본
코드에는 포함되어 있지 않다.

```
@Override
public void onClick(View v) {
    String str = new String();

    switch(v.getId()){
        case R.id.toggleButton1:
            str = "1";
            break;
        case R.id.toggleButton2:
            str = "2";
            break;
        case R.id.toggleButton3:
            str = "3";
            break;
        case R.id.toggleButton4:
            str = "4";
            break;
        case R.id.toggleButton5:
            str = "5";
            break;
        case R.id.toggleButton6:
            str = "6";
            break;
        case R.id.toggleButton7:
            str = "7";
            break;
        case R.id.toggleButton8:
            str = "8";
            break;
```

```
    }

    sendData(str);
}
```

어플리케이션을 스마트폰에 설치하고 아두이노에는 스케치 26-3을 업로드하자. 스케치 26-3
은 블루투스를 통해 수신된 데이터를 시리얼 모니터에 표시하는 예이다.

스케치 26-3 블루투스 수신 테스트

```
#include <SoftwareSerial.h>

// SoftwareSerial(RX, TX) 형식으로 블루투스 모듈과 교차하여 연결된다.
SoftwareSerial BTSerial(2, 3);

void setup()
{
    Serial.begin(9600);                    // 컴퓨터와의 시리얼 통신 초기화
    BTSerial.begin(9600);                  // 블루투스 모듈 초기화
}

void loop()
{
    if(BTSerial.available()){
        Serial.write(BTSerial.read());
    }
}
```

어플리케이션에서 토글 버튼을 누르면 해당 번호가 시리얼 모니터에 표시될 것이다.

그림 26-3 스케치 26-3의 실행 결과

아두이노에서 데이터 수신까지 확인되었으니 이제 수신된 데이터로 LED를 제어할 수 있도록 스케치를 수정해 보자. 어플리케이션에서는 버튼이 눌러질 때 눌러진 버튼의 번호를 전송하고 있다. 즉, LED를 켜는 동작과 LED를 끄는 동작은 동일한 값이 아두이노로 전송되므로 스케치에서는 현재 LED의 상태를 저장하고 현재 값을 반전시켜야 한다. 스케치 26-4는 블루투스를 통해 수신된 데이터로 그림 26-1과 같이 연결된 LED를 제어하는 스케치의 예이다.

스케치 26-4 블루투스를 통한 LED 제어 1

```
#include <SoftwareSerial.h>

// SoftwareSerial(RX, TX) 형식으로 블루투스 모듈과 교차하여 연결된다.
SoftwareSerial BTSerial(2, 3);
int LED_pins[] = {4, 5, 6, 7, 8, 9, 10, 11};        // LED 연결 핀
boolean LED_state[8];

void setup()
{
    Serial.begin(9600);                             // 컴퓨터와의 시리얼 통신 초기화
    BTSerial.begin(9600);                           // 블루투스 모듈 초기화

    for(int i = 0; i < 8; i++){
        pinMode(LED_pins[i], OUTPUT);               // LED 연결 핀을 출력으로 설정
        LED_state[i] = false;                       // LED는 꺼진 상태로 시작
        digitalWrite(LED_pins[i], LED_state[i]);
    }
}

void loop()
{
    if(BTSerial.available()){                       // 수신 데이터가 존재하는 경우
        byte data = BTSerial.read();                // 바이트 데이터 읽기
        if(data >= '1' && data <= '8'){             // '1'에서 '8' 사이의 숫자인 경우
            int index = data - '0' - 1;             // 배열은 0부터 시작하므로 '-1'이 필요
            LED_state[index] = !LED_state[index];   // 상태 반전
            digitalWrite(LED_pins[index], LED_state[index]);    // LED 제어

            Serial.print(String("LED ") + (index + 1) + " is turned ");
            if(LED_state[index]) Serial.println("ON !!");
            else Serial.println("OFF !!");
        }
    }
}
```

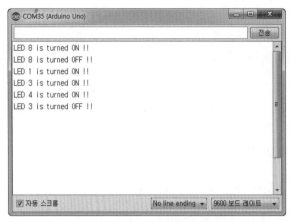

그림 26-4 스케치 26-4의 실행 결과

어플리케이션에서 버튼을 누르면 LED가 켜지거나 꺼지면서 시리얼 모니터로 현재 상태가 출력되는 것을 확인할 수 있다.

26.4 데이터 전송 양식

이 책에서 사용하는 블루투스 모듈은 SPP를 사용하므로 데이터는 바이트 단위로 교환되며, 이는 스케치 26-4의 read 함수가 반환하는 값이 byte 형식임을 통해서도 알 수 있다. 또한, 교환되는 byte 값은 해당 문자의 아스키코드 값으로 문자 기반의 통신을 사용하고 있다. 다른 방식으로 데이터를 교환할 수도 있지만 디버깅 등의 목적으로 활용하기 위해서도 아스키코드 값을 전달하는 것이 유리하므로 이 책에서는 아스키코드 값을 통한 통신, 즉 문자열 기반 통신 방식을 사용하며, 문자열 끝을 표시하기 위해 '\n'을 사용한다.

LED를 제어하기 위해 어플리케이션에서 아두이노로 전송하는 데이터는 해당 LED의 번호와 데이터의 끝을 표시하는 '\n'으로 이루어진다. 따라서 토글 버튼 1번을 눌렀을 때 아두이노로 전달되는 데이터는 숫자 '1'에 해당하는 아스키코드 값인 49와 개행문자 '\n'에 해당하는 아스키코드 값인 10의 2바이트로 이루어진다. 다만 스케치 26-4에서는 '1(아스키코드 값 49)'에서 '8(아스키코드 값 57)' 사이의 값만을 처리하고 있으므로 문자열 끝을 표시하기 위해 사용된 '\n'은 무시되고 있다.

지금까지 LED를 제어하기 위한 어플리케이션과 스케치에서는 아무런 문제가 없는 것으로 보인다. 하지만, LED의 개수가 10개를 넘어가면 현재 처리 방식은 문제가 될 수 있다. 10번째 LED 제어를 위해 토글 버튼을 누르면 아두이노로는 3바이트의 데이터 '10\n'이 전달된다. 하지만, 스케치 26-4는 1바이트 데이터로만 판단하므로 '1'이 수신되면 첫 번째 LED를 켜거나 끄고 이후 '0'이나 '\n'은 무시한다.

문자열 기반의 통신은 간편하고 디버깅에 유리하다는 등의 장점은 있지만, 이처럼 데이터의 길이가 가변적인 경우에는 처리가 쉽지 않을 수 있으므로 수신이 완료되었음을 알려 주기 위한 특수문자, 이 책에서는 개행문자 '\n'을 사용하였다. 스케치 26-4를 개행문자를 만날 때까지 데이터를 버퍼에 저장하고 개행문자를 만나면 이를 숫자로 변환하여 해당 LED를 제어하도록 수정한 예가 스케치 26-5이다.

스케치 26-5 블루투스를 통한 LED 제어 2

```
#include <SoftwareSerial.h>

// SoftwareSerial(RX, TX) 형식으로 블루투스 모듈과 교차하여 연결된다.
SoftwareSerial BTSerial(2, 3);
int LED_pins[] = {4, 5, 6, 7, 8, 9, 10, 11};          // LED 연결 핀
boolean LED_state[8];
String buffer = "";

void setup()
{
    Serial.begin(9600);                               // 컴퓨터와의 시리얼 통신 초기화
    BTSerial.begin(9600);                             // 블루투스 모듈 초기화

    for(int i = 0; i < 8; i++){
        pinMode(LED_pins[i], OUTPUT);                 // LED 연결 핀을 출력으로 설정
        LED_state[i] = false;                         // LED는 꺼진 상태로 시작
        digitalWrite(LED_pins[i], LED_state[i]);
    }
}

void loop()
{
    if(BTSerial.available()){                         // 수신 데이터가 존재하는 경우
        byte data = BTSerial.read();                  // 바이트 데이터 읽기
        if(data == '\n'){                             // 개행문자 발견
            int index = buffer.toInt();               // 버퍼 내용을 정수로 변환
            if(index >= 1 && index <= 8){             // LED 번호인 경우 처리
                int arrayIndex = index - 1;
                LED_state[arrayIndex] = !LED_state[arrayIndex];
                digitalWrite(LED_pins[arrayIndex], LED_state[arrayIndex]);
```

```
                Serial.print(String("LED ") + index + " is turned ");
                if(LED_state[arrayIndex]) Serial.println("ON !!");
                else Serial.println("OFF !!");
        }
        buffer = "";                        // 수신 버퍼 비움
    }
    else buffer += (char)data;              // 개행문자가 아닌 경우 수신 버퍼에 저장
    }
}
```

스케치 26-5의 실행 결과는 스케치 26-4와 동일하다. 다만 가변 길이의 데이터를 수신하고 처리해야 할 필요가 있는 경우를 위해 문자열의 끝을 인식하고 처리하도록 수정된 것이다. 수신 종료 표시는 정수나 실수 그리고 문자열과 같이 데이터 길이가 가변적인 경우에는 반드시 필요하다.

26.5 요약

이 장에서는 아두이노에 LED를 연결하고 이를 스마트폰으로 제어하기 위한 아두이노의 스케치와 스마트폰의 어플리케이션 작성 방법에 대해 알아보았다. LED를 제어하기 위해서는 스마트폰에서 아두이노로, 한 방향으로만 데이터가 전달되면 되고 스마트폰에서 수신해야 하는 데이터는 없다. 따라서 스마트폰 어플리케이션에서는 간단하게 문자열을 전송하기만 하면 된다. LED를 제어하는 예는 근거리에서 무선 연결을 통한 제어에 사용될 수 있다.

27

버튼 제어 어플리케이션

이 장에서는 아두이노에 연결된 버튼의 상태를 블루투스를 통해 안드로이드 폰으로 전달하는 방법을 살펴본다. 버튼의 상태를 전달하기 위해서 아두이노에는 버튼이 연결되어 있어야 하며, 블루투스로 현재 버튼의 상태를 전송할 수 있는 스케치가 업로드되어 있어야 한다. 스마트폰에서는 블루투스로 전달된 데이터를 UI 요소를 통해 나타낼 수 있는 어플리케이션이 필요하며, 이는 블루투스 기본 코드와 on/off 버튼을 사용하여 작성할 수 있다.

27.1 아두이노

스마트폰과 아두이노를 블루투스로 연결하고, 아두이노에 연결된 버튼 8개의 상태를 스마트폰에 표시하는 어플리케이션을 작성해 보자. 먼저 아두이노 우노에 버튼 8개를 그림 27-1과 같이 풀다운 저항을 사용하여 연결한다.

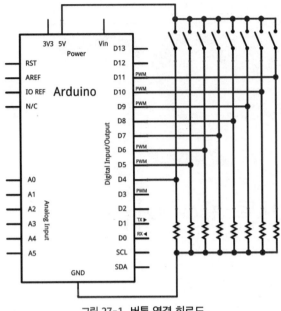

그림 27-1 버튼 연결 회로도

디지털 2번과 3번은 블루투스 모듈을 연결하기 위해 사용할 것이므로 디지털 4번부터 11번까지 핀에 버튼을 연결한다. 스케치 27-1은 그림 27-1과 같이 연결된 버튼 8개의 상태를 1초 간격으로 검사하여 시리얼 모니터로 출력하는 스케치의 예이다. 버튼이 눌러진 경우에는 'O'를, 눌러지지 않은 경우에는 '.'를 출력하여 상태를 표시한다.

스케치 27-1 버튼 테스트 1

```
int button_pins[] = {4, 5, 6, 7, 8, 9, 10, 11};        // 버튼 연결 핀

void setup(){
    for(int i = 0; i < 8; i++)                          // 버튼 연결 핀을 입력으로 설정
        pinMode(button_pins[i], INPUT);
    Serial.begin(9600);                                 // 시리얼 모니터 초기화
}

void loop(){
    for(int i = 0; i < 8; i++){
        if(digitalRead(button_pins[i]))                 // 버튼이 눌러진 경우
            Serial.print("O ");
        else                                            // 버튼이 눌러지지 않은 경우
            Serial.print(". ");
    }
    Serial.println();

    delay(1000);
}
```

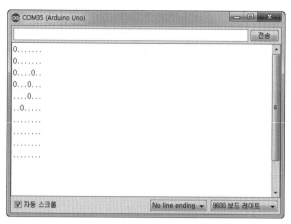

그림 27-2 스케치 27-1의 실행 결과

버튼의 상태가 변화하는 경우 아두이노는 블루투스를 통해 2바이트의 데이터를 보내도록 해보자. 첫 번째 바이트는 '1'에서 '8' 사이의 버튼 번호를 문자열 형식으로 전달한다. 두 번째 바이트는 해당 버튼이 눌러진 경우 '1'을, 눌러지지 않은 경우 '0'을 전달하도록 한다. 만약 세 번째 버튼이 눌러지는 경우 개행문자까지 "31\n"의 3바이트가 전달된다. 세 번째 버튼이 눌러진 상태에서 떼는 경우에는 "30\n"의 3바이트가 전달된다. 스케치 27-2는 버튼의 상태가 변화하는 경우에만 시리얼 모니터로 이를 출력하는 스케치의 예이다.

스케치 27-2 버튼 테스트 2

```
int button_pins[] = {4, 5, 6, 7, 8, 9, 10, 11};    // 버튼 연결 핀
boolean button_state[8];                            // 버튼의 이전 상태

void setup(){
    for(int i = 0; i < 8; i++){                      // 버튼 연결 핀을 입력으로 설정
        pinMode(button_pins[i], INPUT);
        button_state[i] = false;                     // 눌러지지 않은 상태로 시작
    }
    Serial.begin(9600);                              // 시리얼 모니터 초기화
}


void loop(){
    for(int i = 0; i < 8; i++){
        boolean current_state = digitalRead(button_pins[i]);
        if(button_state[i] != current_state){        // 상태가 변한 경우
            button_state[i] = current_state;         // 상태 업데이트

            Serial.print(String("Button ") + (i + 1) + " is ");
            if(current_state) Serial.println("ON !!");
            else Serial.println("OFF !");
```

```
           // 블루투스를 통해 전달할 문자열 메시지
           char message[4] = "  \n";
           message[0] = i + 1 + '0';
           message[1] = current_state + '0';
           Serial.print(message);

           delay(200);
       }
   }
}
```

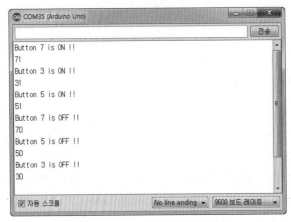

그림 27-3 스케치 27-2의 실행 결과

27.2 UI 디자인

아두이노에 버튼을 연결하였으므로 어플리케이션의 UI를 만들어보자. 안드로이드 스튜디오
에서 새 프로젝트를 선택하고 프로젝트 이름은 'Bluetooth_button'으로 한다. 프로젝트 생성을
위한 옵션은 디폴트값을 사용한다. 버튼은 LED와 마찬가지로 누르거나 누르지 않은 두 가지
상태 중 하나를 가지므로 이 장에서는 on/off 스위치를 사용하여 버튼의 상태를 나타낸다. 어
플리케이션의 UI는 중첩된 상대 레이아웃을 사용하여 8개의 토글 버튼이 화면 중앙에 위치하
도록 하였다.

그림 27-4 스위치 배치

코드 27-3 UI 디자인

```
<RelativeLayout
    xmlns:android="http://schemas.android.com/apk/res/android"
    xmlns:tools="http://schemas.android.com/tools"
    android:layout_width="match_parent"
    android:layout_height="match_parent"
    android:paddingLeft="@dimen/activity_horizontal_margin"
    android:paddingRight="@dimen/activity_horizontal_margin"
    android:paddingTop="@dimen/activity_vertical_margin"
    android:paddingBottom="@dimen/activity_vertical_margin"
    tools:context=".MainActivity"
    android:gravity="center" >

    <RelativeLayout
        android:layout_height="wrap_content"
        android:layout_width="wrap_content" >

        <Switch
            android:layout_width="wrap_content"
            android:layout_height="wrap_content"
            android:text="Button 1"
            android:id="@+id/switch1" />
        <Switch
            android:layout_width="wrap_content"
            android:layout_height="wrap_content"
            android:text="Button 2"
            android:id="@+id/switch2"
            android:layout_below="@id/switch1"/>
        <Switch
```

```
        android:layout_width="wrap_content"
        android:layout_height="wrap_content"
        android:text="Button 3"
        android:id="@+id/switch3"
        android:layout_below="@id/switch2"/>
    <Switch
        android:layout_width="wrap_content"
        android:layout_height="wrap_content"
        android:text="Button 4"
        android:id="@+id/switch4"
        android:layout_below="@id/switch3"/>
    <Switch
        android:layout_width="wrap_content"
        android:layout_height="wrap_content"
        android:text="Button 5"
        android:id="@+id/switch5"
        android:layout_below="@id/switch4"/>
    <Switch
        android:layout_width="wrap_content"
        android:layout_height="wrap_content"
        android:text="Button 6"
        android:id="@+id/switch6"
        android:layout_below="@id/switch5"/>
    <Switch
        android:layout_width="wrap_content"
        android:layout_height="wrap_content"
        android:text="Button 7"
        android:id="@+id/switch7"
        android:layout_below="@id/switch6"/>
    <Switch
        android:layout_width="wrap_content"
        android:layout_height="wrap_content"
        android:text="Button 8"
        android:id="@+id/switch8"
        android:layout_below="@id/switch7"/>

    </RelativeLayout>
</RelativeLayout>
```

27.3 블루투스 통신

블루투스 통신을 위한 어플리케이션의 기본 코드는 제25장의 코드를 사용한다. 생성된 코드
에서 첫 번째 package 문장만을 남기고 이후 모든 코드를 삭제한 후 블루투스 기본 코드를
복사해 넣는다. AndroidManifest.xml 파일에서 블루투스를 사용하기 위한 퍼미션을 최상위

요소 아래에 추가하는 것도 잊지 말아야 한다.

```
<uses-permission android:name="android.permission.BLUETOOTH" />
<uses-permission android:name="android.permission.BLUETOOTH_ADMIN" />
```

이전 장에서 살펴본 LED 제어의 경우 어플리케이션에서 데이터를 아두이노로 전송하여 아두이노에 연결된 LED를 제어하는 경우이므로 데이터 전송은 스마트폰에서 아두이노로 이루어진다. 반면, 이번 장에서 살펴볼 버튼 제어의 경우는 아두이노에서의 버튼 상태를 스마트폰에서 받아 화면에 출력하므로 데이터 전송은 아두이노에서 스마트폰으로, 즉 이전 장에서와는 반대로 이루어진다. 따라서 UI 요소에 반응하는 리스너(Listener)를 구현할 필요는 없다.

이전 장에서와 마찬가지로 데이터 전달은 아스키코드를 바탕으로 하는 문자열 기반으로 이루어진다. 3바이트의 메시지(2바이트의 데이터와 1바이트의 개행문자)가 전달되면 Handler 클래스의 run 함수(블루투스 기본 코드의 라인 148)가 자동으로 수행된다. run 함수에서는 해당 버튼의 번호와 버튼의 상태에 따라 스위치 상태를 변경해 준다.

```
public void run() {
    // 수신된 문자열 데이터에 대한 처리 작업
    char array[] = data.toCharArray();
    Switch s = null;

    switch (array[0]) {
        case '1':
            s = (Switch)findViewById(R.id.switch1);
            break;
        case '2':
            s = (Switch)findViewById(R.id.switch2);
            break;
        case '3':
            s = (Switch)findViewById(R.id.switch3);
            break;
        case '4':
            s = (Switch)findViewById(R.id.switch4);
            break;
        case '5':
            s = (Switch)findViewById(R.id.switch5);
            break;
        case '6':
            s = (Switch)findViewById(R.id.switch6);
            break;
        case '7':
            s = (Switch)findViewById(R.id.switch7);
```

```
            break;
        case '8':
            s = (Switch)findViewById(R.id.switch8);
            break;
    }

    if(s != null) {
        if (array[1] == '0') {                    // off
            s.setChecked(false);
        } else if (array[1] == '1') {             // on
            s.setChecked(true);
        }
    }
}
```

스케치 27-2를 버튼의 상태가 바뀐 경우 블루투스를 통해 스마트폰으로 데이터를 전송하도록
스케치 27-4와 같이 수정한다.

스케치 27-4 블루투스를 통한 버튼 상태 전달

```
#include <SoftwareSerial.h>

// SoftwareSerial(RX, TX) 형식으로 블루투스 모듈과 교차하여 연결된다.
SoftwareSerial BTSerial(2, 3);

int button_pins[] = {4, 5, 6, 7, 8, 9, 10, 11};    // 버튼 연결 핀
boolean button_state[8];                            // 버튼의 이전 상태

void setup(){
    for(int i = 0; i < 8; i++){                      // 버튼 연결 핀을 입력으로 설정
        pinMode(button_pins[i], INPUT);
        button_state[i] = false;                     // 눌러지지 않은 상태로 시작
    }
    Serial.begin(9600);                              // 시리얼 모니터 초기화
    BTSerial.begin(9600);                            // 블루투스 모듈 초기화
}

void loop(){
    for(int i = 0; i < 8; i++){
        boolean current_state = digitalRead(button_pins[i]);
        if(button_state[i] != current_state){        // 상태가 변한 경우
            button_state[i] = current_state;         // 상태 업데이트

            Serial.print(String("Button ") + (i + 1) + " is ");
            if(current_state) Serial.println("ON !!");
            else Serial.println("OFF !");
```

```
            char message[4] = "  \n";
            message[0] = i + 1 + '0';
            message[1] = current_state + '0';
            Serial.print(message);

            BTSerial.print(message);              // 블루투스로 데이터 전송

            delay(200);
        }
    }
}
```

스케치 27-4를 아두이노에 업로드하고 버튼을 누르면 어플리케이션에서는 버튼 상태에 따라 스위치가 움직이는 것을 확인할 수 있다.

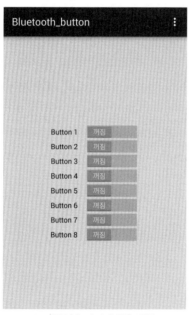
(a) 버튼이 눌러지지 않은 경우

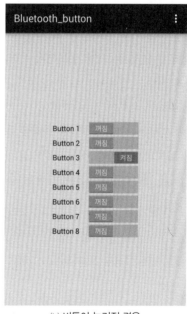
(b) 버튼이 눌러진 경우

그림 27-5 스위치 상태 표시 어플리케이션

아두이노에 연결된 버튼의 상태에 따라 스위치가 움직이기는 하지만, 어플리케이션에서 스위치를 누르면 on/off로 전환된다. 스위치의 조작을 금지하는 방법에는 여러 가지가 있다. 레이아웃에서 스위치의 속성으로 클릭을 금지시키는 방법이 그중 하나이다.

```
android:clickable="false"
```

스위치 8개 모두의 clickable 속성을 false로 설정하면 어플리케이션에서 스위치를 눌러도 스위치가 동작하지 않는다. 또 다른 방법은 MainActivity 클래스의 onCreate 함수(블루투스 기본 코드의 라인 228)에서 Switch 클래스의 setClickable 멤버 함수를 사용하여 클릭을 금지시키는 방법이다.

```
Switch s = (Switch)findViewById(R.id.switch1);
s.setClickable(false);
```

27.4 요약

이 장에서는 아두이노에 버튼을 연결하고 버튼의 상태를 블루투스를 통해 스마트폰으로 전송하기 위한 아두이노의 스케치와 스마트폰의 어플리케이션 작성 방법에 대해 알아보았다. LED를 제어하기 위해서는 스마트폰에서 아두이노로 데이터 전송이 필요한 반면, 버튼의 상태를 표시하기 위해서는 아두이노에서 스마트폰으로의 데이터 전송이 필요하므로 LED 제어의 경우와 비교하면 데이터 전송 방향이 반대가 된다. 따라서 어플리케이션에서 수신된 데이터를 처리하기 위해서는 데이터 전송 완료 문자가 수신된 경우, 이를 처리할 수 있도록 쓰레드를 생성하여 처리하여야 한다. 버튼 데이터를 전송받고 표시하는 방법은 무선 연결을 통해 다른 장치의 상태를 모니터링하기 위해 사용될 수 있다.

28

RGB LED 제어 어플리케이션

이 장에서는 아두이노에 연결된 RGB LED의 색상을 안드로이드 폰에서 블루투스를 통해 제어하는 방법을 살펴본다. RGB LED의 밝기를 원격으로 제어하기 위해 아두이노에는 RGB LED가 연결되어 있어야 하며, 블루투스로 수신된 데이터로 RGB LED를 제어할 수 있는 스케치가 업로드되어 있어야 한다. 스마트폰을 위해서는 LED 상태를 블루투스로 전달할 수 있는 어플리케이션이 필요하며, 이는 블루투스 기본 코드와 탐색바를 사용하여 작성할 수 있다.

28.1 아두이노

스마트폰과 아두이노를 블루투스로 연결하고 아두이노에 연결된 RGB LED의 색상을 스마트폰으로 조절하는 어플리케이션을 작성해 보자. 먼저 아두이노 우노에 RGB LED를 그림 28-1과 같이 연결한다.

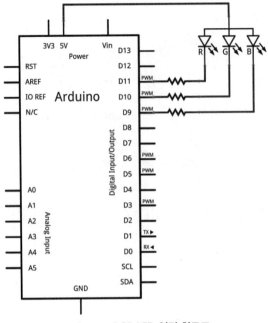

그림 28-1 **RGB LED 연결 회로도**

RGB LED는 두 가지 종류, 즉 공통 양극(common anode) 방식과 공통 음극(common cathode) 방식이 있다. RGB LED는 4개의 핀으로 구성되며, 4개의 핀 중 가장 긴 핀은 공통 핀이고, 나머지 3개의 핀은 각각 Red, Green, Blue를 제어하기 위해 사용된다. 공통 양극 방식의 경우 공통 핀에 VCC를 가하고 각 제어 핀에 GND를 가하면 LED가 켜지는 반면, 공통 음극 방식의 경우 공통 핀에 GND를 가하고 각 제어 핀에 VCC를 가해야 LED가 켜지는 차이가 있다. 실험에서 사용한 RGB LED는 공통 양극 방식의 LED이다.

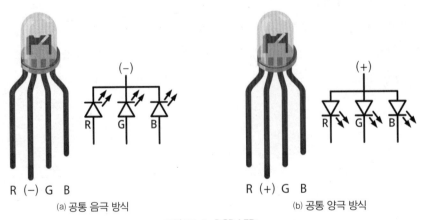

(a) 공통 음극 방식   (b) 공통 양극 방식

그림 28-2 **RGB LED**

그림 28-1에서는 3개의 제어 핀을 디지털 9, 10, 11번 핀에 연결하였다. 이들 핀은 펄스 폭 변조 (Pulse Width Modulation, PWM) 신호 출력이 가능한 핀으로, PWM 신호 출력을 통해 각 성분의 밝기를 0에서 255까지 256 단계로 조절할 수 있다. 스케치 28-1은 analogWrite 함수를 사용하여 RGB LED의 밝기가 서서히 변화하도록 하는 스케치의 예이다. 단, R, G, B 성분이 모두 동일한 값을 가지도록 하고 있으므로 백색광의 밝기가 변하는 것만을 확인할 수 있다. 한 가지 더 유의할 점은 공통 양극 방식의 LED를 사용하므로 255를 출력하는 경우가 완전히 꺼진 경우이며, 0을 출력하는 경우가 완전히 켜진 경우이므로 일반적으로 생각하는 방식과는 반대라는 점이다.

스케치 28-1 RGB LED 테스트 1

```
int pin_red = 11;
int pin_green = 10;
int pin_blue = 9;

void setup(){
    pinMode(pin_red, OUTPUT);
    pinMode(pin_green, OUTPUT);
    pinMode(pin_blue, OUTPUT);

    analogWrite(pin_red, 255);              // 꺼진 상태로 시작
    analogWrite(pin_green, 255);
    analogWrite(pin_blue, 255);
}

void loop(){
    for(int i = 255; i >= 0; i--){          // 서서히 밝아짐
        analogWrite(pin_red, i);
        analogWrite(pin_green, i);
        analogWrite(pin_blue, i);
        delay(5);
    }

    for(int i = 0; i < 256; i++){           // 서서히 어두워짐
        analogWrite(pin_red, i);
        analogWrite(pin_green, i);
        analogWrite(pin_blue, i);
        delay(5);
    }
}
```

어플리케이션에서 블루투스를 통해 가변 길이의 밝기 정보를 전송한다고 생각해 보자. 첫 번째 바이트는 세 가지 성분 중 한 가지를 나타내기 위해 'R', 'G', 'B' 중 하나의 값을 보낸다. 다음은 최대 세 자리에 해당하는 0에서 255 사이의 밝기 값을 보낸다. 끝으로, 문자열의

끝을 표시하기 위한 개행문자 '\n'을 보낸다. 예를 들어, Red 성분이 100으로 바뀌면 블루투스로 "R100\n"의 문자열이 전달된다. 스케치 28-2는 시리얼 모니터를 통해 전송된 가변 길이의 데이터로 RGB LED의 밝기를 제어하는 스케치의 예이다.

스케치 28-2 **RGB LED 테스트 2**

```
int pin_red = 11;
int pin_green = 10;
int pin_blue = 9;

String buffer = "";

void setup(){
    pinMode(pin_red, OUTPUT);
    pinMode(pin_green, OUTPUT);
    pinMode(pin_blue, OUTPUT);

    analogWrite(pin_red, 255);                  // 꺼진 상태로 시작
    analogWrite(pin_green, 255);
    analogWrite(pin_blue, 255);

    Serial.begin(9600);
}

void loop(){
    if(Serial.available()){
        char data = Serial.read();
        if(data == '\n'){                       // 문자열 수신 종료
            Serial.println(buffer);
            if(buffer.length() > 1){
                int brightness = buffer.substring(1).toInt();   // 값 추출
                switch(buffer[0]){          // 각 색상 성분 제어
                case 'R':
                    analogWrite(pin_red, 255 - brightness);
                    Serial.println(String("Red : ") + brightness);
                    break;
                case 'G':
                    analogWrite(pin_green, 255 - brightness);
                    Serial.println(String("Green : ") + brightness);
                    break;
                case 'B':
                    analogWrite(pin_blue, 255 - brightness);
                    Serial.println(String("Blue : ") + brightness);
                    break;
                }
            }
            buffer = "";
        }
        else buffer = buffer + data;
    }
}
```

스케치 28-2에서는 일반적으로 0이 꺼진 상태이고, 255가 가장 밝은 상태를 나타낸다는 점을 고려하여 PWM의 값을 그에 맞게 바꾸어 출력하도록 하였다.

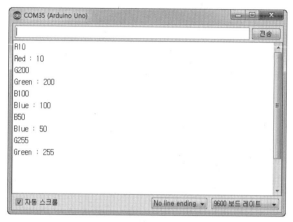

그림 28-3 스케치 28-2의 실행 결과

28.2 UI 디자인

아두이노에 RGB LED를 연결하였으므로 어플리케이션의 UI를 만들어 보자. 안드로이드 스튜디오에서 새 프로젝트를 선택하고 프로젝트 이름은 'Bluetooth_RGB_LED'로 한다. 프로젝트를 생성하기 위한 옵션은 디폴트값을 사용한다. 각 성분의 값을 조절하기 위해 어플리케이션에는 3개의 탐색바(SeekBar)를 사용하고, 각 탐색바의 아래쪽에는 현재 밝기값을 문자열로 표시한다.

그림 28-4 밝기 조절 탐색바 배치

```xml
<RelativeLayout
    xmlns:android="http://schemas.android.com/apk/res/android"
    xmlns:tools="http://schemas.android.com/tools"
    android:layout_width="match_parent"
    android:layout_height="match_parent"
    android:paddingLeft="@dimen/activity_horizontal_margin"
    android:paddingRight="@dimen/activity_horizontal_margin"
    android:paddingTop="@dimen/activity_vertical_margin"
    android:paddingBottom="@dimen/activity_vertical_margin"
    tools:context=".MainActivity"
    android:gravity="center" >

    <RelativeLayout
        android:layout_width="wrap_content"
        android:layout_height="wrap_content"
        android:gravity="center" >

        <SeekBar
            android:layout_width="wrap_content"
            android:layout_height="wrap_content"
            android:id="@+id/seekRED"
            android:layout_alignParentRight="true"
            android:layout_alignParentLeft="true" />
        <TextView
            android:layout_width="wrap_content"
            android:layout_height="wrap_content"
            android:textAppearance="?android:attr/textAppearanceLarge"
            android:text="RED : 0"
            android:id="@+id/textViewR"
            android:layout_below="@+id/seekRED"
            android:layout_centerHorizontal="true" />

        <SeekBar
            android:layout_width="wrap_content"
            android:layout_height="wrap_content"
            android:id="@+id/seekGREEN"
            android:layout_below="@id/textViewR"
            android:layout_alignParentRight="true"
            android:layout_alignParentLeft="true" />
        <TextView
            android:layout_width="wrap_content"
            android:layout_height="wrap_content"
            android:textAppearance="?android:attr/textAppearanceLarge"
            android:text="GREEN : 0"
            android:id="@+id/textViewG"
            android:layout_below="@+id/seekGREEN"
            android:layout_centerHorizontal="true" />

        <SeekBar
```

```
            android:layout_width="wrap_content"
            android:layout_height="wrap_content"
            android:id="@+id/seekBLUE"
            android:layout_below="@id/textViewG"
            android:layout_alignParentRight="true"
            android:layout_alignParentLeft="true" />
        <TextView
            android:layout_width="wrap_content"
            android:layout_height="wrap_content"
            android:textAppearance="?android:attr/textAppearanceLarge"
            android:text="BLUE : 0"
            android:id="@+id/textViewB"
            android:layout_below="@+id/seekBLUE"
            android:layout_centerHorizontal="true" />

    </RelativeLayout>
</RelativeLayout>
```

28.3 블루투스 통신

블루투스 통신을 위한 어플리케이션의 기본 코드는 제25장의 코드를 사용한다. 생성된 코드에서 첫 번째 package 문장만을 남기고 이후 모든 코드를 삭제한 후 블루투스 기본 코드를 복사해 넣는다. AndroidManifest.xml 파일에서 블루투스 사용을 위한 퍼미션을 최상위 요소 아래에 추가하는 것도 잊지 말아야 한다.

```
<uses-permission android:name="android.permission.BLUETOOTH" />
<uses-permission android:name="android.permission.BLUETOOTH_ADMIN" />
```

먼저 각 탐색바에서 썸(thumb)의 위치가 변경되는 것을 알아 내고, 썸의 위치에 따라 값을 전송하기 위해서는 MainActivity 클래스가 OnSeekBarChangeListener를 구현하여야 한다(블루투스 기본 코드의 라인 24). OnSeekBarChangeListener를 구현하기 위해서는 3개의 멤버 함수, 즉 onProgressChanged, onStartTracking, onStopTracking 함수를 구현하여야 한다.

다음은 각 탐색바의 이벤트를 MainActivity 클래스가 처리하도록 설정하고, 각 탐색바의 최댓값을 RGB LED의 최대 밝기인 255로 설정한다. 이는 MainActivity 클래스의 onCreate 함수(블루투스 기본 코드의 라인 228)에서 설정할 수 있다.

```
@Override
protected void onCreate(Bundle savedInstanceState) {
    super.onCreate(savedInstanceState);
    setContentView(R.layout.activity_main);

    SeekBar bar = (SeekBar)findViewById(R.id.seekRED);
    bar.setOnSeekBarChangeListener(this);
    bar.setMax(255);

    bar = (SeekBar)findViewById(R.id.seekGREEN);
    bar.setOnSeekBarChangeListener(this);
    bar.setMax(255);

    bar = (SeekBar)findViewById(R.id.seekBLUE);
    bar.setOnSeekBarChangeListener(this);
    bar.setMax(255);

    checkBluetooth();
}
```

마지막으로 onProgressChanged 함수에서는 썸의 위치에 따라 어플리케이션에 표시되는 값을 변경하고, 블루투스로 메시지를 전송하도록 한다. 단, 어플리케이션이 처음 시작될 때 탐색바의 값이 0으로 설정되며, 이 경우에도 onProgressChanged 함수가 호출된다. 하지만, 이때는 아직 블루투스가 연결되어 있지 않으므로 데이터를 전송하려고 시도하면 어플리케이션이 비정상적으로 종료된다. 따라서 데이터를 출력할 수 있는 OutputStream이 생성된 이후, 즉 멤버 변수 mOutputStream이 null이 아닌 값을 가지는 경우에만 데이터를 전송하도록 한다. onProgressChanged 함수는 MainActivity 클래스가 OnSeekBarChangeListener를 구현함으로써 추가된 함수로, 블루투스 기본 코드에는 포함되어 있지 않은 함수이다.

```
@Override
public void onProgressChanged(SeekBar seekBar, int progress, boolean fromUser) {
    String message = new String(), txt = new String();
    TextView txtView = null;

    switch(seekBar.getId()){
        case R.id.seekRED:
            message = "R" + String.valueOf(progress);
            txtView = (TextView)findViewById(R.id.textViewR);
            txt = "RED : ";
            txt += String.valueOf(progress);
            txtView.setText(txt);
            if(mOutputStream != null) sendData(message);
            break;
```

```
        case R.id.seekGREEN:
            message = "G" + String.valueOf(progress);
            txtView = (TextView)findViewById(R.id.textViewG);
            txt = "GREEN : ";
            txt += String.valueOf(progress);
            txtView.setText(txt);
            if(mOutputStream != null) sendData(message);
            break;
        case R.id.seekBLUE:
            message = "B" + String.valueOf(progress);
            txtView = (TextView)findViewById(R.id.textViewB);
            txt = "BLUE : ";
            txt += String.valueOf(progress);
            txtView.setText(txt);
            if(mOutputStream != null) sendData(message);
            break;
    }
}
```

스케치 28-2를 블루투스를 통해 RGB LED의 밝기를 조절하기 위한 데이터를 수신할 수 있도록 스케치 28-4와 같이 수정한다.

스케치 28-4 **블루투스를 통한 RGB LED 값 전달**

```
#include <SoftwareSerial.h>

// SoftwareSerial(RX, TX) 형식으로 블루투스 모듈과 교차하여 연결된다.
SoftwareSerial BTSerial(2, 3);

int pin_red = 11;
int pin_green = 10;
int pin_blue = 9;

String buffer = "";

void setup(){
    pinMode(pin_red, OUTPUT);
    pinMode(pin_green, OUTPUT);
    pinMode(pin_blue, OUTPUT);

    analogWrite(pin_red, 255);          // 꺼진 상태로 시작
    analogWrite(pin_green, 255);
    analogWrite(pin_blue, 255);

    Serial.begin(9600);
    BTSerial.begin(9600);
}
```

```
void loop(){
    if(BTSerial.available()){
        char data = BTSerial.read();
        if(data == '\n'){
            Serial.println(buffer);
            if(buffer.length() > 1){
                int brightness = buffer.substring(1).toInt();
                switch(buffer[0]){
                case 'R':
                    analogWrite(pin_red, 255 - brightness);
                    Serial.println(String("Red : ") + brightness);
                    break;
                case 'G':
                    analogWrite(pin_green, 255 - brightness);
                    Serial.println(String("Green : ") + brightness);
                    break;
                case 'B':
                    analogWrite(pin_blue, 255 - brightness);
                    Serial.println(String("Blue : ") + brightness);
                    break;
                }
            }
            buffer = "";
        }
        else buffer = buffer + data;
    }
}
```

스케치 28-4를 아두이노에 업로드하고 탐색바를 누르거나 드래그하면 RGB LED의 색상이 바뀌는 것을 확인할 수 있다.

28.4 요약

이 장에서는 아두이노에 RGB LED를 연결하고 RGB LED의 밝기를 스마트폰으로 제어하기 위한 아두이노의 스케치와 스마트폰의 어플리케이션 작성 방법에 대해 알아보았다. RGB LED를 제어하기 위해 스마트폰에서는 각 색상 성분을 조절할 수 있도록 탐색바를 사용하였으며, 탐색바의 썸 위치가 바뀌는 경우 가변 길이의 메시지를 아두이노로 전송하도록 하였다. 이전 장의 예에서는 항상 동일한 길이의 메시지가 전달되었지만 RGB LED를 제어하기 위해서는 가변 길이 메시지가 전달된다는 점에서 차이가 있다. 하지만, 이전 장의 예에서도 가변 길이의 메시지를 처리할 수 있지만 굳이 필요하지 않아 처리하지 않은 것이지 처리할 수 없는 것은 아니다.

29

ADC 제어 어플리케이션

이 장에서는 아두이노에 연결된 가변저항의 값을 블루투스를 통해 안드로이드 폰으로 전달하여 표시하는 방법을 살펴본다. 가변저항의 값을 전달하기 위해서 아두이노에는 가변저항이 연결되어 있어야 하며, 블루투스로 가변저항의 값을 전송할 수 있는 스케치가 업로드되어 있어야 한다. 스마트폰에서는 블루투스로 전달된 가변저항의 값을 UI 요소를 통해 나타낼 수 있는 어플리케이션이 필요하며, 이는 블루투스 기본 코드에 탐색바를 사용하여 작성할 수 있다.

29.1 아두이노

스마트폰과 아두이노를 블루투스로 연결하고 아두이노에 연결된 가변저항의 값이 스마트폰에 표시되도록 어플리케이션을 작성해 보자. 아두이노 우노에는 가변저항을 그림 29-1과 같이 아날로그 입력이 가능한 A0 핀에 연결한다.

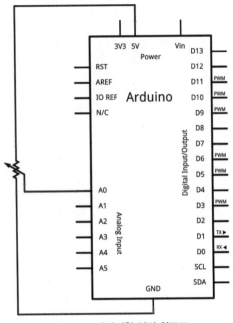

그림 29-1 가변저항 연결 회로도

아두이노 우노에 사용된 ATmega328에는 6개의 아날로그 채널이 준비되어 있으며, A0에서 A5까지의 아날로그 입력 핀이 여기에 해당한다. 아날로그 입력 핀의 수는 6개이지만, 이들 핀은 모두 하나의 아날로그-디지털 변환기(Analog-Digital Converter, ADC)에 멀티플렉서(Multiplexer, MUX)를 통해 연결되어 있으므로 동시에 2개 이상의 아날로그 값을 읽어 들일 수는 없다. 2개의 아날로그 값을 읽어 들이기 위해서는 채널 전환이 필요하며, 이 과정은 시간이 소요되므로 여러 개의 아날로그 입력을 읽어야 하는 경우 서로 다른 아날로그 입력 핀의 값을 읽는 문장 사이에 약간의 시간 지연이 필요하다. 아두이노 우노에 사용된 ATmega328의 ADC는 해상도가 10비트이다. 따라서 반환하는 최솟값은 0이며, 최댓값은 1023(= $2^{10} - 1$)이 된다. 아두이노의 동작전압은 5V이므로 5V 값이 가해지는 경우 1023을, GND 값이 가해지는 경우 0을 반환하므로 구별할 수 있는 전압은 약 4.88mV 정도가 된다. 아날로그-디지털 변환의 기준이 되는 최대 전압은 analogReference 함수를 통해 조절할 수 있다.

스케치 29-1은 analogRead 함수를 사용하여 가변저항의 값을 디지털로 변환하여 읽어 들이는 스케치의 예로, 시리얼 모니터를 통해 현재 가변저항에 가해지는 전압을 0~1023 사이의 값으로 출력한다.

```
int pin = A0;                                // 가변저항 연결 핀

void setup(){
    Serial.begin(9600);                      // 시리얼 통신 초기화
}

void loop(){
    int value = analogRead(pin);             // 가변저항 값 읽기

    Serial.print("Current read is ");
    Serial.print(value);                     // 디지털 값
    Serial.print(", approximately ");
    Serial.print(value * 5 / 1023.0);        // 아날로그 전압 값
    Serial.println(" V.");

    delay(1000);
}
```

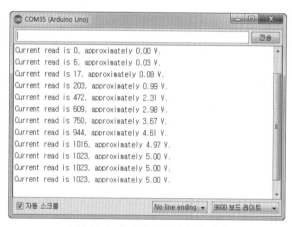

그림 29-2 스케치 29-1의 실행 결과

29.2 UI 디자인

아두이노에 가변저항을 연결하였으므로 어플리케이션의 UI를 만들어보자. 안드로이드 스튜디오에서 새 프로젝트를 선택하고 프로젝트 이름은 'Bluetooth_Variable_Resistor'로 하자. 프로젝트를 생성하기 위한 옵션은 디폴트값을 사용한다. 어플리케이션에서는 수신된 현재 가변저항의 값을 탐색바(SeekBar)의 위치와 텍스트뷰(TextView)의 숫자로 표시한다.

그림 29-3 가변저항 값 표시

코드 29-2 UI 디자인

```xml
<RelativeLayout
    xmlns:android="http://schemas.android.com/apk/res/android"
    xmlns:tools="http://schemas.android.com/tools"
    android:layout_width="match_parent"
    android:layout_height="match_parent"
    android:paddingLeft="@dimen/activity_horizontal_margin"
    android:paddingRight="@dimen/activity_horizontal_margin"
    android:paddingTop="@dimen/activity_vertical_margin"
    android:paddingBottom="@dimen/activity_vertical_margin"
    tools:context=".MainActivity"
    android:gravity="center" >

    <TextView
        android:text="0"
        android:layout_width="wrap_content"
        android:layout_height="wrap_content"
        android:layout_below="@+id/seekBarVariableResistor"
        android:layout_centerHorizontal="true"
        android:textSize="30sp"
        android:id="@+id/textViewVariableResistor" />

    <SeekBar
        android:layout_width="fill_parent"
        android:layout_height="wrap_content"
        android:id="@+id/seekBarVariableResistor"
        android:layout_centerVertical="true" />

</RelativeLayout>
```

29.3 블루투스 통신

블루투스 통신을 위한 어플리케이션의 기본 코드는 제25장의 코드를 사용한다. 생성된 코드에서 첫 번째 package 문장만을 남기고 이후 모든 코드를 삭제한 후 블루투스 기본 코드를 복사해 넣는다. AndroidManifest.xml 파일에서 블루투스를 사용하기 위한 퍼미션을 최상위 요소 아래에 추가하는 것도 잊지 말아야 한다.

```
<uses-permission android:name="android.permission.BLUETOOTH" />
<uses-permission android:name="android.permission.BLUETOOTH_ADMIN" />
```

탐색바는 0에서 1023 사이의 값을 가지므로 먼저 탐색바의 최대 및 최솟값을 이에 맞게 수정해 주어야 한다. 탐색바의 범위 설정은 MainActivity 클래스의 onCreate 함수(블루투스 기본 코드의 라인 228)에서 수행한다.

```
@Override
protected void onCreate(Bundle savedInstanceState) {
    super.onCreate(savedInstanceState);
    setContentView(R.layout.activity_main);

    SeekBar bar = (SeekBar)findViewById(R.id.seekBarVariableResistor);
    bar.setMax(1023);

    checkBluetooth();
}
```

블루투스를 통한 데이터 전달은 문자열 기반으로 종료문자가 포함되어 전달되므로 종료문자를 수신하면 현재 수신된 가변저항의 값에 따라 탐색바의 썸의 위치를 변경하고 텍스트뷰의 문자열을 수정하도록 Handler 클래스의 멤버 함수인 run 함수(블루투스 기본 코드의 라인 148)를 수정하면 된다.

```
public void run(){
    // 수신된 문자열 데이터에 대한 처리 작업
    int variable_resistor = Integer.parseInt(data);        // 수신 데이터
    // 수신된 값이 범위 이내의 값인 경우
    if(variable_resistor >= 0 && variable_resistor <= 1023) {
        TextView txtView = (TextView) findViewById(R.id.textViewVariableResistor);
        txtView.setText(data);                             // 텍스트뷰에 문자열로 표시
        SeekBar bar = (SeekBar) findViewById(R.id.seekBarVariableResistor);
        bar.setProgress(variable_resistor);                // 시크바 위치 조정
    }
}
```

어플리케이션에서 사용자의 입력을 받아 처리할 필요는 없으므로 리스너를 구현할 필요는 없다. 블루투스를 통해 스마트폰의 데이터를 수신하고 처리할 수 있도록 스케치 29-1을 스케치 29-3과 같이 수정한다.

스케치 29-3 **블루투스를 통한 RGB LED 값 전달**

```
#include <SoftwareSerial.h>

// SoftwareSerial(RX, TX) 형식으로 블루투스 모듈과 교차하여 연결된다.
SoftwareSerial BTSerial(2, 3);
int pin = A0;                                    // 가변저항 연결 핀
int value_previous, value_current;

void setup(){
    Serial.begin(9600);                          // 시리얼 모니터 초기화
    BTSerial.begin(9600);                        // 블루투스 모듈 초기화

    value_previous = analogRead(pin);            // 초깃값
    sendData(value_previous);
}

void sendData(int value){                        // 블루투스 모듈을 통해 데이터 전송
    String message = String(value) + '\n';
    BTSerial.print(message);
}

void loop(){
    value_current = analogRead(pin);             // 가변저항 값 읽기

    if(value_current != value_previous){         // 가변저항 값이 바뀐 경우에만 전송
        value_previous = value_current;

        Serial.print("Current read is ");
        Serial.print(value_current);             // 디지털 값
        Serial.print(", approximately ");
        Serial.print(value_current * 5 / 1023.0);  // 아날로그 전압 값
        Serial.println(" V.");

        sendData(value_current);                 // 블루투스 모듈을 통해 데이터 전송
    }
    delay(1000);
}
```

스케치 29-3을 아두이노에 업로드하고 아두이노에 연결된 가변저항을 돌리면 현재 가변저항의 값이 시리얼 모니터에 출력되며, 스마트폰에는 텍스트로 표시됨과 동시에 탐색바의 위치가 이동함을 확인할 수 있다. 어플리케이션에서 사용자의 입력을 처리할 필요는 없지만, 탐색바를

누르거나 드래그하면 썸의 위치가 바뀔 수 있으므로 버튼 제어의 예에서와 같이 탐색바의 클릭을 금지시키는 방법을 고려해 볼 수 있다.

29.4 요약

이 장에서는 아두이노에 가변저항을 연결하고 가변저항의 값을 블루투스를 통해 안드로이드 폰으로 전달하기 위한 아두이노의 스케치와 스마트폰의 어플리케이션 작성 방법에 대해 알아보았다. 버튼 제어의 경우와 마찬가지로 가변저항의 제어에서도 데이터는 아두이노에서 스마트폰으로만 전달되지만, 버튼 제어의 경우 고정된 길이의 데이터만 전달되는 반면, 가변저항 제어의 경우 0에서 1023까지 1~4자리의 데이터가 전달되는 차이가 있다. 어플리케이션에서 데이터가 수신되고 전송 완료 문자가 수신되면 이를 처리할 수 있도록 쓰레드를 생성하여야 하며, 쓰레드에서는 탐색바의 썸 위치와 텍스트로 표시되는 값을 바꾸도록 하였다. 가변저항의 데이터를 전달하는 예는 RGB LED 제어에서와 마찬가지로 가변 길이의 데이터가 전달되므로 임의의 길이를 갖는 문자열 기반 메시지를 사용한 원격 모니터링에 사용될 수 있다.

30

미니 피아노 어플리케이션

이 장에서는 블루투스를 통해 아두이노에 연결된 스피커로 특정 음을 재생하는 방법을 살펴본다. 스마트폰에는 버튼을 사용하여 피아노 건반을 만들고, 건반이 눌러진 경우 해당 음을 아두이노에서 스피커를 통해 재생한다. 음을 재생하기 위해 아두이노에는 스피커가 연결되어 있어야 하며, 블루투스로 전달된 음을 재생할 수 있는 스케치가 업로드되어 있어야 한다. 스마트폰에서는 블루투스로 현재 건반의 상태를 전달할 수 있는 어플리케이션이 필요하며, 이는 블루투스 기본 코드에 버튼을 사용하여 작성할 수 있다.

30.1 아두이노

스마트폰과 아두이노를 블루투스로 연결하고 스마트폰에 표시된 피아노 건반을 눌러 해당 음이 아두이노에서 재생되는 미니 피아노를 만들어 보자. 단음 재생을 위해 아두이노 우노에는 스피커를 그림 30-1과 같이 연결한다.

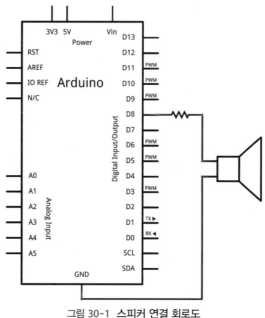

그림 30-1 스피커 연결 회로도

아두이노에서 단음 재생을 위해서는 tone 함수를 사용할 수 있다. tone 함수는 50% 듀티 사이클과 지정된 주파수의 구형파(square wave)를 이용하여 스피커나 피에조(piezo) 부저로 음을 재생할 수 있다. tone 함수를 사용하기 위해서는 재생하고자 하는 음에 해당하는 주파수와 밀리초 단위의 재생 시간을 지정해 주어야 한다. 음 높이에 따른 재생 주파수의 예는 다음과 같다.

```
#define NOTE_C4   262        // 도
#define NOTE_D4   294        // 레
#define NOTE_E4   330        // 미
#define NOTE_F4   349        // 파
#define NOTE_G4   392        // 솔
#define NOTE_A4   440        // 라
#define NOTE_B4   494        // 시
#define NOTE_C5   523        // 도
```

스케치 30-1은 그림 30-1과 같이 연결된 스피커를 통해 학교종 멜로디를 재생하는 스케치의 예이다. 스케치 30-1을 아두이노에 업로드하고 스피커를 통해 재생되는 멜로디를 확인해 보자.

```
#define NOTE_C4  262
#define NOTE_D4  294
#define NOTE_E4  330
#define NOTE_F4  349
#define NOTE_G4  392
#define NOTE_A4  440
#define NOTE_B4  494
#define NOTE_C5  523

int speakerPin = 8;                    // 스피커 연결 핀

int melody[] = {                       // 학교종 멜로디. 0은 쉼표
  NOTE_G4, NOTE_G4, NOTE_A4, NOTE_A4, NOTE_G4, NOTE_G4, NOTE_E4, 0,
  NOTE_G4, NOTE_G4, NOTE_E4, NOTE_E4, NOTE_D4, 0,
  NOTE_G4, NOTE_G4, NOTE_A4, NOTE_A4, NOTE_G4, NOTE_G4, NOTE_E4, 0,
  NOTE_G4, NOTE_E4, NOTE_D4, NOTE_E4, NOTE_C4, 0
};

int noteDuration = 250;

void setup() {
}

void loop() {
    for (int thisNote = 0; thisNote < sizeof(melody) / sizeof(int); thisNote++) {
        tone(speakerPin, melody[thisNote], noteDuration);         // 멜로디 재생
        delay(noteDuration);
    }

    while(true){ };
}
```

30.2 UI 디자인

아두이노에 단음 재생을 위한 스피커 연결이 완료되었으니 어플리케이션의 UI를 만들어 보자.
안드로이드 스튜디오에서 새 프로젝트를 선택하고 프로젝트 이름은 'Bluetooth_Piano'로 한다.
프로젝트를 생성하기 위한 옵션은 디폴트값을 사용한다. 건반을 나타내기 위해서는 버튼을
사용하며, 각 버튼이 눌러진 경우 해당 값을 아두이노로 전송하여 해당 음을 재생하도록 한
다. 어플리케이션의 UI는 가로 모드를 사용하여 8개의 버튼을 선형 레이아웃으로 배치한다.

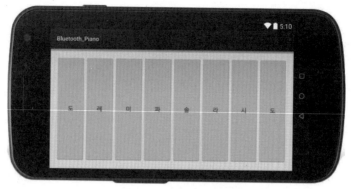

그림 30-2 피아노 건반 배치

코드 30-2 **UI 디자인**

```
<LinearLayout
    xmlns:android="http://schemas.android.com/apk/res/android"
    xmlns:tools="http://schemas.android.com/tools"
    android:layout_width="match_parent"
    android:layout_height="match_parent"
    android:paddingLeft="@dimen/activity_horizontal_margin"
    android:paddingRight="@dimen/activity_horizontal_margin"
    android:paddingTop="@dimen/activity_vertical_margin"
    android:paddingBottom="@dimen/activity_vertical_margin"
    tools:context=".MainActivity"
    android:gravity="center" >

    <Button
        android:layout_width="wrap_content"
        android:layout_height="fill_parent"
        android:text="도"
        android:id="@+id/button1"
        android:layout_weight="1" />

    <Button
        android:layout_width="wrap_content"
        android:layout_height="fill_parent"
        android:text="레"
        android:id="@+id/button2"
        android:layout_weight="1" />

    <Button
        android:layout_width="wrap_content"
        android:layout_height="fill_parent"
        android:text="미"
        android:id="@+id/button3"
        android:layout_weight="1" />
```

```
    <Button
        android:layout_width="wrap_content"
        android:layout_height="fill_parent"
        android:text="파"
        android:id="@+id/button4"
        android:layout_weight="1" />

    <Button
        android:layout_width="wrap_content"
        android:layout_height="fill_parent"
        android:text="솔"
        android:id="@+id/button5"
        android:layout_weight="1" />

    <Button
        android:layout_width="wrap_content"
        android:layout_height="fill_parent"
        android:text="라"
        android:id="@+id/button6"
        android:layout_weight="1" />

    <Button
        android:layout_width="wrap_content"
        android:layout_height="fill_parent"
        android:text="시"
        android:id="@+id/button7"
        android:layout_weight="1" />

    <Button
        android:layout_width="wrap_content"
        android:layout_height="fill_parent"
        android:text="도"
        android:id="@+id/button8"
        android:layout_weight="1" />

</LinearLayout>
```

30.3 블루투스 통신

블루투스 통신을 위한 어플리케이션의 기본 코드는 제25장의 코드를 사용한다. 생성된 코드에서 첫 번째 package 문장만을 남기고 이후 모든 코드를 삭제한 후 블루투스 기본 코드를 복사해 넣는다. AndroidManifest.xml 파일에서 블루투스 사용을 위한 퍼미션을 최상위 요소 아래에 추가하는 것도 잊지 말아야 한다.

```
<uses-permission android:name="android.permission.BLUETOOTH" />
<uses-permission android:name="android.permission.BLUETOOTH_ADMIN" />
```

먼저 버튼이 눌러진 경우 이벤트를 처리하기 위해 MainActivity 클래스가 OnClickListener를 구현하도록 하자(블루투스 기본 코드의 라인 24). OnClickListener를 구현하면 onClick 멤버 함수를 반드시 구현하여야 하므로 onClick 함수 정의 역시 추가해야 한다. 다음은 onCreate 함수(블루투스 기본 코드의 라인 228)에서 각 건반에 해당하는 버튼의 이벤트 처리를 MainActivity 클래스가 담당하도록 지정해 주어야 한다.

```
@Override
protected void onCreate(Bundle savedInstanceState) {
    super.onCreate(savedInstanceState);
    setContentView(R.layout.activity_main);

    Button btn;
    btn = (Button)findViewById(R.id.button1);
    btn.setOnClickListener(this);
    btn = (Button)findViewById(R.id.button2);
    btn.setOnClickListener(this);
    btn = (Button)findViewById(R.id.button3);
    btn.setOnClickListener(this);
    btn = (Button)findViewById(R.id.button4);
    btn.setOnClickListener(this);
    btn = (Button)findViewById(R.id.button5);
    btn.setOnClickListener(this);
    btn = (Button)findViewById(R.id.button6);
    btn.setOnClickListener(this);
    btn = (Button)findViewById(R.id.button7);
    btn.setOnClickListener(this);
    btn = (Button)findViewById(R.id.button8);
    btn.setOnClickListener(this);

    checkBluetooth();
}
```

버튼이 눌러지면 MainActivity 클래스의 onClick 함수가 호출되므로 onClick 함수에서는 현재 눌러진 버튼에 대한 정보를 블루투스를 통해 아두이노로 전달하면 된다. onClick 함수는 MainActivity 클래스가 OnClickListener를 구현함으로써 추가된 함수로, 블루투스 기본 코드에는 포함되어 있지 않은 함수이다.

```java
@Override
public void onClick(View v) {
    String str = new String();

    switch(v.getId()){
        case R.id.button1:
            str = "1";
            break;
        case R.id.button2:
            str = "2";
            break;
        case R.id.button3:
            str = "3";
            break;
        case R.id.button4:
            str = "4";
            break;
        case R.id.button5:
            str = "5";
            break;
        case R.id.button6:
            str = "6";
            break;
        case R.id.button7:
            str = "7";
            break;
        case R.id.button8:
            str = "8";
            break;
    }

    sendData(str);
}
```

어플리케이션을 스마트폰에 설치하고 아두이노에는 스케치 30-3을 업로드한다. 스케치 30-3 은 블루투스를 통해 수신된 데이터를 시리얼 모니터에 표시하고 해당 음을 재생하는 예이다.

스케치 30-3 블루투스 수신 테스트

```cpp
#include <SoftwareSerial.h>

#define NOTE_C4  262
#define NOTE_D4  294
#define NOTE_E4  330
#define NOTE_F4  349
#define NOTE_G4  392
#define NOTE_A4  440
#define NOTE_B4  494
```

```
#define NOTE_C5   523

// SoftwareSerial(RX, TX) 형식으로 블루투스 모듈과 교차하여 연결된다.
SoftwareSerial BTSerial(2, 3);

int speakerPin = 8;                        // 스피커 연결 핀
int noteDuration = 250;

int NOTES[8] = {
    NOTE_C4, NOTE_D4, NOTE_E4, NOTE_F4,
    NOTE_G4, NOTE_A4, NOTE_B4, NOTE_C5 };
String note_name[] = { "Do", "Re", "Mi", "Fa", "Sol", "La", "Ti", "Do" };

void setup() {
    Serial.begin(9600);                    // 컴퓨터와의 시리얼 통신 초기화
    BTSerial.begin(9600);                  // 블루투스 모듈 초기화
}

void loop() {
    if(BTSerial.available()){              // 블루투스 데이터 수신
        byte data = BTSerial.read();
        if(data >= '1' && data <= '8'){    // 범위 내의 값인 경우
            tone(speakerPin, NOTES[data - '1'], noteDuration);  // 음 재생
            Serial.println(note_name[data - '1']);  // 시리얼 모니터 출력
        }
    }
}
```

어플리케이션에서 건반을 누르면 해당 음의 이름이 시리얼 모니터로 출력되면서 음이 재생되는 것을 확인할 수 있다. 8개의 음만을 재생할 수 있지만, 간단한 멜로디는 연주해 볼 수 있다.

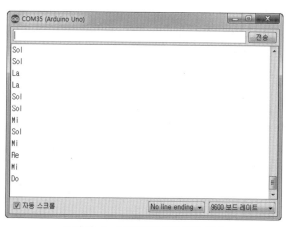

그림 30-3 스케치 30-3의 실행 결과

30.4 요약

이 장에서는 아두이노에 스피커를 연결하고 연결된 스피커로 단음을 재생하기 위한 아두이노의 스케치와 버튼을 사용하여 건반을 배치하고 이를 통해 간단한 선율을 연주할 수 있는 어플리케이션 작성 방법에 대해 알아보았다. 각 음에 해당하는 버튼이 눌러진 경우 연주할 음의 데이터는 블루투스를 통해 전달되며, 아두이노는 tone 함수를 사용하여 해당 음을 재생하도록 하였다. 이 장에서 다룬 피아노의 예는 LED 제어를 위해 버튼이 눌러진 상태를 아두이노로 전달하는 예와 기본적으로 다르지 않지만, 아두이노에서의 데이터 처리 부분이 LED 제어의 경우 LED 점멸을 위해 사용된 반면, 미니 피아노의 경우 해당 음을 연주하기 위해 사용되었다는 차이가 있다.

CHAPTER

31

모터 제어
어플리케이션

이 장에서는 아두이노에 연결된 모터를 안드로이드 폰에서 블루투스를 통해 제어하는 방법을 살펴본다. 스마트폰에는 모터의 속도와 방향을 제어하기 위한 버튼을 배치하고, 버튼을 누르는 경우 제어 데이터를 아두이노로 전달하여 모터를 제어한다. 모터 제어를 위해 아두이노에는 모터 쉴드를 통해 모터가 연결되어 있어야 하며, 모터 제어 데이터를 통해 모터를 제어할 수 있는 스케치가 업로드되어 있어야 한다. 스마트폰에서는 블루투스를 통해 모터 제어 데이터를 전달할 수 있는 어플리케이션이 필요하며, 이는 블루투스 기본 코드에 버튼을 사용하여 작성할 수 있다.

31.1 아두이노

스마트폰과 아두이노를 블루투스로 연결하고 스마트폰으로 아두이노에 연결된 DC 모터를 제어하는 어플리케이션을 만들어 보자. 모터를 제어하기 위해 그림 31-1과 같이 DC 모터를 모터 제어 모듈을 사용하여 아두이노에 연결한다.

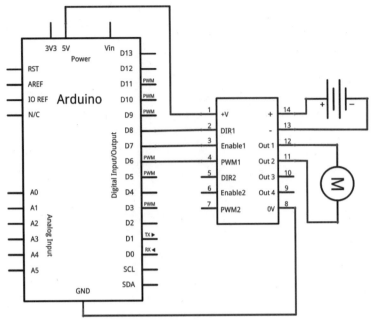

그림 31-1 모터 연결 회로도

아두이노의 디지털 출력 핀으로는 DC 모터를 직접 제어하기에 전력이 충분하지 않으며, 모터의 회전 방향을 변경하기 위해서는 전원 연결을 바꾸어야 하는 등의 문제점이 있으므로 모터를 제어하기 위해서는 일반적으로 전용 모듈을 사용한다. 그림 31-1에서 Enable 핀은 연결된 모터를 활성화시키기 위해 사용되며, LOW가 가해진 경우에만 모터를 제어할 수 있고 HIGH가 가해진 경우에는 모터가 정지한다. DIR 핀은 전진 또는 후진을 제어하기 위해 사용되며, PWM 핀은 PWM 신호 출력을 통해 모터의 속도 제어를 위해 사용된다. 모터에 대한 보다 자세한 내용은 제11장을 참고하기 바란다. 스케치 31-1은 연결된 모터를 정방향으로 서서히 속도를 높이다가 1초 동안 정지하고, 다시 역방향으로 서서히 속도를 높이는 스케치의 예이다. 스케치 31-1을 업로드하여 모터 쉴드와 모터가 정상적으로 동작하는지 확인해 보자.

스케치 31-1 모터 제어

```
// 모터 1 제어를 위한 연결 핀
int PWM1 = 6;                          // 속도 제어
int Enable1 = 7;                       // 활성/비활성 상태 제어
int DIR1 = 8;                          // 회전 방향 제어

void setup(){
    // 모터 제어를 위한 핀들을 출력으로 설정
    pinMode(PWM1, OUTPUT);
```

```
    pinMode(Enable1, OUTPUT);
    pinMode(DIR1, OUTPUT);

    digitalWrite(Enable1, HIGH);            // 초기 상태는 비활성화 상태
}

void loop(){
    digitalWrite(Enable1, LOW);             // 모터 1 활성화

    digitalWrite(DIR1, HIGH);               // 정방향 회전
    for(int i = 0; i < 256; i++){           // 속도 조절을 위한 PWM 신호 출력
        analogWrite(PWM1, i);
        delay(25);
    }
    analogWrite(PWM1, 0);                   // 모터 정지

    delay(1000);

    digitalWrite(DIR1, LOW);                // 역방향 회전
    for(int i = 0; i < 256; i++){           // 속도 조절을 위한 PWM 신호 출력
        analogWrite(PWM1, i);
        delay(25);
    }
    analogWrite(PWM1, 0);                   // 모터 정지

    digitalWrite(Enable1, HIGH);            // 모터 1 비활성화

    while(true);
}
```

31.2 UI 디자인

아두이노에 모터 제어 모듈을 통해 모터 연결이 완료되었으니 어플리케이션의 UI를 만들어 보자. 안드로이드 스튜디오에서 새 프로젝트를 선택하고, 프로젝트 이름은 'Bluetooth_Motor'로한다. 프로젝트를 생성하기 위한 옵션은 디폴트값을 사용한다. 5개의 버튼을 배치하고 '전신'또는 '후진' 버튼이 눌러지면 최대 속도의 50%로 회전하도록 하고, '가속' 또는 '감속' 버튼이 눌러지면 10%씩 속도가 증가 또는 감소하도록 한다. 5개의 버튼은 상대 레이아웃을 사용하여화면 중앙에 배치한다.

그림 31-2 모터 제어를 위한 버튼 배치

코드 31-2 **UI 디자인**

```xml
<RelativeLayout
    xmlns:android="http://schemas.android.com/apk/res/android"
    xmlns:tools="http://schemas.android.com/tools"
    android:layout_width="match_parent"
    android:layout_height="match_parent"
    android:paddingLeft="@dimen/activity_horizontal_margin"
    android:paddingRight="@dimen/activity_horizontal_margin"
    android:paddingTop="@dimen/activity_vertical_margin"
    android:paddingBottom="@dimen/activity_vertical_margin"
    tools:context=".MainActivity" >

    <Button
        android:id="@+id/button_stop"
        android:layout_width="wrap_content"
        android:layout_height="wrap_content"
        android:layout_centerInParent="true"
        android:paddingTop="40dp"
        android:paddingBottom="40dp"
        android:text="정지" />

    <Button
        android:id="@+id/button_increase"
        android:layout_width="wrap_content"
        android:layout_height="wrap_content"
        android:paddingTop="40dp"
        android:paddingBottom="40dp"
        android:text="가속"
```

```xml
        android:layout_below="@+id/button_forward"
        android:layout_toRightOf="@+id/button_stop"
        android:layout_toEndOf="@+id/button_stop" />

    <Button
        android:id="@+id/button_decrease"
        android:layout_width="wrap_content"
        android:layout_height="wrap_content"
        android:paddingTop="40dp"
        android:paddingBottom="40dp"
        android:text="감속"
        android:layout_below="@+id/button_forward"
        android:layout_toLeftOf="@+id/button_stop"
        android:layout_toStartOf="@+id/button_stop" />

    <Button
        android:id="@+id/button_forward"
        android:layout_width="wrap_content"
        android:layout_height="wrap_content"
        android:paddingTop="40dp"
        android:paddingBottom="40dp"
        android:text="전진"
        android:layout_above="@+id/button_stop"
        android:layout_alignLeft="@+id/button_stop"
        android:layout_alignStart="@+id/button_stop" />

    <Button
        android:id="@+id/button_backward"
        android:layout_width="wrap_content"
        android:layout_height="wrap_content"
        android:paddingTop="40dp"
        android:paddingBottom="40dp"
        android:text="후진"
        android:layout_below="@+id/button_stop"
        android:layout_alignLeft="@+id/button_stop"
        android:layout_alignStart="@+id/button_stop" />

</RelativeLayout >
```

31.3 블루투스 통신

블루투스 통신을 위한 어플리케이션의 기본 코드는 제25장의 코드를 사용한다. 생성된 코드에서 첫 번째 package 문장만을 남기고 이후 모든 코드를 삭제한 후 블루투스 기본 코드를 복사해 넣는다. AndroidManifest.xml 파일에서 블루투스 사용을 위한 퍼미션을 최상위 요소 아래에 추가하는 것도 잊지 말아야 한다.

```
<uses-permission android:name="android.permission.BLUETOOTH" />
<uses-permission android:name="android.permission.BLUETOOTH_ADMIN" />
```

버튼이 눌러진 경우 이벤트를 처리하기 위해서는 MainActivity 클래스가 OnClickListener를 구현하도록 하여야 한다(블루투스 기본 코드의 라인 24). OnClickListener를 구현하면 onClick 멤버 함수를 반드시 구현하여야 하므로 onClick 함수 정의 역시 추가하자. 다음은 onCreate 함수(블루투스 기본 코드의 라인 228)에서 버튼의 이벤트 처리를 MainActivity 클래스가 담당하도록 설정해 주어야 한다.

```
@Override
protected void onCreate(Bundle savedInstanceState) {
    super.onCreate(savedInstanceState);
    setContentView(R.layout.activity_main);

    Button btn;
    btn = (button)findViewById(R.id.button_backward);
    btn.setOnClickListener(this);
    btn = (button)findViewById(R.id.button_forward);
    btn.setOnClickListener(this);
    btn = (button)findViewById(R.id.button_stop);
    btn.setOnClickListener(this);
    btn = (button)findViewById(R.id.button_increase);
    btn.setOnClickListener(this);
    btn = (button)findViewById(R.id.button_decrease);
    btn.setOnClickListener(this);

    checkBluetooth();
}
```

버튼이 눌러지면 MainActivity 클래스의 onClick 함수가 호출되므로 onClick 함수에서는 현재 눌러진 버튼에 대한 정보를 블루투스를 통해 아두이노로 전달하면 된다. onClick 함수는 MainActivity 클래스가 OnClickListener를 구현함으로써 추가된 함수로, 블루투스 기본 코드에는 포함되어 있지 않은 함수이다.

```java
@Override
public void onClick(View v) {
    String str = new String();

    switch(v.getId()){
        case R.id.button_backward:
            str = "1";
            break;
        case R.id.button_forward:
            str = "2";
            break;
        case R.id.button_stop:
            str = "3";
            break;
        case R.id.button_increase:
            str = "4";
            break;
        case R.id.button_decrease:
            str = "5";
            break;
    }

    sendData(str);
}
```

어플리케이션을 스마트폰에 설치하고 아두이노에는 스케치 31-3을 업로드하자. 스케치 31-3은 블루투스를 통해 수신된 데이터를 통해 모터를 제어하는 스케치의 예이다.

스케치 31-3 원격 모터 제어

```cpp
#include <SoftwareSerial.h>

// SoftwareSerial(RX, TX) 형식으로 블루투스 모듈과 교차하여 연결된다.
SoftwareSerial BTSerial(2, 3);

int PWM1 = 6;                              // 모터 1 제어를 위한 연결 핀
int Enable1 = 7;
int DIR1 = 8;

int current_speed = 0;

void setup(){
    // 모터 제어를 위한 핀들을 출력으로 설정
    pinMode(PWM1, OUTPUT);
    pinMode(Enable1, OUTPUT);
```

```
    pinMode(DIR1, OUTPUT);

    digitalWrite(Enable1, LOW);                        // 활성화 상태
    digitalWrite(DIR1, HIGH);                          // 전진
    analogWrite(PWM1, 0);                              // 속도 0

    Serial.begin(9600);
    BTSerial.begin(9600);
}

void loop(){
    if(BTSerial.available()){
        byte data = BTSerial.read();
        if(data >= '1' && data <= '5'){
            switch(data){
                case '1':                              // 후진
                    Serial.println("** Backward...");
                    digitalWrite(DIR1, LOW);
                    break;
                case '2':                              // 전진
                    Serial.println("** Forward...");
                    digitalWrite(DIR1, HIGH);
                    break;
                case '3':                              // 정지
                    Serial.println("** Stop...");
                    analogWrite(PWM1, 0);
                    break;
                case '4':                              // 속도 10% 증가
                    current_speed += 10;
                    if(current_speed > 100)            // 최대 속도는 100%
                        current_speed = 100;
                    Serial.println(String("** Increase speed to ") + current_speed + "%.");
                    analogWrite(PWM1, current_speed * 255 / 100);
                    break;
                case '5':                              // 속도 10% 감소
                    current_speed -= 10;
                    if(current_speed < 10)             // 최소 속도는 10%
                        current_speed = 10;
                    Serial.println(String("** Decrease speed to ") + current_speed + "%.");
                    analogWrite(PWM1, current_speed * 255 / 100);
                    break;
            }
        }
    }
}
```

스케치 31-3을 아두이노에 업로드하고 어플리케이션에서 모터 제어 버튼을 통해 회전 방향과
속도가 원하는 대로 바뀌는지 확인해 보자.

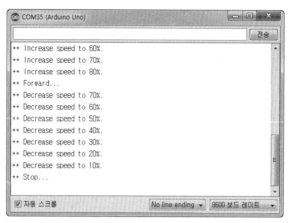

그림 31-3 스케치 31-3의 실행 결과

31.4 요약

이 장에서는 아두이노에 모터 제어 모듈을 통해 연결된 DC 모터를 제어하기 위한 아두이노의 스케치와 모터를 블루투스를 통해 원격으로 제어하는 어플리케이션 작성 방법에 대해 알아보았다. 모터 제어의 예는 LED 제어 및 피아노의 예와 기본적으로 다르지 않다. 어플리케이션에서 버튼으로 입력되는 제어 데이터를 블루투스를 통해 전달하는 것은 세 가지 경우에 모두 동일하며, 아두이노에서 데이터를 수신하는 방법 역시 동일하다. 하지만, 아두이노에서 수신된 데이터의 의미를 파악하고 그에 반응하는 방식에서 차이점을 발견할 수 있다. 특히 모터 제어의 예는 RC(Radio Controlled) 카, 비행기 등의 무선 조정에 흔히 사용된다.

지금까지 몇 가지 예를 통해 아두이노와 스마트폰을 블루투스로 연결하고, 서로 데이터를 주고받는 방법에 대해 살펴보았다. 어플리케이션의 코드를 작성하는 일이 복잡해 보일 수도 있지만, 블루투스 연결은 기본 코드를 사용하여 간단하게 해결할 수 있으며, 모든 예는 가변 길이의 문자열 데이터를 종료 문자와 함께 전송하도록 구성하였으므로 원하는 데이터를 손쉽게 전달할 수 있다. 보다 중요한 점은 전달된 데이터가 어떤 의미를 가지느냐에 있다. LED 제어의 예에서 전달되는 데이터는 LED의 점멸을 제어하는 데이터가 될 것이며, 모터 제어의 예에서는 모터의 방향과 속도를 제어하는 데이터가 될 것이다. 따라서 스케치에서는 전달된 데이터로 주변장치를 제어하는 방법, 어플리케이션에서는 전달된 데이터를 UI 요소를 통해 나타내는 방법이 핵심이 된다. 화려한 UI를 사용하지는 않았지만 간단한 UI 요소들만으로 구성된 어플리케이션으로도 아두이노를 제어하기에는 충분하며, 이를 통해 다양한 주변장치를 제어할 수 있는 어플리케이션을 쉽게 작성할 수 있을 것이다.

VI

아두이노
– 인터넷 연결

32

인터넷

인터넷은 수많은 컴퓨터들이 연결되어 있는 거대한 네트워크의 일종으로, 사물인터넷에 대한 관심이 증가하면서 인터넷에 접속되는 '사물'의 수는 기하급수적으로 증가하고 있다. 인터넷은 물리적인 연결에서부터 이를 바탕으로 추상적인 연결에 이르는 다양한 계층을 통해 동작하고 있다. 인터넷과 함께 흔히 언급되는 이더넷과 와이파이는 인터넷에 '물리적으로' 연결되기 위한 대표적인 방법에 해당한다. 이 장에서는 이더넷과 와이파이를 바탕으로 인터넷을 통해 데이터를 주고받기 위해 필요한 내용들을 알아본다.

인터넷의 보급과 더불어 현대인의 생활은 인터넷과 떼려야 뗄 수 없는 상황에 이르렀다. 인터넷을 통해 온라인 뉴스를 읽고 온라인 쇼핑을 즐기며 이메일을 주고받는 일상적인 일들에서부터, 연구 목적으로 원격 데이터베이스에서 정보를 읽어오는 일까지 인터넷은 현대인의 행동 양식에 막대한 영향을 미치고 있다. 하지만, 실제로 인터넷에서 정보가 어떻게 전달되는지에 관해서는 대부분이 모르고 있는 것이 사실이다. 모든 사람들이 이러한 내용을 이해할 필요는 없으며, 인터넷을 통해 제공되는 서비스를 사용하는 것으로 충분하지만, 사물인터넷 환경에서 인터넷을 통해 정보를 주고받기 위해서는 인터넷의 동작 방식에 관해 이해하고 있어야 한다. 인터넷에 연결하기 위한 대표적인 방법에는 유선 연결인 이더넷과 무선 연결인 와이파이가 있다. 이더넷과 와이파이는 인터넷에 연결하기 위한 물리적인 통로에 해당하며, 전기적인 신호를 통해 데이터를 주고받는 역할을 담당하고 있다. 반면, 우리가 흔히 인터넷과 관련하여 듣게 되는 TCP, IP, HTTP 등은 이더넷이나 와이파이를 기반으로 데이터가 목적지로 오류 없이 전송되는 것을 보장하고, 이를 통해 다양한 서비스를 제공하기 위해 사용되는 추상적인 방법에 해당한다. 이 책에서는 아두이노를 인터넷에 연결하기 위해 이더넷과 와이파이를 사용하며, 이를 위해 아두이노의 공식 이더넷 쉴드와 와이파이 쉴드를 사용한다.

(a) 이더넷 쉴드[58]

(b) 와이파이 쉴드[59]

그림 32-1 인터넷 연결을 위한 쉴드

32.1 계층 구조

그림 32-2 네트워크 연결

그림 32-2는 이 장에서 설명할 내용을 요약한 것이다. 인터넷 연결을 위한 필요한 기술은 크게 하드웨어 관련 기술과 소프트웨어 관련 기술로 나눌 수 있다. 하드웨어 관련 기술은 컴퓨터를 포함하여 다양한 기기들을 인터넷과 물리적으로 연결하고, 이를 통해 전기적인 신호를 이용하여 데이터를 주고받는 방법을 다룬다. 유선으로 인터넷과 연결하는 이더넷과 무선으로 인터넷과 연결하는 와이파이가 여기에 해당한다.

소프트웨어 관련 기술에는 인터넷의 기본이 되는 프로토콜인 TCP/IP와 웹 페이지를 통해 정보를 주고받을 수 있도록 해 주는 HTTP가 포함된다. TCP/IP는 네트워크에 연결된 기기 사이에서 오류 없이 데이터가 전달될 수 있도록 해 주는 역할을 하며, TCP(Transfer Control Protocol)와 IP(Internet Protocol) 두 가지로 이루어져 있다. TCP/IP에서 기억해야 할 점은 TCP/IP가 이더넷이나 와이파이를 바탕으로 동작한다는 점이다. TCP/IP는 논리적인 데이터 전송과 관련이 있다. 하지만, 실제로 통신은 물리적인 신호를 사용하여 이루어져야 하며, 이 과정을 담당하는 것이 이더넷이나 와이파이이다. 즉, 실제 통신을 수행하는 기기 사이에는 이더넷이나 와이파이 연결만이 존재하며, TCP/IP에서 전달하는 데이터는 이더넷이나 와이파이를 통해 물리적인 데이터로 변환된 후 전달된다. 흔히 'TCP/IP 연결'이라는 말을 사용하지만, TCP/IP 연결은 실제 존재하지 않는 가상의 연결이다.

TCP/IP가 데이터의 오류 없는 전달을 책임진다면 인터넷에서 웹 페이지를 나타내기 위해 사용되는 HTTP(Hyper Text Transfer Protocol)는 데이터를 구조화하고 의미를 부여하는 방식과 관련이 있다. 디지털 기기에서의 데이터는 0과 1로만 구성되지만, 구성 방식에 따라 단순한 텍스트 형식의 문서에서부터 사진, 음악, 동영상 등의 멀티미디어 파일에 이르기까지 다양한 내용을 표현할 수 있다. 이처럼 데이터의 의미에 보다 관심을 두고 서비스를 제공하기 위한 목적으로 사용되는 대표적인 프로토콜 중 하나가 HTTP이다. HTTP 역시 TCP/IP를 바탕으로 이루어진다. 인터넷을 통해 오늘의 날씨를 검색하였다고 가정해 보자. HTML(Hyper Text Markup Language) 태그로 구성되는 텍스트 형식의 데이터에 오늘의 날씨 정보가 포함되어 웹 브라우저로 전달되고, 전달된 정보는 웹 브라우저에 표시된다. 날씨 정보 서버와 브라우저 사이에 'HTTP 연결'이 존재한다면, 오늘의 날씨 정보를 검색하는 것은 웹 브라우저와 날씨 정보 서버 사이의 텍스트 기반 대화로 이해할 수 있다. 하지만, TCP/IP의 경우에서와 마찬가지로 HTTP 연결 역시 가상의 연결이다. HTTP를 사용하여 웹 브라우저에서 오늘의 날씨를 검색하면 이는 TCP/IP를 통해 날씨 정보 제공 서버로 전달되며, 실제 데이터의 전달은 이더넷이나 와이파이를 통한 물리적인 연결을 통해 전기적인 신호로 이루어진다. 서버에서 웹 브라우저로의 결과 전송 역시 마찬가지이다.

웹 브라우저를 통한 검색 과정이 실제로는 물리적인 전압 변화를 통해 이루어지는 것은 사실이지만, 이는 너무 복잡하고 이해하기 어려운 것 또한 사실이다. 따라서 실제 검색 과정을 HTTP에서 정한 약속을 바탕으로 날씨 정보 서버로 정보를 요청하고 검색 결과를 받아오는 'HTTP 연결'을 가정하는 것이 편리하다.

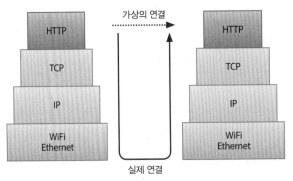

그림 32-3 가상의 연결과 실제 연결

그림 32-3에서 볼 수 있듯이, 각 계층의 역할은 분리되어 있고 상위 계층은 하위 계층의 결과를 바탕으로 하고 있으므로, 하위 계층에서 주어진 역할을 정확하게 수행할 때만 상위 계층의 동작을 보장할 수 있다. 이처럼 인터넷 연결을 계층적으로 구성하게 되면 실제 물리적인 연결까지 고려하지 않고 상위 계층에서의 가상 연결만을 고려하면 되고, 이웃한 계층 사이의 데이터 전달 방식만 동일하게 유지한다면 각 계층의 구현 방식을 손쉽게 수정할 수 있는 등의 장점이 있다. 따라서 네트워크 연결을 계층적으로 분리하고 각 계층이 하위 계층을 바탕으로 동작하도록 구성하는 것이 일반적이며, 계층 모델 중 국제표준화기구(International Organization for Standardization, ISO)에서 개발한 7 계층의 OSI 모형(Open Systems Interconnection Reference Model)이 대표적인 예이다. 그림 32-2에 나타낸 인터넷 연결을 위한 네트워크 계층은 OSI 모형과 정확히 일치하지는 않지만, 계층 구조의 장점을 활용하여 만들어진 것은 동일하다. 그림 32-4는 OSI 모형의 계층과 인터넷 연결에 사용되는 그림 32-2의 계층 사이의 관계를 나타낸 것이다.

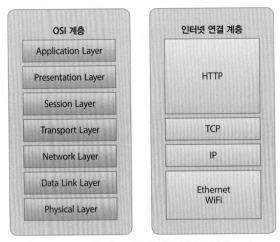

그림 32-4 OSI 계층 모델과 인터넷 연결

32.2 하드웨어를 통한 연결 – 이더넷, 와이파이

네트워크란 2개 이상의 기기들이 유무선으로 연결되어 데이터를 주고받는 상태를 말한다. 네트워크는 얼마나 많은 기기들이, 얼마나 멀리 떨어져서, 어떤 방식으로 연결되어 있는지 등에 따라 여러 가지 종류의 네트워크로 구분할 수 있다. 이 중 가장 흔히 듣게 되는 네트워크는 근거리 네트워크인 LAN(Local Area Network)으로, 네트워크라는 단어는 LAN을 지칭하는 경우가 대부분이다. LAN은 건물 내, 학교 캠퍼스 등과 같이 한정된 지역 내에 구성되는 네트워크를 말한다. 한정된 지역 내에 구성된 네트워크들을 서로 연결하여 지역적으로 떨어져 있는 네트워크들로 구성된 보다 큰 규모의 네트워크를 광역 네트워크(Wide Area Network, WAN)라고 한다. LAN을 구성하는 기기들은 유선으로 연결되는 것이 일반적이었으나, 다양한 휴대용 장치들이 등장함에 따라 무선 연결의 중요성이 점차 증가하고 있으며, 무선 연결을 통해 구성된 근거리 네트워크를 WLAN(Wireless Local Area Network)이라고 하며, 흔히 무선 LAN이라고 불린다. WAN을 더욱 확장하면 인터넷이 된다.

인터넷은 LAN을 기반으로 하고 있다. 하지만, LAN은 기기들이 연결되어 데이터를 교환하는 상태를 나타내는 추상적인 단어이다. 실제로 데이터를 전송하기 위해서는 네트워크의 물리적 연결 및 전기적 특성 등을 포함하는 하드웨어에서부터, 데이터의 전달 방법과 응용 서비스 등을 포함하는 소프트웨어에 이르기까지 다양한 수준에서 약속(protocol)이 정해져 있어야 한다. 이 중 저수준의 하드웨어 연결을 담당하는 기술 중 하나가 이더넷(ethernet)으로 LAN 구성을 위해 가장 많이 사용되고 있다. 이더넷은 1980년 처음 소개되어 1983년 IEEE 802.3으로 표준화되었다. 이더넷이 유선 연결을 위한 기술이라면, 와이파이는 무선 LAN 구성을 위해 가장 많이 사용되는 기술로 IEEE 802.11로 표준화되어 있다.

이더넷이나 와이파이로 연결된 기기들은 48비트의 MAC(Media Access Control, 매체 접근 제어) 주소로 유일하게 구분된다. MAC 주소는 네트워크 인터페이스라 불리는 물리적인 장치, 즉 네트워크와 연결되는 통로에 할당되는 주소로, 이더넷과 와이파이를 포함하여 IEEE 802 표준을 따르는 기술 대부분은 MAC 주소를 사용하고 있다. MAC 주소는 바이트 단위로 구분된 16진수 값을 대시(-)나 콜론(:)으로 구분하여 표시하며, 제조사와 제품 정보로 구성된다. MAC 주소는 하드웨어 주소(Hardware Address), 물리 주소(Physical Address) 등으로도 불린다.

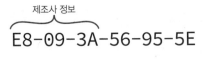

그림 32-5 제품 시리얼 정보

IEEE 802

IEEE 802는 근거리 네트워크와 도시권 네트워크(Metropolitan Area Network, MAN)에 관한 표준들로 구성되며, 프레임(frame) 단위의 가변 길이 데이터 전송 방식을 다룬다. MAN은 일반적으로 LAN과 WAN 의 중간 정도 크기를 가지는 네트워크를 가리킨다.

IEEE 802에는 유선 네트워크 구성을 위한 IEEE 802.3과 무선 네트워크 구성을 위한 IEEE 802.11뿐만 아니라, 개인용 근거리 무선 통신(Personal Area Network, PAN)을 위한 블루투스(IEEE 802.15.1)와 지그비 (IEEE 802.15.4) 등도 포함되어 있다. IEEE 802에 정의된 프로토콜은 7 계층 OSI 모형에서 가장 아래쪽 두 계층인 물리 계층(Physical Layer)과 데이터 링크 계층(Data Link Layer)을 다루고 있다. 따라서 IEEE 802 에서 정의된 내용은 네트워크를 통한 데이터 전달에 필요한 물리적 특성과 물리적 신호를 통한 데이터 전달 방법을 다룬다.

IEEE 802.3에서는 주로 근거리 네트워크와 관련된 기술이 다루어진다. 여기에는 데이터 전달 방법뿐만 아니라 다수의 기기를 연결하여 네트워크를 확장하기 위해 필요한 장치들인 허브(hub), 브리지(bridge), 스위치(switch), 라우터(router) 등에 관한 내용도 포함되어 있다. 두 대의 컴퓨터를 랜 케이블로 연결하면 두 대의 컴퓨터로 네트워크가 만들어진다. 하지만, 세 대 이상의 컴퓨터를 연결하기 위해서는 특별한 장치가 필요하다.

허브는 네트워크 확장을 위해 사용되는 가장 간단한 장치로, 여러 개의 기기를 연결하기 위해 사용된다. 허브의 경우 하나의 기기에서 데이터가 허브로 전달되면 허브에 연결된 다른 모든 기기로 데이터를 재전송하므로 대역폭을 효율적으로 사용하지 못하고 한 번에 한 쌍의 기기만 통신을 수행할 수 있는 등의 한계가 있다. 브리지 역시 허브와 비슷하게 전달된 모든 데이터를 재전송하는 역할을 하지만, 기기 사이의 전송이 아니라 동일한 네트워크에서 기기들의 모임인 세그먼트(segment)를 연결하기 위해 주로 사용되는 차이가 있다. 반면, 라우터는 서로 다른 네트워크를 연결하기 위해 사용된다. 라우터는 단순히 데이터를 전달하는 역할 이외에도 목적지로 설정된 기기가 존재하는 네트워크로만 데이터를 선별적으로 전달하는 라우팅(routing) 기능을 수행한다. 스위치 역시 동일한 네트워크 내 기기들의 연결을 위해 사용되지만, 모든 기기로 데이터를 재전송하는 허브와 달리 정해진 목적지로만 데이터를 전송하는 라우터의 기능을 가지고 있다.

가정에서 흔히 사용되는 공유기는 위의 장치들과는 역할이 조금 다르다. 공유기는 말 그대로 하나의 IP 주소를 여러 개의 기기들이 공유하여 사용할 수 있도록 해 주는 역할을 하며, 사설 IP 주소를 사용하여 IP 주소를 공유하는 기기들을 구별한다.

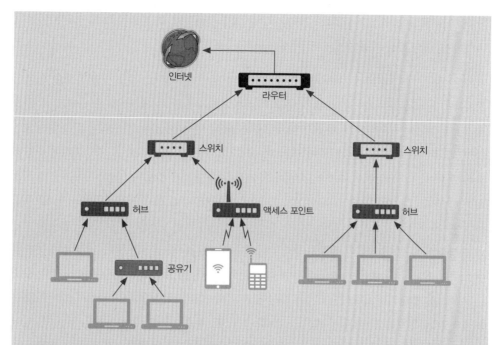

IEEE 802.3이 유선 네트워크에 관한 기술을 다룬다면, IEEE 802.11은 무선 네트워크에 관한 기술을 다룬다. 무선 연결의 경우도 유선 연결과 기본적으로 동일하지만 몇 가지 점에서 차이가 있다. 그중 하나가 무선 액세스 포인트(Wireless Access Point, WAP)의 사용이다. 무선기기를 연결하기 위해서는 무선기기와 네트워크 사이의 접점 역할을 하는 장치가 필요하며, WAP는 유선으로 연결된 네트워크에 연결되어 와이파이 등을 사용하는 무선기기와 유선 네트워크를 연결시켜 주는 역할을 하는 장치로, 스위치나 라우터 등에 연결하여 사용된다.

32.3 데이터 전송을 위한 연결 – TCP/IP

이더넷이나 와이파이를 통한 통신이 전기적 신호를 통해 기기 사이에 데이터를 전달하는 것과 관련이 있다면, 네트워크에 연결된 특정 기기로 데이터를 전달하는 역할을 하는 것이 바로 TCP/IP이다. TCP/IP는 글자 그대로 TCP와 IP의 결합으로 이루어져 있으며, 이 중 IP는 TCP 보다 하위 계층 연결에 해당한다.

IP(Internet Protocol)의 주요 기능은 전송되는 데이터를 패킷으로 만들어 네트워크에 연결된 특정 기기로 전송하는 것이다. 네트워크에는 많은 수의 기기들이 연결되어 있다. 이 중 특정 기기로만 데이터를 전송하기 위해서는 네트워크에 연결된 모든 기기들을 유일하게 구별할 수 있어야 하며, 이를 위해 인터넷 주소라고도 불리는 IP 주소가 사용된다. IP 주소는 v4의 경우 32비트를, v6의 경우 128비트를 사용하며, 이 책에서는 v4를 사용한다.

이미 앞에서 모든 네트워크 인터페이스에 유일하게 정해지는 MAC 주소가 사용되고 있음을 살펴보았다. MAC 주소가 발신지와 수신지를 유일하게 구별할 수 있음에도 불구하고 IP 주소가 필요한 이유는 무엇일까? MAC 주소는 장비 제조사에서 정하는 하드웨어의 고유 번호인 반면, IP 주소는 지역별로 할당되어 있어 데이터 전달 경로(routing path)를 결정하기에 적합하도록 만들어진 소프트웨어 주소인 점에서 차이가 있다. MAC 주소는 일반적으로 한 번 지정되면 바꿀 수 없지만, IP 주소는 변경이 가능하다. MAC 주소가 주민등록번호라면, IP 주소는 현재 거주지의 주소라고 보면 이해가 쉬울 것이다. 주민등록번호를 기준으로 편지를 보낸다고 생각해 보자. 우편물이 정확하게 배달될 수는 있겠지만 수신인을 찾아 내기 위해서는 많은 노력이 필요하다. 하지만, 거주지 주소를 기준으로 편지를 보낸다면 상황은 달라진다. 주소는 지역별로 할당되어 있고 큰 지역은 다시 작은 지역으로 반복적으로 나누어지므로 쉽게 우편물을 보낼 위치를 알아 낼 수 있다. 그렇다면 MAC 주소는 어디에 사용되는 것일까? 앞에서도 설명한 바와 같이 실제 통신은 이더넷이나 와이파이를 통해, 즉 MAC 주소를 통해 이루어진다. IP 주소는 IP 계층에서만 의미 있는 주소라고 볼 수 있다. IP 계층에서 거주지로 우편물을 보내지만 실제 전달은 이더넷 계층에서 주민등록번호를 기준으로 이루어진다. 따라서 통신을 위해서는 IP 주소와 MAC 주소 사이의 변환 작업을 수행할 수 있는 방법이 마련되어야 하며, 주소 결정 프로토콜(Address Resolution Protocol, ARP)이 MAC 주소와 IP 주소 사이의 변환 기능을 담당한다.

MAC 주소는 인증을 위한 수단으로 사용되기도 한다. MAC 주소는 기기 생산 시에 결정되는 주소이므로 이를 통해 제조 회사와 기기의 정보를 확인할 수 있다. 이는 스마트폰의 경우도 마찬가지이다. 스마트폰이 이동통신사를 통해 인터넷으로 접속하는 경우 이동통신사는 스마트폰의 MAC 주소를 바탕으로 자사의 서비스를 사용하는 휴대폰인지 여부를 알아 내고 접속 여부를 결정할 수 있으며, 이것은 실제 이동통신사에서 사용하는 방식이기도 하다.

IP가 패킷으로 만들어진 데이터를 목적지까지 전달하는 과정을 담당한다면, TCP는 데이터가 목적지로 '정확하게' 전달될 수 있도록 책임진다. TCP는 두 기기 사이의 데이터 흐름을 관리하고 수신된 데이터에 대하여 승인(acknowledgement)을 통해 데이터가 수신되었음을 알려 줌으로써 데이터 전달이 정확하게 이루어지도록 해 준다. TCP는 IP보다 상위의 프로토콜이므로 IP를 바탕으로 동작한다. 즉, IP 계층에서 패킷 단위로 전달된 데이터를 바탕으로 데이터가 정확하게 전달되고, 여러 개의 패킷으로 전달된 데이터가 순서에 맞게 전달되었는지 등을 보장하기 위한 서비스를 제공하고 있다.

32.4 서비스 제공을 위한 연결 – HTTP

인터넷은 TCP/IP를 기반으로 동작하고 있으며, TCP/IP를 사용하는 경우 상대방의 IP 주소로 데이터를 보냈을 때 데이터가 정확하게 수신되었음을 보장할 수 있다. 물론, 물리적으로 연결되지 않은 경우 데이터 수신이 불가능하지만, 이 경우에도 데이터가 수신되지 않았음을 확인할 수 있다. TCP/IP를 바탕으로 더 상위 계층에서 서비스를 제공하는 다양한 프로토콜이 존재하며, 인터넷의 대표적인 프로토콜 중 하나인 HTTP가 여기에 속한다. TCP/IP는 정해진 주소로 데이터가 오류 없이 전달되는 것을 보장한다면, HTTP는 전달된 데이터를 사용하여 하이퍼텍스트로 표현되는 정보 전달에 중점을 두고 있다. 이외에도 여러 가지 프로토콜이 TCP/IP를 기반으로 서비스 제공을 위해 사용되고 있다.

표 32-1 **서비스 계층의 프로토콜**

프로토콜	설명	비고
HTTP	Hyper Text Transfer Protocol	웹 페이지
FTP	File Transfer Protocol	파일 전송
Telnet	Terminal over Network	원격 로그인
SMTP	Simple Mail Transfer Protocol	메일 전송

프레임, 패킷, 세그먼트, 메시지

이더넷은 프레임 단위로 데이터를 전송한다. 반면, IP는 패킷 단위로 데이터를 전송한다. 네트워크 연결을 위한 각 계층에서는 각 계층이 제공하는 기능을 위해 데이터에 헤더(header)라고 불리는 부가적인 정보를 포함하여 전달하게 되며, 데이터에 이더넷 헤더를 추가하여 만들어지는 것이 프레임이다.

IP는 이더넷을 통해 데이터를 전달한다는 것은 이미 설명하였다. 즉, IP의 패킷은 이더넷의 프레임으로 다시 만들어져서 데이터 전송이 이루어지게 되며, 따라서 실제 전달되는 데이터는 IP의 패킷 헤더와 이더넷의 프레임 헤더가 추가된 형태가 된다. 이는 TCP와 HTTP에서도 마찬가지이다. TCP에서의 데이터 단위는 세그먼트이다. HTTP 데이터를 전달하고자 한다면, 먼저 TCP에서 헤더가 추가된 세그먼트가 만들어지고, 여기에 IP 헤더를 추가한 패킷이 만들어지며, 마지막으로 이더넷 헤더가 추가된 프레임으로 만들어진 이후 실제 전송이 이루어진다. 실제 물리적인 연결에서는 비트 단위로 데이터가 전송된다는 점도 잊어서는 안 된다.

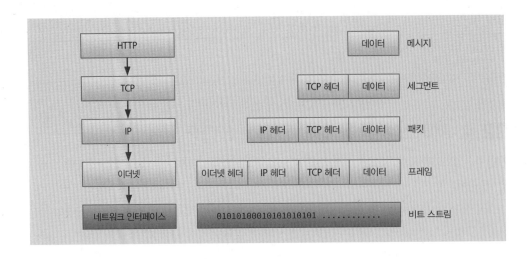

32.5 인터넷 연결을 위한 설정

컴퓨터에 이더넷 케이블을 연결하면 컴퓨터는 인터넷에 물리적으로 연결된 상태에 있게 된다. 하지만, 물리적인 연결만으로는 데이터를 주고받을 수 없으며, 데이터를 교환하기 위해서는 IP 주소를 설정하여야 한다. 인터넷은 LAN의 집합으로 생각할 수 있으며, IP 주소는 지역적으로 구분된 네트워크로 데이터를 전달하기 위해 구성된 소프트웨어 주소에 해당한다. IPv4에서 사용되는 4바이트의 주소는 크게 두 부분으로 나뉘며, 1~3 바이트의 앞부분은 네트워크 주소를, 나머지 뒷부분은 네트워크에 연결된 기기의 주소를 나타낸다. 즉, 동일한 네트워크에 존재하는 기기들의 IP 주소 앞부분은 모두 동일하다. 네트워크 주소는 네트워크에 연결된 기기의 개수에 따라 A, B, C 클래스 세 가지가 있고, 특수 목적용으로 D, E 클래스가 있다. 표 32-2에서 알 수 있듯이, 클래스 A에 속하는 네트워크에 속하는 컴퓨터는 3바이트의 주소로 구분되므로 다른 클래스의 네트워크에 비해 많은 수의 컴퓨터를 연결할 수 있다.

표 32-2 **IP 주소 구성(ooo: 네트워크 주소, xxx: 기기 주소)**

클래스	구성	비고
A	ooo.xxx.xxx.xxx	가장 큰 규모의 네트워크에 할당
B	ooo.ooo.xxx.xxx	
C	ooo.ooo.ooo.xxx	가장 작은 규모의 네트워크에 할당
D		224.0.0.0 ~ 239.255.255.255
E		240.0.0.0 ~ 254.255.255.254

특정 네트워크에 연결되어 있는 기기의 주소를 정하는 방법에는 여러 가지가 있다. 고정(static) IP는 할당된 주소를 기기에 설정하고, IP 주소가 설정된 기기에서 그 주소를 독점적으로 사용하는 방식이다. 반면, 유동(dynamic) IP는 기기들이 동일한 주소를 공유하는 방식으로, 기기가 네트워크에 접속할 때 사용할 수 있는 IP 주소 중 하나를 할당받아 사용하게 된다. 유동 IP는 사용 가능한 IP 주소를 관리할 수 있는 방법이 필요하며, DHCP(Dynamic Host Configuration Protocol)를 통해 IP 주소가 관리되고 할당된다.

IP 주소 중에는 사설(private) IP 주소라고 불리는 특별한 주소가 존재한다. IP 주소는 인터넷에 접속된 기기를 유일하게 구별하기 위해 사용되는 값이므로, 동일한 IP 주소가 2개 이상의 기기에서 동시에 사용될 수 없다. 따라서 IP 주소는 국제 인터넷 주소 관리 기구(Internet Corporation for Assigned Names and Numbers, ICANN)의 공식적인 허가를 받아야만 사용할 수 있다. 반면, 사설 IP 주소는 공식적으로 IP 주소 사용에 대한 허가를 받지 않고 임의로 사용할 수 있는 주소로 '192.168.xxx.xxx'를 가장 많이 사용한다. 사설 IP 주소와 달리 공식적으로 사용 허가를 받아 사용하는 주소를 공인(public) IP 주소라고 한다. 사설 IP 주소는 공인 IP 주소와 달리 폐쇄형이다. 즉, 사설 IP 주소는 네트워크 내부에서만 사용할 수 있으며, 사설 IP 주소를 사용하여 인터넷으로의 연결은 불가능하다. 사설 IP 주소를 사용하는 이유는 크게 두 가지이다. IPv4의 주소 고갈 문제는 이미 잘 알려져 있다. 사설 IP 주소를 사용하게 되면 여러 기기가 하나의 공인 IP 주소를 공유하여 사용하는 것이 가능하다. 가정에서 공유기를 설치하고 여러 대의 컴퓨터를 공유기에 연결하면, 각 컴퓨터에는 사설 IP 주소인 192.168.xxx.xxx가 할당되고 모든 컴퓨터는 공유기에 할당된 하나의 공인 IP 주소를 사용하여 인터넷에 접속할 수 있다. 사설 IP 주소를 사용하는 다른 이유는 보안이다. 사설 IP 주소를 사용하는 컴퓨터가 공유기를 통해 인터넷에 접속하는 것은 가능하지만, 사설 IP 주소는 인터넷에서는 의미 없는 주소이므로 외부 네트워크에서 사설 IP 주소를 사용하는 기기로의 접속은 기본적으로 불가능하다.

인터넷에 접속하기 위해서는 기기의 IP 주소 설정 이외에도 몇 가지 설정이 더 필요하다. '네트워크 및 공유 센터'에서 '어댑터 설정 변경'을 선택하고, '로컬 영역 연결'의 속성 창을 열어보자.

그림 32-6 로컬 영역 연결 속성 창

사용하고자 하는 프로토콜이 IPv4이므로 'Internet Protocol Version 4(TCP/IPv4)'를 선택하고 '속성' 버튼을 누르면 IPv4의 속성을 확인할 수 있다.

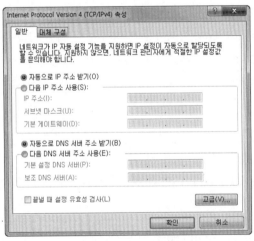

그림 32-7 IPv4 속성 창

그림 32-7의 경우 '자동으로 IP 주소 받기'가 설정되어 있으므로, 즉 DHCP를 통해 IP 주소가 자동으로 결정되므로 아무런 설정이 필요하지 않다. '다음 IP 주소 사용' 항목을 선택하면 4개의 주소를 입력하도록 입력 필드가 활성화된다. 입력해야 하는 주소는 IP 주소, 서브넷 마스크, 게이트웨이, DNS 서버 주소이다.

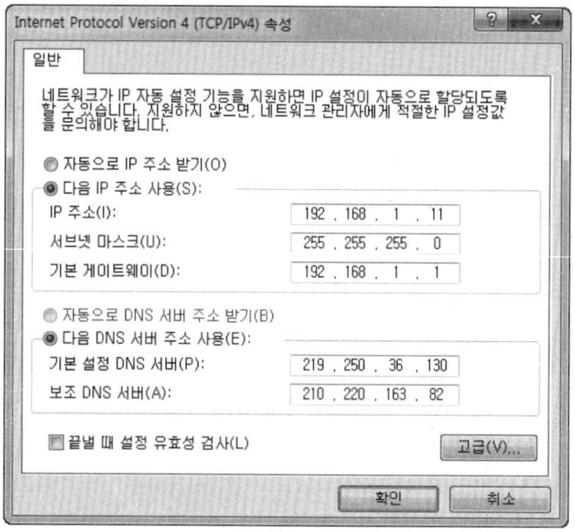

그림 32-8 **IPv4 속성 설정 창**

그림 32-8에서는 IP 주소는 '192.168.1.11'로 설정되어 있다. 즉, 공유기에 연결되어 사설 IP 주소를 사용하고 있다. 서브넷 마스크는 IP 주소에서 네트워크 부분과 기기 부분을 분리하기 위해 사용된다. 서브넷 마스크와 IP 주소를 비트 단위 AND시키면 결과로 주어지는 값이 네트워크 주소에 해당한다. 그림 32-8에서 네트워크 주소는 '192.168.1.xxx'이며, 나머지 'xxx.xxx.xxx.11'이 네트워크 내에서 컴퓨터의 주소를 나타낸다. 게이트웨이는 네트워크에 연결된 기기가 인터넷으로 연결되기 위해 반드시 거쳐야 하는 지점을 가리킨다. 즉, 인터넷과 직접 연결되어 있는 '관문(gateway)'으로 볼 수 있다. 마지막 DNS 서버는 IP 주소와 웹 브라우저의 주소 입력창에 입력하는 문자열 주소 사이의 변환을 위해 사용된다.

인터넷에 연결된 컴퓨터는 IP 주소를 통해 유일하게 구별된다. 하지만, 4바이트로 이루어지는 숫자를 기억한다는 것은 쉬운 일이 아니다. 검색을 위해 'www.google.com'을 입력하는 것은 쉽지만, 구글 검색 사이트의 IP 주소인 '216.58.221.46'을 기억하고 입력하는 것은 쉽지 않다. 'www.google.com'을 실제 IP 주소인 '216.58.221.46'으로 변환하는 것이 DNS(Domain Name System) 서버의 역할이다. 문자열 주소는 IP 주소와 동일한 의미로 사용되므로 주소 입력창에 'www.google.com'이 아닌 '216.58.221.46'을 입력하여도 구글 검색 사이트로 이동하는 것을 확인할 수 있다.

고정 IP를 사용한다면 위의 정보들을 네트워크 관리자에게 문의하여 입력하면 된다. 공유기를 사용하고 있다면, 그림 32-7에서와 같이 공유기에서 DHCP를 통해 자동으로 주소가 설정되므로 걱정할 필요는 없다. 다만 공유기를 사용하는 경우에도 공유기 설정은 필요할 수 있다. 현재 내 컴퓨터의 IP 주소 설정을 확인하고 싶다면, 명령창에서 'ipconfig /all' 명령을 입력해 보자. 네트워크 인터페이스의 MAC 주소부터 IP 주소에 이르기까지 다양한 정보를 확인할 수 있다.

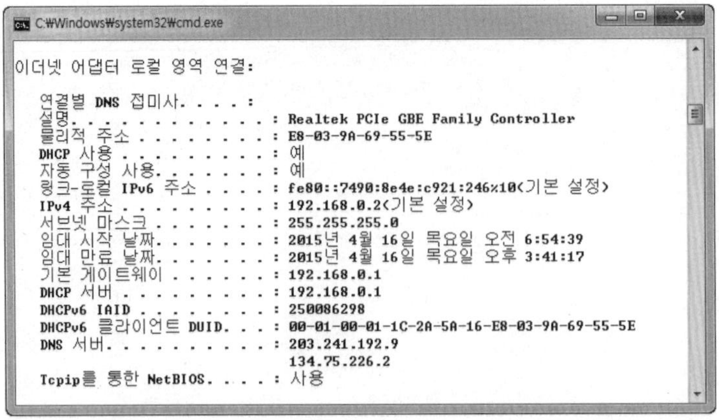

이더넷 어댑터 로컬 영역 연결:

```
연결별 DNS 접미사. . . . :
설명. . . . . . . . . . . . : Realtek PCIe GBE Family Controller
물리적 주소. . . . . . . . : E8-03-9A-69-55-5E
DHCP 사용 . . . . . . . . : 예
자동 구성 사용. . . . . . : 예
링크-로컬 IPv6 주소 . . . : fe80::7490:8e4e:c921:246%10<기본 설정>
IPv4 주소 . . . . . . . . : 192.168.0.2<기본 설정>
서브넷 마스크 . . . . . . : 255.255.255.0
임대 시작 날짜. . . . . . : 2015년 4월 16일 목요일 오전 6:54:39
임대 만료 날짜. . . . . . : 2015년 4월 16일 목요일 오후 3:41:17
기본 게이트웨이 . . . . . : 192.168.0.1
DHCP 서버 . . . . . . . . : 192.168.0.1
DHCPv6 IAID . . . . . . . : 250086298
DHCPv6 클라이언트 DUID. . : 00-01-00-01-1C-2A-5A-16-E8-03-9A-69-55-5E
DNS 서버. . . . . . . . . : 203.241.192.9
                            134.75.226.2
Tcpip를 통한 NetBIOS. . . : 사용
```

그림 32-9 ipconfig /all 명령 실행

32.6 요약

인터넷은 지구상에서 가장 큰 규모의 네트워크로, 서로 다른 종류의 네트워크들을 연결해 놓은 네트워크의 네트워크라고 할 수 있다. 인터넷은 1960년대 군사적인 목적으로 미국 국방성에서 시작되어 지금은 거의 대부분의 컴퓨터와 모바일 기기들이 인터넷에 연결되어 있다. 또한, 최근 사물인터넷에 대한 관심의 증가로 다양한 장치들 역시 인터넷에 연결되고 있으며, 그 수는 기하급수적으로 증가하고 있다.

인터넷은 간단하면서도 효율적인 구조에서 그 장점을 찾을 수 있으며, 이를 위해 몇 개의 층으로 분리되고 각 층은 고유의 역할을 담당하도록 구성되어 있다. 최하위 층이라 할 수 있는 이더넷과 와이파이는 물리적인 연결을 지원하는 층에 해당하며, IP는 목적지 설정을, TCP는 목적지로의 오류 없는 데이터 전달을 담당한다. 그 위의 층인 HTTP는 전달된 데이터를 바탕으로 서비스 제공을 담당하고 있다.

인터넷에 연결된 기기의 증가는 기존 인터넷에 큰 변화를 불러오고 있으며, IPv6로의 전환이 그중 하나이다. 또한, 사물인터넷에 대한 관심의 증가로 다양한 유무선 통신을 위한 방식에 대한 관심 역시 증가하고 있으며, 이 책에서 다룬 다양한 통신 방법들이 이에 해당한다. 하지만, 결국 '사물'은 인터넷에 연결되어야 하며, 인터넷에 연결하기 위한 기본은 이더넷과 와이파이라 할 수 있다. 이 책에서도 인터넷에 아두이노를 연결하기 위해 이더넷과 와아파이를 사용한다. 이제 본격적으로 아두이노를 인터넷에 연결해 보자.

33

웹 클라이언트와 서버: 이더넷

이더넷은 인터넷 연결을 위해 가장 많이 사용되는 유선 연결 방법 중 하나로, 아두이노를 유선으로 인터 넷에 연결하기 위해 사용될 수 있다. 아두이노에서는 이더넷 연결을 위한 라이브러리를 기본 라이브러리 중 하나로 제공하고 있으며, 이더넷 쉴드 역시 판매하고 있다. 이 장에서는 아두이노의 이더넷 라이브러 리와 이더넷 쉴드를 사용하여 웹 서버와 클라이언트를 작성하는 방법을 알아본다. 웹 클라이언트는 웹을 통해 정보를 수집하는 장치로 사용될 수 있으며, 웹 서버는 원격 제어를 위한 도구로 사용될 수 있다.

33.1 이더넷 쉴드

이더넷은 근거리 네트워크(Local Area Network, LAN)를 구성하는 방식에 관한 표준으로, 제록 스에서 개발되어 1983년 IEEE 802.3으로 표준화되었다. 유선 연결을 통한 네트워크 중 90% 이상이 이더넷을 사용하고 있는 것으로 추산되는 등 이더넷은 인터넷 구성의 근간을 이루고 있다. 아두이노에서 이더넷을 통해 인터넷과 연결하기 위해서는 이더넷 쉴드가 필요하다. 여러 종류의 이더넷 쉴드가 판매되고 있으며, 아두이노 공식 사이트에서도 이더넷 쉴드를 제작하 여 판매하고 있다. 이 책에서는 아두이노의 공식 이더넷 쉴드를 사용한다.

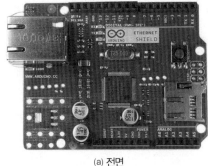 

(a) 전면　　　　　　　　　　　　　　　　(b) 후면

그림 33-1　이더넷 쉴드[60]

아두이노의 공식 이더넷 쉴드는 Wiznet W5100 이더넷 칩을 사용하고 있으며, 동시 연결을 4개까지 지원한다. 아두이노에는 이더넷 쉴드를 사용하기 위한 이더넷 라이브러리가 기본으로 포함되어 있으므로 프로그램을 추가로 설치하지 않아도 이더넷을 이용하여 인터넷에 연결할 수 있다. 이더넷 쉴드에는 마이크로 SD(Secure Digital) 카드 슬롯이 포함되어 있으며, 역시 기본 라이브러리 중 하나인 SD 라이브러리를 통해 읽고 쓸 수 있지만, SD 카드에 대한 내용은 이 책에서 다루지 않는다.

이더넷 쉴드는 아두이노에 적층하여 사용할 수 있는 형태이며, 아두이노 보드와 이더넷 쉴드는 SPI 통신을 사용한다. 아두이노 우노의 경우 11, 12, 13번 핀이 SPI 통신을 위한 공통 핀으로 사용되며, 이더넷을 위한 W5100 칩은 SS(Slave Select)로 10번 핀을, SD 카드는 SS로 4번 핀을 사용하고 있다.

이더넷 쉴드를 사용하기 위해서는 이더넷 쉴드에 MAC 주소와 IP 주소가 할당되어야 하며, Ethernet 클래스의 begin 함수를 이용하여 설정할 수 있다. MAC 주소는 하드웨어에 할당되는 고유 주소로, 최신 이더넷 쉴드의 경우 MAC 주소가 표시되어 있으므로 이를 사용하면 된다. MAC 주소가 표시되어 있지 않은 쉴드의 경우에는 임의의 주소를 사용할 수 있지만, 여러 장치에서 동일한 MAC 주소를 사용하여서는 안 된다는 점은 기억하여야 한다. IP 주소의 경우 네트워크 설정에 따라 달라지며, 고정 IP 주소는 물론 DHCP(Dynamic Host Configuration Protocol)를 통해 동적 IP 주소를 할당받아 사용하는 것도 가능하다.

이더넷 연결을 위한 Ethernet 라이브러리는 이더넷 연결 설정을 위한 EthernetClass 클래스, 이더넷 클라이언트와 서버에 해당하는 EthernetClient 클래스와 EthernetServer 클래스 등으로 구성되어 있다. IP 주소 지정을 위한 IPAddress 클래스는 Ethernet 라이브러리가 아닌 기본 클래스 중 하나로 포함되어 있다. Ethernet 라이브러리를 구성하는 클래스 중 EthernetClass는 아두이노가 이더넷을 통해 데이터를 주고받을 수 있도록 이더넷 쉴드를 설정하기 위해 사용되는 클래스이므로 EthernetClient나 EthernetServer 클래스를 사용하기 위해서는 반드시 함께 사용되어야 한다. EthernetClass 클래스는 유일한 객체인 Ethernet을 정의하고 있으므로 스케치에서는 객체를 생성할 필요가 없다. 먼저 IP 주소를 지정하기 위한 IPAddress 클래스부터 살펴보자.

33.2 IPAddress 클래스

IPAddress 클래스는 IP 주소를 지정하기 위한 클래스로, 이더넷 쉴드가 지원하는 IP 주소 형식은 IPv4 주소인 32비트 형식이다. IP 주소는 4개의 부호 없는 1바이트 값(byte 또는 unsigned char) 배열이나 1개의 부호 없는 4바이트 값을 지정하여 초기화할 수 있다.

```
IPAddress(uint8_t first_octet, uint8_t second_octet,
          uint8_t third_octet, uint8_t fourth_octet)
IPAddress(uint32_t address)
IPAddress(const uint8_t *address)
```

　　- 매개변수
　　　　first_octet, second_octet, third_octet, fourth_octet: 1바이트 주소 데이터
　　　　address: 4바이트 주소 데이터 또는 1바이트 주소 데이터 배열
　　- 반환값: 없음

스케치 33-1은 IP 주소를 지정하는 여러 가지 방법을 보여 준다. 포함된 헤더 파일은 '스케치 ➡ 라이브러리 가져오기 ➡ Ethernet' 메뉴를 선택한 경우 포함되는 헤더 파일들이다. 'SPI.h'는 이더넷 쉴드가 SPI 통신을 사용하기 때문에 포함되었다.

스케치 33-1 IP 주소 지정 방법

```
#include <Dhcp.h>
#include <Dns.h>
#include <Ethernet.h>
#include <EthernetClient.h>
#include <EthernetServer.h>
#include <EthernetUdp.h>
#include <SPI.h>

byte address[] = {192, 168, 1, 1};
```

```
IPAddress ip1(192, 168, 1, 1);
IPAddress ip2(address);
IPAddress ip3(0xC0A80101);

void setup(){
    Serial.begin(9600);
}

void loop(){
    Serial.println(ip1);
    Serial.println(ip2);
    Serial.println(ip3);

    while(true);
}
```

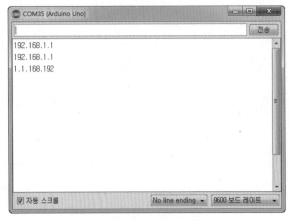

그림 33-2 스케치 33-1의 실행 결과

그림 33-2에서 알 수 있듯이, IP 주소를 4바이트 숫자로 지정하는 경우 다른 주소 지정 방법과
달리 주소가 역순으로 할당되는 점에 주의하여야 한다.

33.3 Ethernet 클래스[61]

Ethernet 클래스는 이더넷 라이브러리와 네트워크 설정을 초기화하기 위해 사용하는 클래스
이다. 버전 1.0 이후로 IP 주소를 동적으로 할당받을 수 있는 DHCP를 지원하지만, DHCP를
사용하는 경우 스케치의 크기가 증가하는 단점이 있다. Ethernet 클래스에는 다음과 같은 멤
버 함수들이 정의되어 있다.

- **begin**

```
int begin(uint8_t *mac_address)
void begin(uint8_t *mac_address, IPAddress local_ip)
void begin(uint8_t *mac_address, IPAddress local_ip, IPAddress dns_server)
void begin(uint8_t *mac_address, IPAddress local_ip, IPAddress dns_server,
           IPAddress gateway)
void begin(uint8_t *mac_address, IPAddress local_ip, IPAddress dns_server,
           IPAddress gateway, IPAddress subnet)
```
   - 매개변수
       mac_address: 6바이트 배열의 MAC 주소
       local_ip: 로컬 IP 주소
       dns_server: DNS 서버 주소
       gateway: 게이트웨이 주소. 디폴트값은 IP와 동일하고 마지막 바이트만 1인 값
       subnet: 서브넷 마스크. 디폴트값은 255.255.255.0
   - 반환값: DHCP를 사용하는 경우 IP 주소 할당에 성공하면 1을 반환하고, 실패하면 0을 반환한다.
     DHCP를 사용하지 않는 경우 반환값은 없다.

이더넷 라이브러리와 네트워크 설정을 초기화한다. DHCP를 통해 IP 주소를 할당받기 위해서는 MAC 주소만을 지정하고 begin 함수를 호출하면 된다. DHCP를 사용하는 경우 IP 주소 할당에 성공하면 1을, 실패하면 0을 반환한다. 고정 IP를 사용하는 경우 반환되는 값은 없다.

- **localIP, subnetMask, gatewayIP, dnsServerIP**

```
IPAddress localIP(void)
IPAddress subnetMask(void)
IPAddress gatewayIP(void)
IPAddress dnsServerIP(void)
```
   - 매개변수: 없음
   - 반환값: IP 주소, 서브넷 마스크, 게이트웨이 주소, DNS 서버 주소

이더넷 쉴드의 IP 주소, 서브넷 마스크, 게이트웨이 주소, DNS 서버 주소를 반환한다. DHCP를 통해 주소가 자동으로 할당된 경우 주소를 확인하기 위해 사용할 수 있다. 스케치 33-2는 DHCP를 통해 자동으로 구성된 IP 정보를 확인하는 스케치의 예이다.

스케치 33-2 IP 주소 지정 방법

```
#include <Dhcp.h>
#include <Dns.h>
#include <Ethernet.h>
#include <EthernetClient.h>
#include <EthernetServer.h>
```

```
#include <EthernetUdp.h>
#include <SPI.h>

byte MAC[] = { 0x90, 0xA2, 0xDA, 0x0D, 0xD2, 0x16 };
IPAddress IP(192, 168, 0, 10);

void setup(){
    Serial.begin(9600);

    // Ethernet.begin(MAC, IP);              // 고정 IP를 사용하는 경우
    if(Ethernet.begin(MAC) == 0){            // DHCP로 유동 IP를 사용하는 경우
        Serial.println("* DHCP failed...");
        Ethernet.begin(MAC, IP);             // DHCP가 실패한 경우
    }

    delay(2000);                             // 이더넷 쉴드의 초기화 대기
}

void loop(){
    IPAddress address;

    Serial.print("IP Address  : ");
    address = Ethernet.localIP();            // IP 주소
    print_address(address);

    Serial.print("Subnet Mask : ");
    address = Ethernet.subnetMask();         // 서브넷 마스크
    print_address(address);

    Serial.print("Gateway     : ");
    address = Ethernet.gatewayIP();          // 게이트웨이 주소
    print_address(address);

    Serial.print("DNS Server  : ");
    address = Ethernet.dnsServerIP();        // DNS 서버 주소
    print_address(address);

    while(true);
}

void print_address(IPAddress address)        // IP 주소 출력
{
    for(int i = 0; i < 4; i++){
        Serial.print(address[i], DEC);
        if(i != 3) Serial.print(".");
    }
    Serial.println();
}
```

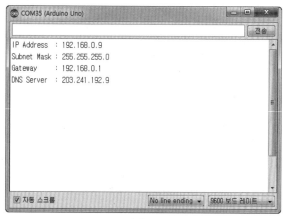

그림 33-3 스케치 33-2의 실행 결과

스케치 33-2에서는 DHCP를 통해 자동으로 IP 주소가 결정되도록 하였으나, 이후로는 '192.168.0.10'의 고정된 주소를 사용하는 것으로 한다.

■ **maintain**

> int maintain(void)
>
> - 매개변수: 없음
> - 반환값: 주소 갱신 결과

DHCP를 통해 할당된 IP 주소를 갱신한다. DHCP를 통해 IP 주소가 할당된 경우 이더넷 장치는 일정 시간 동안만 할당된 주소를 사용할 수 있으며, 사용 시간이 지난 경우에는 maintain 함수를 통해 DHCP 서버에 주소 갱신을 요청하여야 한다. DHCP 서버 구성에 따라 갱신된 주소는 이전 주소와 동일한 주소이거나 다른 주소일 수 있으며, 갱신에 실패할 수도 있다. 반환되는 값은 표 33-1의 값들 중 하나이다.

표 33-1 **maintain 함수의 반환값**

상수	값	의미
DHCP_CHECK_NONE	0	갱신 작업이 진행되지 않음
DHCP_CHECK_RENEW_FAIL	1	renew 실패
DHCP_CHECK_RENEW_OK	2	renew 성공
DHCP_CHECK_REBIND_FAIL	3	rebind 실패
DHCP_CHECK_REBIND_OK	4	rebind 성공

표 33-1에서 renew는 현재 사용 중인 IP 주소를 할당받은 DHCP 서버로부터 주소를 갱신하는 것을 말하며, rebind는 기존 DHCP 서버로의 접속에 실패하여 새로운 DHCP 서버로부터 주소를 할당받는 것을 말한다.

33.4 EthernetServer 클래스

EthernetServer 클래스는 다른 컴퓨터나 기기에서 실행 중인 클라이언트의 요청을 받아들이고 클라이언트와의 통신을 관리하기 위한 클래스로, 다음과 같은 멤버 함수들이 정의되어 있다.

■ **EthernetServer**

```
EthernetServer(uint16_t port)
    - 매개변수
        port: 포트 번호
    - 반환값: 없음
```

지정한 포트로 들어오는 클라이언트의 요청을 감시하는 서버 객체를 생성한다.

■ **begin**

```
void begin(void)
    - 매개변수: 없음
    - 반환값: 없음
```

서버를 시작한다. 서버가 시작되면 서버 생성 시에 지정한 포트로 들어오는 클라이언트의 요청을 감시하고 클라이언트의 요청이 들어오면 클라이언트와 통신하기 위한 소켓을 생성하여 클라이언트와 연결시킨다. 이더넷 쉴드는 최대 4개의 소켓을 동시에 사용할 수 있다.

■ **available**

```
EthernetClient available(void)
    - 매개변수: 없음
    - 반환값: 클라이언트 객체
```

서버에 접속된 클라이언트 중 서버에서 읽어 들일 수 있는 데이터를 보낸 클라이언트 객체를 반환한다. 클라이언트의 접속 요청이 있는 경우 서버는 클라이언트의 접속을 허용해 주는 절차가 필요하며, 이 과정은 Ethernet 라이브러리에서 자동으로 처리된다. 접속이 이루어지면 서버는 클라이언트별로 연결을 관리하게 되며, available이 반환하는 EthernetClient 객체는 접속을 요청한 클라이언트와 일대일 연결된 서버 쪽 객체를 의미한다. 접속된 클라이언트는 EthernetClient 클래스의 stop 함수를 통해 연결을 해제할 때까지 접속이 유지된다.

- **write**

```
size_t write(uint8_t data)
size_t write(const uint8_t *buf, size_t size)
    - 매개변수
        data: 1바이트 크기의 데이터
        buf: 바이트 배열 데이터
        size: buf 내 데이터 크기
    - 반환값: 클라이언트로 전송한 바이트 수
```

서버에 접속된 모든 클라이언트로 데이터를 전송한다. 반환되는 값은 개별 클라이언트에 전송된 바이트 수를 모두 합한 값이다.

- **print, println**

서버에 접속된 모든 클라이언트에 데이터를 전송한다. println 함수는 마지막에 개행문자를 전송하는 것 이외에는 print 함수와 동일하다. print 함수는 문자열뿐만 아니라 정수나 실수를 문자열로 변환하여 전송할 수 있다. print와 println 함수의 사용법은 Serial 클래스의 print 및 println 함수와 동일하다.

33.5 EthernetClient 클래스

EthernetClient 클래스는 서버에 접속하여 통신할 수 있는 이더넷 클라이언트를 위한 클래스로, 다음과 같은 멤버 함수들이 정의되어 있다.

- **EthernetClient**

```
EthernetClient()
    - 매개변수: 없음
    - 반환값: 없음
```

이더넷 클라이언트 객체를 생성하는 생성자로, 생성된 클라이언트는 connect 함수를 통해 지정한 IP 주소와 포트를 통해 서버에 접속할 수 있다. 한 가지 주의할 점은 클라이언트가 서버에 접속한 경우 서버에서 접속한 클라이언트와 통신하기 위해 생성되는 객체 역시 EthernetClient 클래스의 객체라는 점이다.

■ **connect**

```
int connect(IPAddress ip, uint16_t port)
int connect(const char *host, uint16_t port)
```
　　- 매개변수
　　　　ip: IPAddress 형식의 서버 IP 주소
　　　　host: 문자열로 표현되는 서버 주소
　　　　port: 클라이언트가 접속할 서버의 포트 번호
　　- 반환값: 접속에 성공하면 true, 실패하면 false를 반환

지정된 서버의 주소와 포트를 통해 서버로 접속을 시도한다. 서버의 주소는 IPAddress 형식의 주소로 지정할 수도 있고, 문자열로 표현되는 URL(Uniform Resource Locator) 형식으로 지정할 수도 있다. URL로 주소가 지정되는 경우 DNS 서버로부터 URL에 해당하는 숫자 형식의 IP 주소를 얻어온 후 접속을 시도한다. 접속에 성공하면 true를, 실패하면 false를 반환한다.

■ **connected**

```
uint8_t connected(void)
```
　　- 매개변수: 없음
　　- 반환값: 서버 접속 여부

클라이언트가 서버에 접속되어 있는지 여부를 반환한다. 실제로 접속이 종료되었더라도 읽지 않은 데이터가 존재하는 경우, 즉 수신 버퍼에 데이터가 남아 있는 경우에는 접속된 것으로 간주된다.

■ **write**

```
size_t write(uint8_t data)
size_t write(const uint8_t *buf, size_t size)
```
　　- 매개변수
　　　　data : 1바이트 크기의 데이터
　　　　buf　: 바이트 배열 데이터
　　　　size : buf 내 데이터 크기
　　- 반환값: 서버로 전송한 바이트 수

클라이언트가 접속되어 있는 서버로 데이터를 전송하고 전송된 바이트 수를 반환한다.

■ print, println

클라이언트가 접속되어 있는 서버로 데이터를 전송한다. println 함수는 마지막에 개행문자를 전송하는 것 이외에는 print 함수와 동일하다. print 함수는 문자열뿐만 아니라 정수나 실수를 문자열로 변환하여 전송해 준다. print와 println 함수의 사용법은 Serial 클래스의 print 및 println 함수와 동일하다.

■ available

```
int available(void)
    - 매개변수: 없음
    - 반환값: 서버로부터 전송된 바이트 수
```

서버로부터 전송되어 클라이언트가 읽을 수 있는 데이터의 바이트 수를 반환한다.

■ read

```
int read(void)
int read(uint8_t *buf, size_t size)
    - 매개변수
        buf: 읽어 들인 데이터를 저장할 버퍼
        size: 버퍼의 바이트 단위 크기
    - 반환값: 읽어 들인 1바이트 데이터, 읽어 들인 데이터의 바이트 수 또는 -1
```

매개변수가 없는 read 함수는 버퍼에 있는 첫 번째 바이트 데이터를 읽어 반환한다. 매개변수가 있는 read 함수는 최대 size 바이트의 데이터를 읽어 buf에 저장하고 읽어 들인 데이터의 바이트 수를 반환한다. 읽어 들일 데이터가 존재하지 않는 경우에는 -1을 반환한다.

■ flush

```
void flush(void)
    - 매개변수: 없음
    - 반환값: 없음
```

서버로부터 전송되어 아직 읽지 않은 데이터를 읽어서 수신 버퍼를 비운다.

■ **stop**

```
void stop(void)
```
  – 매개변수: 없음
  – 반환값: 없음

서버와의 접속을 종료한다.

33.6 웹 클라이언트

EthernetClient 클래스를 이용하여 웹 클라이언트를 만들어 보자. 웹 클라이언트는 웹 서버에 접속하여 웹 페이지를 다운로드받아 보여 주는 역할을 한다. 웹 페이지는 HTML로 만들어져 있고 내용 이외에도 페이지 레이아웃 및 속성 지정을 위한 다양한 태그들이 포함되어 있어 HTML 문서를 해석해서 보여 줄 수 있는 기능이 없다면 그 내용을 알아보기 어렵다. 아두이노에는 웹 브라우저 기능을 구현하기 어려우므로 여기서는 웹 서버를 통해 웹 페이지를 수신하여 시리얼 모니터로 표시하는 방법을 알아본다. 스케치 33-3은 구글 검색 사이트에서 'Ethernet'에 대한 결과를 얻어 오는 스케치의 예이다. 서버에 접속해서 데이터를 얻어 오는 과정이 중요한 것이지 수신된 내용 자체가 중요한 것은 아니다.

스케치 33-3 웹 클라이언트

```
#include <Dhcp.h>
#include <Dns.h>
#include <Ethernet.h>
#include <EthernetClient.h>
#include <EthernetServer.h>
#include <EthernetUdp.h>
#include <SPI.h>

byte MAC[] = { 0x90, 0xA2, 0xDA, 0x0D, 0xD2, 0x16 };
IPAddress IP(192, 168, 0, 10);
EthernetClient client;
char server_address[] = "www.google.com";

void setup(){
    Serial.begin(9600);

    Ethernet.begin(MAC, IP);                    // 고정 IP 사용

    delay(2000);                                // 이더넷 쉴드의 초기화 대기
```

```
        Serial.println("* Connecting to server...");
        // www.google.com의 80번 포트로 접속 시도
        if(client.connect(server_address, 80)){
            Serial.println("* Connected to server...");

            // 'Ethernet'에 대한 검색 결과 요청
            client.println("GET /search?q=Ethernet HTTP/1.0");
            client.println("Connection: close");          // 데이터 수신 종료 후 접속 종료
            client.println();                              // 요청 종료 알림
        }
        else{
            Serial.println("* Connection to server failed...");
        }
}

void loop()
{
        // 웹 서버로부터 수신한 데이터가 존재하는 경우
        if (client.available()) {
            char c = client.read();                        // 수신 데이터를 읽기
            Serial.print(c);                               // 시리얼 모니터로 수신 데이터 출력
        }

        // 서버와의 접속이 종료된 경우 클라이언트 종료
        if (!client.connected()) {
            Serial.println();
            Serial.println("* Disconnecting...");
            client.stop();                                 // 클라이언트 종료

            while(true);
        }
}
```

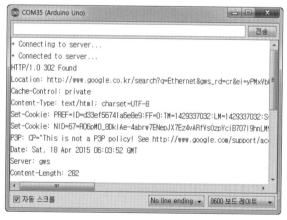

그림 33-4 스케치 33-3의 실행 결과

HTTP 요청(Request)[62]: GET /search?q=Ethernet HTTP/1.0

스케치 33-3에서는 구글 서버에 접속하여 검색 결과를 얻기 위해 'GET' 명령어를 사용하였다. 구글 서버에 접속하여 결과를 얻어오는 과정을 생각해 보면, 브라우저의 검색 창에서 검색어를 입력하고 엔터키를 누르기만 하면 이후 모든 일은 브라우저에서 처리된다. 하지만, 아두이노에는 브라우저와 같은 친절한 프로그램이 없다. 따라서 검색어를 입력하고 엔터키를 누르는 경우 실제 구글 서버로 전달되는 데이터의 종류와 형식을 알고 있어야 한다. 검색창에서 'Ethernet'이라고 입력하고 엔터키를 누르면 구글 서버로 전달되는 데이터가 바로 'GET /search?q=Ethernet HTTP/1.0'이며, 이를 'HTTP 요청(request)'이라고 한다.

HTTP 요청에 사용된 'GET'은 웹 브라우저가 서버에게 특정 페이지를 요청하기 위해 사용하는 명령으로, 구글 서버의 '/search' 페이지를 요청하고 있음을 나타낸다. 이 때 '?q=Ehternet'은 검색 페이지에 전달할 인자, 즉 검색창에 입력한 단어를 의미한다. 마지막 'HTTP/1.0'은 통신에 사용되는 프로토콜의 종류와 버전을 나타낸다. GET 명령어 이후 전달하는 'Connection: close'는 데이터가 수신된 이후에는 연결을 종료하도록 하는 명령이다.

HTTP 요청을 수신한 웹 서버는 해당 페이지, 즉 이 예에서는 'Ethernet'을 인자로 하는 '/search' 페이지를 통해 검색을 실행하고, 그 결과를 HTML 형식으로 작성하여 클라이언트에게 되돌려 주며, 이를 'HTTP 응답(response)'이라고 한다.

33.7 웹 서버

아두이노로 일반 웹 서버에 접속하여 정보를 읽어 오는 일보다는 아두이노에 웹 서버를 설치하고 웹 브라우저에서 아두이노로 접속하여 아두이노에 연결된 센서나 기타 장치들의 정보를 얻어 오는 프로젝트를 흔히 볼 수 있다. 아두이노에 가변저항을 연결하고 현재 가변저항의 값을 아두이노로 접속하는 컴퓨터나 스마트폰의 브라우저에 보여 주는 스케치를 작성해 보자. 이더넷 쉴드는 아두이노에 적층하고 그림 33-5와 같이 이더넷 쉴드에 가변저항을 아날로그 0번 핀 A0에 연결한다. 가변저항 연결에 사용된 핀은 이더넷 쉴드가 사용하지 않는 핀이므로 아두이노에 연결하는 것과 동일한 방법으로 연결하면 된다.

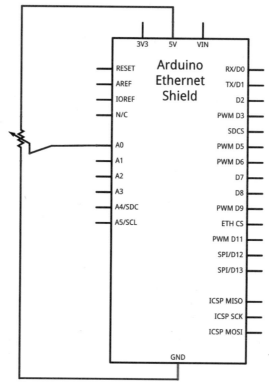

그림 33-5 이더넷 쉴드에 연결된 가변저항 회로도

스케치 33-4는 아두이노에 웹 클라이언트가 접속한 경우 현재 가변저항의 값을 전송하는 스케치의 예이다. 웹 서버는 EthernetServer 클래스의 객체를 생성하고, begin 함수로 시작한다. 클라이언트의 접속 여부는 EthernetServer 클래스의 available 함수를 통해 알아 낼 수 있으며, 접속한 클라이언트가 있다면 available 함수는 EthernetClient 객체를 반환한다. 따라서 이후 클라이언트로의 데이터 전송은 available 함수가 반환한 EthernetClient 클래스의 객체를 통해 이루어진다.

스케치 33-4 **웹 서버**

```
#include <Dhcp.h>
#include <Dns.h>
#include <Ethernet.h>
#include <EthernetClient.h>
#include <EthernetServer.h>
#include <EthernetUdp.h>
#include <SPI.h>

byte MAC[] = { 0x90, 0xA2, 0xDA, 0x0D, 0xD2, 0x16 };
```

```
IPAddress IP(192, 168, 0, 10);
EthernetServer server(80);                          // 80번 포트를 이용하는 웹 서버 생성

void setup(){
    Serial.begin(9600);

    Ethernet.begin(MAC, IP);                        // 고정 IP 경우
    delay(2000);                                    // 이더넷 쉴드의 초기화 대기

    server.begin();                                 // 웹 서버 시작
    Serial.print("* Web Server Address : ");        // 웹 서버 주소를 시리얼 모니터로 출력
    Serial.println(Ethernet.localIP());
}

void loop()
{
    // 아두이노의 웹 서버로 요청을 보낸 클라이언트 검사
    EthernetClient client = server.available();

    if(client){                                     // 클라이언트가 존재하는 경우
        while(client.available())
            client.read();                          // 클라이언트의 요청은 읽어서 버림

        // HTTP 메시지 전송
        client.println("HTTP/1.1 200 OK");
        client.println("Content-Type: text/html");
        client.println("Connection: close");        // 응답 전송 후 연결 종료
        client.println("Refresh: 3");               // 3초마다 웹 페이지 자동 갱신
        client.println();
        client.println("<!DOCTYPE HTML>");
        client.println("<html>");
        client.print("Analog Input (0 ~ 1023) : ");
        client.println(analogRead(A0));             // 가변저항의 값을 읽어 전송
        client.println("</html>");
        client.println();

        client.stop();
    }
}
```

시리얼 모니터에는 현재 서버의 주소가 출력된다. 출력된 서버 주소를 웹 브라우저에 입력하면
3초마다 자동으로 현재 가변저항의 값이 갱신되어 웹 브라우저에 나타낸다. 가변저항을 돌리
면 바뀐 값이 웹 페이지에 나타나는 것을 확인할 수 있다.

그림 33-6 스케치 33-4의 실행 결과 – 시리얼 모니터

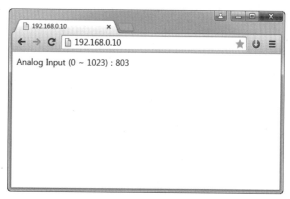

그림 33-7 스케치 33-4의 실행 결과 – 웹 브라우저

스마트폰에서도 아두이노에 접속하여 현재 가변저항 값을 얻어오는 것이 가능하다. 다만, 아두이노가 공유기에 연결되어 있다면 스마트폰 역시 동일한 공유기에 와이파이로 접속된 경우에만 결과를 얻을 수 있으며, 이는 컴퓨터의 경우에도 마찬가지이다.

Analog Input (0 ~ 1023) : 703

그림 33-8 스케치 33-4의 실행 결과 – 스마트폰

HTTP 응답

웹 클라이언트가 GET 명령어를 사용하여 웹 페이지를 요청하면, 웹 서버는 요청을 처리하여 처리된 결과를 클라이언트로 돌려 주며, 이를 'HTTP 응답(response)'이라고 한다. HTTP 응답은 크게 헤더와 데이터로 구성된다. 스케치 33-4에서 클라이언트로 전달되는 HTTP 응답 메시지 구조는 다음과 같다. 헤더와 데이터의 끝에는 내용 없이 '\r\n'으로 구성되는 줄바꿈 문자가 전달되며, 이를 '↵'로 표시하였다.

헤더	``` HTTP/1.1 200 OK Content-Type: text/html Connection: close Refresh: 3 ↵ ```
데이터	``` <!DOCTYPE HTML> <html> Analog Input (0 ~ 1023) : **** </html> ↵ ```

HTTP 응답의 헤더 부분에서 첫 번째 줄은 프로토콜과 버전, 응답 코드, 응답 메시지로 구성된다. 응답 코드 200은 서버에서 처리가 정상적으로 처리되었음을 나타낸다. 'Content-Type'은 데이터 부분의 형식을 나타내며, HTML 형식의 데이터임을 나타내고 있다. 이후 두 줄은 데이터 전송 후 연결을 종료하고 3초 후 자동으로 재전송하라는 의미이다.

데이터 부분은 헤더 부분에서 명시된 것과 같이, HTML 형식의 텍스트로 이루어져 있다. 첫 번째 줄은 데이터의 형식을 나타내며, 이후 HTML 태그를 사용하여 데이터를 기술하고 있다. HTML 문서는 태그를 사용하여 계층적으로 구성되며, 최상위 구성 요소에 해당하는 것이 <html>이다. 스케치 33-4의 경우 가변저항 값만을 전달하며, <html> 요소 내에 하위 요소는 없다. </html>은 <html> 요소가 끝났음을 나타낸다.

33.8 요약

이더넷은 인터넷에 연결하기 위한 방법 중에서 와이파이와 더불어 가장 많이 사용되는 방법 중 하나이다. 이더넷은 인터넷으로의 물리적 연결을 위해 필요한 방법이며, 물리적 연결을 바탕으로 인터넷의 기본이 되는 TCP/IP 프로토콜과 서비스 제공을 위한 다양한 프로토콜이 존재한다. 아두이노에는 이더넷 연결을 위한 Ethernet 라이브러리를 제공하고 있으며, Ethernet 라이브러리에서는 TCP/IP 프로토콜을 지원하므로 간단히 인터넷에 연결할 수 있다. 인터넷 서비스 중 가장 활용도가 높은 것 중 하나는 웹 페이지를 보여 주는 것이지만, 아두이노 라이브러리에서 HTTP 프로토콜을 지원하지 않으므로 스케치 33-3과 33-4에서 직접 HTTP에서 사용되는 태그들을 사용하고 있다. 설혹 HTTP를 지원하는 라이브러리가 존재한다고 하더라도 컴퓨터와 동일한 방식으로 동작하는 웹 서버나 클라이언트를 아두이노로 만드는 것은 처리 능력의 한계로 불가능하다. 따라서 아두이노를 웹 클라이언트로 사용하는 경우에는 특정 사이트에서 특정 정보를 받아서 사용하는 경우가 대부분이며, 웹 서버로 사용하는 경우에는 아두이노를 통해 수집된 데이터를 인터넷을 통해 전달하여 원격 모니터링 용도로 사용하는 경우가 대부분이다. 이 장에서 설명한 내용은 아두이노를 인터넷에 연결하여 사용하기 위한 기본적인 내용들이며, 실제 활용 예들은 이후 장에서 다룬다.

CHAPTER

34

오늘의 날씨: 이더넷

아두이노에 이더넷 쉴드를 연결하고 이더넷 라이브러리를 사용하면 웹 서버에 접속하여 웹 페이지를 얻어올 수 있다. 하지만, 웹 페이지에는 실제 데이터 이외에도 다양한 부가 정보들이 포함되어 있으므로 그 중 필요한 정보만을 골라내는 것은 쉽지 않다. 하지만, 일부 웹 서버는 공개 API를 통해 필요한 정보만을 제공하고 있으므로 이를 활용하면 다양한 정보를 간편하게 얻어올 수 있다. 이 장에서는 공개 API를 사용하여 웹 서버에서 날씨 정보를 얻어 오고 이를 출력하는 방법을 알아본다.

이전 장에서 이더넷 쉴드를 사용하여 아두이노를 웹 클라이언트와 웹 서버로 사용하는 방법에 대해 알아보았다. 웹 클라이언트로 사용하는 경우 특정 웹 사이트에 접속하여 정보를 읽어오는 것이 가능하기는 하지만, HTML로 표현되는 웹 페이지는 데이터 이외의 정보들이 많이 포함되어 있어 아두이노로는 그 내용을 알아 내기가 쉽지 않다. 하지만, 일부 웹 서버의 경우 공개 API(Open API)를 통해 특정 정보를 제공하고 이를 활용할 수 있는 방법을 제공하고 있다. API는 Application Programming Interface의 줄임말로, 컴퓨터 프로그래밍에서 프로그램 작성을 쉽게 할 수 있도록 제공되는 함수와 도구들을 가리키는 말이다. 이러한 API를 웹을 통해 확장한 것을 공개 API 또는 웹 API라고 부르며, 웹 서비스를 제공하는 회사에서 회사의 특정 웹 서비스에 접근하여 데이터를 요청하고 얻어 오는 등의 방법을 API 형식으로 공개하여 사용자가 쉽게 정보를 얻을 수 있도록 만들어져 있다. 일반적인 웹 페이지는 실제로 필요한 정보 이외에도 페이지 레이아웃 등을 위해 많은 정보가 추가되어 있는 반면, 공개 API를 통해 제공되는 내용에는 실제 필요한 정보만이 포함되어 있어 해석하고 사용하기 편리하다. 이 장에서는 날씨 정보와 관련된 공개 API를 제공하고 있는 openweathermap.org를 통해 현재 날씨를 알아 내는 방법에 대해 알아본다.

34.1 공개 API – 날씨 정보

먼저 openweathermap.org에 접속해서 현재 날씨를 알고 싶은 도시를 입력해 보자.

그림 34-1 openweathermap.org에서 제공하는 부산의 현재 날씨 정보

'busan'을 입력하였을 때 아래쪽에 현재 날씨와 위치 정보가 표시되고 있음을 볼 수 있다. 웹 페이지를 'find.html'이라는 이름으로 저장하고, 텍스트 편집기로 내용을 살펴보자. 20KB가 넘는 문서에는 다양한 내용이 포함되어 있지만, 우리가 알고 싶은 내용은 그중 극히 일부일 뿐이다. 우리가 원하는 내용만을 얻어 올 수 있는 방법이 없을까? 공개 API를 사용하는 것이 해결책 중 하나이며, openweathermap.org에서는 날씨 정보를 위한 공개 API를 제공하고 있다. 날씨 정보는 도시 이름을 사용하는 방법, 도시 ID를 사용하는 방법, 도시의 위도와 경도를 사용하는 방법 등 다양한 방법을 통해 제공되고 있다. 이 중 도시 이름을 사용하여 날씨 정보를 알아 내기 위해서는 주소 창에 그림 34-2와 같이 입력하면 된다.

```
http://api.openweathermap.org/data/2.5/weather?q="busan"
http://api.openweathermap.org/data/2.5/weather?q="busan"&mode=xml
```

그림 34-2 공개 API 사용 형식

그림 34-2에서 알 수 있듯이, 모드를 지정하지 않으면 JSON(JavaScript Object Notation) 형식의 데이터를 얻을 수 있으며, XML 형식의 데이터를 얻기 위해서는 'mode=xml'을 추가해 주어야 한다. XML 형식으로 반환되는 날씨 정보는 그림 34-3과 같다.

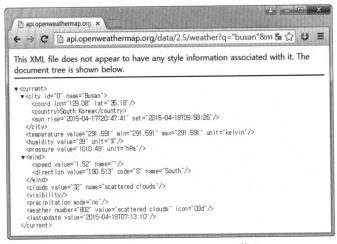

그림 34-3 XML 형식의 날씨 정보[63]

어딘가 익숙하지 않은가? XML은 eXtended Markup Language의 줄임말로, 구조화된 정보 표현을 위해 널리 사용되는 방식으로 HTML 역시 XML의 한 종류이다. XML에서는 계층적으로 정보를 구조화해서 나타내며, 각 항목을 태그를 사용하여 표현한다. 그림 34-3을 살펴보면 날씨 정보가 두 가지 방식으로 표현되고 있음을 알 수 있다. 첫 번째는 여는 태그와 닫는 태그의 쌍으로 표시되는 경우이고, 두 번째는 하나의 태그로만 표시되는 경우이다. 정보의 계층 구조에 따라 첫 번째 방식은 상위 정보를 나타내기 위해, 두 번째 방식은 하위 정보를 나타내기 위해 사용되고 있다. 그림 34-4는 태그 표시 방법을 단순화하여 나타낸 것이다.

```
<wind>                          ← 상위 정보(여는 태그)
    <speed value="1.52" />      ← 하위 정보
</wind>                         ← 상위 정보(닫는 태그)
```

그림 34-4 태그 표시 방법

이 장에서는 XML 형식의 날씨 정보를 얻어 오고 이를 해석(parsing)하여 현재 날씨 정보를 표시하는 방법을 알아본다.

34.2 XML 데이터 얻기

현재 부산의 날씨를 XML 형식으로 얻어 시리얼 모니터로 출력해 보자. 스케치 34-1은 이전 장에서 웹 클라이언트로 사용한 코드와 거의 동일하다. 부산의 날씨 정보를 얻기 위해 접속하는 웹 페이지의 주소가 이전 장과 다르며, 그 결과 반환되는 데이터 형식에서 차이가 있을 뿐이다.

스케치 34-1 XML 형식의 날씨 정보 얻기

```
#include <Dhcp.h>
#include <Dns.h>
#include <Ethernet.h>
#include <EthernetClient.h>
#include <EthernetServer.h>
#include <EthernetUdp.h>
#include <SPI.h>

byte MAC[] = { 0x90, 0xA2, 0xDA, 0x0D, 0xD2, 0x16 };
IPAddress IP(192, 168, 0, 10);
EthernetClient client;
char server_address[] = "api.openweathermap.org";
char server_page[] = "/data/2.5/weather?q=\"busan\"&mode=xml";

void setup(){
    Serial.begin(9600);

    Ethernet.begin(MAC, IP);                    // 고정 IP 사용
    Serial.print("Local IP : ");
    Serial.println(Ethernet.localIP());
    delay(2000);                                // 이더넷 쉴드의 초기화 대기

    Serial.println("* Connecting to server...");
    // 날씨 정보 제공 서버에 접속
    if(client.connect(server_address, 80)){
        Serial.println("* Connected to server...");

        // 부산의 현재 날씨 정보 요청
        client.println(String("GET ") + server_page);
        client.println("Connection: close");    // 데이터 수신 종료 후 접속 종료
        client.println();                       // 요청 종료 알림
    }
```

```
    else{
        Serial.println("* Connection to server failed...");
    }
}

void loop()
{
    // 웹 서버로부터 수신한 데이터가 존재하는 경우
    if (client.available()) {
        char c = client.read();                    // 수신 데이터를 읽기
        Serial.print(c);                           // 시리얼 모니터로 수신 데이터 출력
    }

    // 서버와의 접속이 종료된 경우 클라이언트 종료
    if (!client.connected()) {
        Serial.println();
        Serial.println("* Disconnecting...");
        client.stop();                             // 클라이언트 종료

        while(true);
    }
}
```

그림 34-5는 스케치 34-1의 실행 결과로, 그림 34-3과 동일한 내용이 수신되고 있음을 확인할 수 있다.

그림 34-5 스케치 34-1의 실행 결과

그림 34-3과 34-5를 살펴보면 각 항목이 한 줄에 표현되고 있음을 확인할 수 있다. XML은 텍스트 기반으로 각 행에 하나의 항목을 표시하고 각 행의 끝에는 줄바꿈 문자인 '\n'(LF, Line Feed)이 추가되어 있다. 한 가지 주의할 점은 공개 API를 통해 수신된 데이터는 HTTP 응답이 아니며, 단순히 XML 형식으로 구조화된 데이터라는 점이다. 그림 34-5에서 출력된 결과 어디에도 HTTP 관련 내용은 찾아볼 수 없다.

34.3 XML 데이터 해석

스케치 34-1은 현재 날씨 정보를 XML 형식의 데이터로 얻어 올 수 있도록 해 준다. 이 중 온도(temperature), 습도(humidity), 풍속(speed)을 찾아내어 출력해 보자. 먼저 수신되는 데이터를 버퍼에 저장하고 '\n' 문자를 만나면 이를 처리하도록 한다. 각 항목에 해당하는 단어가 발견되면 'value' 값을 찾아내어 출력하면 된다. 스케치 34-2는 수신되는 데이터에서 각 항목을 찾아 내어 출력하는 예이다.

스케치 34-2 XML 데이터 해석

```
#include <Dhcp.h>
#include <Dns.h>
#include <Ethernet.h>
#include <EthernetClient.h>
#include <EthernetServer.h>
#include <EthernetUdp.h>
#include <SPI.h>

byte MAC[] = { 0x90, 0xA2, 0xDA, 0x0D, 0xD2, 0x16 };
IPAddress IP(192, 168, 0, 10);
EthernetClient client;
char server_address[] = "api.openweathermap.org";
char server_page[] = "/data/2.5/weather?q=\"busan\"&mode=xml";

String buffer = "";                              // 수신 데이터 저장 버퍼
boolean process_it = false;

void setup(){
    Serial.begin(9600);

    Ethernet.begin(MAC, IP);                     // 고정 IP 사용
    Serial.print("Local IP : ");
    Serial.println(Ethernet.localIP());
    delay(2000);                                 // 이더넷 쉴드의 초기화 대기
```

```
    Serial.println("* Connecting to server...");
    // 날씨 정보 제공 서버에 접속
    if(client.connect(server_address, 80)){
        Serial.println("* Connected to server...");

        // 부산의 현재 날씨 정보 요청
        client.println(String("GET ") + server_page);
        client.println("Connection: close");        // 데이터 수신 종료 후 접속 종료
        client.println();                            // 요청 종료 알림
    }
    else{
        Serial.println("* Connection to server failed...");
    }
}

void loop()
{
    // 웹 서버로부터 수신한 데이터가 존재하는 경우
    if (client.available()) {
        char c = client.read();                      // 수신 데이터를 읽기
        if(c == '\n')
            process_it = true;                       // 한 줄 수신 종료
        else
            buffer = buffer + c;
    }

    if(process_it) process_data();                   // 수신 데이터 처리

    // 서버와의 접속이 종료된 경우 클라이언트 종료
    if (!client.connected()) {
        Serial.println();
        Serial.println("* Disconnecting...");
        client.stop();                               // 클라이언트 종료

        while(true);
    }
}

void process_data(void)
{
    String key[] = { "temperature", "humidity", "speed" };
    String value_string = "";
    int index, position, position_end;

    // 추출하고자 하는 정보의 키워드 검색
    for(index = 0; index < 3; index++){
        position = buffer.indexOf(key[index]);
        if(position != -1) break;
    }
```

```
// 온도, 습도, 풍속 정보가 포함되어 있는 경우
if(index < 3){
    position = buffer.indexOf("value") + 7;      // 값 시작 위치
    position_end = -1;
    for(int i = position; i < buffer.length(); i++){
        if(buffer[i] == '\"'){
            position_end = i;                    // 값 종료 위치
            break;
        }
    }

    if(position_end != -1){
        value_string = buffer.substring(position, position_end);
        Serial.println(" >> " + buffer);         // 수신된 문자열
        Serial.println(key[index] + " : " + value_string);  // 추출된 내용
    }
}

buffer = "";
process_it = false;
}
```

그림 34-6 스케치 34-2의 실행 결과

34.4 요약

아두이노에 이더넷 쉴드를 연결하고 이더넷 라이브러리를 통해 웹 서버에서 웹 페이지 데이터
를 얻어 오는 것은 간단하다. 하지만, 웹 페이지 데이터에는 실제 정보 이외에도 레이아웃 등을

위해 많은 부가적인 정보들이 포함되어 있어 웹 페이지 데이터를 얻어 온 이후에는 필요한 정보만을 추출하여 사용하여야 하지만, 처리 능력이 한정된 아두이노로는 쉽지 않다. 웹 서비스를 통해 필요한 정보만을 얻어 올 수 있는 방법 중 하나가 공개 API를 사용하는 것이다. 공개 API는 공개된 정보를 쉽게 얻어 올 수 있는 인터페이스를 제공하는 웹 서비스의 일종으로, 날씨를 비롯하여 버스와 지하철 등의 교통 정보, 뉴스, 우편번호, 지도 등의 정보를 얻어 올 수 있다. 이 장에서는 이 중 날씨 정보를 제공하는 openweathermap.org를 이용하여 원하는 지역의 날씨 정보를 얻어 오고, 이를 해석하여 출력하는 방법을 살펴보았다. 공공 정보 공개에 따라 공개 API를 제공하는 사이트는 증가하고 있으므로 필요한 정보가 있다면 웹 서비스를 통해 이를 얻어 오는 것을 고려해 볼 수 있으며, 웹을 통한 정보의 획득은 사물인터넷 환경에서 사물들 사이에 정보를 교환하고 새로운 서비스를 제공하기 위한 시작점이 될 수 있다.

CHAPTER

35

트위터: 이더넷

트위터는 단문을 통한 사회 관계망 서비스의 일종으로, 단순한 구조와 빠른 전파력으로 많은 사람들이 사용하고 있다. 현재 날씨를 알아보기 위해 공개 API를 사용한 것과 마찬가지로 공개 API를 통해 아두이노로 트위터에 메시지를 남기는 것 역시 가능하다. 하지만, 트위터는 메시지 작성을 위해 인증 과정이 필요하다는 차이점이 있다. 이 장에서는 아두이노를 통해 트위터에 단문 메시지를 작성하는 방법을 알아본다.

트위터(twitter)는 2006년 시작된 미니 블로그로, 140자 이내의 짧은 내용만을 등록하고 등록된 내용의 재전송을 통해 소통하는 사회 관계망 서비스(Social Network Service, SNS)의 일종이다. '지저귀다'는 뜻을 가지고 있는 트위터는 블로그와 단문 문자 서비스(Short Message Service, SMS)를 결합한 형태로 마이크로블로깅(microblogging)이라고도 불린다. 트위터는 A라는 사람이 트위터에 단문을 남기면 A라는 사람을 팔로우(follow)하는 사람들에게 글이 전송되는 단순한 구조를 바탕으로 하고 있다. 트위터의 구조는 단순하지만, 오히려 이러한 단순성이 편리함으로 받아들여지고, 전송된 내용을 재전송(re-tweet)함으로써 짧은 시간에 많은 사람에게 동일한 내용을 전달할 수 있는 파급력으로 많은 사람들이 사용하고 있다. 이 장에서는 아두이노를 이용하여 트위터에 단문 메시지를 남기는 방법을 알아본다.

35.1 트위터 인증

이전 장에서 openweathermap.org의 공개 API를 사용하여 날씨 정보를 얻어 오는 방법을 살펴보았다. 트위터에 단문 메시지를 작성하는 방법 역시 공개 API를 사용한다. 하지만, 날씨 정보를 얻어 오는 방법과 트위터에 단문 메시지를 작성하는 방법 사이에는 중요한 차이점이 있다. 날씨 정보를 얻어 오기 위해서는 웹 브라우저의 주소 창에 주소를 입력하는 것으로 충분하지만, 트위터에 단문 메시지를 작성하기 전에는 트위터에 로그인이 필요하다. 즉, 사용자에 대한 인증이 필요하다. 하지만, 아두이노를 통해 인증이 이루어지기 위해서는 조금 다른 절차를 사용한다. 아두이노는 사용자를 대신하여 인증을 수행하기 위해 사용자로부터 인증에 필요한 정보를 얻고, 이 정보를 이용하여 자동으로 인증을 수행한다. 인증을 위해 필요한 정보를 요청하는 방법에도 여러 가지가 있으며, 트위터에서 사용하는 방식은 OAuth(Open Authorization)라는 방식이다. OAuth 인증을 위해서는 사용자의 개인정보가 포함된 토큰(token)을 사용한다. 따라서 사용자는 트위터에 로그인을 하고, 트위터의 서비스를 공개 API를 통해 사용할 수 있도록 허용하는 토큰을 생성하여야 한다. 이 토큰은 트위터에 등록되어 있어야 하며, 아두이노에서도 토큰에 관한 정보를 알고 있어야 아두이노가 사용자의 계정으로 접속하여 단문을 남길 수 있다. 복잡하게 들리는가? 우선 트위터에 로그인을 해 보자. 계정이 없다면 트위터 계정을 하나 만들도록 하자.

그림 35-1 트위터 로그인

토큰을 생성하고 등록시키는 방법은 복잡하지만, 이를 간편하게 할 수 있도록 도와주는 사이트가 있다. 'Tweet Library for Arduino'[64]는 OAuth를 사용하여 트위터에 단문 메시지를 작성할 수 있도록 해 주는 라이브러리를 지원하는 사이트로, 토큰 생성 및 등록 과정을 지원하고 있다.

아두이노를 위한 트위터 라이브러리 사이트에 접속을 하면 트위터에 단문 메시지를 작성하기
위한 3단계 과정이 나타난다.

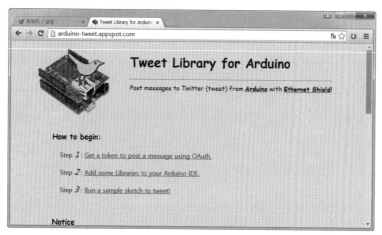

그림 35-2 Tweet Library for Arduino 사이트

'Step 1'의 링크를 눌러 보자.

그림 35-3 Arduino의 계정 사용 승인

그림 35-3에서 트위터의 아이디와 비밀번호를 입력하고 '앱 인증' 버튼을 누르면 아두이노에서
사용할 수 있는 토큰을 생성하고 이를 트위터에 등록해 준다. 토큰은 그림 35-4에 보이는 것처
럼, 알파벳과 숫자로 이루어지는 문자열이다. 아두이노에서 트위터 계정을 사용하기 위해서는
생성된 토큰이 필요하므로 저장해 두도록 한다.

그림 35-4 토큰 생성

트위터에서 오른쪽 위의 '설정'을 선택하고, 왼쪽 메뉴에서 '애플리케이션'을 선택하면 트위터 계정에 접근이 허용된 어플리케이션 목록이 나타난다. 접근이 허용된 목록에 아두이노가 있다면 아두이노로 단문 메시지를 작성할 준비는 끝난 것이다.

그림 35-5 계정 접근이 허용된 애플리케이션 목록

35.2 트위터 메시지 작성하기

인증 과정을 마쳤으니 이제 아두이노에서 단문 메시지를 작성하기 위한 라이브러리를 설치해 보자. 그림 35-2에서 'Step 2'를 누르면 트위터 라이브러리를 다운로드받을 수 있다. 다운로드받은 라이브러리를 스케치북 디렉터리의 'libraries' 디렉터리 아래에 설치한다. 트위터 라이브러리를 사용하는 방법은 간단하다. 먼저 '스케치 ➡ 라이브러리 가져오기 ➡ Twitter'를 선택하여 트위터 라이브러리를 사용하기 위해 필요한 헤더 파일을 포함시킨다. 이더넷 쉴드를 사용하기 위한 헤더 파일을 포함시키는 것도 잊지 말아야 한다.

```
#include <Twitter.h>
```

헤더 파일이 포함되면 Twitter 클래스의 객체를 생성하여야 하며, 이 때 앞에서 생성한 토큰이
사용된다.

```
Twitter twitter("토큰_문자열을_여기에_넣는다");
```

모든 준비는 끝났다. Twitter 클래스의 post 멤버 함수를 통해 단문 메시지를 작성하면 된다.
스케치 35-1은 트위터를 통해 단문 메시지를 작성하는 스케치의 예이다.

스케치 35-1 트위터 메시지 작성

```
#include <Twitter.h>
#include <Dhcp.h>
#include <Dns.h>
#include <Ethernet.h>
#include <EthernetClient.h>
#include <EthernetServer.h>
#include <EthernetUdp.h>
#include <SPI.h>

byte MAC[] = { 0x90, 0xA2, 0xDA, 0x0D, 0xD2, 0x16 };
IPAddress IP(192, 168, 0, 10);
char msg[] = "Hello from Arduino.";

// 토큰을 이용하여 트위터 서비스 사용
Twitter twitter("토큰_문자열을_여기에_넣는다");

void setup(){
    Serial.begin(9600);

    Ethernet.begin(MAC, IP);                // 고정 IP 사용
    Serial.print("Local IP : ");
    Serial.println(Ethernet.localIP());
    delay(2000);                            // 이더넷 쉴드의 초기화 대기
}

void loop() {
    Serial.println("* Connecting to twitter...");
    if(twitter.post(msg)){                  // 단문 메시지 작성
        int status = twitter.wait();
        if(status == 200){
            Serial.println("Okay... Arduino made a tweet...");
        }
        else{
            Serial.print("Error occurred... ");
```

```
            Serial.println(status);
        }
    }
    else{
        Serial.println("Connection failed...");
    }

    while(true);
}
```

그림 35-6 스케치 35-1의 실행 결과

그림 35-6과 같이 단문 작성에 성공한 메시지가 출력된다면 트위터 홈페이지를 확인해 보자.
아두이노에서 작성한 메시지가 나타나는가?

그림 35-7 스케치 35-1의 실행 결과 – 트위터 홈페이지

35.3 요약

트위터는 페이스북과 함께 가장 많이 사용되는 사회 관계망 서비스 중 하나이다. 트위터는 짧은 메시지만을 작성할 수 있는 단점이 있지만, 이러한 단점이 오히려 장점으로 작용하여 사용하기 쉽고 빠른 속도로 많은 사람들에게 메시지를 전달할 수 있는 방법으로 많이 사용되고 있다. 공개 API를 통해 오늘의 날씨를 알아 내는 방법을 이미 살펴보았으며, 트위터에 메시지를 작성하기 위해서도 공개 API가 사용된다. 다만 트위터는 로그인이 필요하므로 이를 대신하기 위한 인증 방법으로 토큰을 사용하는 차이가 있다. 아두이노가 인터넷에 연결되기는 쉽지만, 많은 데이터를 주고받아 처리하는 것은 어렵다. 따라서 간단한 정보 전달을 위해서라면 트위터와 같은 기존 인터넷 서비스를 활용하는 것도 하나의 방안이 될 수 있다.

36

원격 제어: 이더넷

아두이노로 웹 서버를 구축하는 것은 간단하다. 하지만, 웹 클라이언트의 경우에서 보듯이 웹 페이지를 서비스하는 것은 아두이노의 능력을 벗어나는 일이다. 아두이노를 이용한 웹 서버는 웹 서비스를 통해 간단한 데이터를 송수신하는 것이 가능하며, 아두이노의 제어 기능과 함께 사용되는 경우 인터넷을 통해 원격 제어가 가능하다. 이 장에서는 인터넷을 통해 아두이노에 연결된 장치를 제어하는 방법을 살펴봄으로써 간단한 홈오토메이션 시스템을 구축하는 방법에 대해 알아본다.

사물인터넷의 응용 분야 중에서 주목받고 있는 분야 중 하나가 홈오토메이션(home automation)이다. 홈오토메이션에도 여러 가지가 있지만, 흔히 이야기되는 홈오토메이션은 스마트폰을 이용해서 집 밖에서 집안의 전등이나 가전제품 등의 다양한 기기들을 조작하고 관리할 수 있는 서비스를 말한다. 아두이노 역시 홈오토메이션에 사용될 수 있다. 아두이노가 인터넷에 연결되어 있다면 아두이노에 웹 서버를 구축하고 웹 브라우저를 통해 가정 내 기기들을 조작할 수 있다.

36.1 LED 제어

아두이노의 디지털 3번 핀에 LED를 연결하고, 이를 인터넷을 통해 제어해 보자. LED는 그림 36-1과 같이 연결한다.

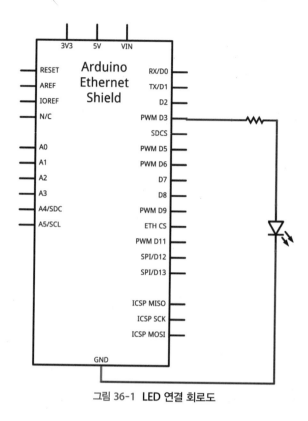

그림 36-1 **LED 연결 회로도**

LED 원격 제어를 위한 웹 페이지는 그림 36-2에서와 같이 세 가지로 구성된다. 아두이노에 구축된 웹 서버에 접속하면 현재 LED의 상태를 알려 주고, LED를 ON 또는 OFF로 변경할 수 있는 옵션이 표시되는 메인 페이지가 표시된다. 둘 중 하나의 옵션을 선택하고 'Submit' 버튼을 누르면, 선택한 옵션에 맞게 LED 상태가 바뀌면서 LED의 상태 변화를 알려 주는 페이지로 이동한다. LED ON/OFF 페이지에서 'Main Control Page' 링크를 누르면 메인 페이지로 이동할 수 있다.

그림 36-2 **인터넷을 통한 LED 제어 페이지 구성**

메인 페이지는 사용자의 요구를 전달하고 그 결과를 사용자에게 돌려 주기 위한 방법 중 하나인 CGI(Common Gateway Interface)를 사용하였다. 아두이노에서 메인 페이지를 출력하는 함수는 스케치 36-1과 같다.

스케치 36-1 **show_main_page – LED 점멸 제어**

```
void show_main_page(EthernetClient client)
{
    // HTML 헤더
    client.println("HTTP/1.1 200 OK");
    client.println("Content-Type: text/html");
    client.println();

    // HTML 내용
    client.println("<html>");
    client.println("<body>");

    client.print("Currently... LED is ");              // 현태 LED 상태 표시
    client.println(statusLED ? "ON." : "OFF.");

    // CGI를 통해 사용자 입력을 받음
    client.println("<br />");
    client.println("<FORM method=\"get\" action=\"/led.cgi\">");
    client.println("<P><INPUT type=\"radio\" name=\"LEDstatus\" value=\"1\">Turn ON");
    client.println("<P><INPUT type=\"radio\" name=\"LEDstatus\" value=\"0\">Turn OFF");
    client.println("<P><INPUT type=\"submit\" value=\"Submit\"> </FORM>");

    client.println("</body>");
    client.println("</html>");
    client.println();
}
```

사용자가 라디오 버튼을 선택하고 'Submit' 버튼을 누르면, 웹 브라우저는 'GET' 명령을 웹 서버로 전달한다. 이 때 'action'에 표시된 CGI로 'name' 및 'value' 쌍으로 이루어진 인자가 추가되어 전달된다. 각각의 경우 웹 브라우저에 표시되는 주소는 그림 36-3과 같으며, 이 때 실제로 웹 서버로 전달되는 내용은 그림 36-4와 같다.

```
http://192.168.0.10/                    ← 메인 페이지 요청
http://192.168.0.10/led.cgi?LEDstatus=1 ← LED ON 페이지 요청
http://192.168.0.10/led.cgi?LEDstatus=0 ← LED OFF 페이지 요청
```

그림 36-3 **웹 페이지 주소**

```
GET / HTTP/1.1                          ← 메인 페이지 요청
GET /led.cgi?LEDstatus=1 HTTP/1.1       ← LED ON 페이지 요청
GET /led.cgi?LEDstatus=0 HTTP/1.1       ← LED OFF 페이지 요청
```

그림 36-4 웹 서버로의 요청 형식

아두이노에서 LED ON 또는 LED OFF 페이지를 출력하는 함수는 스케치 36-2와 같다. LED ON/OFF 페이지에서는 CGI를 통해 전달되는 LED의 상태를 저장하고, 저장된 값으로 LED의 상태를 바꾼다. 또한, 메인 페이지로 돌아갈 수 있는 링크를 표시해 준다.

스케치 36-2 show_on_off_page

```cpp
void show_on_off_page(EthernetClient client, boolean status)
{
    statusLED = status;                  // LED 상태 저장
    digitalWrite(pinLED, status);        // LED 상태 바꿈

    // HTML 헤더
    client.println("HTTP/1.1 200 OK");
    client.println("Content-Type: text/html");
    client.println();

    // HTML 내용
    client.println("<html>");
    client.println("<body>");

    client.print("Now... LED is ");      // LED 상태 표시
    client.println(statusLED ? "ON." : "OFF.");

    client.println("<br /><br />");
    // 메인 페이지로의 링크 표시
    client.println("<a href=\"/\">Main Control Page</a>");

    client.println("</body>");
    client.println("</html>");
    client.println();
}
```

웹 서버로 메인 페이지 또는 LED ON/OFF 페이지 요청은 그림 36-4의 요청 이외에도 다양한 내용이 전달된다. 내용이 전달된 이후에는 개행문자('\r'과 '\n'의 조합)로 끝나는 빈 줄이 추가되며, 빈 줄을 수신한 이후 웹 서버는 웹 브라우저로 결과를 전송할 수 있다.

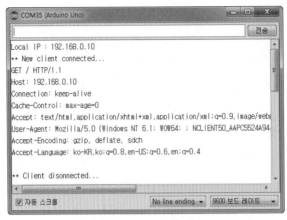

그림 36-5 웹 서버로 전달되는 내용

스케치 36-3은 loop 함수를 나타낸 것으로, 웹 서버가 한 행을 수신하면 요청의 종류를 알아
내고, 빈 줄이 수신된 이후 이를 처리하도록 구성되어 있다.

스케치 36-3 loop 함수

```
void loop() {
    // 웹 브라우저의 접속 여부 확인
    EthernetClient client = server.available();
    if (client) {                           // 웹 브라우저가 접속한 경우
        int response_type = -1;
        Serial.println("** New client connected...");

        while (client.connected()) {
            // 줄 단위의 데이터 수신
            // HTML 요청의 끝을 알아 내기 위해 빈 줄이 수신되었는지 여부를 반환함
            boolean empty_line = read_one_line(client);
            Serial.println(buffer);

            if(buffer.indexOf("GET / ") >= 0)
                response_type = 1;          // 메인 페이지 요청
            else if(buffer.indexOf("GET /led.cgi?LEDstatus=1") >= 0)
                response_type = 2;          // LED ON 페이지 요청
            else if(buffer.indexOf("GET /led.cgi?LEDstatus=0") >= 0)
                response_type = 3;          // LED OFF 페이지 요청

            if(empty_line) break;           // HTML 요청이 끝나면 결과 전송
        }

        switch(response_type){              // 웹 브라우저의 요청에 따른 결과 전송
            case 1: show_main_page(client); break;
            case 2: show_on_off_page(client, true); break;
            case 3: show_on_off_page(client, false); break;
```

```
        }
        client.stop();                          // 웹 브라우저 연결 종료
        Serial.println("** Client disconnected...");
    }
}
```

웹 서버로 수신되는 내용을 줄 단위로 읽는 read_one_line 함수는 스케치 36-4와 같다. 개행
문자는 '\r' 이후 '\n' 문자가 수신되므로 이들 문자는 버퍼에 포함시키고 있지 않으며, 결과값
으로 빈 줄의 수신 여부를 반환한다.

스케치 36-4 **read_one_line**

```
boolean read_one_line(EthernetClient client)
{
    buffer = "";                            // 버퍼 비움
    while(client.available()){
        char c = client.read();             // 바이트 데이터 읽기
        if(c == '\r'){                       // 개행문자를 수신한 경우
            client.read();                  // '\n' 문자 버림
            break;
        }
        buffer = buffer + c;                // 개행문자 이외의 문자는 버퍼에 저장
    }

    return (buffer.length() == 0);          // 빈 줄 여부 반환
}
```

setup 함수와 전역 변수의 선언은 스케치 36-5와 같다.

스케치 36-5 **setup & 기타**

```
#include <Dhcp.h>
#include <Dns.h>
#include <Ethernet.h>
#include <EthernetClient.h>
#include <EthernetServer.h>
#include <EthernetUdp.h>
#include <SPI.h>

byte MAC[] = { 0x90, 0xA2, 0xDA, 0x0D, 0xD2, 0x16 };
IPAddress IP(192, 168, 0, 10);
EthernetServer server(80);                  // 80번 포트를 이용하는 웹 서버 생성
String buffer = "";                         // 수신 데이터 버퍼
```

```
int pinLED = 3;                          // LED 연결 핀
boolean statusLED = false;               // LED 상태

void setup(){
    Serial.begin(9600);

    Ethernet.begin(MAC, IP);             // 고정 IP 사용
    Serial.print("Local IP : ");
    Serial.println(Ethernet.localIP());
    delay(2000);                         // 이더넷 쉴드의 초기화 대기

    server.begin();                      // 웹 서버 시작

    pinMode(pinLED, OUTPUT);             // LED 연결 핀을 출력으로 설정
    digitalWrite(pinLED, LOW);           // LED는 꺼진 상태로 시작
    statusLED = false;
}
```

웹 서버는 192.168.0.10의 고정 IP 주소를 사용하는 것으로 가정하였으므로 웹 브라우저에서
이 주소로 접속하면 그림 36-2의 메인 페이지를 확인할 수 있으며, 라디오 버튼을 통해 아두
이노에 연결된 LED를 인터넷을 통해 제어할 수 있다. 사설 IP 주소를 사용하므로 외부에서의
접속은 불가능하지만, 공유기에 접속된 스마트폰이나 컴퓨터로 그림 36-2의 결과를 확인할 수
있다.

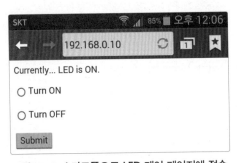

그림 36-6 스마트폰으로 LED 제어 페이지에 접속

LED 제어를 위한 전체 코드는 스케치 36-6과 같다.

```
#include <Dhcp.h>
#include <Dns.h>
#include <Ethernet.h>
#include <EthernetClient.h>
#include <EthernetServer.h>
#include <EthernetUdp.h>
#include <SPI.h>

byte MAC[] = { 0x90, 0xA2, 0xDA, 0x0D, 0xD2, 0x16 };
IPAddress IP(192, 168, 0, 10);
EthernetServer server(80);              // 80번 포트를 이용하는 웹 서버 생성
String buffer = "";                     // 수신 데이터 버퍼

int pinLED = 3;                         // LED 연결 핀
boolean statusLED = false;              // LED 상태

void setup(){
  Serial.begin(9600);

  Ethernet.begin(MAC, IP);              // 고정 IP 사용
  Serial.print("Local IP : ");
  Serial.println(Ethernet.localIP());
  delay(2000);                          // 이더넷 쉴드의 초기화 대기

  server.begin();                       // 웹 서버 시작

  pinMode(pinLED, OUTPUT);              // LED 연결 핀을 출력으로 설정
  digitalWrite(pinLED, LOW);            // LED는 꺼진 상태로 시작
  statusLED = false;
}

void loop() {
  // 웹 브라우저의 접속 여부 확인
  EthernetClient client = server.available();
  if (client) {                         // 웹 브라우저가 접속한 경우
    int response_type = -1;
    Serial.println("** New client connected...");

    while (client.connected()) {
      // 줄 단위의 데이터 수신
      // HTML 요청의 끝을 알아 내기 위해 빈 줄이 수신되었는지의 여부를 반환함
      boolean empty_line = read_one_line(client);
      Serial.println(buffer);

      if(buffer.indexOf("GET / ") >= 0)
        response_type = 1;              // 메인 페이지 요청
      else if(buffer.indexOf("GET /led.cgi?LEDstatus=1") >= 0)
        response_type = 2;             // LED ON 페이지 요청
      else if(buffer.indexOf("GET /led.cgi?LEDstatus=0") >= 0)
```

```
          response_type = 3;                 // LED OFF 페이지 요청

      if(empty_line) break;                  // HTML 요청이 끝나면 결과 전송
    }

    switch(response_type){                    // 웹 브라우저의 요청에 따른 결과 전송
      case 1: show_main_page(client); break;
      case 2: show_on_off_page(client, true); break;
      case 3: show_on_off_page(client, false); break;
    }

    client.stop();                            // 웹 브라우저 연결 종료
    Serial.println("** Client disonnected...");
  }
}

boolean read_one_line(EthernetClient client)
{
  buffer = "";                                // 버퍼 비움
  while(client.available()){
    char c = client.read();                   // 바이트 데이터 읽기
    if(c == '\r'){                             // 개행문자를 수신한 경우
      client.read();                          // '\n' 문자 버림
      break;
    }
    buffer = buffer + c;                      // 개행문자 이외의 문자는 버퍼에 저장
  }

  return (buffer.length() == 0);              // 빈 줄 여부 반환
}

void show_on_off_page(EthernetClient client, boolean status)
{
  statusLED = status;                         // LED 상태 저장
  digitalWrite(pinLED, status);               // LED 상태 바꿈

  // HTML 헤더
  client.println("HTTP/1.1 200 OK");
  client.println("Content-Type: text/html");
  client.println();

  // HTML 내용
  client.println("<html>");
  client.println("<body>");

  client.print("Now... LED is ");             // LED 상태 표시
  client.println(statusLED ? "ON." : "OFF.");

  client.println("<br /><br />");
  // 메인 페이지로의 링크 표시
```

```
    client.println("<a href=\"/\">Main Control Page</a>");

    client.println("</body>");
    client.println("</html>");
    client.println();
}

void show_main_page(EthernetClient client)
{
    // HTML 헤더
    client.println("HTTP/1.1 200 OK");
    client.println("Content-Type: text/html");
    client.println();

    // HTML 내용
    client.println("<html>");
    client.println("<body>");

    client.print("Currently... LED is ");      // 현태 LED 상태 표시
    client.println(statusLED ? "ON." : "OFF.");

    // CGI를 통해 사용자 입력을 받음
    client.println("<br />");
    client.println("<FORM method=\"get\" action=\"/led.cgi\">");
    client.println("<P><INPUT type=\"radio\" name=\"LEDstatus\" value=\"1\">Turn ON");
    client.println("<P><INPUT type=\"radio\" name=\"LEDstatus\" value=\"0\">Turn OFF");
    client.println("<P><INPUT type=\"submit\" value=\"Submit\"> </FORM>");

    client.println("</body>");
    client.println("</html>");
    client.println();
}
```

36.2 LED 밝기 제어

그림 36-1에서 3번 핀에 LED를 연결하였다. 아두이노 우노의 디지털 3번 핀은 PWM(Pulse Width Modulation) 출력이 가능한 핀이므로 PWM 신호 출력을 통해 LED의 밝기를 제어할 수 있다. 웹 페이지를 통해 0에서 255 사이의 LED 밝기를 입력하고, 이 값으로 LED의 밝기를 제어해 보자. 화면 구성은 그림 36-7과 같다.

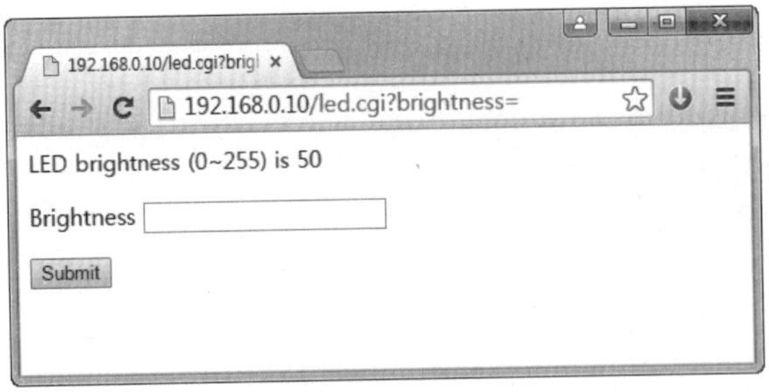

그림 36-7 인터넷을 통한 LED 밝기 제어 페이지 구성

메인 페이지 출력을 위한 함수는 스케치 36-7과 같다. 스케치 36-1의 경우 입력 형식으로 'radio'를 사용한 반면, 스케치 36-7에서는 입력 형식으로 'text'를 사용하고 있다.

스케치 36-7 **show_main_page – LED 밝기 제어**

```
void show_main_page(EthernetClient client)
{
    // HTML 헤더
    client.println("HTTP/1.1 200 OK");
    client.println("Content-Type: text/html");
    client.println();

    // HTML 내용
    client.println("<html>");
    client.println("<body>");

    client.print("LED brightness (0~255) is ");      // 현재 LED 밝기
    client.println(brightness);

    // CGI를 통해 사용자 입력을 받음
    client.println("<br />");
    client.println("<FORM method=\"get\" action=\"/led.cgi\">");
    client.println("<P>Brightness <INPUT type=\"text\" name=\"brightness\">");
    client.println("<P><INPUT type=\"submit\" value=\"Submit\"> </FORM>");

    client.println("</body>");
    client.println("</html>");
    client.println();
}
```

스케치 36-7로 출력된 페이지에서 밝기로 50을 입력하고 'submit' 버튼을 누르는 경우 연결되는 웹 페이지의 주소는 'http://192.168.0.10/led.cgi?brightness=50'이 되며, 웹 서버에 전달되는 내용은 'GET /led.cgi?brightness=50 HTTP/1.1'이다. 따라서 문자열 'GET /led.cgi?brightness='를

검색하고, 이후 공백문자를 발견하기까지의 문자열이 설정하고자 하는 LED의 밝기값이 된다.
앞의 예에서와 달리 밝기 제어를 위해서 하나의 페이지만을 사용하였다.

스케치 36-8 **LED 밝기 제어**

```
#include <Dhcp.h>
#include <Dns.h>
#include <Ethernet.h>
#include <EthernetClient.h>
#include <EthernetServer.h>
#include <EthernetUdp.h>
#include <SPI.h>

byte MAC[] = { 0x90, 0xA2, 0xDA, 0x0D, 0xD2, 0x16 };
IPAddress IP(192, 168, 0, 10);
EthernetServer server(80);                      // 80번 포트를 이용하는 웹 서버 생성
String buffer = "";                             // 수신 데이터 버퍼
String valueString;                             // 밝기값 저장을 위한 문자열

int pinLED = 3;                                 // LED 연결 핀
int brightness = 0;                             // 현재 밝기

void setup(){
    Serial.begin(9600);

    Ethernet.begin(MAC, IP);                    // 고정 IP 사용
    Serial.print("Local IP : ");
    Serial.println(Ethernet.localIP());
    delay(2000);                                // 이더넷 쉴드의 초기화 대기

    server.begin();                             // 웹 서버 시작

    pinMode(pinLED, OUTPUT);                     // LED 연결 핀을 출력으로 설정
    analogWrite(pinLED, brightness);            // LED는 꺼진 상태로 시작
}

void loop() {
    // 웹 브라우저의 접속 여부 확인
    EthernetClient client = server.available();
    if (client) {                               // 웹 브라우저가 접속한 경우
        int response_type = -1;
        Serial.println("** New client connected...");

        while (client.connected()) {
            // 줄 단위의 데이터 수신
            // HTML 요청의 끝을 알아 내기 위해 빈 줄이 수신되었는지 여부를 반환함
            boolean empty_line = read_one_line(client);
            Serial.println(buffer);

            int pos = buffer.indexOf("GET /led.cgi?brightness=");
            if(pos >= 0){
```

```
                    valueString = "";
                    pos += 24;
                    int pos_end = -1;
                    for(int i = pos; i < buffer.length(); i++){
                        if(buffer[i] == ' '){          // 공백문자를 발견할 때까지
                            pos_end = i;
                            break;
                        }
                    }
                    if(pos_end != -1)                  // 값 영역 추출
                        valueString = buffer.substring(pos, pos_end);
                }

                if(empty_line) break;                  // HTML 요청이 끝나면 결과 전송
            }

            int input = valueString.toInt();
            if(input >= 0 && input <= 255){            // 유효한 밝기값인 경우
                brightness = input;
                analogWrite(pinLED, brightness);
            }

            show_main_page(client);                    // 페이지 전송

            client.stop();                             // 웹 브라우저 연결 종료
            Serial.println("** Client disonnected...");
        }
    }
}

boolean read_one_line(EthernetClient client)
{
    buffer = "";                                       // 버퍼 비움
    while(client.available()){
        char c = client.read();                        // 바이트 데이터 읽기
        if(c == '\r'){                                 // 개행문자를 수신한 경우
            client.read();                             // '\n' 문자 버림
            break;
        }
        buffer = buffer + c;                           // 개행문자 이외의 문자는 버퍼에 저장
    }

    return (buffer.length() == 0);                     // 빈 줄 여부 반환
}

void show_main_page(EthernetClient client)
{
    // HTML 헤더
    client.println("HTTP/1.1 200 OK");
    client.println("Content-Type: text/html");
    client.println();

    // HTML 내용
```

```
    client.println("<html>");
    client.println("<body>");

    client.print("LED brightness (0~255) is ");        // 현재 LED 밝기
    client.println(brightness);

    // CGI를 통해 사용자 입력을 받음
    client.println("<br />");
    client.println("<FORM method=\"get\" action=\"/led.cgi\">");
    client.println("<P>Brightness <INPUT type=\"text\" name=\"brightness\">");
    client.println("<P><INPUT type=\"submit\" value=\"Submit\"> </FORM>");

    client.println("</body>");
    client.println("</html>");
    client.println();
}
```

스케치를 아두이노에 업로드하고 원하는 밝기값을 입력하여 실제로 아두이노에 연결된 LED
의 밝기가 변하는지 확인해 보자.

36.3 요약

아두이노에 이더넷 쉴드와 이더넷 라이브러리를 사용하여 웹 서버를 구축하는 것은 간단하
며, 제33장에서 이미 가변저항의 값을 출력하는 예를 살펴보았다. 하지만, 가변저항의 값을 출
력하는 예는 아두이노에서 브라우저로 데이터를 전달하는 예로, 홈오토메이션을 위해서라면
그 반대 방향의 데이터 전달 방법도 필요하다. 브라우저에서 서버로 데이터를 전달하기 위해
사용할 수 있는 방법 중 하나가 CGI이다. CGI를 사용하면 브라우저를 통해 사용자 입력을 전
달할 수 있으며, 전달된 데이터를 바탕으로 아두이노는 주변장치를 제어하고 그 결과를 웹 페
이지를 통해 브라우저로 알려 줄 수 있다. 그림 36-2와 36-7에서 볼 수 있듯이, 아두이노로 구
축한 웹 서버로 화려한 인터페이스를 가지는 웹 페이지를 보여 주기에는 무리가 있지만, 인터
페이스를 담당하는 전용 어플리케이션을 작성하는 경우에는 간단한 데이터 교환만으로도 충
분히 효율적인 홈오토메이션 시스템을 구축할 수 있다. 무더운 여름, 집에 도착하기 전에 에어
컨을 켜두고 싶다면 이 장의 원격 제어와 릴레이를 사용하여 가능하다. 사물인터넷의 보급에
힘입어 많은 사물들이 이미 연결되어 있고 앞으로 더 많은 사물들이 연결될 예정에 있다. 아
두이노를 통해서 다양한 사물들과 연결하고 제어하는 방법을 살펴보았으므로 이를 통해 어떤
사물과 대화하고 새로운 서비스를 제공할 수 있을지 생각해 보자.

37

와이파이

이더넷이 유선으로 인터넷에 연결하기 위한 대표적인 방법이라면 와이파이는 무선으로 인터넷에 연결하기 위한 대표적인 방법이다. 와이파이는 이더넷과 더불어 인터넷에 물리적으로 연결되기 위한 방법을 제공해 주며, 실제 데이터 교환과 서비스 제공은 그 상위에서 이루어진다. 즉, 물리적인 연결의 차이점을 제외하면 이더넷과 거의 동일한 방법으로 와이파이를 사용할 수 있다. 이 장에서는 와이파이를 통해 아두이노를 인터넷에 연결하고 웹 클라이언트와 서버로 동작시키는 방법을 알아본다.

37.1 와이파이 쉴드

와이파이(wi-fi)는 무선 근거리 네트워크(Wireless Local Area Network, WLAN)를 구성하기 위해 필요한 일련의 기술에 관한 표준으로, 인터넷으로 데이터를 전달하는 기능을 하는 액세스 포인트(Access Point, AP)와 무선기기 사이의 통신을 가리키는 용어로 흔히 사용된다. 와이파이는 블루투스나 지그비와 마찬가지로 ISM(Industrial, Scientific, Medical) 대역 중 2.4GHz 대역을 사용한다. 하지만, 최근 와이파이나 블루투스를 사용하는 무선기기의 증가로 인해 무선기기들 사이의 간섭이 증가하게 되었고, 이는 전송 속도의 저하로 이어졌다. 따라서 최근 ISM 대역 중 사용 빈도가 낮은 5GHz 대역을 사용하는 와이파이 장치가 증가하고 있다. 하지만, 5GHz 대역이 2.4GHz 대역에 비해 간섭이 적은 것은 사실이지만, 높은 주파수는 직진성이 강해 장애물을 피하기 어려우므로 두 대역을 동시에 사용하는 것이 일반적이다.

아두이노에서 와이파이를 사용하기 위해서는 와이파이 쉴드가 필요하다. 여러 종류의 와이파이 쉴드가 판매되고 있으며, 이 책에서는 아두이노의 표준 와이파이 쉴드를 사용한다.

(a) 전면   (b) 후면

그림 37-1 **와이파이 쉴드**[65]

와이파이 쉴드는 무선 데이터 송수신을 위해서는 HDG204 칩을, TCP/IP 스택을 지원하기 위해서는 아트멜의 AT32UC3 칩을 사용하고 있다. 아두이노에는 와이파이 쉴드를 사용하기 위한 와이파이 라이브러리가 기본으로 포함되어 있으므로 소프트웨어를 추가로 설치하지 않아도 와이파이 쉴드를 사용하여 무선 인터넷을 활용하는 스케치를 작성할 수 있다. 와이파이 쉴드에는 SD 카드 슬롯 역시 포함되어 있으며, 기본 라이브러리 중 하나인 SD 라이브러리를 통해 읽고 쓸 수 있지만 SD 카드에 대한 내용은 다루지 않는다.

와이파이 쉴드는 아두이노와의 통신을 위해 SPI 통신을 사용한다. 아두이노 우노는 디지털 11번, 12번, 13번 핀을 SPI 통신을 위한 공통 핀으로 사용하고 있다. SS(Slave Select) 핀은 임의의 핀을 사용할 수 있지만, 와이파이 쉴드의 경우 HDG204 칩을 위해서는 디지털 10번 핀을, SD 카드를 위해서는 디지털 4번 핀을 사용하고 있다. 또한, 디지털 7번 핀은 와이파이 쉴드와 아두이노 사이의 핸드셰이크(handshake)를 위해 사용되므로 와이파이 쉴드를 사용하는 경우 7번 핀은 입출력 용도로 사용할 수 없다.

아두이노 공식 와이파이 쉴드는 802.11b 및 802.11g 표준과 호환된다. 802.11 뒤에 붙는 알파벳에 따라 동일한 대역에서도 채널 폭, 사용 가능한 주파수 범위, 전송 속도 등에서 차이가 있다. 여러 가지 표준 중 b와 g가 가장 많이 사용되고 있으며, 최근 듀얼밴드를 지원하는 n 역시 사용이 증가하고 있다.

암호화 방식으로는 WPA2 Personal이나 WEP 암호화 방식을 지원한다. WEP(Wired Equivalent Privacy)는 가장 널리 사용되는 암호화 방식으로, 1999년 표준으로 제정되었다. 하지만, WEP는 보안상 취약점이 있는 것으로 알려져 있어 WEP의 사용은 추천되지 않는다. 와이파이 연합(Wi-Fi Alliance)에서도 2004년 이후 WEP은 다루지 않는다. WPA(Wi-Fi Protected Access)는 WEP의 대안으로 2003년 발표된 암호화 방식이다. WPA는 2006년 WPA2로 대체되었으며, 현재 가장 우수한 암호화 방식으로 알려져 있다. WPA2 Personal은 단일 패스워드를 사용하는 방식으로, 인증 서버를 필요로 하는 WPA2 Enterprise와 달리 별도의 서버를 필요로 하지 않으므로 대부분의 소규모 네트워크에서 사용되는 방식이다.

37.2 WiFi 클래스

와이파이 쉴드를 사용하기 위해 아두이노에는 WiFi 라이브러리가 기본 라이브러리 중 하나로 포함되어 있다. WiFi 라이브러리 사용법은 Ethernet 라이브러리의 사용 방법과 기본적으로 동일하다. WiFi 라이브러리에는 WiFiClass, WiFiClient, WiFiServer 등의 클래스가 정의되어 있으며, 이는 이더넷 라이브러리에서 EthernetClass, EthernetClient, EthernetServer 등의 클래스에 해당한다. WiFiClass의 유일한 객체인 WiFi가 헤더 파일에 정의되어 있어 별도의 객체 생성 없이도 와이파이를 사용할 수 있는 점도 EthernetClass의 유일한 객체인 Ethernet이 헤더 파일에 정의되어 있는 것과 동일하다.

와이파이가 이더넷과 다른 점 중 하나는 와이파이로 네트워크에 연결하기 위해서는 액세스 포인트(Access Point, AP)에 연결하여야 한다는 점이다. AP는 인터넷과 연결하기 위해 무선기기에서 거쳐야 하는 관문 역할을 하며, AP에 연결하기 위해서는 AP의 SSID가 필요하다. SSID는 Service Set Identifier의 줄임말로, AP의 이름에 해당한다. 연결하고자 하는 AP가 공개된 AP가 아니라면 패스워드 역시 필요하다. WiFi 클래스[66]에는 다음과 같은 멤버 함수들이 정의되어 있다.

- **begin**

```
int begin(char* ssid)
int begin(char* ssid, uint8_t key_idx, const char* key)
int begin(char* ssid, const char *passphrase)
```

  - 매개변수
      ssid: 연결하고자 하는 와이파이 네트워크의 이름
      key_idx: WEP 암호화를 사용하는 네트워크에서 사용하고자 하는 키 번호(0~3)
      key: WEP 암호화를 사용하는 네트워크에서의 16진수 문자열 키
      passphrase: WPA 암호화를 사용하는 네트워크에서의 패스워드
  - 반환값: 와이파이 연결 상태

WiFi 라이브러리의 네트워크 설정을 초기화하고 현재 상태를 반환한다. SSID만을 매개변수로 사용하는 경우는 공개된 무선 네트워크에 접속하는 경우이며, 사용하는 암호화 방식에 따라 초기화 방법이 달라지므로 해당하는 함수를 사용하면 된다. WEP 암호화를 사용하는 경우 서로 다른 키를 4개까지 사용할 수 있으므로 사용하고자 하는 키 번호를 지정해 주어야 한다. 반환되는 값은 현재 와이파이의 상태로 표 37-1의 값 중 하나를 반환한다.

표 37-1 와이파이 상태

상수	값	비고
WL_NO_SHIELD	255	쉴드 없음
WL_IDLE_STATUS	0	
WL_NO_SSID_AVAIL	1	AP 이름 오류
WL_SCAN_COMPLETED	2	AP 검색 완료
WL_CONNECTED	3	연결 성공
WL_CONNECT_FAILED	4	연결 실패
WL_CONNECTION_LOST	5	연결 끊김
WL_DISCONNECTED	6	연결 안 됨

■ **status**

```
uint8_t status(void)
```
- 매개변수: 없음
- 반환값: 와이파이 연결 상태

현재 네트워크의 상태로 표 37-1의 값 중 하나를 반환한다.

■ **disconnect**

```
int disconnect(void)
```
- 매개변수: 없음
- 반환값: 와이파이 연결 상태

현재 접속된 무선 네트워크에서 와이파이 쉴드의 연결을 종료한다. 현재 와이파이의 상태로 표 37-1의 값 중 하나를 반환한다.

- **localIP, subnetMask, gatewayIP**

```
IPAddress localIP(void)
IPAddress subnetMask(void)
IPAddress gatewayIP(void)
```

   - 매개변수: 없음
   - 반환값: IP 주소, 서브넷 마스크, 게이트웨이 주소

와이파이 쉴드의 IP 주소, 서브넷 마스크, 게이트웨이 주소를 반환한다.

- **config**

```
void config(IPAddress local_ip)
void config(IPAddress local_ip, IPAddress dns_server)
void config(IPAddress local_ip, IPAddress dns_server, IPAddress gateway)
void config(IPAddress local_ip, IPAddress dns_server, IPAddress gateway,
            IPAddress subnet)
```

   - 매개변수
       local_ip: 로컬 IP 주소
       dns_server: DNS 서버 주소
       gateway: 게이트웨이 주소. 디폴트값은 IP와 동일하고 마지막 바이트만 1인 값
       subnet: 서브넷 마스크. 디폴트값은 255.255.255.0
   - 반환값: 없음

begin 함수는 DHCP를 통해 자동으로 IP 주소를 할당해 주는 반면, config 함수는 정적 IP 주소를 사용할 수 있도록 해 준다. IP 주소 이외에도 DNS 서버 주소, 게이트웨이 주소, 서브넷 마스크 등을 설정할 수 있다. begin 함수 이전에 config 함수를 호출하면 begin 함수에서는 config 함수에 지정한 정보를 사용하여 와이파이 쉴드를 구성한다.

- **setDNS**

```
void setDNS(IPAddress dns_server1)
void setDNS(IPAddress dns_server1, IPAddress dns_server2)
```

   - 매개변수
       dns_server1: DNS 서버 주소 1(primary DNS server)
       dns_server2: DNS 서버 주소 2(secondary DNS server)
   - 반환값: 없음

DNS 서버의 IP 주소를 설정한다. DNS 서버의 주소는 2개까지 등록할 수 있다.

■ **SSID**

```
char* SSID(void)
char* SSID(uint8_t networkItem)
```
- 매개변수
  networkItem: 스캔 과정에서 발견된 무선 네트워크 번호
- 반환값: 네트워크의 SSID

매개변수가 없는 경우에는 현재 연결된 무선 네트워크의 SSID를 반환한다. 매개변수가 있는 경우에는 스캔 과정에서 발견된 네트워크의 번호에 해당하는 SSID를 반환한다.

■ **BSSID**

```
uint8_t* BSSID(uint8_t* bssid)
```
- 매개변수
  bssid: BSSID 값 저장을 위한 버퍼
- 반환값: BSSID 값 저장 버퍼의 포인터

연결되어 있는 네트워크의 BSSID 값인 액세스 포인트의 MAC 주소를 얻어 온다. BSSID 값은 매개변수로 지정된 버퍼에 저장되며, 반환되는 값은 버퍼의 포인터이다. 즉, 반환되는 값과 매개변수는 동일한 값을 가리킨다.

■ **RSSI**

```
int32_t RSSI(void)
int32_t RSSI(uint8_t networkItem)
```
- 매개변수
  networkItem: 스캔 과정에서 발견된 무선 네트워크 번호
- 반환값: 신호 강도

연결되어 있는 네트워크의 신호 강도를 반환한다. 매개변수가 있는 경우에는 스캔 과정에서 발견된 네트워크의 번호에 해당하는 RSSI 값을 반환한다. 반환되는 값의 단위는 dBm(decibel-milliwatts)으로 1mW를 0dB로 표현한 것이다.

■ **encryptionType**

```
uint8_t encryptionType(void)
uint8_t encryptionType(uint8_t networkItem)
```
- 매개변수
  networkItem: 스캔 과정에서 발견된 무선 네트워크 번호
- 반환값: 암호화 기법의 종류

연결되어 있는 네트워크에서 사용하는 암호화 기법 종류를 반환한다. 매개변수가 있는 경우에는 스캔 과정에서 발견된 네트워크의 번호에 해당하는 암호화 기법 종류를 반환한다. 반환되는 값의 종류는 표 37-2 중 하나의 값을 갖는다.

표 37-2 **암호화 기법**

상수	값	비고
ENC_TYPE_WEP	5	
ENC_TYPE_TKIP	2	WPA
ENC_TYPE_CCMP	4	WPA
ENC_TYPE_NONE	7	
ENC_TYPE_AUTO	8	

■ **macAddress**

```
uint8_t* macAddress(uint8_t* mac)
```
- 매개변수
  mac: MAC 주소 저장을 위한 버퍼
- 반환값: MAC 주소 저장 버퍼의 포인터

와이파이 쉴드의 MAC 주소를 얻어 온다. MAC 주소는 매개변수로 지정된 버퍼에 저장되며, 반환되는 값은 버퍼의 포인터이다. 즉, 반환되는 값과 매개변수는 동일한 값을 가리킨다.

■ **getSocket**

```
static uint8_t getSocket(void)
```
- 매개변수: 없음
- 반환값: 사용 가능한 첫 번째 소켓 번호 또는 NO_SOCKET_AVAIL(255)

사용 가능한 첫 번째 소켓의 번호를 반환한다. 와이파이 쉴드에서는 최대 4개의 소켓을 동시에 사용할 수 있다.

■ firmwareVersion

```
static char* firmwareVersion(void)
```
  - 매개변수: 없음
  - 반환값: 와이파이 쉴드의 펌웨어 버전

와이파이 쉴드의 펌웨어 버전을 문자열 형식으로 반환한다.

■ hostByName

```
int hostByName(const char* aHostname, IPAddress& aResult)
```
  - 매개변수
      aHostname: 호스트 이름
      aResult: 호스트의 IP 주소
  - 반환값: 변환에 성공하면 1, 실패하면 오류 코드 반환

문자열로 주어지는 호스트 이름을 IP 주소로 변환한다.

■ scanNetworks

```
int8_t scanNetworks()
```
  - 매개변수: 없음
  - 반환값: 발견된 네트워크의 수

사용 가능한 와이파이 네트워크를 스캔하고 발견된 네트워크의 수를 반환한다.

와이파이 쉴드를 사용하여 주변의 AP를 검색해 보자. 스케치 37-1은 주변의 AP를 검색하여 목록을 출력하는 스케치의 예이다

스케치 37-1 무선 네트워크 검색

```
#include <WiFi.h>
#include <WiFiClient.h>
#include <WiFiServer.h>
#include <WiFiUdp.h>
#include <SPI.h>

void setup() {
```

```
    Serial.begin(9600);

    listNetworks();                                         // 액세스 포인트 검색
}

void loop() { }

void listNetworks() {
    Serial.println("** Scan Networks **");
    byte numSsid = WiFi.scanNetworks();                     // 액세스 포인트 검색

    Serial.print("Number of available networks:");
    Serial.println(numSsid);                                // 검색된 액세스 포인트 개수

    for (int thisNet = 0; thisNet < numSsid; thisNet++) {
        Serial.print(thisNet);
        Serial.print(") ");
        Serial.print(WiFi.SSID(thisNet));                   // SSID
        Serial.print("\tSignal: ");
        Serial.print(WiFi.RSSI(thisNet));                   // 신호 강도
        Serial.print(" dBm");
        Serial.print("\tEncryption: ");
        Serial.println(WiFi.encryptionType(thisNet));       // 암호화 종류
    }
}
```

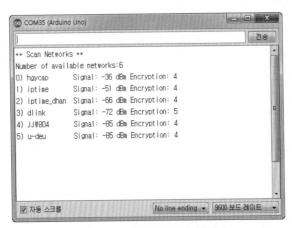

그림 37-2 스케치 37-1의 실행 결과

AP를 통해 무선 네트워크에 접속해 보자. 네트워크에 접속하기 위해서는 begin 함수를 사용할 수 있으며, WPA 암호화를 사용하는 네트워크의 경우 SSID와 패스워드를 지정하면 된다. 공개된 네트워크의 경우 패스워드는 생략할 수 있다. 스케치 37-2는 AP를 통해 인터넷에 접속하고 와이파이 쉴드와 AP의 정보를 출력하는 스케치의 예이다.

스케치 37-2 무선 네트워크 접속[67]

```
#include <WiFi.h>
#include <WiFiClient.h>
#include <WiFiServer.h>
#include <WiFiUdp.h>
#include <SPI.h>

char ssid[] = "hgycap";                       // 네트워크의 SSID
char pass[] = "your_password";                // AP의 패스워드
int status = WL_IDLE_STATUS;

void setup() {
    Serial.begin(9600);

    if (WiFi.status() == WL_NO_SHIELD) {   // 와이파이 쉴드 검사
        Serial.println("** WiFi shield NOT present.");
        while (true);
    }

    String fv = WiFi.firmwareVersion();    // 펌웨어 버전 검사
    Serial.println("* Firmware : v." + fv);

    while(status != WL_CONNECTED) {
        Serial.print("Attempting to connect to \"");
        Serial.print(ssid);
        Serial.println("\"");

        status = WiFi.begin(ssid, pass);   // WPA/WPA2 네트워크에 연결

        delay(10000);                      // 접속 대기
    }

    Serial.print("You're connected to the network \"");
    Serial.print(ssid);
    Serial.println("\"");

    printCurrentNet();                     // 접속된 네트워크 정보
    printWifiData();                       // 와이파이 쉴드 정보
}

void loop() { }

void printWifiData() {
    IPAddress ip = WiFi.localIP();
    Serial.print(" >> IP Address: ");
    Serial.println(ip);

    byte mac[6];
    WiFi.macAddress(mac);
    Serial.print(" >> MAC address: ");
```

```
    for(int i = 5; i >= 0; i--){
        Serial.print(mac[i], HEX);
        if(i != 0) Serial.print(":");
    }
    Serial.println();
}

void printCurrentNet() {
    Serial.print(" >> SSID : ");
    Serial.println(WiFi.SSID());

    byte bssid[6];
    WiFi.BSSID(bssid);
    Serial.print(" >> BSSID : ");
    for(int i = 5; i >= 0; i--){
        Serial.print(bssid[i], HEX);
        if(i != 0) Serial.print(":");
    }
    Serial.println();

    long rssi = WiFi.RSSI();
    Serial.print(" >> Signal strength (RSSI) : ");
    Serial.println(rssi);

    byte encryption = WiFi.encryptionType();
    Serial.print(" >> Encryption Type : ");
    Serial.println(encryption, HEX);
}
```

그림 37-3 스케치 37-2의 실행 결과

37.3 WiFiServer 클래스

WiFiServer 클래스는 다른 컴퓨터나 무선기기에서 실행 중인 클라이언트의 요청을 받아 이를 처리하기 위한 클래스로 다음과 같은 멤버 함수가 정의되어 있다.

- **WiFiServer**

```
WiFiServer(uint16_t port)
    - 매개변수
        port: 포트 번호
    - 반환값: 없음
```

지정한 포트로 들어오는 클라이언트의 요청을 감시하는 서버 객체를 생성한다.

- **begin**

```
void begin(void)
    - 매개변수: 없음
    - 반환값: 없음
```

서버를 시작한다. 서버가 시작되면 서버는 서버 객체 생성 시에 사용된 포트로 클라이언트의 접속을 감시하고, 클라이언트의 요청이 들어오면 소켓을 생성하고 이를 클라이언트와 연결하여 클라이언트의 요청을 처리한다. 와이파이 쉴드는 최대 4개의 소켓을 사용할 수 있다.

- **available**

```
WiFiClient available(uint8_t* status = NULL)
    - 매개변수: 없음
    - 반환값: 클라이언트 객체
```

서버에 접속된 클라이언트 중 서버에서 읽어 들일 수 있는 데이터를 보낸 클라이언트 객체를 반환한다. 접속된 클라이언트는 클라이언트 클래스의 stop 함수를 통해 명시적으로 연결을 해제할 때까지 접속이 유지된다.

■ **write**

```
size_t write(uint8_t data)
size_t write(const uint8_t *buf, size_t size)
```
   - 매개변수
      data: 1바이트 크기의 데이터
      buf: 바이트 배열 데이터
      size: buf 내 데이터 크기
   - 반환값: 클라이언트로 전송한 바이트 수

서버에 접속된 모든 클라이언트로 데이터를 전송한다. 반환되는 값은 개별 클라이언트에 전송된 바이트 수를 모두 합한 값이다.

■ **print, println**

서버에 접속된 모든 클라이언트에 데이터를 전송한다. print와 println 함수의 사용법은 Serial 클래스의 print 및 println 함수와 동일하다.

37.4 WiFiClient 클래스

WiFiClient 클래스는 서버에 접속하여 통신할 수 있는 와이파이 클라이언트를 위한 클래스로, 다음과 같은 멤버 함수들이 정의되어 있다.

■ **WiFiClient**

```
WiFiClient()
```
   - 매개변수: 없음
   - 반환값: 없음

와이파이 클라이언트 객체를 생성하는 생성자로, 생성된 클라이언트는 connect 함수를 사용하여 지정된 IP 주소와 포트를 통해 서버에 접속할 수 있다.

- **connect**

```
int connect(IPAddress ip, uint16_t port)
virtual int connect(const char *host, uint16_t port)
```

- 매개변수
    - ip: IPAddress 형식의 서버 IP 주소
    - host: 문자열로 표현되는 서버 주소
    - port: 클라이언트가 접속할 서버의 포트 번호
- 반환값: 접속에 성공하면 true, 실패하면 false를 반환

지정된 서버의 주소와 포트를 통해 서버로 접속을 시도한다.

- **connected**

```
uint8_t connected(void)
```

- 매개변수: 없음
- 반환값: 서버 접속 여부

클라이언트가 서버에 접속되어 있는지 여부를 반환한다. 접속이 종료된 이후에도 읽지 않은 데이터가 존재하는 경우, 즉 수신 버퍼에 데이터가 남아 있는 경우에는 접속된 것으로 간주된다.

- **write**

```
size_t write(uint8_t data)
size_t write(const uint8_t *buf, size_t size)
```

- 매개변수
    - data: 1바이트 크기의 데이터
    - buf: 바이트 배열 데이터
    - size: buf 내 데이터 크기
- 반환값: 서버로 전송한 바이트 수

클라이언트가 접속되어 있는 서버로 데이터를 전송하고, 전송된 바이트 수를 반환한다.

- **print, println**

클라이언트가 접속되어 있는 서버로 데이터를 전송한다. print와 println 함수의 사용법은 Serial 클래스의 print 및 println 함수와 동일하다.

- **available**

```
int available(void)
```
  - 매개변수: 없음
  - 반환값: 서버로부터 전송된 바이트 수

서버로부터 전송되어 클라이언트가 읽을 수 있는 데이터의 바이트 수를 반환한다.

- **read**

```
int read(void)
int read(uint8_t *buf, size_t size)
```
  - 매개변수
       buf: 읽어 들인 데이터를 저장할 버퍼
       size: 버퍼의 바이트 단위 크기
  - 반환값: 읽어 들인 1바이트 데이터, 0 또는 -1

매개변수가 없는 read 함수는 버퍼에 있는 첫 번째 바이트 데이터를 읽어 반환한다. 매개변수가 있는 read 함수는 최대 size 바이트의 데이터를 읽어 buf에 저장하고 0을 반환한다. 읽어 들일 데이터가 존재하지 않는 경우에는 -1을 반환한다.

- **flush**

```
void flush(void)
```
  - 매개변수: 없음
  - 반환값: 없음

서버로부터 전송되어 아직 읽지 않은 데이터를 읽어서 수신 버퍼를 비운다.

- **stop**

```
void stop(void)
```
  - 매개변수: 없음
  - 반환값: 없음

서버와의 접속을 종료한다.

37.5 웹 클라이언트

이더넷으로 할 수 있는 것들은 와이파이로도 할 수 있다. 다만 연결을 위한 절차와 방법에 차이가 있을 뿐이다. 먼저 공개 API를 통해 현재 날씨 정보를 얻어 오는 스케치를 와이파이를 이용해 작성해 보자. 날씨 정보 제공 서버에 관한 내용은 제34장을 참고하면 되며, 와이파이로 무선 네트워크에 접속하는 방법은 스케치 37-2를 참고하면 된다. 스케치 37-3은 와이파이를 통해 날씨 정보를 얻어 온 후 출력하는 스케치의 예다. 수신 데이터를 처리하는 process_ data 함수를 호출하는 위치가 이더넷을 사용하는 경우와 비교하여 바뀐 것에 주의하여야 한다. 이러한 차이는 이더넷의 경우 전이중 방식의 통신을 사용하지만 와이파이는 반이중 방식의 통신을 사용하므로 수신되는 데이터를 한꺼번에 읽어 들여서 처리하여야 하기 때문이다.

스케치 37-3 날씨 정보 출력[68]

```cpp
#include <WiFi.h>
#include <WiFiClient.h>
#include <WiFiServer.h>
#include <WiFiUdp.h>
#include <SPI.h>

char ssid[] = "hgycap";                        // 네트워크의 SSID
char pass[] = "your_password";                 // AP의 패스워드
int status = WL_IDLE_STATUS;

char server_address[] = "api.openweathermap.org";
char server_page[] = "/data/2.5/weather?q=\"busan\"&mode=xml";

String buffer = "";                            // 수신 데이터 저장 버퍼
boolean process_it = false;

WiFiClient client;

void setup() {
    Serial.begin(9600);

    if (WiFi.status() == WL_NO_SHIELD) {       // 와이파이 쉴드 검사
        Serial.println("** WiFi shield NOT present.");
        while (true);
    }

    while(status != WL_CONNECTED) {
        Serial.print("* Attempting to connect to \"");
        Serial.print(ssid);
        Serial.println("\"");

        status = WiFi.begin(ssid, pass);       // WPA/WPA2 네트워크에 연결
```

```
        delay(10000);                                    // 접속 대기
    }

    Serial.print("* You're connected to the network \"");
    Serial.print(ssid);
    Serial.println("\"");

    Serial.println("* Connecting to server...");
    // 날씨 정보 제공 서버에 접속
    if(client.connect(server_address, 80)){
        Serial.println("* Connected to server...");

        // 부산의 현재 날씨 정보 요청
        client.println(String("GET ") + server_page);
        client.println("Connection: close");            // 데이터 수신 종료 후 접속 종료
        client.println();                               // 요청 종료 알림
    }
    else{
        Serial.println("* Connection to server failed...");
    }
}

void loop()
{
    // 웹 서버로부터 수신한 데이터가 존재하는 경우
    while(client.available()) {
        char c = client.read();                          // 수신 데이터를 읽기
        if(c == '\n')
            process_it = true;                           // 한 줄 수신 종료
        else
            buffer = buffer + c;

        if(process_it)
            process_data();                              // 수신 데이터 처리
    }

    // 서버와의 접속이 종료된 경우 클라이언트 종료
    if (!client.connected()) {
        Serial.println();
        Serial.println("* Disconnecting...");
        client.stop();                                   // 클라이언트 종료

        while(true);
    }
}

void process_data(void)
{
    String key[] = { "temperature", "humidity", "speed" };
    String value_string = "";
```

```
    int index, position, position_end;

    // 추출하고자 하는 정보의 키워드 검색
    for(index = 0; index < 3; index++){
        position = buffer.indexOf(key[index]);
        if(position != -1) break;
    }

    // 온도, 습도, 풍속 정보가 포함되어 있는 경우
    if(index < 3){
        position = buffer.indexOf("value") + 7;      // 값 시작 위치
        position_end = -1;
        for(int i = position; i < buffer.length(); i++){
            if(buffer[i] == '\"'){
                position_end = i;                      // 값 종료 위치
                break;
            }
        }

        if(position_end != -1){
            value_string = buffer.substring(position, position_end);
            Serial.println(" >> " + buffer);           // 수신된 문자열
            Serial.println(key[index] + " : " + value_string);  // 추출된 내용
        }
    }

    buffer = "";
    process_it = false;
}
```

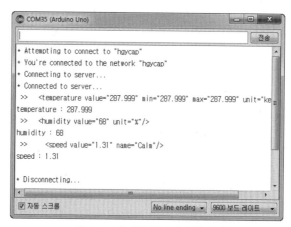

그림 37-4 스케치 37-3의 실행 결과

37.6 웹 서버

와이파이 쉴드로 웹 서버를 구축하고, 현재 가변저항의 값을 웹 서버로 접속하는 클라이언트로 알려 주는 스케치를 작성해 보자. 웹 서버 구축 및 클라이언트로의 데이터 전송은 제33장을 참고하면 되며, 와이파이로 무선 네트워크에 접속하는 방법은 스케치 37-2를 참고하면 된다. 가변저항은 아날로그 0번 A0 핀에 연결한다. 스케치 37-4는 와이파이를 통해 웹 서버를 구축하고, 가변저항의 값을 접속한 클라이언트로 알려 주는 스케치의 예이다.

스케치 37-4 웹 서버[69]

```
#include <WiFi.h>
#include <WiFiClient.h>
#include <WiFiServer.h>
#include <WiFiUdp.h>
#include <SPI.h>

char ssid[] = "hgycap";                         // 네트워크의 SSID
char pass[] = "your_password";                  // AP의 패스워드
int status = WL_IDLE_STATUS;

WiFiServer server(80);

void setup() {
    Serial.begin(9600);

    if (WiFi.status() == WL_NO_SHIELD) {        // 와이파이 쉴드 검사
        Serial.println("** WiFi shield NOT present.");
        while (true);
    }

    while(status != WL_CONNECTED) {
        Serial.print("* Attempting to connect to \"");
        Serial.print(ssid);
        Serial.println("\"");

        status = WiFi.begin(ssid, pass);        // WPA/WPA2 네트워크에 연결

        delay(3000);                            // 접속 대기
    }

    Serial.print("* You're connected to the network \"");
    Serial.print(ssid);
    Serial.println("\"");

    server.begin();                             // 웹 서버 시작
    Serial.print("* Web Server Address : ");    // 웹 서버 주소 출력
    Serial.println(WiFi.localIP());
```

```
}

void loop()
{
    // 아두이노의 웹 서버로 요청을 보낸 클라이언트 검사
    WiFiClient client = server.available();

    if(client){                                     // 클라이언트가 존재하는 경우
        while(client.available())
            client.read();                          // 클라이언트의 요청은 읽어서 버림

        // HTTP 메시지 전송
        client.println("HTTP/1.1 200 OK");
        client.println("Content-Type: text/html");
        client.println("Connection: close");        // 응답 전송 후 연결 종료
        client.println("Refresh: 3");               // 3초마다 웹 페이지 자동 갱신
        client.println();
        client.println("<!DOCTYPE HTML>");
        client.println("<html>");
        client.print("Analog Input (0 ~ 1023) : ");
        client.println(analogRead(A0));             // 가변저항의 값을 읽어 전송
        client.println("</html>");
        client.println();

        client.stop();
    }
}
```

그림 37-5 스케치 37-4의 실행 결과 – 시리얼 모니터

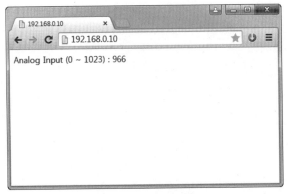

그림 37-6 스케치 37-4의 실행 결과 – 웹 브라우저

37.7 요약

와이파이는 인터넷에 무선으로 연결하기 위한 대표적인 방법 중 하나로, 유선 연결 방법인 이더넷과 함께 인터넷 연결을 위해 흔히 사용된다. 스마트폰을 필두로 하는 휴대용 장치의 보급 및 사용 증가로 인해 와이파이의 사용 역시 증가하고 있다. 와이파이와 이더넷은 인터넷에 연결되기 위한 물리적인 연결을 다루며, 데이터 송수신을 위해서는 TCP/IP가 사용되므로 이더넷을 사용하는 방법과 와이파이를 사용하는 방법은 기본적으로 동일하다. 이는 오늘의 날씨를 얻어 오는 스케치 37-3과 웹 서버를 구축하고 웹 클라이언트에게 가변저항의 값을 알려 주는 스케치 37-4가 이전 장에서 이더넷을 통해 구현한 예와 크게 다르지 않다는 사실에서도 확인할 수 있다. 다만 이더넷의 경우 송수신이 동시에 가능한 전이중 방식인 반면, 와이파이는 송신과 수신이 한꺼번에 진행될 수 없는 반이중 방식이라는 점은 염두에 두어야 한다. 또한, 와이파이를 사용하기 위해서는 AP에 접속하는 과정이 필요하다는 점도 이더넷과의 차이라 할 수 있다.

아두이노를 인터넷에 연결하기 위한 이더넷과 와이파이를 끝으로 이 책에서 다루고자 했던 '아두이노가 사물인터넷에서 사물로 동작하기 위해 필요한 연결 방법'은 모두 다루었다. 물론, 이 책에서 가능한 모든 방법을 다룬 것은 아니다. 아두이노와 주변장치를 연결하기 위해 사용할 수 있는 1-Wire 인터페이스, 아두이노와 컴퓨터를 연결하기 위해 사용할 수 있는 적외선 통신, 아두이노와 스마트폰을 연결하기 위해 사용할 수 있는 NFC와 USB OTG(On-The-Go) 등 이 책에서 다루지는 않았지만 사용할 수 있는 방법이 아직도 많다. 또한, 이 책에서 다룬 방법들이라고 할지라도 다른 기법을 사용하여 데이터를 교환하는 예도 쉽게 찾아볼 수 있다. 하지만, 이 책에서 다룬 '연결 방법들'은 아두이노가 사물로 동작하기 위해 선택할 수 있는 방법을 제공해 주기에 부족함이 없을 것이다. 무엇보다 사물인터넷은 어떻게 연결되느냐보다는 연결을 통해 어떤 유용한 정보를 주고받으며 이를 활용하여 어떤 서비스를 제공할 수 있느냐가 더 중요하다. 이 책을 통해 아두이노에서 흔히 사용되는 연결 방법들을 이해하였다면 이제 연결을 통해 어떤 정보를 얻고 어떻게 활용할지를 고민해 볼 시간이다.

미주

1 Cisco Visual Networking Index: Global Mobile Data Traffic Forecast Update 2013-2018

2 http://www.gartner.com/newsroom/id/2636073

3 https://www.abiresearch.com/press/more-than-30-billion-devices-will-wirelessly-conne/

4 이미지 출처: http://arduino.cc/en/Main/ArduinoBoardUno

5 http://arduino.cc/en/Main/Products

6 이미지 출처: http://arduino.cc/en/Main/ArduinoBoardUno

7 이미지 출처: http://arduino.cc/en/Main/ArduinoBoardNano

8 이미지 출처: http://arduino.cc/en/Main/ArduinoBoardLeonardo

9 이미지 출처: http://arduino.cc/en/Main/ArduinoBoardMicro

10 이미지 출처: http://arduino.cc/en/Main/ArduinoBoardLilyPad

11 이미지 출처: http://arduino.cc/en/Main/ArduinoBoardEsplora

12 이미지 출처: http://arduino.cc/en/Main/Robot

13 이미지 출처: http://arduino.cc/en/Main/ArduinoBoardMegaADK

14 이미지 출처: http://arduino.cc/en/Main/ArduinoBoardUno

15 이미지 출처: http://arduino.cc/en/Main/ArduinoBoardMega2560

16 이미지 출처: http://arduino.cc/en/Main/ArduinoWiFiShield

17 이미지 출처: http://arduino.cc/en/Main/ArduinoUSBHostShield

18 http://arduino.cc/en/Main/Software

19 이 책의 모든 스케치들은 Windows 7, 64bit 환경에서 테스트되었다.

20 마이크로컨트롤러의 종류에 따라 3.3V를 사용하기도 하며, 이 경우 TTL 레벨은 3.3V가 된다. 이 책에서는 ATmega328을 기준으로 하므로 TTL 레벨을 5V로 가정하였다.

21 이미지 출처: http://www.newtc.co.kr

22 실제 아두이노 우노에서 하드웨어 시리얼을 담당하는 클래스의 이름은 'Serial_'이며, 그 유일한 객체로 'Scrial'이 미리 정의되어 있다. 따라서 일반적으로 'Serial'은 클래스의 이름이면서 객체의 이름으로 혼용하여 사용된다.

23 https://github.com/olikraus/u8glib

24 https://github.com/fdebrabander/Arduino-LiquidCrystal-I2C-library

25 https://github.com/adafruit/Adafruit-PN532

26 보다 자세한 내용은 ISO/IEC 14443-3 기술문서를 참고하도록 한다.

27 https://github.com/shirriff/Arduino-IRremote

28 이미지 출처: http://arduino.cc/en/Main/ArduinoUSBHostShield

29 https://github.com/felis/USB_Host_Shield_2.0

30 이미지 출처: http://www.newtc.co.kr/

31 오후 3시경 부산 동의대학교에서 획득한 데이터로 동의대학교는 북위 35.14, 동경 129.03 부근에 위치하고 있다.

32 http://arduiniana.org/libraries/tinygpsplus/

33 이미지 출처: http://www.newtc.co.kr/

34 이미지 출처: http://www.newtc.co.kr/

35 이미지 출처: http://www.newtc.co.kr/

36 이미지 출처: http://www.newtc.co.kr/

37 이미지 출처: http://www.newtc.co.kr/

38 이미지 출처: http://www.newtc.co.kr/

39 http://realterm.sourceforge.net/

40 이미지 출처: http://arduino.cc/en/Main/ArduinoBoardUno

41 이미지 출처: http://arduino.cc/en/Main/ArduinoBoardLeonardo

42 Sparkfun에서는 ATmega32u4의 breakout board를 판매하고 있다. 이 보드는 24개의 레오나르도 호환 입출력에 ATmega32u4 22번 핀을 포함하여 25개의 입출력 핀을 제공하고 있으므로 레오나르도의 24개 입출력을 모두 사용하거나 ATmega32u4의 25개 입출력을 모두 사용하고자 하는 경우 고려해 볼 수 있다(https://www.sparkfun.com/products/11117).

43 이미지 출처: http://arduino.cc/en/Main/ArduinoBoardUno

44 이미지 출처: https://www.bluetooth.org

45 이미지 출처: http://www.newtc.co.kr/

46 블루투스 장치를 설정하는 방법은 사용하는 제품에 따라 약간씩 다를 수 있다. 여기서는 컴퓨터에 블루투스 통신을 위한 장치가 연결되어 있고, 이를 사용할 수 있도록 드라이버가 설치되어 있다고 가정한다.

47 이 책에서는 Windows 7 64bit를 기준으로 설명한다.

48 http://www.digi.com/

49 http://www.digi.com/products/wireless-wired-embedded-solutions/zigbee-rf-modules/xctu

50 이미지 출처: http://www.newtc.co.kr/

51 https://github.com/andrewrapp/xbee-arduino

52 http://www.oracle.com/downloads/index.html

53 http://www.eclipse.org/

54 http://developer.android.com/sdk/index.html

55 JDK 설치 디렉터리는 설치한 JDK 버전에 따라 달라질 수 있으므로 반드시 설치 디렉터리의 이름을 확인하여야 한다.

56 http://developer.android.com/index.html

57 http://developer.android.com/index.html

58 이미지 출처: http://www.arduino.cc/en/Main/ArduinoEthernetShield

59 이미지 출처: http://www.arduino.cc/en/Main/ArduinoWiFiShield

60 이미지 출처: http://www.arduino.cc/en/Main/ArduinoEthernetShield

61 이더넷을 지원하기 위한 실제 클래스 이름은 EthernetClass이며, 그 유일한 객체가 Ethernet이다. 따라서 Serial의 경우와 마찬가지로 여기서도 Ethernet을 클래스 이름이면서 유일한 객체로 구별 없이 사용한다.

62 실제 HTTP 요청 메시지의 구조는 이보다 더 복잡하지만, 여기서는 스케치에서 사용한 내용만을 다루었다. 보다 자세한 설명은 인터넷 프로토콜 관련 책을 참고하기 바란다.

63 브라우저의 종류에 따라 표시되는 방법이 약간씩 다를 수 있다.

64 http://arduino-tweet.appspot.com/

65 http://www.arduino.cc/en/Main/ArduinoWiFiShield

66 Ethernet과 마찬가지로 이 책에서는 WiFi를 클래스의 이름이면서 객체의 이름으로 사용한다.

67 SSID와 패스워드는 접속하고자 하는 AP에 맞게 변경하여 사용하여야 한다.

68 SSID와 패스워드는 접속하고자 하는 AP에 맞게 변경하여 사용하여야 한다.

69 SSID와 패스워드는 접속하고자 하는 AP에 맞게 변경하여 사용하여야 한다.

찾아보기